사회보장론

3판

조원탁 · 김동원 · 김형수 · 박상하 · 안진
엄기욱 · 오근식 · 이용교 · 이형하 · 장현 공저

SOCIAL WELFARE

학지사

2003년에 『사회보장론』을 출간하고 2005년에 부분 개정을 한 후 한국의 사회보장제도는 크게 변화하였다. 무엇보다도 건강보험의 급여 적용 확대가 지속되었고, 국민연금제도도 미래의 재정 적자에 대비하여 예상급여율을 낮추는 개정을 하였다. 2008년에는 장기요양보험제도가 본격적으로 실시되었다. 또한 제도나 내용도 변화하였다. 이를 반영하기 위하여 늦었지만 『사회보장론』 3판을 출간하게 되었다.

『사회보장론』 3판에서의 주요 변화 내용은 다음과 같다.

첫째, 장기요양보험제도의 실시 내용을 소개하였다. 2008년 실시 이후 제도의 현황과 발전방향을 소개하였다. 특히 2012년 사회보장기본법 전면개정 사항을 반영하였다.

둘째, 국민건강의 적용 확대나 보험료율의 변화, 국민연금제도의 개정, 산업재해보상보험제도와 고용보험의 변화 내용 등을 수정하였다.

셋째, 사회보장 행정의 변화를 반영하였다. 특히 국민 편의를 위한 국민연금과 직역연금의 연계에 관한 법률(2009) 내용과 사회보험 행정의 효율성을 증진하기 위한 사회보험통합징수제도(2011년 1월 1일부터 실시)를 소개하고, 사회보험통합징수에 따라 사회보험제도를 구성하는 4대 사회보험(장기노인요양보험 포함 5대 사회보험)의 보험료 통합징수를 국민건강보험공단에서 일괄 처리하게 된 내용을 반영하였다.

넷째, 한국과 사회보장협정을 체결한 국가가 21개국으로 확대되었다.

다섯째, 사회보장기본법의 사회보장심의위원회의 부위원장이 세 명에서 두 명으로 바뀌면서 교육과학기술부 장관이 제외되었다.

이와 같은 개정 내용을 충실히 반영하기 위하여 '국민연금제도'의 집필에 보건복지부 김동원 사무관, '노인장기요양보험'의 집필에 김형수 교수께서 새로운 저자로 참여하였다.

한국 사회보장제도의 당면 과제는 급여의 확대와 효율적인 운영이다. 우선, 한국 경제와 성장, 그리고 사회변화에 부응하는 사회보장제도의 도입이 필요하다. 저출산에 따른 아동수당의 제도화, 질병발생 시 기존의 질병치료뿐 아니라 치료기간 중 소득을 보장하는 상병급여의 도입이 매우 절실하다. 이러한 제도는 급여의 확대라기보다는 사회 유지를 위한 필수적인 제도라고 할 수 있다. 둘째, 사회보장제도의 필요에 따라 도입되다 보니 행정 운영의 중복이나 비효율적인 측면이 적지 않다. 이러한 비효율성을 제거하기 위해 그동안 노력해 왔지만 여전히 미흡한 점이 많다. 사회보장 행정의 시민 중심의 효율화가 시급하다. 이 책은 이러한 사회보장의 발전방향을 이끌고 나가는 데 기여하고자 한다.

이번에도 미흡한 부분을 수정하고 보완하였지만 아직도 부족함이 많다. 이러한 점들에 대해서 의문을 갖고 이메일이나 전화로 문의해 준 독자 여러분께 깊은 감사를 드린다. 특히 국민건강보험공단에 재직하며 호남대학교 박사과정에 재학 중인 진완길 선생의 검독에 힘입은 바가 컸다. 이 자리를 빌려 감사드린다.

2012년 3월
저자 일동

　최근 한국사회에서 사회보장제도는 급격히 바뀌었지만, 이러한 변화를 반영한 사회보장론의 교재는 그리 많지 않다. 이에 불편을 느낀 사회보장론 담당 교수들이 제도의 변화를 반영한 새로운 교재가 필요하다는 공감대에서 이 책을 집필하게 되었다. 사회보장에 전문성을 가진 학자들이 공동으로 집필하고 토론을 통하여 서로의 견해도 공유하며 그 결과물을 학생들과 나누자는 취지로 이 책을 발간하게 되었다.

　이 책을 기획하며 저자들은 다음과 같이 집필 방향을 정하고 공동 작업을 수행하였다.

　첫째, 한국사회복지대학교육협의회가 제시한 '사회보장론' 지침서를 충실히 따르고, 사회복지서비스 영역 등 다른 과목에서 다루는 내용과의 중복을 피하기 위해서 사회보험과 공공부조를 중심으로 한다.

　둘째, 사회보장론이 외국제도의 소개와 발달사의 논쟁에 치우치기 쉬운 점을 개선하기 위하여, 외국의 동향과 함께 한국사회보장제도 발달과정의 주요한 쟁점과 과제를 균형 있게 다룬다. 특히, 최근 급격히 변화된 한국의 사회보장제도를 자세히 설명하고 최신 자료를 적극 반영한다.

　셋째, 학생이 사회보장제도를 쉽게 이해할 수 있게 기술하고, 관심 있는 독자도 알 수 있게 가급적 표와 그림으로 요약 제시한다. 사회보장제도의 기본이론을 설명할 때도 한국의 제도가 기본이론과 어떤 연관이 있는가를 중심으로 소개한다.

넷째, 각 장에 중요한 참고문헌을 제공할 뿐만 아니라 관련 인터넷 사이트를 분야별로 정리하여 관심 있는 독자들이 심도있게 공부할 수 있는 방법을 제시한다. 아울러, 사회복지사 1급 국가시험에 대비할 수 있게 각 장별로 연습문제를 수록하여 학습의 편의를 도모한다.

　이 책은 현재 대학교에서 사회보장론을 강의하는 교수들이 세부 전공과 현장경험을 고려하여 다음과 같이 분담하여 집필하였다. 제1장 사회보장의 다양한 개념과 원칙(조원탁), 제2장 사회보장의 주요 형태와 원리(엄기욱), 제3장 사회보장과 사회변화(안 진), 제4장 사회보장과 재원조달(조원탁), 제5장 사회보장과 경제 사회구조(박상하), 제6장 연금보험(오근식), 제7장 건강보험(조원탁), 제8장 산재보험(이용교), 제9장 고용보험(장 현), 제10장 요양보험(모지환), 제11장 공공부조(이형하), 제12장 사회보장 행정체계(엄기욱), 제13장 사회보장의 전망과 과제(조원탁).

　책의 편집을 마치며 조금 더 간명하고 확연하게 정리했어야 하는데 하는 아쉬움이 남기도 하지만, 오랫동안 자신의 전문영역에서 꾸준히 연구해 온 학자들이 공동 작업을 하였다는 데 기쁨을 감출 수 없다.

　이 출발을 계기로 부족한 점을 보완하고 새로운 자료를 보강하고자 한다. 이러한 시도가 사회보장론을 강의하는 교수와 학생, 사회복지사와 일반 시민에게 도움이 되고, 한국의 사회보장제도 발전에도 밑거름이 되길 소망한다.

　이 책을 작업하는 데 좋은 가르침과 격려를 해 주신 여러분께 감사를

드리고자 한다. 출판을 지원해 준 학지사와 정승철 과장 등 관계자 여러 분께 감사를 드린다. 또한 수정과 입력을 도와준 김민아, 조정형 대학원 생에게도 감사를 드린다. 이 부족한 작업의 결과 중 그나마 희미하게 빛 나는 장점이 있다면, 이는 오로지 스승과 동료들의 큰 가르침과 도움으 로 이루어진 것이다. 높이 눈을 들어 별을 헤는 마음으로 그분들의 사랑 과 배려를 가슴 깊이 새긴다.

2003년 2월
저자 일동

차 례

3판 머리말‥3
1판 머리말‥5

chapter 01 **사회보장 개념** _____ 13
1. 어원과 역사적 변화과정‥13
2. 개념적 구분과 주요 내용‥17
3. 관련 용어‥28

chapter 02 **사회보장의 주요 형태와 기능 및 원칙** ____ 37
1. 사회보장의 주요 형태‥37
2. 사회보장의 기능‥46
3. 사회보장의 원칙‥50

chapter 03 **사회보장과 사회변화** _____ 57
1. 사회보장 발달 배경과 발달 유형‥57
2. 사회변화와 사회보장 발달과정‥60
3. 전 망‥79

chapter 04 **사회보장과 재원조달** _____ 83
1. 보험급여 결정요인‥83
2. 재원조달 방식‥90
3. 한국 사회보장 재정‥113
4. 과 제‥117

chapter 05 사회보장과 경제 · 사회 구조 _____ 121

　1. 한국 경제 · 사회 구조의 특징 ·· 121

　2. 사회보장제도와 국민경제 ·· 127

　3. 사회보장 프로그램의 사회경제적 효과 ·· 130

chapter 06 국민연금제도 _____ 151

　1. 도입 배경 ·· 151

　2. 적용대상 ·· 155

　3. 급 여 ·· 159

　4. 재원조달 ·· 175

　5. 기금의 운용 ·· 179

　6. 관리 · 운영 ·· 186

　7. 향후 과제 ·· 188

　8. 특수직역연금제도 ·· 194

　9. 국민연금과 특수직역연금의 연계 ·· 198

chapter 07 건강보험 _____ 203

　1. 건강보험 개념과 유형 ·· 203

　2. 발전과정 ·· 206

　3. 적용대상 ·· 208

　4. 급 여 ·· 211

　5. 재 정 ·· 217

　6. 진료비 심사와 지불 제도 ·· 226

　7. 조합론과 통합론 논쟁 ·· 231

　8. 사회보험 징수통합 ·· 239

chapter 08 **산업재해보상보험** _____ 245

1. 의의와 역사··245
2. 적용대상··246
3. 보험료··248
4. 급여와 정산방법··250
5. 관리·운영··266
6. 문제점과 과제··268

chapter 09 **고용보험제도** _____ 273

1. 의의와 기능··273
2. 유형과 발전과정··276
3. 개 관··280
4. 사 업··285
5. 한계점과 과제··296

chapter 10 **노인장기요양보험** _____ 301

1. 노인장기요양보험제도의 의의··301
2. 노인 장기요양보호의 개념 및 필요성··302
3. 우리나라의 장기요양보험제도··308
4. 노인장기요양보험제도의 문제점과 과제··316

chapter 11 　**공공부조** _____ 321
　　1. 공공부조 ‥ 322
　　2. 국민기초생활보장제도 ‥ 326
　　3. 자활사업 ‥ 342
　　4. 의료급여 제도 ‥ 349
　　5. 문제점과 과제 ‥ 353

chapter 12 　**사회보장 행정체계** _____ 359
　　1. 사회보험 ‥ 360
　　2. 공공부조 ‥ 379

　　연습문제 정답 ‥ 384
　　참고문헌 ‥ 385
　　찾아보기 ‥ 394

chapter 01

사회보장 개념

1. 어원과 역사적 변화과정

사회보장(social security)이라는 용어는 원래 논쟁적인 요소를 많이 내포하고 있기 때문에 사회보장 선진국에서도 모두가 동의할 수 있는 정의가 없는 상황이다. 지금까지 사회보장의 해석을 둘러싼 논의를 살펴보면, 그 정의를 사회보장의 이념적 측면에서 파악하려는 입장과 제도적 측면에서 파악하려는 입장이 있다. 그리고 동일한 제도적 측면에서 파악한다고 하더라도 사회보장을 극히 좁은 의미로 해석하여 사회보험(social insurance)과 동일하게 보거나, 아니면 보다 넓은 의미로 해석하여 사회복지(social welfare) 내지 사회정책(social policy)으로 보는 등 매우 다양하다.

이것은 사회보장이라는 용어가 출현하여 학문적 개념으로 성립된 역사가 짧고, 또 국가별로 서로 다른 사회경제적 조건이 다양한 형태의 사회보장체계를 구성하고 있기 때문이다. 그 밖에 사회보장을 언급하는 사람들이 전공하는 학문 및 사회적 이해관계에 따라 해석이 다를 수 있고, 정치가나 언론매체에 의한 용어의 남용도 혼돈을 조장하는 경향이 있다.

1) 어 원

사회보장이라는 표현은 영어의 'social security'를 번역한 것으로, 불어의 'sècuritè social', 독일어의 'soziale sicherheit'와 동일한 의미를 가진 어휘다. 이 용어는 1920년대 이후 유럽이나 미국, 특히 미국에서 보편적으로 사용되기 시작했다고 알려져 있으므로 그것이 사용된 역사는 그리 길지 않다. 어원을 고찰해 볼 때, 사회보장을 뜻하는 영어 social security에서 security의 어원은 라틴어의 se(=without, 해방)+cura(=care, 근심 또는 괴로워하는 것)에서 비롯된 것으로 '불안을 없앤다'는 뜻이다. 그러므로 social security는 사회적 불안을 제거한다는 의미와 평온한 삶을 사회가 보장한다는 의미로 이해된다. 질병, 분만, 실업, 폐질(장애), 직업상의 상해, 노령 및 사망으로 인한 소득의 상실이나 감소, 즉 경제적 곤궁에서 유래하는 근심과 불안을 제거함으로써 사회평화를 도모하자는 것이다.

사회보장이라는 용어를 가장 먼저 공식적으로 사용한 사람은 미국의 루스벨트(F. D. Roosevelt) 대통령이다. 그는 1934년 6월 8일 미국의 의회에서 자신이 제창한 뉴딜 정책(New Deal Policy)을 설명하면서 이 용어를 사용하였다.

사회보장이 법률명으로 처음 채택된 것은 1935년 미국의 사회보장법이다. 1938년에는 의료보장 부문에 재활훈련과 의료예방을 도입하여 유명해진 뉴질랜드의 사회보장법이 제정되면서 이 용어가 전 세계적으로 사용되기 시작하였다. 미국과는 달리, 유럽에서는 사회보장이라는 용어가 제2차 세계대전 전후에 사용되기 시작하였고, 그 이전에는 사회보험이나 국민보험(불어로는 assurances sociales, 독일어로는 sozialversicherung, 영어로는 national insurance)이 보다 일반적으로 사용되었다.

2) 사회보장 용어의 역사적 변화과정

1934년 루스벨트 대통령이 뉴딜 정책을 설명할 때 등장했던 사회보장이라는 용어는 처음에는 하나의 정치적 목표로 쓰인 표어였고, 독자적인 사회정책의 성격을 가지지 못한 '경제보장의 일부'로 파악되었다. 굳이 의미를 부여한다면 공황이 초래한 궁핍과 공포에 대한 집단적 책임을 강조한 것이라 할 수 있다. 그러나 이 용어는 그 후 전 세계로 파급되면서 기존의 사회정책을 재고하여 새로운 사회복지 사상을 잉태시키는 계기를 만들었다.

제2차 세계대전의 발발과 더불어 사회보장의 개념은 정치적 성격을 띠게 되었는데, 파시즘 정권과 전쟁을 치르는 연합국의 '정치적 프로그램'으로서 '공포와 궁핍으로부터의 자유(freedom from fear and wants)'로 정형화되었다.

사회보장의 개념은 1941년의 대서양헌장(The Atlantic Charter)으로 알려진 전쟁문서에서 사용되었다.[1] 1945년의 유엔헌장(U.N. Charter), 1948년의 인권선언(The Declaration of Human Rights), 1950년의 인권과 기본적 자유의 보호를 위한 유럽헌장(The European Convention for the Protection of Human Rights and Basic Freedoms)에서 보다 명확하게 정의되었다. 그리고 1951년 국제노동기구(ILO)의 제네바 회의는 사회보장을

---

[1] 1941년 미국의 루스벨트 대통령과 영국의 처칠 수상은 1941년 8월 14일 공동성명을 통해 제2차 세계대전 전후 질서를 논의하였다. 이 성명의 다섯 번째 항목에서 "우리는 모든 사람의 안전과 향상된 노동기준, 경제적 향상, 그리고 사회보장을 위하여 모든 국가와 최선의 협력을 다한다."라고 선언하였다.

의료서비스와 휴직, 소득 감소, 그리고 소득을 얻는 데 큰 어려움을 겪는 경우에 직접적으로 소득을 지원하는 조치라고 정의 내렸다.

사회보장이 구체적 프로그램 또는 제도로서 방법상으로 발전하는 데는 국제노동기구와 각국 사회정책 전문가의 노력이 큰 역할을 담당하였다. 국제노동기구는 대서양헌장의 정신과 베버리지 계획을 사회보험과 공적 부조라는 틀 속에 일관성과 조화를 유지하면서 구체화하였다. '사회보장의 최저기준에 관한 조약'은 이 프로그램 작업의 중요한 결과 중 하나다.

사회보장이라는 의미는 역사적 · 사회적 배경과 시대 및 학자나 국가에 따라 여러 가지로 표현되고 있다. '사회보장의 아버지'로 불리는 베버리지(W. Beveridge)는 1942년 영국 정부에 제출한 보고서 「사회보험과 관련 서비스(Social Insurance and Allied Service)」에서 사회보장을 "실업 · 질병 혹은 재해에 의하여 수입이 중단된 경우의 대처, 노령에 의한 퇴직이나 본인 이외의 사망에 의한 부양 상실의 대비, 그리고 출생 · 사망 · 결혼 등과 관련된 특별한 지출을 감당하기 위한 소득보장"이라고 정의하였다. 그는 빈곤과 결부시켜 사회보장은 '궁핍의 퇴치'라고 말하였는데, 이는 국민소득의 재분배로 실현할 수 있으며 이를 통한 일정 소득의 보장은 결국 국민생활의 최저보장을 의미하는 것이라 하였다.

제2차 세계대전 후에는 사회보장이 각국에서 구체적으로 제도화되기 시작하였다. 전후 영국은 가장 광범위한 의미의 사회보장제도를 실현하고 현대 복지국가의 선도적인 역할을 하였다. 개인의 자유와 청교도 정신이 지배적인 미국에서는 사회보장이 OASDHI(Old-Age, Survivors, Disability, Health Insurance, 노령, 유족, 장애, 건강보험)로 나타났지만, 일부 취약한 계층을 중심으로 하는 사회보장제도를 구성하였다. 독일에서는 사회보장이라는 용어가 영국과 미국 등 상대국이 사용한 개념이라 오랫동안 거부되었으나, 사회보장의 내용을 이루는 제도의 실제 적용에 있어서는 충실성을 확보하고 있다.

여기에서 유의할 것은 사회보장이라는 용어가 제도적으로는 1935년 미국의 사회보장법에 기원을 두고 있지만, 사회보장의 내용이 되는 실질적인 제도는 1880년대 독일의 사회입법에서 출발하고 있다는 점이다. 독일은 1883년의 건강보험, 1884년의 산재보험, 1889년의 노령폐질연금 등 사회입법을 통해 사회보험제도를 실시하면서, 사회보장의 실질적 내용을 처음으로 전개한 나라다. 다만 독일의 경우는 사회보장이라는 용어보다는 사회정책 또는 사회복지정책이라는 용어를 사용하였고, 내용에 있어서는 오늘날 현대적 의미의 사회보장제도를 실시하였다.

2. 개념적 구분과 주요 내용

1) 사회보장의 개념적 구분

사회보장은 광범위하게 활용되고 있지만, 국가마다 그 사용하는 의미와 제도 내용은 다르다. 따라서 사회보장의 개념을 확정하거나 제도의 범위를 설정하는 것은 쉽지 않다. 여기서는 국제적으로 가장 많이 사용되는 국제노동기구(ILO)의 사회보장 개념과 새롭게 제기되고 있는 세계은행(World Bank)의 사회보장에 대한 신자유주의적 제안, 그리고 한국의 사회보장의 법적 개념과 제도에 대해서 개괄적으로 파악해 보고자 한다.

(1) 국제노동기구

국제노동기구(ILO)가 1942년에 발표한 「사회보장에의 접근(Approach to Social Security)」이라는 보고서에서는 "사회보장은 사회 구성원이 부딪히는 일정한 위험에 대해서 사회가 적절한 조직을 통해 부여하는 보장"이라고 정의하였다. 그리고 전체 국민을 대상으로 최저생활이 보장되어야 하고, 모든 위험과 사고에 대하여 보호받고, 공공의 기관을 통하여 보호나 보장이 이루어져야 함을 그 구성요소로 하였다. 이처럼 사회보장제도는 국민 생활상에 불의의 위험이나 소득의 중단이 온다 하더라도 정상적인 생활을 유지할 수 있도록 그 생활을 보장하는 수단을 국가가 책임지고 수행하는 제도인 것이다. ILO가 『사회보장입문 (*Introduction to Social Security*)』(1989)에서 정의한 바에 따르면, 사회보장이란 "질병, 분만, 산업재해, 실업, 고령, 폐질(장애), 사망 등에 의한 소득의 중단 또는 감소가 미치는 경제사회적 불안을 공적 대책을 통해 대처하기 위해서 사회가 그 구성원에게 제공하는 보호(protection)"를 의미한다.

(2) 신자유주의적 입장: 세계은행의 입장

신자유주의자 입장에서는 기본적으로 국가보다는 시장에 의한 복지공급을 선호한다. 시장은 한정된 자원을 효율적으로 배분하는 도구인데 반해, 국가의 개입은 자원배분의 비효율성으로 복지에 있어 실패를 가져온다는 전제를 가지고 있다. 이러한 신자유주의적 모형은 국제통화기금(IMF)과 세계은행에 의해 주도되고 있다. 특히 지난 1970년대 남미와 동유럽 등 세계 각국에 구제금융을 제공한 경험이 있는 IMF와 세계은행은 사회보장의 신자유주의적 입장을 제안하고 있다.

신자유주의자 입장에서 선호하는 제도는 공적 연금과 의료보장에 잘 나타나 있다. 공적 연금의 경우 3층 연금제도를 제안한다. 1층은 자산조사 방식 혹은 최저연금 방식으로 이루어진 강제연금이다. 이는 최소한의 소득만을 보장하는 제한적인 역할만을 담당한다. 2층은 강제적이며 민간이 관리하는 연금제도다. 이는 칠레가 가장 전형적인 사례인 강제개인저축제도 그리고 기업연금제도가 있다. 3층은 임의보험제도다. 이는 기업연금 혹은 개인저축의 형태로, 노인에게 추가적인 소득을 보장해 주는 기능을 한다. 결국 이 3층 연금제도의 특징은 사회보장연금제도에서 국가의 역할을 축소하고 시장과 개인 책임을 강조한 것이다.

의료보장에 있어서도 신자유주의 입장에서는 강제적 사회보험 방식이나 국가가 제공하는 무상의료 방식이 아닌 개인저축계좌 방식을 제안한다. 세계은행은 한국의 외환위기 때 구제금융을 제공하는 조건으로 한국의 건강보험 대신에 개인저축계좌 방식을 제안한 바 있다.

(3) 한 국

한국에서의 사회보장이라는 개념에는 이념적 요소가 거의 없고 미국이나 유럽 국가에서 실시되고 있는 제도들을 총괄하여 사회보장으로 칭하는 것 같은 인상을 주고 있다.

우리나라의 사회보장기본법 제3조 제1호에 의하면, "사회보장이란 출산, 양육, 실업, 노령, 장애, 질병, 빈곤 및 사망 등의 사회적 위험으로부터 모든 국민을 보호하고 국민 삶의 질을 향상시키는 데 필요한 소득·서비스를 보장하는 사회보험, 공공부조, 사회서비스를 말한다."라고 정의하고 있다. 2012년 전부개정을 통해 사회적 위험의 범주에 출산, 양육, 빈곤 등 신사회적 위험요인을 추가하였다. 개정 이전 사회보장의 분류는 사회보험, 공공부조, 사회복지서비스 및 관련 복지제도였다. 그런데 2012년 개정을 통해 사회복지서비스를 사회서비스로 하였고, 관련 복지제도를 삭제하고 사회서비스에 포함한 것이 특징이다.[2]

우리나라 헌법상의 사회보장 용어 사용을 살펴보면, 1960년 제4차 개정헌법에서 처음으로 '국가의 사회보장에 관한 노력'을 규정하였고, 1963년 11월 5일 법률 제1437호로 전문 7개조의 '사회보장에 관한 법률'을 제정하였다. 그 후 1980년 10월 30일 개정된 헌법에서 '사회보장'이

---

[2] 사회적 위험의 범주에 개정기본법에서도 '노동재해'를 포함시키지 않은 것은 입법적 미비다. 사회보장의 범주에 산업재해보상보험이 포함되어 있고, 국제노동기구의 사회보장의 범주에도 산업재해와 직업병 등 노동재해가 포함되어 있다.

라는 용어를 최초로 사용하였다. 이후 1995년 12월 사회보장기본법을 제정하였고, 2012년 전부개정이 있었다.

사회보장의 개념에 대한 이상의 논의를 종합하여 볼 때, 가장 일반적으로 받아들일 수 있는 개념은 사회보장기본법 제3조에 정의하고 있는 개념이라고 할 수 있고, 이 책에서는 이를 적용하기로 한다. 그러나 이 책에서는 사회복지 서비스 영역 등 다른 과목에서 다루는 내용과의 중복을 피하기 위해서 사회보장의 세 가지 영역 중 사회보험과 공공부조를 중심으로 다루고자 한다.

2) 사회보장의 주요 제도

(1) 국제노동기구의 구분

국제노동기구는 사회보장을 각종 급여부문을 중심으로 사회보험(social insurance), 사회(공공)부조(social assistance), 일반조세로 재원조달되는 급여(benefits financed by general revenue), 가족급여(family benefits), 적립기금(provident funds), 사용자 제공급여 제도 그리고 사회보장 전반에 대한 보조 및 보완 제도 등으로 대별(大別)하고 있다(이에 대한 구체적인 설명은 2장 '사회보장의 주요 형태와 기능 및 원칙', 4장 '사회보장과 재원조달' 참조).

(2) 미국 보건인력성 산하 사회보장청의 분류

미국 보건인력성의 사회보장청(Social Security Administration)에서 발간하고 있는 『세계의 사회보장(*Social Security Progams throughout the World*)』(1999)에서는 사회보장제도를 다음과 같은 다섯 가지 유형의 제도로 구분하고 있다.

① 연금보험(old age, disability, and survivors)

② 건강보험(sickness and maternity)

③ 산업재해보상보험(work injury)

④ 실업(고용)보험(unemployment)

⑤ 가족수당(family allowances)

(3) 한 국

한국에서는 사회보장을 질병, 장애, 노령, 실업, 사망 등 각종 사회적 위험으로부터 모든 국민을 보호하고 빈곤을 해소하며 국민생활의 질을 향상시키기 위하여 제공되는 사회보험, 공공부조, 사회복지 서비스 및 관련 복지제도로 규정하고 있다.

한국의 사회보장제도에서 제도화하고 있는 프로그램을 사회적 위험별로 구분하면 〈표 1−1〉과 같다.

〈표 1−1〉 사회적 위험에 따른 사회보장제도

사회적 위험	프로그램
● 빈곤	→ 공공부조제도(국민기초생활보장제도, 의료급여 제도)
● 노령 · 장애 · 사망	→ 연금보험, 산업재해보상보험
● 질병 · 사고	→ 건강보험, 산업재해보상보험
● 실업	→ 고용보험
● 저임금 위험	→ 최저임금제도
● 사회문제 예방 · 완화	→ 사회서비스와 기타 제도

이상 논의된 사회보장제도를 비교해 보면, 한국의 사회보장제도는 〈표 1−2〉에서 보는 바와 같이 국제노동기구나 미국의 사회보장청의 분류에서 제시하는 주요 사회보장 프로그램을 갖추고 있다. 한국의 경우 다른 나라에 비해서 산업화의 진전이 늦었기 때문에 주요 선진국이 1950년대에 실시한 사회보장 프로그램을 1980년대에 와서야 실시하였으나, 주요 국가에서 실시하는 대부분의 제도를 실현하고 있다. 다만 한

〈표 1-2〉 사회보장제도의 주요 내용 비교

국제노동기구	미국 사회보장청	한국 사회보장기본법
① 현물의료급여 ② 상병급여 ③ 출산급여 ④ 고용재해급여 ⑤ 노령급여 ⑥ 유족급여 ⑦ 장애급여 ⑧ 실업급여 ⑨ 가족급여(가족수당)	① 연금보험 ② 건강보험 ③ 산업재해보상보험 ④ 실업(고용)보험 ⑤ 가족수당	① 사회보험 ② 공공부조 ③ 사회서비스 ④ 평생사회안전망

국에서는 가족수당(아동수당)과 건강보험 중 상병급여[3]가 실시되지 않고 있어 미국의 사회보장청 분류에서는 건강보험을 실시하지 않는 국가로 분류되고 있지만, 건강보험의 전 국민 적용 등을 감안할 때 실시하는 것으로 분류되는 것이 바람직할 것이다. 특히 최근 저출산 현상을 극복하기 위하여 출산 장려를 위한 장려금제도가 지방자치단체별로 실시되고 있으나, 그 효과가 제한적이므로 가족수당(아동수당)의 도입이 당면 과제다.

3) 국제노동기구의 사회보장 관련 기준: 사회보장 관련 조약 및 권고

국제노동기구(ILO)는 사회보장 발전에 중요한 역할을 해 왔다. 국제노동기구의 주요 관심사는 근로조건과 생활조건을 향상시키기 위한 국제 정책과 계획을 수립하는 것이다. 이를 위한 주요 방법 중의 하나는

---

[3] 상병급여(sickness benifits)는 질병이 발생할 경우 소득 상실을 현금으로 보전하는 것이다. 한국에서는 통상 '상병수당'이라고 부르기도 한다. 이에 대해서는 7장 '건강보험'에서 구체적으로 설명할 것이다.

국제노동 조약을 통해서 국제노동기구의 사무국이 광범위한 연구와 토의를 거쳐 전 세계의 사회보장 관련 법과 제도를 검토하는 것이다. 이 조약이 국제노동기구의 연차회의에서 채택되면 국제노동기구의 회원국가들은 협정에 따라 국제노동 조약을 자국의 관련 법·제도 당국에 통보해야 하며, 그 후 국제노동기구에서 결정한 기준이 회원국가 법에서 구체화되면 당사국은 본 국제노동 조약을 인준하여야 한다. 이 조약을 준수하는 모든 국가가 다 조약을 인준해야 한다는 것은 아니다. 그러나 국제노동기구의 기준은 각 국가에 중요한 영향을 미친다.

국제사회보장에서의 획기적인 계기는 국제노동기구의 국제노동회의에서 1952년 제정된 '사회보장의 최저기준에 관한 조약(제102호 조약)'에서 최저기준(Minimum Standards)을 채택한 것이다. 사회보장조약은 당시 회원국가들이 결정한 정책을 포괄문서에 취합하여 사회보장의 중심을 이루고 있는 급여의 범위(영역)를 결정지었다. 사회보장조약은 '적용 대상 인구'와 '급여의 범위와 수준'에 관한 최소한의 기본 요건을 열거하였으며, 보험료 납부자와 수혜자의 권리보호 그리고 관리·운영상의 보완사항을 다루었다.

국제노동기구에서 정하고 있는 사회보장 관련 조약(Convention)과 권고(Recommendation)는 다음과 같다.

- 사회보장 최저기준조약, 1952(No. 102)
- 모성보호조약(개정), 1952(No. 103)
- 모성보호 권고, 1952(No. 95)
- 치료의 평등에 관한 조약, 1962(No. 118): 내국인 및 외국인의 균등한 치료와 관련된 조약
- 업무상 재해급여 조약, 1964(No. 121)
- 업무상 재해급여 권고, 1964(No. 121)
- 장애·노령·유족 급여 조약, 1967(No. 128)

- 장애 · 노령 · 유족 급여 권고, 1967(No. 131)
- 의료 및 상병 급여 조약, 1969(No. 130)
- 의료 및 상병 급여 권고, 1969(No. 134)
- 노령 근로자 권고, 1980(No. 162) (노령 근로자를 위한 기회 및 치료의 평등, 근로자의 취업보장, 퇴직 준비 및 절차에 관한 것)
- 사회보장 수급권유지에 관한 조약, 1982(No. 157)
- 사회보장 수급권유지에 관한 권고, 1983(No. 167)

국제노동기구의 사회보장 관련 기준은 조약(협약)과 권고로 구분된다. 권고는 조약보다 상위기준을 제시한다. ILO 조약은 회원국이 동 조약을 비준할 경우 국제조약과 동일한 효력을 가지는 구속력을 가진다. 따라서 조약 내용과 국내법이 상치될 경우 국내법을 고쳐야 한다. 반면 ILO 권고는 강제성이 없다. 제102호 조약을 비준한 국가는 2002년까지 40개국이며, 아시아권 국가로는 일본만이 1976년 본 조약을 비준하였다. 1991년 ILO에 가입한 한국은 2012년 8월 현재 ILO 조약 중 남녀동등보수에 관한 조약(제160호) 등 28개를 비준하고 있다. 비준대상 ILO 협약은 100개다.

〈표 1-3〉 우리나라 비준 ILO 협약 현황(2012. 8. 기준)

협약번호	협약명 주요내용	비준일
제73호	선원의 건강진단에 관한 협약 - 해상근무에 대한 적격성을 입증하는 권한 있는 기관이 발급한 건강증명서를 소유한 경우에만 선박 내에 고용될 수 있음을 규정	1992. 12
제81호	공업 및 상업 부문에서 근로감독에 관한 협약 - 공업 및 상업 부문 사업장에서 근로조건과 근로자 보호에 관한 법규정 집행을 보장하기 위한 근로감독체계를 제공해야 함을 규정	1992. 12
제122호	고용정책에 관한 협약 - 경제성장과 발전을 촉진하고 생활수준을 향상시키며 인력수요를 충족시키는 한편, 실업 및 불완전고용을 해소하기 위하여 완전고용을 촉진하는 적극적인 정책을 추진하도록 규정	1992. 12

제142호	인적 자원의 개발에 있어서 직업지도 및 훈련에 관한 협약 - 고용과 밀접하게 관계된 직업지도 및 직업훈련에 관한 포괄적이고 조화된 정책과 프로그램을 채택하고, 특히 공공취업 알선기관을 통하여 정책을 시행할 것을 규정	1994. 1
제100호	동일가치 근로에 대한 남녀근로자의 동등보수에 관한 협약 - 사용자가 근로자에게 직·간접적으로 혹은 현금·현물의 형태로 지불하는 최저임금, 급료, 그 밖의 모든 형태의 추가급여가 남녀 차별 없이 동등하게 지불되어야 함을 규정	1997. 12
제150호	노동행정(역할·기능·조직)에 관한 협약 - 비준국은 적절히 조율된 효율적인 노동행정, 기능, 책임체계를 조직해야 함을 규정	1997. 12
제160호	노동통계에 관한 협약 - 회원국은 기본적인 노동통계를 정기적으로 수집·편집·출판하여야 함	1997. 12
제111호	고용 및 직업에 있어서 차별대우에 관한 협약 - 직업훈련·고용·특정 직업에의 접근·고용계약과 조건 등에 있어 모든 형태의 차별을 철폐할 목적으로 국가정책을 결정·추진함으로써 기회와 처우의 평등을 촉진하여야 함	1998. 12
제138호	취업의 최저연령에 관한 협약 - 아동노동의 효율적인 철폐를 보장하고, 또한 취업의 최저연령을 연소자의 심신의 완전한 발달에 가장 적합한 수준까지 점진적으로 높일 것을 규정, 특히 취업 최저연령은 어떤 경우에도 15세 미만이어서는 안 됨	1999. 1
제144호	국제노동기준의 이행을 촉진하기 위한 3자 협의에 관한 협약 - 국제노동기구 관련 활동을 하는 데 있어 정부·사용자·근로자 대표 사이의 효율적인 협의를 보장하기 위한 절차적 조치를 취해야 함	1999. 11
제159호	장애인 직업재활 및 고용에 관한 협약 - 장애인과 일반 근로자 간의 동등한 기회원칙을 토대로 직업소개, 직업훈련, 취업 및 기타 고용에 관련된 적절한 서비스를 장애인들에게 제공해야 함	1999. 11
제19호	산업재해로 인한 보상에 있어서의 내·외국인 평등대우에 관한 협약 - 산업재해 발생 시 내·외국인 근로자를 차별하지 않고 동등하게 보상하여야 함	2001. 3
제156호	가족부양의 의무가 있는 근로자의 고용 및 기회균등에 관한 협약 - 모든 근로자는 가족부양의 의무로 인하여 고용·승진 등 모든 경제활동에서 차별되어서는 아니 됨	2001. 3
제182호	가혹한 형태의 아동노동 철폐에 관한 협약 - 18세 미만 아동에 대한 가혹한 노동은 금지	2001. 3

제26호	최저임금의 결정제도에 관한 협약 - 임금이 예외적으로 낮은 산업에 고용된 근로자를 위한 최저임금 보장을 위한 제도 유지를 규정함	2001. 12
제131호	최저임금제도 수립에 관한 협약 - 부당한 저임금으로부터 근로자 보호를 위한 최저임금제 시행을 규정함	2001. 12
제88호	고용서비스 기관에 관한 협약 - 무료의 공공직업안정기관 유지를 규정함	2001. 12
제135호	근로자 대표에 관한 협약 - 근로자 대표는 동 지위 또는 활동을 이유로 해고 또는 불이익 조치를 받지 않아야 함을 규정함	2001. 12
제170호	작업장에서 화학물질 사용상 안전에 관한 협약 - 사용자 단체와 근로자 단체는 이 협약규정의 시행에 필요한 조치에 대해 협의해야 되고, 국가는 근로자의 안전을 위한 정책을 수립·시행해야 함	2003. 3
제53호	상선에 승무하는 선장과 직원에 대한 직무상 자격의 최저요건에 관한 협약 - 상선에 승무하기 위해서는 해기사 면허증을 소유해야 됨	2003. 3
제162호 (1986)	석면 협약 - 직업상 유해한 석면에 노출되는 근로자의 건강 보호에 관한 협약	2007.4
제185호 (2003)	선원신분증명 협약 - 선원신분증명서의 내용, 형태 및 유효한 신분증명서의 효력 등에 관한 협약	2007.4
제155호 (1981)	산업안전보건 협약 - 산재 예방을 위해 산업안전보건 및 작업환경에 관한 국가정책의 수립·시행 시, 노사 대표와 협의를 거칠 것 등	2008.2
제187호 (2006)	산업안전보건 증진체계 협약 - 노사 대표와의 협의에 의한 국가적 차원의 산재예방체제 구축, 산재예방 정책·프로그램을 통한 지속적 안전보건정책의 증진	2008.2
제2호 (1919)	실업 협약 - 공공고용서비스기관 및 자문위원회(노사대표 포함) 설치, 협약 비준국 간 자국 내 상대국 근로자에 대한 보험혜택 보장	2011.11
제47호 (1935)	주 40시간 협약 - 생활수준이 저하되지 않는 방식으로 주40시간 근로원칙 승인	2011.11
제115호 (1960)	방사선보호 협약 - 전리방사선으로부터 근로자를 보호	2011.11
제139호 (1974)	직업성암 협약 - 작업상 노출이 금지되거나 승인 또는 통제되어야 하는 발암성 물질 및 인자를 정하여 관리	2011.11

　　이러한 국제노동기구의 사회보장 기준을 중심으로 한국의 사회보장 프로그램의 현황을 파악해 보면, 국제노동기구가 설정한 국제기준에 미달하는 제도는 앞서 언급한 대로 가족(아동)수당, 상병급여가 대표적이며, 연금과 산업재해보상보험은 적용기준과 급여수준이 국제노동기구의 기준에 미달하고 있다.

〈표 1-4〉 한국 사회보험 적용인구와 급여수준의 국제 비교: ILO의 하위기준

사회적 위험	급여 종류		피용자 적용기준(%)		급여수준(기간)	
	ILO 기준	한국('95)	ILO 기준	한국('95)	ILO 기준	한국('95)
질병	현물급여	의료보험('77)	100	100	사고의 전 기간	사고의 전 기간('98 이후)
	상병급여	미실시	100	11.6	60% 이상	없음
실업	실업수당	고용보험('95)	85	43.0	50% 이상	50%
노령 부상 사망	노령연금	국민연금('88) 공무원연금('61) 사학연금('75) 군인연금('63)	100	68.5	45% 이상	54%[1]
	장애연금				50% 이상	24~38%[1]
	유족연금				45% 이상	21%[1]
산업재해	노동 불능 장애·사망	산업재해보상보험('64)	100	68.8	60% 이상 60% 이상 50% 이상	70% 70~90% 62%
아동양육	아동수당	미실시	50[2]	0	임금의 3% ※ 자녀 수	없음
출산	출산수당	유급출산 휴가	모든 취업 여성	46.9	67% 이상	80~100%

주: [1] 국민연금의 중간소득자 기준.
　　[2] ILO의 최저기준임.
　※ 네모 안의 검은 부분이 ILO의 국제적 기준에 미달하는 부분임.
출처: 김연명(1997)에서 재구성.

4) 한국과 외국의 사회보장협정

　　사회보장협정의 체결목적은 협정 당사국의 연금제도 간에 서로 다른 점을 상호 조정하여 양 당사국 국민에게 다음과 같은 혜택을 부

여하기 위한 것이다. 사회보장협정은 대부분 양 당사국의 정부 간에 체결되고 있으며, 그 형태는 협정의 적용범위에 따라 '가입기간합산협정(totalization agreement)'과 '보험료 면제 협정(contributions only agreement)'으로 구분된다. 즉, 우리나라가 캐나다, 미국, 독일 등과 체결한 '가입기간합산협정'은 이중가입 배제와 가입기간합산규정을 모두 포함하고 있으나, 영국, 중국, 네덜란드, 일본, 이탈리아 등과 체결한 '보험료 면제 협정'은 이중가입 배제만을 규정하고 있다.

따라서 우리나라와 '가입기간합산협정'이 체결된 국가에서 근로나 자영활동을 하는 우리 국민은 양국에서의 이중가입 배제 및 가입기간 합산, 자국인과의 동등 대우, 연금급여의 해외송금 보장 등의 혜택을 누릴 수 있다. 반면에 '보험료 면제 협정'이 체결된 국가에서 근로나 자영활동을 하는 경우에는 양국에서의 이중가입 배제 이외에는 그 나라에서의 가입기간이 있더라도 국민연금 가입기간과의 합산혜택은 받을 수 없다.

우리나라는 2012년 12월　현재 캐나다, 영국, 미국, 독일, 네덜란드, 일본, 이탈리아, 우즈베키스탄, 몽골, 헝가리, 프랑스, 벨기에, 호주, 체코, 아일랜드, 루마니아, 불가리아, 슬로바키아, 폴란드, 오스트리아, 중국 등 21개국과 맺은 협정이 시행되고 있다.

3. 관련 용어

사회보장과 관련하여 사회복지, 사회사업, 사회복지 서비스 등의 용어는 유사하면서도 사용 분야나 국가에 따라서 다양하게 사용되고 있다. 최근에는 사회안전망, 국민복지기본선이라는 용어도 자주 사용되고 있다. 이들 용어의 의미를 파악하고 비교한다.

1) 사회보험

사회보험은 사회정책을 위한 보험으로서 국가가 사회정책을 수행하기 위해서 보험의 원리와 방식을 도입하여 만든 사회경제제도다. 이러한 의미에서 사회보장기본법 제3조 2호에서는 "사회보험이란 국민에게 발생하는 사회적 위험을 보험의 방식으로 대처함으로써 국민 건강과 소득을 보장하는 제도를 말한다."라고 정의하고 있다. 구체적으로 살펴보면, 사회보험은 국민을 대상으로 질병, 사망, 노령, 실업, 기타 신체장애 등으로 활동능력의 상실과 소득의 감소가 발생하였을 때에 보험 방식에 따라 그것을 보장하는 제도라고 할 수 있다.

사회보험에서 다루는 보험사고로는 업무상의 재해, 질병, 분만, 폐질(장애), 사망, 유족, 노령 및 실업 등이 있으며, 이러한 보험사고는 몇 가지 부문으로 나뉘어 사회보험의 형태를 이루게 된다. 즉, 업무상의 재해에 대해서는 산업재해보상보험, 질병과 부상에 대해서는 건강보험 또는 질병보험, 폐질 · 사망 · 노령 등에 대해서는 연금보험, 그리고 실업에 대해서는 고용보험제도가 있다. 이를 4대 사회보험이라 한다.

2) 공공부조

공공부조는 나라마다 상이하게 표현되고 있다. 우리나라와 일본, 미국에서는 법률상 공공부조 또는 공적 부조(public assistance)로, 영국에서는 국가부조(national assistance)로, 프랑스에서는 사회부조(social assistance)로 표현한다.

사회보장기본법 제3조 3호에서는 "공공부조란 국가와 지방자치단체의 책임하에 생활유지 능력이 없거나 생활이 어려운 국민의 최저생활을 보장하고 자립을 지원하는 제도를 말한다."라고 정의하고 있다. 종래에

는 '공적 부조'라는 용어를 사용하였으나, 1995년 12월 30일 제정된 사회
보장기본법에서 '공공부조'라는 용어로 변경하였다. 그 후 1999년 9월에
국민기초생활보장법의 제정으로 '기초생활 보장'이라 부르게 되었다.

　공공부조에 대한 또 다른 협의의 개념은 자본주의 사회의 모순이 심화
됨에 따라 그 구조적 산물로서 빈곤이 발생됐다는 역사적 인과관계를 인
정하여, 국가의 책임하에 일정한 법령에 따라 공공비용으로 경제적 보호
를 요구하는 자들에게 개별 보호에 상응하는 최저 한도의 사회보장을 하
는 것을 일컫는다. 이 역시 사회보장의 일환으로 이해되고 있다. 이와
같이 공공부조는 빈자의 생활보호 기능에서 그 의의를 찾아볼 수 있는
데, 생활보호는 최저한의 생활수준을 보장하는 것을 원칙으로 하며 이
를 국가최저(national minimum) 또는 사회최저(social minimum) 원칙이
라 부른다.

　공공부조제도는 사회보험계획을 추진하는 과정에서 대상자 적용에
관한 문제가 발생하는 경우에 이를 보완하기 위하여 사용할 수 있다. 따
라서 공공부조가 지니는 최저생활 수준의 보장이라는 제한점에도 불구
하고 빈곤퇴치 대책의 일환으로 이를 적용하게 된다. 공공부조와 관련
해서는 국민기초생활보장법과 의료급여법이 적용되고 있다.

3) 사회보장, 사회복지, 사회사업, 사회서비스 및 사회복지서비스

　앞서 언급한 바와 같이 한국의 사회보장제도 개념은 사회보험, 공공
부조, 사회서비스를 말한다. 그렇다면 사회복지나 사회사업과는 용어와
어떻게 다른가 하는 개념상의 의문이 생길 수 있다. 사회사업이 미국의
실천기술 중심의 학문적인 성격을 강조한다면, 한국에서의 사회복지학
은 사회보장을 포함한 사회정책과 사회사업을 포괄하는 의미로 사용되
고 있다. 실제로 한국의 대학에서 교육되고 있는 교과과정에서도 포괄
적인 내용을 담고 있다. 따라서 법제상의 사회보장의 의미는 대학의 사

회복지와 거의 일치된 개념으로 사용되고 있는 것으로 보인다.

한편, '사회서비스'란 국가 · 지방자치단체 및 민간부문의 도움이 필요한 모든 국민에게 복지, 보건의료, 교육, 고용, 주거, 문화, 환경 등의 분야에서 인간다운 생활을 보장하고, 상담, 재활, 돌봄, 정보의 제공, 관련 시설의 이용, 역량 개발, 사회참여 지원 등을 통하여 국민의 삶의 질이 향상되도록 지원하는 제도를 말한다(사회보장기본법 제3조 제4호). 2012년 사회보장기본법 개정 이전의 사회복지서비스 개념이 개정을 통해 사회서비스로 바뀌었다. 개정법에서 사회서비스는 개정 이전 사회보장의 분류의 하나였던 관련 복지제도의 '보건 · 주거 · 교육 · 고용 등의 분야'를 포괄하였을 뿐 아니라, 문화, 환경 등 훨씬 포괄적인 분야를 포함하여 규정하고 있다. 개정 이전 보건 · 주거 · 교육 · 고용 관련 법률 등에 대한 충분한 제도적 뒷받침에 대한 실효성 논쟁이 있었던 것을 감안하면, 향후 문화, 환경에 대한 복지적 접근이 가능하도록 하는 노력이 필요하다.

이와 별도로 사회복지사업법 제2조 제6항에서는 '사회복지서비스'의 의미가 규정되어 있다. 사회복지사업법에서 사회복지서비스는 "지방자치단체 및 민간부문의 도움을 필요로 하는 모든 국민에게 상담, 재활, 직업 소개 및 지도, 사회복지시설의 이용 등을 제공하여 정상적인 사회생활이 가능하도록 제도적으로 지원하는 것을 말한다."라고 규정하고 있다. 이는 개정 이전의 사회보장기본법에서 규정한 사회복지서비스 개념과 동일한 것이다. 사회보장기본법의 사회서비스와 사회복지사업법의 사회복지서비스 개념 간의 정리가 필요하다.

현 실정법을 기준으로 정리하면, 사회서비스 관련법 중에서도 복지에 관한 분야를 사회복지서비스라고 말할 수 있다. 구체적으로는 아동, 가족, 청소년, 여성, 장애인, 노인, 정신보건, 지역복지, 교정복지 분야 등이다. 복지를 제외한 사회서비스는 관련 복지 분야로 보건의료, 교육, 고용, 주거, 문화, 환경 분야라고 말할 수 있다.

〈표 1-5〉 사회보장기본법 전부개정에 따른 사회보장 등의 정의 변경

개정 전 사회보장기본법	개정 후 사회보장기본법(2012년 1월 개정)
사회복지서비스(제3조 제4항) 국가·지방자치단체 및 민간부문의 도움이 필요한 모든 국민에게 상담, 재활, 직업의 소개 및 지도, 사회복지시설의 이용 등을 제공하여 정상적인 사회생활이 가능하도록 지원하는 제도	**사회서비스(제3조 제4항)** 국가·지방자치단체 및 민간부문의 도움이 필요한 모든 국민에게 복지, 보건의료, 교육, 고용, 주거, 문화, 환경 등의 분야에서 인간다운 생활을 보장하고 상담, 재활, 돌봄, 정보의 제공, 관련시설의 이용, 역량개발, 사회참여 지원 등을 통하여 국민의 삶의 질이 향상되도록 지원하는 제도
관련 보건복지제도(제3조 제4항) 보건, 주거, 교육, 고용 등의 분야에서 인간다운 생활이 보장될 수 있도록 지원하는 각종 복지제도	• 삭제 • 사회서비스에 포함
	평생사회사회안전망(신설, 제3조 제5항) 생애주기에 걸쳐 보편적으로 충족되어야 하는 기본욕구와 특정한 사회위험에 의하여 발생하는 특수욕구를 동시에 고려하여 소득·서비스를 보장하는 맞춤형 사회보장제도
	국가의 책임 강화 • 5년마다 사회보장기본계획 수립 • 사회보장의 주요시책 심의/조정 기구인 사회보장위원회 구성

4) 사회안전망과 평생사회안전망

사회안전망(social safety net)은 1997년 구제금융시대에 들어간 이후 나타난 용어로 그 동안 사용해 온 '사회보장'이나 '사회복지'를 대신하여 주로 사용되고 있다. 사회안전망은 넓은 의미로 질병, 노령, 실업, 산업재해, 빈곤 등 사회적 위험으로부터 모든 국민을 보호하기 위한 제도적 장치를 일컫는 것으로, 4대 사회보험(국민연금, 건강보험, 고용보험, 산재보험)과 공공부조를 말한다.

국제통화기금(International Monetary Fund: IMF)이나 세계은행(World

Bank)과 관련된 신자유주의 경제학자들은 기존의 '사회보장'이란 용어 대신 '사회안전망'이라는 용어를 선호한다. 이들은 사회안전망을 '구조조정을 위한 경제개혁조치(신자유주의적 개편)가 사회적 취약계층에게 미치는 역효과를 최소화하기 위한 조치(주로 단기적 사회복지정책)'라고 정의한다(원석조, 2002: 25).

이와는 별도로 '평생사회안전망'이라는 제도가 있다. 이 개념은 2012년 사회보장기본법의 전부개정에서 새로 추가된 것이다. 사회보장기본법 제3조 제5호에서는 '평생사회안전망'이란 생애주기에 걸쳐 보편적으로 충족되어야 하는 기본욕구와 특정한 사회위험에 의하여 발생하는 특수욕구를 동시에 고려하여 소득·서비스를 보장하는 맞춤형 사회보장제도를 말한다고 규정하고 있다.

5) 사회복지정책

사회보장과 가장 유사한 용어가 사회복지정책이다. 사회보장과 사회복지정책은 빈곤의 예방, 사회통합, 사회적 불평등의 완화, 소득재분배 등 지향하는 목표가 같고, 사회보험을 핵심으로 한다는 점에서 동일하다. 그러나 차이점이 없는 것은 아니다. 예컨대, 베버리지 보고서를 보면 사회보장은 사회보험, 공공부조, 민간보험을 포함하고 있고, 사회복지정책은 사회보장 이외에도 아동수당, 보편주의 보건서비스, 재활서비스 및 완전고용을 포함하고 있다. 즉, 사회복지정책은 일차적으로 국가, 특히 입법기관에 부과된 의무로 전통적인 사회보장뿐만 아니라 교육, 주택, 환경정책 등을 포괄하는 데 반해, 사회보장은 보다 구체적인 내용을 갖는 사회보장정책을 시행할 국가의 의무를 기본권의 형태로 표현한 것이다.

6) 국민복지기본선

국민복지기본선(national welfare standards)이란 한 사회가 공적 제도
를 통해 개별 사회 구성원들에게 경제적 · 사회적 발전수준에 부합되게
제공하는 제반 사회복지의 수준을 말한다. 따라서 국민복지기본선은
시대와 공간을 초월하는 절대적인 의미가 아니라 보편적 의미에서 자본
주의 발전 정도와 특수적 의미에서 각국의 경제적 · 사회적 발전 정도와
정치적 특성에 따라 변화하는 상대적 성격을 갖고 있다.

국민복지기본선은 두 가지 유형을 구분하여 볼 수 있다. 하나는 공적
사회복지제도를 통해 국민에게 최저수준(minimum level)의 복지를 보
장해 주는 유형이며, 다른 하나는 최저수준 이상의 적정수준(adequate
level)의 복지를 제공하는 유형이다(변재관, 1998: 85).

〈표 1-6〉 국민복지기본선의 두 가지 유형과 원리

유형	국민복지기본선	국민복지적정선
수준	경제수준을 고려하여 최소 한도로 제공되어야 할 최저수준	적정수준—사회적 합의에 의한 상대적 수준
책임 주체	국가 책임	국가, 기업, 개인이 공동책임을 지는 사회적 공동책임
재원의 부담	조세를 통한 국가 부담	조세 외에 보험료 등을 재원하는 사회적 공동부담
주요 적용대상	빈곤층, 노동시장 탈락자나 노인 · 장애인 등 사회적 약자 중 저소득층	저소득층 이상의 계층 혹은 위험을 '사회적'으로 해결하는 것이 효율적인 계층
권리의 성격	구체적 권리(청구권의 성립)	추상적 권리(청구권의 미성립)
운영원칙	정책결정 및 제도운영에 있어서 가입자의 민주적 참여	
영역	소득, 건강, 주거, 교육, 보호 등 전 사회복지 영역	
예	• 베버리지 보고서 • ILO의 '사회보장최저기준에 관한 조약'(1952)	• ILO의 '업무상 재해급여에 관한 조약'(1964), '장애 · 노령 · 유족급여에 관한 조약'(1967), '의료 및 상병급여에 관한 조약'(1969) 등

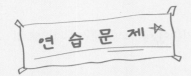

1. 사회보장 개념을 설명한 것 중 다른 것은?

   ① 사회보장법이 법상으로 가장 먼저 나타난 것은 뉴질랜드의 사회보장법이다.

   ② 사회보장의 용어가 전 세계적으로 사용되기 시작한 것은 제2차 세계대전 이후다.

   ③ 제2차 세계대전 중 사회보장이라는 용어는 나치의 정책과 경쟁하는 정치적 표어로서의 상징성을 가졌다.

   ④ 사회보장에 대한 기준은 국제노동기구에 제시되는 것이 일반적이다.

   ⑤ 사회보장이라는 용어의 사용에 관계없이 근대적 의미의 사회보장제도는 독일에서 가장 먼저 실시되었다.

2. 사회보장을 인식하는 이데올로기적 입장 차에 대한 설명 중 틀린 것은?

   ① 국제노동기구의 기준은 신자유주의적 입장이다.

   ② 세계은행의 제안은 공적 제도의 민영화에 역점을 두고 있다.

   ③ 1997년 구제금융을 받은 한국도 신자유주의적 사회보장제도로의 변화를 요구받았다.

   ④ 신자유주의적 입장을 대변하는 제도의 대표적인 방식은 3층 연금제도다.

3. 사회적 위험에 대응하는 사회보장 프로그램이 일치하지 않는 것은?

   ① 빈곤 → 공공부조제도(기초생활보장제도, 의료급여 제도)

   ② 노령 · 장해 · 사망 → 연금보험, 산업재해보상보험

   ③ 질병 · 사고 → 건강보험, 산업재해보상보험

   ④ 실업 → 고용보험

   ⑤ 저임금 위험 → 산업재해보상보험

4. 한국의 사회보장제도의 실시제도와 급여기준이 국제노동기구의 기준에 일
치되는 제도는?
① 건강보험의 현물급여
② 건강보험의 상병급여
③ 노령연금의 급여율
④ 가족(아동)수당
⑤ 출산수당 적용대상률

사회보장의 주요 형태와 기능 및 원칙

1. 사회보장의 주요 형태

1) 사회보장의 형태

세계의 사회보장체계 확립에 큰 기여를 한 베버리지(W. Beveridge)는 사람들의 경제적 욕구를 크게 세 가지로 구분하고, 사회보장을 통해 이를 충족시켜야 한다고 주장하였다. 즉, 빈곤이라는 특수한 욕구에 대해서는 공공부조를, 소득의 중단·상실과 같은 보통 정상적인 상태에서도 존재하는 기본적인 욕구에 대해서는 사회보험을, 기본적인 것을 넘는 부가적인 욕구에 대해서는 민간보험이나 개인저축을 통해 경제적 생활 보장체계를 구축해야 한다는 것이다. 그중에서도 사회보험이 그 중심적인 역할을 수행해야 하며, 나머지 공공부조와 민간보험은 사회보험에 대한 보충적인 역할을 해야 한다는 것이다. 또한 사회보장에 따른 급여가 제공된다 하더라도 그 원인이 되는 위험이 해소되지 않는다면 영구

적인 생활안정을 확보하는 것이 어렵다. 따라서 사회보장계획의 전제
조건으로서 적절한 경제정책에 따른 완전고용을 유지하고, 소득에 관계
없이 아동수당을 지급하며, 질병의 예방·치료·사회복귀를 목적으로
하는 포괄적 보건서비스를 전 국민에게 제공해야 함을 지적했다.

2) 사회보험

(1) 사회보험의 성립조건

사회보험(social insurance)은 국민에게 발생하는 사회적 위험을 보
험 방식에 따라 대처함으로써 국민 건강과 소득을 보장하는 제도를 말
한다(사회보장기본법, 1995). 세계적으로 존재하는 사회보험의 종류로
는 건강보험, 연금보험, 실업보험, 산재보험이 있으며, 이를 4대 사회보
험이라고 한다. 1995년과 2000년에는 독일과 일본에서 장기요양보험
(일본은 '개호보험')이라는 제5의 사회보험이 창설·운용되었고, 한국도
2008년 7월부터 노인장기요양보험을 시행하고 있다. 사회보험은 보험
원리에 따른 대처 방식을 사용하기 때문에 다음과 같은 보험구조 성립
조건을 갖추어야 한다.

- 위험(사고) 발생이 규칙적이어야 한다. 사고가 일정의 비율로 누군
  가에게 발생한다는 것이 통계자료의 축적으로부터 경험적으로 인
  지되어야 한다.
- 위험에 대비하여 공동의 기금을 조성하여야 한다. 보험자는 위험이
  발생한 경우 이 공동의 기금으로 급여를 해야 하며, 공동의 급여를
  만들기 위해서는 보험집단의 각 구성원이 일정액을 갹출해야 한다.
- 보험기금(보험집단의 각 구성원이 갹출한 금액)으로부터의 수지가 균
  등해야 한다. 위험률의 측정이 정확하게 이루어지면 보험료의 갹
  출과 보험기금으로부터의 급여가 균형을 이루게 된다.

(2) 사회보험의 특징

사회보험은 국민생활의 빈곤 원인이 되는 사회적 사고에 폭넓게 대처하여 사전에 빈곤을 예방하는 기능을 가지고 있다. 그러나 공공부조나 민간보험과는 본질적으로 대별되는 특징을 가지고 있다. 레즈다(Rejda, 1999; 원석조, 2002 재인용)는 사회보험의 특징을 다음과 같이 지적했다.

- 사회적 위험(사망, 노령, 장애, 질병 등)으로부터 사람들을 보호하기 위해 강제적 가입 방식에 따라 운용되는 프로그램이다.
- 모든 가입자에게 최저한의 기초생계를 유지할 수 있을 정도의 소득을 보장해 주는 제도다.
- 개인적 형평성보다는 저소득층, 대가족, 노령층이 더 유리하도록 배려한다.
- 일반적으로 급여수준의 결정은 개인적인 생활수준이나 기여 정도보다는 현재의 욕구에 따라 결정된다.
- 사회보험 수급권은 수급자와 보험자 간의 계약에 따라 규정된 권리이므로 자산조사를 수반하지 않고 권리로서 수급권을 보장받는다.
- 사전에 규정된 욕구에 따라 급여가 제공된다. 예를 들어, 연금은 모든 노인에게 자동적으로 지급되는 것이 아니라 관련 규정에 의거하나 65세 정년 퇴직자에게만 지급된다.
- 사회보험 재정은 피용자와 자영업자, 그리고 피용자를 고용하는 고용주가 책임진다(노사공동부담 원칙).
- 급여는 법으로 규정된다.
- 사회보험은 국가 또는 공공단체가 보험자이지만 정부개입이 필요한 사회문제의 해결을 위해 운용된다.
- 민간보험은 재정의 완전 적립을 요구하지만, 사회보험은 경우에 따라서 수지 불균형이 일어날 수도 있다.

한편 사회보험이 대상으로 하는 사고는 크게 세 가지 유형으로 나누어 볼 수 있다.

- 장기적인 사고: 장애, 노령, 사망
- 단기적인 사고: 질병, 분만, 실업
- 사용자의 보상책임이 요구되는 사고: 산업재해

이상과 같은 사고에 직면하게 되면 그 대상자는 수입의 상실, 중단, 감소에 따라 생활이 불안정해지고, 그에 따른 대책으로서 소득보장 등이 필요하게 된다. 소득보장의 형태는 사고의 유형에 따라 다르다.

- 장기적인 사고: 장애연금, 노령연금, 유족연금, 사망일시금 등
- 단기적인 사고: 요양급여, 분만급여, 실업급여 등
- 사용자의 보상책임이 요구되는 사고: 요양급여, 휴업급여, 장해급여, 유족급여, 상병보상연금, 장의비 등

(3) 사회보험과 민간보험의 관계

사회보험과 민간보험은 공통점이 많이 있지만, 양자가 본질적으로 다른 것은 사회보험은 영리를 목적으로 하지 않는 반면, 민간보험은 영리를 목적으로 운용된다는 것이다. 이런 점에서 민간보험은 경제제도의 하나라고 할 수 있다. 그 외에 민간보험이 가지고 있는 특징은 다음과 같다(Rejda, 1999).

- 사회보험은 강제가입을 원칙으로 하고 있지만, 민간보험은 자발적인 가입을 통해 특정 개인의 욕구를 충족시킨다.
- 민간보험의 급여수준은 개인 의사와 지불능력에 따라, 즉 기여 정도에 비례하여 정해진다.

- 사회보험은 사회적 적절성을 강조하여 결국 복지요소(welfare element)에 초점을 두나, 민간보험은 개인적 적절성을 강조하여 결국 보험요소(insurance element)에 초점을 둔다.
- 사회보험 급여 제공 근거는 법에 명시되어 있으나, 민간보험의 급여 제공 근거는 계약에 있다.
- 사회보험은 정부가 독점하고 있으나, 민간보험은 경쟁에 맡겨져 있다.
- 민간보험은 사회보험에 비해 비용을 예측하기가 쉽다(예를 들어, 실업보험에서 대량실업 등을 예측하기란 쉽지 않다.).
- 사회보험은 비용을 완전하게 준비할 필요가 없으나, 민간보험은 비용을 완전하게 준비해야 한다. 사회보험은 강제성과 영속성을 전제로 하기 때문에 비용을 완전하게 준비하지 않아도 된다.
- 사회보험은 목적과 결과를 둘러싸고 여러 의견이 있을 수 있으나, 민간보험은 목적과 결과가 비교적 단순하다.
- 사회보험은 중앙정부의 통제하에 투자되지만, 민간보험은 사적 경로를 통해 투자가 이루어진다.

〈표 2-1〉 사회보험과 민간보험의 특징 비교

사회보험	민간보험
강제적 가입	자발적 가입
최저수준의 소득보장	개인의 의사와 지불능력에 좌우
사회적 적절성(복지)	개인적 적절성(형평)
정부 독점	자유경쟁
비용지출 예측 곤란	비용지출 예측 가능
완전 적립 불필요	완전 적립
목적, 결과에 대한 의견 다양	목적, 결과에 대한 의견 일치
중앙정부 통제하의 투자	사적 경로를 통한 투자

(4) 사회보장의 민영화

1970년대 후반 영국 대처리즘에서부터 출발한 신자유주의 물결은 사회보장의 개혁, 특히 사회보장의 민영화를 요구하게 되었다. 반복지적 성향을 강하게 가지고 있던 대처 수상은 시장의 장점과 역할을 강조하면서 정부의 역할을 축소해야 한다는 논리를 내세워 사회보장제도의 민영화를 추진하였다. 이와 같은 물결은 영국뿐만 아니라 미국, 일본 등을 비롯한 서구 자본주의 국가로 번졌고, 민영화의 중심에는 연금보험이 자리 잡고 있었다.

연금보험의 민영화란 적립기금의 신설(기존 부과방식의 지양), 투자기관의 다양화(정부 채권, 민간기업의 채권, 국내외 주식 등 민간투자 상품에 대한 투자 등), 개인계정의 신설(적립기금의 일부 또는 전부를 가입자 개인별로 관리하는 개인저축으로 전환) 등의 내용을 포함하고 있다(원석조, 2002).

실제로 연금보험을 민영화한 것은 1981년 칠레였는데, 기존의 부과방식 연금을 적립방식의 개인 강제가입 연금(민간투자 펀드)으로 전환하였다. 이러한 사회보험 운영방식의 변화는 사회보험의 원리를 부정하는 것으로서, 정책의 시행주체가 정부가 아닌 영리를 추구하는 민간 투자신탁회사로 바뀌었다는 점과 재정 운영방식이 전통적인 부과방식에서 개인별 적립방식으로 바뀌었다는 점에서 획기적인 사건이었다. 현재 칠레와 같은 연금보험의 민영화는 1990년대 초에 인근 남미 국가로 확산되었으며, 선진국의 연금개혁에도 많은 영향을 미치고 있다.

3) 공공부조

공공부조(public assistance)는 국가부조(national assistance)라고도 하며, 공공의 책임 아래 생활 곤란자에 대한 최저생활을 보장하는 제도다. 공공부조는 절대왕정 시대에 부랑자를 다스리기 위해 제정한 빈민법에 기원을 두고 있으며, 베버리지는 공공부조를 사회보험의 안전망을 통과하지 못한 사람을 위한 최후의 보장제도로 보았다.

공공부조의 특징은 다음과 같다.

- 사회보험과는 달리 본인의 갹출이나 자기부담을 필요로 하지 않는다.
- 개인이나 가족이 현재의 자산이나 소득으로 최저한의 생활을 유지할 수 없다는 것이 자산조사(means test) 등의 객관적 방법을 통해 증명된 경우에 한하여 급여가 주어진다.
- 적용 조건은 사회보험이 강제가입임에 비해서 공공부조는 본인의 신청이나 사회복지 전담공무원의 대리신청에 따라 이루어진다.
- 급여수준은 사회보험이 임금에 비례하거나 균일액임에 비해서 공공부조는 최저생활비가 지급된다.
- 급여기간은 사회보험이 대체적으로 한정되어 있으나 공공부조는 빈곤한 생활을 하고 있는 이상 무제한적으로 이루어진다.
- 사회보험의 중요한 기능이 빈곤의 원인이나 사회적 사고에 대한 예방적 대처라면, 공공부조는 빈곤한 생활이 현실적으로 나타났을 때에만 그 기능을 발휘하게 되므로 구빈적 및 사후 치료적인 기능을 한다.
- 공공부조 대상자는 수급권을 인정받기 위해서 자산조사와 같은 방법을 통해 빈민임을 입증해야 하기 때문에 사회적인 낙인이나 수치심, 혐오감 등을 갖게 될 우려가 있다.

사회보험과 공공부조의 개념적 차이를 비교해 보면 〈표 2-2〉와 같다.

〈표 2-2〉 사회보험과 공공부조의 개념적 차이

구분	사회보험	공공부조
적용 조건	강제가입	본인의 신청 또는 담당공무원의 대리신청
대상	주로 노동자와 그 가족	국민 일반(생활 곤란자)
비용	유상(본인 기여 전제)	무상(공적 비용)
급여수준	임금비례, 균일액	최저생활비
급여기간	대체로 유한	대체로 무한
급여 개시	사고의 발생(자동적)	빈곤하다는 사실 확인(자산조사)
수급자격	피보험자 본인 및 그 가족	자산조사를 받은 자
기능	예방적, 방빈적	구빈적, 사후 치료적

출처: 佐口卓(1991), pp. 14-15에서 재인용.

4) 가족수당과 사회수당

(1) 가족수당

가족수당(family allowance) 또는 아동수당(child allowance)은 유자녀 가구의 가족 부담을 경감시켜 주기 위한 소득보장제도로서, 의무교육 기간이 종료되기 전까지의 아동에 대해서 무차별 평등원칙에 따라 현금이나 서비스를 제공하는 제도다. 경제적 비용효과보다는 사회적 통합 효과를 우선시하는 가치 선택에 기초하고 있다.

가족수당은 19세기 말 유럽에서 많은 자녀를 둔 근로자가 같은 임금을 받는 근로자에 비해서 더 많은 생계비가 필요하므로 정부가 이를 보충해 주어야 한다는 운동에서부터 출발하였다. 근로자의 임금수준은 동일 노동 및 동일 임금의 원칙에 기초하여 근로자의 근로생산성에 따라 결정된다. 반면 가족생활이나 소비생활 수준은 가족 구성의 크기에 따라 좌우된다. 즉, 가족 구성의 크기에 따라 근로자의 수입 정도와 소비생활 수준은 비례하지 않게 되는 것이다. 따라서 큰 소비단위를 가지고 있는 가구에 대해서는 가족 부담을 경감하기 위해서 근로자의 임금 이외에 사회적인 보장이 필요하다. 이러한 가족수당 제도를 가장 먼저 도입한 나라는 뉴질랜드(1926년), 벨기에(1930년), 프랑스(1932년) 등이며, 제2차 세계대전 이후 미국을 제외한 주요 복지국가들은 가족수당 제도를 가지고 있다.

가족수당 제도의 특징은 다음과 같다.

- 가족수당 제도의 태동 초기에는 근로자를 대상으로 했으나, 현재 많은 국가에서는 모든 국민을 대상으로 하고 있다.
- 적용 조건과 급여는 아동을 양육하고 있는 자에 대해서 자동적으로 가족수당이 지급된다.
- 가족수당 제도에 소요되는 비용은 국가와 사업주가 부담하며, 대상자에 대한 갹출은 이루어지지 않는다.
- 급여기간은 유한하나 장기간에 걸쳐 지급된다.

(2) 사회수당

가족수당과 유사한 제도로서는 사회수당(demogrant)이 있다. 사회수당은 공공부조와 사회보험의 중간적인 성격을 가지고 있는 제도로, 기존의 사회보험이나 공공부조로는 적절하게 대처할 수 없는 특정 생활상의 필요에 대해서 일정의 현금을 일정 조건 아래 공적 비용으로 지급하는 제도다. 사회보험과 같이 보험료 갹출이 없다는 점에서는 공공부조의 성격을 가지나, 자산조사가 없다는 점에서는 사회보험의 성격을 가진다. 그러나 실제로는 자산조사가 없다고 하더라도 소득 제한이 있는 경우가 많아 자산조사가 동반되기도 한다. 이와 같은 유형에 속하는 제도로는 무갹출 노령연금 등이 있는데, 이는 노령기에 일반적으로 나타나는 경제적 사정의 어려움에 따르는 경제적 욕구의 충족 또는 사회발전에 기여한 공헌에 대한 보상의 조건으로 일정 연령 이상의 전체 노인에게 지급하는 형태를 취한다.

2. 사회보장의 기능

1) 사회보장의 순기능과 역기능

사회보장은 사람들의 생존과 관계되는 기초적 욕구를 충족시켜 생존권을 보장함에 있어 중요한 역할을 수행한다. 그리고 노령, 질병, 실업, 재해 등에 따른 소득의 급격한 감소를 완화시켜 생활의 안정을 유지하게 하며, 소득의 재분배에 있어서도 중요한 역할을 하고 있다. 특히 복지국가에서의 사회보장급여는 국민경제에 커다란 비중을 차지하고 있으며, 개인의 생활과 정치, 경제 등에 중요한 영향을 주고 있다.

반면에 사회보장이 너무 확대되면 필연적으로 사회보장비용 확보를 위한 재원이 필요하게 되어 국민에게 많은 세금을 부과해야 하는데, 이러한 세금의 증가는 근로 의욕을 감소시킬 수 있다. 또한 사회보장 프로그램의 확대는 개인의 저축을 감소시켜서 결국 국가 전체의 총체적 저축액이 감소되고, 투자할 자원이 줄어들어 낮은 생산성을 보이거나 경제의 안정적인 성장에 저해를 가져온다는 역기능이 주장되기도 한다. 따라서 사회경제적 환경과 조화를 이루는 사회보장의 확대 발전이 요구된다. 그리고 인구의 고령화가 진행되면 기초생활보장, 연금, 의료, 사회복지 서비스에 소요되는 절대비용과 국민소득 대비 사회보장비용이 함께 증가하여 그 비용 부담을 어떻게 극복할 것인가 하는 점도 큰 과제가 된다.

2) 생존권과 최저생활보장 기능

사회보장의 가장 기본적인 기능은 사람들의 생존권을 보장하는 것이다. 생존권은 기본적 인권이며, 인간이기 때문에 무조건적이고 불변적으로 동등하게 보장받아야 할 권리다.

　역사적으로 생존권은 자본주의화의 진전에 따라 사회에서 개개인 간의 빈부 격차가 확대되고 노동자를 비롯한 사람들의 생활이나 생존이 위기에 처한 상황에서 그들의 생존과 생활을 어떻게 보장할 것인가 하는 과제에서부터 등장하였다. 이러한 개개인의 생활보장에 대한 요구가 사회보장의 권리로서 인정받은 것은 20세기에 들어와서부터이므로 그 역사는 매우 짧다. 이러한 역사적 흐름 속에서 생존권은 오늘날 일반적으로 개인의 생존 또는 생활을 위해 필요한 제반조건의 확보를 요구하는 권리로 관념화되어 있다. 또한 국가는 이러한 권리에 대응하기 위한 구체적인 형태로서 국가에 의한, 국민에 대한 생활보장 의무를 규정하고 있는 것이 통상적인데, 그 구체적인 형태가 바로 사회보장제도다.

　사회보장은 국민의 최저생활을 확보해 줌으로써 개인 및 가족, 사회의 안정을 가져온다. 저소득가구의 빈곤 원인이 가구주의 장애나 질병, 실업, 의료비 과다지출 등인 점(엄기욱, 2002)과 1995년에 제정된 사회보장기본법 제2조(기본이념)를 살펴보면 사회보장의 일차적인 목적이 국민들의 최저생활 확보에 있음을 알 수 있다. 즉, 사회보장기본법 제2조에서는 "사회보장은 모든 국민이 인간다운 생활을 할 수 있도록 최저생활을 보장하고 국민 개개인이 생활 수준을 향상시킬 수 있도록 제도와 여건을 조성하여, 그 시행에 있어 균형과 효율의 조화를 도모함으로써 복지사회를 실현하는 것을 기본 이념으로 한다."라고 되어 있다.

3) 생활과 경제의 안정기능

　1950년대까지 영국이나 북유럽과 같은 복지국가는 국민의 최저한 보편주의적 보장이 사회보장의 기본적 목적과 과제였다. 그러나 이러한 목적이 달성된 국가에서는 최저생활에 대한 보장뿐만 아니라 노령, 실업, 질병 등으로 인해 소득과 생활수준이 급격하게 감소하지 않고 안심하면서 생활할 수 있는 사회보장을 실시할 필요가 있다는 시각이 확산되었다. 이에 따라 북유럽 국가와 영국, 캐나다, 일본 등은 1960년대부터 공적 연금제도로 최저생활을 보장하는 보편주의적 기초연금과 소득비례 등에 따른 부가적 연금제도를 도입하여 2층 구조 형태를 만들어, 최저생활 이상의 보다 수준 높은 생활을 영위할 수 있는 제도를 마련하였다. 물론 2층 구조 형태를 가지고 있지 않은 국가들도 최저생활 보장 이상의 소득을 보장하는 경우가 많은데, 이는 퇴직으로 인한 급격한 소득의 감소를 완화시켜 생활이 안정되고 안심하고 살아갈 수 있도록 하는 데 중요한 역할을 한다.

사회보장은 실업 등에 따른 소득의 감소를 완화시킴과 더불어 불황이나 경기후퇴에 따른 소비수요의 저하를 완화시키며, 경기가 좋을 때는 실업수당이나 생계비용 지출을 감소시켜 경기변동의 안정화에 기여한다. 또한 소득의 재분배를 통해서 유효수요를 증가시켜 불황을 극복하게 하는 기능을 하기도 한다.

4) 소득재분배 기능

사회보장제도의 중요한 기능 중 하나는 소득재분배로, 사회보장을 경제정책 등과 차별화하는 기준이 된다. 소득재분배에 대한 논의에서는 시장경제론자의 주장과 같이 개인의 자유에 대한 침해, 근로동기의 저하, 의존성 증대에 따른 효율성 상실 등을 이유로 적극적인 국가개입을 반대하기도 한다. 그러나 국가개입론자들은 시장실패의 보완, 계급갈등의 제도화 및 사회 연대성의 실현, 사회적 위험의 분산 등을 이유로 국가개입의 필요성을 주장한다. 사회보장은 국가개입의 한 형태로 발전되어 왔으며, 따라서 사회적 위험을 예방 또는 분산하기 위한 바람직한 소득재분배를 추구한다고 볼 수 있다.

소득재분배란 "한 개인 또는 집단으로부터 다른 개인 또는 집단으로 이전(transfer)되는 소득 또는 소득으로 간주되는 급여를 말한다."(Webb & Sieve, 1971: 11)

소득재분배의 형태는 기간과 세대를 중심으로 세대 내 재분배와 세대 간 재분배 형태가 있을 수 있다. 그리고 동일 세대 내에서 소득과 위험 발생 여부에 따라 수직적 재분배와 수평적 재분배로 구분된다.

첫째, 수직적 재분배(vertical redistribution)란 고소득자로부터 저소득 자에게로의 소득재분배를 의미한다. 예를 들면, 누진적인 소득세나 자 산소득세로 징수된 세금을 국민연금이나 기초생활보장 비용으로 지출 하게 된다면 고소득자로부터 저소득자에로 재분배되었다고 할 수 있다.

둘째, 수평적 재분배(horizontal redistribution)란 동일한 소득계층 내 에서 일하고 있는 사람으로부터 일할 수 없게 된 사람에게로, 자녀가 없 는 계층으로부터 자녀가 있는 계층에게로, 취업자로부터 실업자에게로, 사고를 당하지 않은 사람으로부터 사고를 당한 사람에게로 소득이 재분 배되는 형태다.

셋째, 세대 간 재분배(inter-generation redistribution)란 근로세대와 노 령세대, 현재 세대와 미래 세대 간의 소득을 재분배하는 형태로서 공적 연금제도가 대표적이다. 즉, 재정조달 방식이 축적된 기금에 따라 지급 되는 적립방식이 아니라 현재 일하고 있는 세대의 기여금으로 운영되는 부과방식으로 운영될 경우 세대 간 재분배 효과는 크게 나타난다.

5) 사회적 연대와 통합 기능

전술한 사회보장의 기능이 경제학적 관점에서의 기능이었다면, 사회 적 연대와 통합 기능은 사회학적·정치학적 관점에서의 기능이라고 할 수 있다. 사회적 통합기능은 사회보장이 지배계급에 따라 체제유지 기 능을 한다는 견해도 있으나, 사회적 위험에 노출된 수많은 사람에게 기 본적 생활을 보장하여 사회통합 또는 사회적 연대를 강화시켜 준다.

만약 사회적 위험에 대한 보장이 제도적으로 마련되어 있지 않을 경우, 실업이나 빈곤의 심화, 생활의 불안정 등으로 사회분열이 초래될 것이며 사회질서를 유지하는 것이 어려워질 것이다. 따라서 사회보장제도의 확립은 사회 연대성을 증진시켜 정치적 안정을 도모하는 기능을 하게 된다.

3. 사회보장의 원칙

1) 베버리지의 사회보험 6대 원칙

영국의 베버리지는 1942년 「사회보험과 관련 서비스」라는 베버리지 보고서에서 다음과 같은 사회보험의 6대 기본 원칙을 제시했다.

(1) 균일한 생계급여의 원칙

균일한 생계급여의 원칙(flat-rate of subsistence benefit)이란 종전의 소득이 많고 적음에 관계없이 모든 국민에게 필요한 소득을 국민의 최저한 수준으로 동일하게 지급하여야 한다는 것이다. 따라서 이 원칙은 소득 상실 이전의 생활수준을 유지시켜 주기 위기 위한 것이 아니라 최저한의 생활을 유지시키는 것에 목표를 두고 있다.

(2) 균일한 기여의 원칙

균일한 기여의 원칙(flat-rate of contribution)이란 균일한 생계급여의 원칙과 동일한 원리로서, 동일한 생계급여를 받기 위해서는 동일한 기여를 해야 한다는 것이다. 즉, 소득의 많고 적음을 막론하고 동일한 기여를 하고 동일한 급여를 받는다는 것이다.

(3) 행정책임의 통일화 원칙

당시 영국에서는 소득보장과 관련된 정부부처가 7개나 있어 그들이 각각 독립적인 소득보장을 실시하고 있었을 뿐 아니라 재원조달 방식도 통일되어 있지 않았다. 그 결과로 서비스의 중복 및 혼란 현상이 야기되었으며, 일부 대상자는 서비스 대상에서 제외되는 현상을 빚기도 했다. 따라서 행정책임의 통일화 원칙(unification of administration responsibility)이란 경비 절감과 부처 및 제도 간의 상호 모순을 없애기 위해 운영기관을 통일해야 한다는 것이다.

(4) 급여수준의 적정화 원칙

급여수준의 적정화 원칙(adequacy of benefits)이란 급여수준은 국민들이 최저한의 생활을 하는 데 충분한 금액과 기간이 보장되어야 한다는 것이다.

(5) 적용 범위의 포괄성 원칙

적용 범위의 포괄성 원칙(comprehensiveness)이란 사회보험의 대상으로서 타당하다고 인정되는 일반적이고 규칙적인 위험에 관해서는 피보험자의 범위와 욕구의 범위가 모두 포함되어야 한다는 것이다.

(6) 적용대상의 계층화 원칙(classification)

적용대상의 계층화 원칙(classification)이란 사회보험의 대상자는 모든 국민을 대상으로 하지만 피고용인, 고용주나 상인, 가정주부, 비취업자, 아동, 고령자의 6개 계층으로 분류하여 보험을 조정해야 한다는 것이다.

이상과 같은 베버리지의 사회보험 원칙 중에서 제1, 제2원칙은 균일주의 원칙이라고도 불린다. 이들 원칙은 능력과 욕구에 상응하는 급여

방식에 대한 비판을 토대로 하고 있으며, 오랜 역사를 통해 형성된 자산조사에 대한 치욕과 수치심, 그리고 낙인에 대한 거부감의 발로에서 나온 것이라 할 수 있다. 그러나 균일주의는 저소득자의 비용부담 능력에 갹출액을 맞추게 되므로 사회보장 재원이 항상 부족하여 결국에는 급여수준의 상승을 저해한다는 문제점을 안고 있다. 따라서 이러한 문제를 해결하기 위해서는 적정 급여수준과 낮은 갹출수준 격차를 해소하기 위해 부족한 만큼의 비용을 공적 비용으로 보충하거나, 소득비례 갹출방식을 선택할 수밖에 없다. 그런데 전자는 재정의 불안정성이라는 문제로 많은 저항에 부딪힐 수밖에 없어, 이후 영국을 비롯한 대부분의 나라는 소득비례 갹출방식을 선택하게 된다.

2) 국제노동기구의 사회보장 원칙

사회보장의 확장 및 보급을 위한 국제노동기구(ILO)의 노력은 제2차 세계대전 전후에 활발하게 전개되었다. 그 대표적인 것이 1952년 제35회 ILO 총회에서 채택된 제102호 조약으로서 사회보장의 최저기준에 관한 것이다. 이 조약은 사회보장에서 중요한 세 가지 원칙, 즉 대상의 보편성, 비용 부담의 공평성, 급여수준의 적절성 원칙을 결의했다.

(1) 대상의 보편성 원칙

사회보장이 사회보험을 중심으로 각국에서 처음 창설되었을 때는 근로자 계층을 그 대상으로 하였으나, 제2차 세계대전을 계기로 전 국민을 대상으로 하는 제도로 변화되었다. 대상의 보편성 원칙이란 국민의 각계각층을 망라하여 모든 국민을 포괄적으로 적용대상으로 한다는 원칙을 말한다. 이 원칙은 개발도상국의 경우 제도 도입부터 모든 국민을 대상으로 하는 것은 어렵지만 장기적인 기본 목표 아래 점진적으로 확대되어야 함을 지적하고 있다.

(2) 비용 부담의 공평성 원칙

사회보장의 재정에 관한 기본 원칙은 3개 항으로 규정되어 있다.

- 사회보장비용은 공동부담을 원칙으로 하되 그 재원은 보험료 또는 세금으로 충당하며, 자산이 적은 자에게 과중한 부담이 되지 않도록 하며, 피보험자의 경제적 상태를 고려하여 결정해야 한다.
- 보험료에 대한 피고용자의 부담 한계는 피보험자 계층의 직접 보호를 위해서 지급되는 전체 재원의 50%를 초과해서는 안 된다. 그 나머지는 사용자 부담, 특별세 수입, 일반재정으로부터의 보조금, 자본수입 등으로 충당되어야 한다.
- 국가는 보험급여의 정당한 지급에 대한 일반적 책임을 가져야 하며, 이를 위하여 재정의 수지균등의 원칙을 지켜야 한다. 그리고 재정적 균형에 관하여 필요한 보험 수리적 연구 및 계산을 정기적으로 강구하여야 한다.

(3) 급여수준의 적절성 원칙

급여수준의 적절성 원칙은 보험의 급여수준 및 급여방법에 관한 원칙을 말한다.

- 가족의 부양수준 원칙: 보험급여의 총액과 수익자의 자력을 합한 것이 최저생활이 되도록 하려는 원칙이다.
- 균일급여의 원칙: 어떤 수급자에게나 동액의 보험급여를 한다는 원칙이다. 이것은 최저기준선까지는 누구에게나 동일하게 확보해 주어야 하는 것으로, 대상자의 직종이나 숙련, 미숙련 등을 구분하지 않는다.
- 비례급여의 원칙: 급여수준은 각 개인이 사회적으로 영위하는 생활의 정도가 모두 다르기 때문에 그에 상응하는 정도가 되어야 한다.

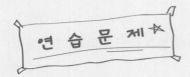

1. 사회보험의 특징에 관한 설명으로 적합하지 <u>않은</u> 것은?
   ① 사회적 위험으로부터 사람들을 보호하기 위해 강제적 가입 방식으로 운용된다.
   ② 모든 가입자에게 최저한의 소득을 보장해 주는 제도다.
   ③ 수급권은 권리로서 보장받는다.
   ④ 기여 정도와 비례하여 급여를 받는다.
   ⑤ 일반적으로 보험자는 국가나 공공기관이다.

2. 민간보험의 특징에 관한 설명으로 적합하지 <u>않은</u> 것은?
   ① 급여의 수준은 기여 정도에 비례하여 정해진다.
   ② 비용지출을 예측하기가 어렵다.
   ③ 개인의 적절성을 강조하여 결국 보험요소에 초점을 둔다.
   ④ 사적 경로를 통한 투자가 이루어진다.
   ⑤ 자유경쟁 원리에 기초하고 있다.

3. 공공부조에 대한 설명으로 적합하지 <u>않은</u> 것은?
   ① 본인의 일부 갹출이나 자기부담이 필요하다.
   ② 수급자격은 자산조사를 통해 이루어진다.
   ③ 급여수준으로는 최저생활비가 지급된다
   ④ 급여기간은 한정되어 있지 않다.
   ⑤ 구빈적, 사후 치료적인 기능을 수행한다.

4. 사회보장의 기능에 대한 설명으로 적합하지 <u>않은</u> 것은?

　① 기본적인 기능은 국민의 생존권 보장에 있다.

　② 노령, 질병, 실업 등에 따른 생활수준 저하를 완화하고 생활안정을 도모

　　한다.

　③ 소득이 많은 사람으로부터 적은 사람에게로, 일하고 있는 사람으로부터

　　일하지 못하는 사람에게로 소득재분배를 행한다.

　④ 국민의 상호 연대, 사회적 통합을 촉진한다.

　⑤ 사회보장의 존재는 개인의 노후나 불의의 사고를 완전히 보장한다.

5. 베버리지의 사회보험 6대 원칙에 해당되지 <u>않는</u> 것은?

　① 균일한 생계급여 원칙

　② 적용 범위의 포괄성 원칙

　③ 적용대상의 일원화 원칙

　④ 행정책임의 통일화 원칙

　⑤ 급여수준의 적정화 원칙(최저보장)

사회보장과 사회변화

1. 사회보장 발달 배경과 발달 유형

1) 발달 배경

산업화 과정에서 발생한 사회적 위험(social risk)으로부터 사회 구성원들을 보호하기 위해 국가가 국민의 복지에 적극적으로 개입하는 현대적 의미의 사회보장제도는 19세기 후반인 1883년 독일 사회보험 입법을 그 출발점으로 한다.

사회보장의 역사에 대한 고찰은 전통적인 공동체를 해체시키고 사회보장을 등장하게 한 자본주의 발전의 사회구조적 요인이 무엇인가, 그리고 사회보장제도의 변화·발전을 결정하는 요인은 무엇인가를 이해하기 위해서 필요하다. 각 나라들이 자본주의적 산업화를 겪으면서도 그 발전경로가 다양하듯이, 산업화의 산물로 출현한 사회보장제도는 자본주의 발전의 경로, 사회계급들과 정치집단의 정치투쟁, 이데올로기,

전통사회의 유산 등 다양한 변수들에 따라 도입시기와 제도의 내용을 달리한다. 사회보장의 역사에 대한 이해는 각 나라의 사회보장제도들의 보편성과 특수성, 그것을 결정하는 다양한 요인에 대한 고찰을 의미한다.

시민의 기본적인 생존권으로서, 모든 사회 구성원에게 보편적으로 적용되는 제도적 복지로서, 현대적 의미의 사회보장제도는 공공부조의 성격을 갖는 구빈법체제에서 시작되는 것이 아니라 사회보험제도의 등장에서 출발한다. 이렇게 보면 사회보장의 역사는 불과 100여 년에 지나지 않는다. 그러나 이 장에서 현대적 의미의 사회보장제도 도입 이전이라고 할 수 있는 구빈법체제부터 고찰하는 이유는 공공부조제도에서 사회보험제도로의 전개가 사회보장의 역사에서 나타나는 일반적인 발전경향일 뿐만 아니라, 자본주의적 산업화와 임금노동자의 형성과정에서 야기된 사회문제를 해결하기 위한 국가의 공적 개입의 노력이 구빈법체제에서 시작되기 때문이다.

사회보장의 개념을 마샬(T. H. Marshall)의 시민권 이론(1965)에 입각하여 20세기 사회권 개념의 성립으로 이해한다면 사회보장의 역사는 사회보험에서부터 출발해야 할 것이다. 하지만 그보다 자본주의적 산업화 과정에서 야기되는 사회문제에 대한 국가의 공적 개입이라는 광의의 의미로 이해한다면 구빈법체제에 대한 고찰은 사회보장의 역사적 고찰에서 중요한 의의를 갖는다.

사회보장의 역사를 서구 선진산업국가를 중심으로 살펴보는 것은 서구사회들이 자본주의적 산업화의 면에서 제3세계 사회보다 앞서갔을 뿐만 아니라 사회보장제도의 도입, 확대, 재편의 전 과정을 이미 경험했기 때문이다.

사회보장제도의 내용과 발전경로가 서구 선진국들 사이에서 각각 다르고 제3세계 국가들에서도 다양하지만, 사회보장제도의 형성요인으로서 봉건적 공동체의 해체와 산업화라는 점은 공통적이다. 즉, 사회보장의 역사는 자본주의의 발전과 밀접한 관련이 있다. 산업화는 사회적인 측면에서 인구구조와 가족구조의 변화로 사회보장을 필요로 하게 되었고, 경제적인 측면에서도 계급갈등, 자본주의 경제의 주기적 경기순환과 재생산의 문제에 대처하기 위해서 국가의 사회보장 개입을 요구하게 되었다.

2) 발달 유형

사회보장제도는 자본주의 발전과 산업화라는 보편성을 등장 배경으로 하지만 사회보장, 특히 사회보험제도의 도입시기와 발전수준은 그것만으로는 제대로 설명되지 않는다. 사회보장제도의 도입과 발전은 복잡한 정치과정과 이데올기적·문화적 요인들에 따라 결정되기 때문이다.

스웨덴은 사회보험정책의 도입이 상대적으로 늦었지만 1934년 사회민주당이 정권을 장악함으로써 가장 우수한 사회보장체제의 구축에 성공했고, 복지국가 위기 이후 재편과정에서도 가장 포괄적인 공적 개입을 유지하고 있다. 독일은 이른바 선진후발국가로서 유럽의 다른 국가들보다 산업화를 늦게 시작하였지만 국가가 주도하는 산업화의 과정에서 세계에서 가장 먼저 사회보험을 도입했다. 미국은 산업화의 수준과 산업생산력의 면에서 고도의 수준에 있지만 사회보장의 면에서는 유럽의 평균수준에도 못 미치는 복지후진국(welfare leggard)에 속한다.

이들 국가는 한 국가의 사회보장, 특히 사회보험의 형성과 발전은 어떤 하나의 지배적 요인에 의하여 결정된다기보다 다양한 요인 간의 상호작용의 산물이라는 것을 보여 준다. 이러한 점에서 플로라(P. Flora)와 앨버(J. Alber)는 사회보험을 중심으로 한 사회복지체제의 국가 간 비교 연구에서 사회보장의 형성·발전 요인을 사회경제적 발전수준, 노동계급의 정치적 동원수준, 국가개입의 성격을 결정하는 정치체제 등의 세 가지 변수로 설명했다(Flora & Alber, 1981: 58-68).

2. 사회변화와 사회보장 발달과정

사회보장제도의 역사는 현대적 사회보장제도 도입 이전인 구빈법체제, 사회보장제도의 형성기(1870년대부터 1945년 제2차 세계대전 종전까지), 복지국가의 형성과 사회보장의 확장기, 복지국가의 위기론의 대두와 사회보장의 재편기 등의 네 시기로 구분할 수 있다.

1) 현대적 사회보장제도 도입 이전: 봉건사회의 해체와 구빈법체제

유럽 봉건사회에서의 빈민구제는 기독교에 기반을 둔 종교적 관심에서 이루어졌다. 영국 엘리자베스 구빈법(Elizabethan Poor Law) 이전이나 프랑스혁명 이전의 빈민구제의 전통은 교구단위의 교회를 중심으로 한 자선에 불과하였다. 농노제와 장원의 촌락공동체를 기초로 하는 봉건사회에서 빈곤문제는 심각한 사회문제로 간주되지는 않았다. 노동능력이 없는 무능력자가 발생하더라도 장원의 공동체 질서 안에서 해결하였다. 그러나 영국에서 산업혁명이 시작됨에 따라 봉건장원의 토지 소유자들은 종전에 농노들의 경작지였던 땅들을 목유지로 전환시켰으며, 그 과정에서 대량으로 빈민과 유랑민이 발생하게 되었다. 『유토피아(*Utopia*)』의 저자인 토머스 모어(T. More)의 "양이 사람을 잡아먹는다."이라는 표현은 산업기술의 발달과 신대륙에서의 양모 수요의 급증으로 나타난 인클로저(enclosure) 운동이 사회에 미친 영향을 적절하게 표현하고 있다.

영국에서 최초로 구빈법에 의한 통제가 시작된 것은 흑사병이 유럽대륙을 휩쓸었던 1349년이었다. 엘리자베스 구빈법이 제정되기 이전에는 영국의 튜더 왕조는 1349년의 노동자 조례와 1388년의 구빈법 등을 통해 유민이나 걸인의 지리적 이동을 금지시키거나 자신의 교구를 벗어나는 빈민들에게 가혹한 체벌을 가하는 등 빈민에 대한 억압을 통해 봉건사회의 붕괴에 대처하고자 하였다. 1601년 엘리자베스 구빈법은 14세기 이후 발달되어 온 이러한 구빈법체제를 집대성한 것이었다.

(1) 1601년 엘리자베스 구빈법의 도입 배경과 내용

영국의 구빈법 전통은 현대 공공부조제도의 초기 형태라고 할 수 있다. 프랑스에서도 영국과 유사한 구빈행정이 존재했다. 1601년에 제정된 엘리자베스 구빈법은 14세기 이후부터 시도되어 온 빈민통제와 노동통제 그리고 빈민구제에 대한 국가의 공적 책임을 확인하면서 전국적인 구빈행정체계를 정비하였다는 점에서 그 이전의 구빈정책들과 구분된다. 유럽에서 구빈법체제의 등장은 산업화로 인한 봉건적 농촌공동체의 해체와 농민들의 토지로부터의 축출을 사회경제적 배경으로 한다.

엘리자베스 구빈법의 핵심 특징은 두 가지로 간추려 볼 수 있다.[1]

첫째, 빈민들을 세 범주로 구분하여 차별적으로 처우하였다(박광준, 2002: 93). 빈민의 세 범주는 ① 노동능력이 있는 빈민 혹은 구제받을 자격이 없는 빈민(undeserving poor), ② 노동능력이 없는 빈민 혹은 자격이 있는 빈민(deserving poor), ③ 의존적인 빈곤아동이다. 이 중 제1부류의 빈민들에게는 노동을 강제하고 거부하는 자에게는 처벌을 가했다. 그리고 제2의 범주에 대해서는 생활을 부양하고, 제3의 범주에 대해서는 강제적으로 도제(apprentice)로 보냈다. 여기서 특히 중요한 것은 '노동능력이 있는 빈민'과 '노동능력이 없는 빈민'을 구분하여 전자에게 강제로 노동을 부과하려고 했다는 점이다. 노동능력이 있는 빈민이

---

[1] 엘리자베스 구빈법의 주된 내용은 빈민구호에 대한 국가의 책임, 행정체제의 확립, 세금재원의 활용, 노동 능력자와 무능력자의 구별, 노동 능력자의 취업기회 상실에 대한 인정, 아동보호, 구빈원의 활용, 구빈원조에 대한 친척의 책임, 부랑자의 수용 등을 포함하고 있다.

작업장에 입소할 것을 거부할 경우에는 교정원(house of correction)으로 보내져서 범죄자처럼 처벌을 받아야 했다. 이는 노동능력이 있는 빈민의 구제를 노동을 조건으로 지원하는 방식으로, 현대의 노동연계복지(workfare)의 초기 형태라고 볼 수 있다(김태성, 김진수, 2001: 89).

둘째, 전국적으로 구빈행정체계를 확립하였다는 점이다. 엘리자베스 구빈법이 제정되기 전에는 추밀원(Privy Council), 치안판사, 빈민감독관 등의 역할이 불분명했으나, 법 제정 이후에는 추밀원이 구빈행정의 정점이 되었으며 각 교구를 말단행정 단위로 하여 치안판사들이 교구민 중 2~4명의 빈민감독관을 선발하여 구빈행정의 책임을 맡도록 하였다. 빈민 감독관은 구빈행정의 집행뿐만 아니라 적절한 시기에 구빈세를 교구민들에게 부과할 수 있는 권한을 가졌다.

(2) 구빈법의 성격과 영향
① 엘리자베스 구빈법의 한계

구빈법의 내용에서 드러나듯이, 구빈법은 사회복지법이라고 보기 어렵다. 웹 부부(Sidney & Beatrice Webb)가 지적한 바와 같이, 영국 구빈제도의 특징은 '억압을 통한 구제'였다. 당시의 사회사적인 기록들은 구빈법이 영국의 하층민에게 얼마나 공포의 대상이었는가를 보여 준다. 14세 이상의 면허 없는 걸인들은 2년간 그들을 사용할 사람이 나타나지 않으면 혹독한 매를 맞고 왼쪽 귀에 낙인이 찍혔다. 18세 이상의 걸인들은 2년간 그들을 사용하려는 자가 없을 경우 사형에 처해졌다. 삼범인 경우에는 곧장 사형에 처해졌다(김수행 역, 1989; 이인재, 류진석, 권문일, 김진구, 2002 재인용).

구빈법의 빈민구제가 가혹한 형벌과 함께 이루어진 것은 빈민과 빈곤의 원인에 대한 당시의 그릇된 인식에서 비롯되었다. 빈곤의 원인은 개인적인 무능함으로 간주되었으며, 특히 빈민들의 나태와 게으름은 악의 근원으로 간주되었다. 구빈법시대를 지배했던 중상주의자들은 나

태가 가져오는 이중적 손실—생산 방해와 비도덕성—을 신랄하게 비
판하였다.

그러나 대량의 부랑자와 실업자의 발생은 영국 자본주의의 원시적 축
적기의 사회경제적 산물이었으며 '피의 입법'은 이를 통제하기 위한 것
이었다. 자본주의 경제체제의 경기순환과 주기적 공황은 상대적 과잉
인구를 대량 방출한다. 구빈법의 기능은 봉건제에서 자본주의로의 이
행기에 자본이 필요로 하는 임금노동자의 창출과정에서 빈민을 통제하
고 노동규율을 확립하는 데 있었다고 볼 수 있을 것이다.

② 신구빈법의 성립과 영향

구빈법의 이러한 숨은 기능은 1834년 신구빈법(New Poor Law)의 열
등처우의 원칙(the principle of less eligibility)에서 더욱 분명히 드러난다.
열등처우의 원칙은 공리주의자이자 구빈법 조사위원회의 위원이었던
채드윅(E. Chadwick)이 기초한 것으로, 구제를 받는 사람의 상황이 노동
을 하는 최하계층 노동자의 상황보다 더 낮은 조건에서만 구제를 해야
한다는 원칙이다(Rimlinger, 1971). 신구빈법의 목적은 빈민구호시설, 즉
작업장 내에서의 수용자들에 대한 처우를 극도로 열악하게 하여 치욕감
을 느끼게 함으로써 가능한 한 노동이 가능한 빈민을 노동을 하도록 몰
아내는 데 있었다. 당시 작업장은 절망적인 빈민 외에는 누구도 발을 들
여놓고 싶지 않은 '빈민의 감옥'이라는 공포의 장소로 인식되었다.

구빈법체제는 빈민들에 대한 구호의 내용을 가지고 있더라도 현대적
사회보장과는 성격을 달리한다. 구빈법체제가 수혜자의 생존권이나 사
회권과 같은 시민의 권리로서 운영된 것이 아니라 억압과 통제, 온정주
의의 성격을 띠기 때문이다. 1601년 엘리자베스 구빈법과 1834년의 신
구빈법의 원리는 제2차 세계대전 이후 영국에서 공식적으로 폐기되기
까지 영국 구빈체계의 기본 틀이었으며 오늘날까지 많은 국가의 공공부
조의 원리 속에 남아 있다. 한국의 국민기초생활보장법의 조건부 수급

자에 대한 지원도 어느 정도 이러한 제도의 기본 원리를 담고 있다고 볼
수 있을 것이다.

2) 사회보장제도의 형성기:
1870년대부터 1945년 제2차 세계대전 종전까지

19세기 말 세계 최초로 독일이 사회보험을 도입한 이래 유럽의 많은
국가가 사회보험제도를 도입하기 시작했다. 서구의 선진 자본주의 국
가들에서 사회보험제도의 도입은 근대적 의미의 사회보장 도입을 뜻하
는 것으로 구빈법과 근본적으로 구분된다(Flora & Heidenheimer, 1981).
그 이유는 다음과 같다.

- 사회보험은 구빈법과 달리 일상적 수단을 통해 빈곤을 예방하는 데
  초점을 둔다. 즉, 사회보험은 빈곤문제에 대한 제도적인 개입을 의
  미한다.
- 구빈법제도는 최소한의 서비스에 국한되지만 사회보험제도는 특수
  한 상황하에서도 대상자의 과거 소득을 유지하는 데 초점을 둔다.
- 구빈법체제가 여성이나 아동과 같은 요보호 대상에 초점을 둔 데
  비해 사회보험제도는 남성 노동자들을 주 대상으로 삼았다. 이는
  사회보장의 주된 방식이 선별주의에서 보편주의로 전환되는 것을
  의미한다.
- 대상자에게 일방적 혜택을 제공하는 구빈법과 달리 사회보험제도는
  보험료의 기여에 따라 급여가 제공되므로 법적 권리가 형성된다.

따라서 사회보험제도는 사회보장이 더 이상 국가에 의한 시혜가 아니
라 대상자들의 시민권으로 변화되는 계기를 제공한다.
19세기 말 사회보험제도가 구빈법체제를 대체하게 되는 과정은 산업

화의 수준 및 자본주의적 생산관계의 정립, 노동계급의 성장 정도, 위기관리자로서 국민국가의 성장 정도 등에 따라 달라지며 도입경로도 매우 다양하다.

　주요 국가들의 사회보험 도입 시기를 살펴보면, 사회보험제도는 〈표 3-1〉에서와 같이 1880년대에 독일에서 도입된 이래 제1차 세계대전이 끝날 무렵까지 거의 전 유럽으로 확산되었다. 1945년부터 1970년대까지는 사회보험제도가 일반화되는 시기로, 제도의 적용대상을 전체 국민 혹은 대부분의 노동자로 확대하고 농민, 노동자 등 다른 계층을 위한 사회보험이 신설되었다.

〈표 3-1〉 주요 국가들의 사회보험제도 도입 연도

	산재보험	의료(질병)보험	노령연금	실업보험
벨기에	1903	1894	1900	1920
네덜란드	1901	1929	1913	1916
프랑스	1898	1898	1895	1905
이탈리아	1898	1886	1898	1919
독일	1884	1883	1889	1927
아일랜드	1897	1911	1908	1911
영국	1897	1911	1908	1911
덴마크	1898	1892	1891	1907
노르웨이	1894	1909	1936	1906
스웨덴	1901	1891	1913	1934
핀란드	1895	1963	1937	1917
오스트리아	1887	1888	1927	1920
스위스	1891	1911	1946	1924
호주	1902	1945	1909	1945
뉴질랜드	1900	1938	1898	1938
캐나다	1930	1971	1927	1940
미국	1930	—	1935	1935

출처: Pierson (1994).
※ 국가에 의한 강제 방식뿐 아니라 임의가입 방식도 포함되어 있음.

(1) 사회보험 도입의 역사적 배경

독일이 영국보다 한 세대나 앞서 사회보험제도를 도입한 것은 역설적이게도 자유주의와 개인주의가 발달한 영국에 비해 프러시아의 가부장적 권위주의적 국가의 전통과 강력한 사회적 보호의 이념 때문이었다.

독일은 제국창건 후 얼마 되지 않아 경제불황에 빠졌고 노동자들이 사회민주당을 중심으로 세력을 확장하기 시작했다. 이에 대해 1880년대에 제국 재상인 비스마르크(O. E. L. von Bismarck)는 '사회주의 진압법'을 제정하는 한편 '국민노동의 보호'를 기치로 사회보험의 입법화를 서둘렀다. 사회보험 입법은 사회주의 혁명을 막고 노동자들을 포섭하여 자본주의 체제를 공고히 하려는 정치적인 의도의 산물이었다.

1883년부터 1889년에 걸쳐 독일은 상한선 이하의 임금을 받는 저소득 노동자만을 대상으로 한 강제노령보험과 강제의료보험을 신설하였다.

독일의 사회보험 도입에서 두드러진 특징은 일정한 임금 상한선 이상의 노동자들을 사회보험에 가입하지 못하게 제외하였다는 점이다.

(2) 1883년 비스마르크 사회보험 입법의 내용

① 기존의 공제조합과 사회보험 입법

사회보험은 그 이전에 존재했던 공제조합에 기원을 두고 있다. 1880년대 독일제국은 사회입법의 일환으로 건강보험을 도입(1883년)할 때 중앙집중식 관리기구를 새로 만드는 대신 이미 질병급여를 제공하고 있었던 기존의 공제조합을 중심으로 질병금고를 만들었다. 영국도 1911년 국민보험의 하나로 건강보험을 실시하면서 별도의 관리기구를 만들지 않고 기존의 공제조합 중에서 정부가 공인한 조합에게 맡겼다.

공제조합은 조합원 간의 상호부조 조직으로 조합원이 갹출한 일정의 부금을 재원으로 해서 조합원이 노령, 재해, 실업, 질병, 사망 등의 사고를 당했을 경우 급여를 지급했다. 공제조합은 국가 책임의 현대적인 사회보장제도가 출현되기 이전 19세기 말까지 노동자 가족들의 생계문제와 복지를 해결해 준 유일한 사회조직이었다.

공제조합이 채택한 보장의 기술은 일정한 사회적 위험과 그에 대한 보상금을 사전에 약정해 놓고 실제로 그런 위험이 발생할 경우에 약정된 급여를 하나의 권리로서 제공하며, 이런 권리를 갖기 위해서는 사전에 일정한 부금을 납부해야 하는 것으로 현대적인 사회보험의 기본 원리에 기반하고 있었다.

② 저소득대상자의 우선가입과 재원조달

1883년에 제정된 독일제국의 건강보험은 세계 최초의 사회보험이었다. 1883년 6월 15일에 제정된 의료보험 법안에 따르면 일당 6.67마르크 미만의 임금소득 노동자, 광산, 채석장, 철도, 선박, 수공업 종사자가 이 보험의 적용대상자였다. 그리고 정관에 의하여 점원, 견습공, 자영업, 비특수 운수업 종사자에게도 적용을 확대하였다. 피보험자가 되는 범위는 제조업 분야의 임금노동자(Arbeiter)와 소액(연 2,000마르크)을 받는 봉급 수령자(Angestellte)로 한정되었던 것이다.

보험료는 보수의 3~6% 범위에서 피보험자 2/3, 사용자 1/3의 비율로 지불되었다. 급여는 13주간 무료로 요양행위와 의약품을 받았으며 질병 발생 후 3일째 되는 날로부터 적어도 13주간 질병급여를 받았다.

독일제국은 건강보험의 관리·운영을 위해 앞에서 언급하였듯이 국가의 중앙집중식 기구를 별도로 만들지 않고, 이미 질병급여를 제공하고 있었던 기존의 길드, 공장, 기업 및 상호부조 조직(공제조합)을 중심으로 건강보험조합인 질병금고를 만들었다.

③ 사용자 재원부담 방식의 산재보험법 성립

1884년에 제정된 산재보험법은 논란이 가장 많았다. 재해보험(산재보험)의 적용대상은 재해 위험이 높은 사업장에서 일하는 임금노동자와 소액의 봉급을 수령하는 노동자에게 한정되었다. 또 사업장의 업무와 관련된 모든 재해에 대해 급여가 지불되는 것이 아니라 그 사업장 특유의 위험으로 인해 발생한 재해에 대해서만 급여가 지급되었다. 재해의 위험이 높은 사업장에 국한되었기 때문에 적용대상이 되는 노동자의 범위가 제한되어 있었고, 재해의 범위도 협소하게 규정되어 재해 위험의 보편화가 아직 실현되지 못하는 수준이었다.

보험료는 사업장의 위험도에 따라 사용자만이 부담하였으며 사용자단체가 조합을 구성하여 운영 및 관리하였다. 급여는 재해 발생 후 14주로부터 요양행위를 청구할 수 있었으며, 노동자가 노동능력을 상실하게 된 때에는 보수의 2/3를 연금으로 청구할 수 있었다. 노동자의 사망 시에는 일정 금액의 장제비를 지급받았으며 장해를 입었을 때에는 장해연금을 받았다.

④ 사회보험 운영방식 논쟁

비스마르크는 사회보험의 실현에서 강제보험, 중앙집중식 통제, 민간보험회사의 배제, 국가보조금의 지급 등 몇 가지 기본적인 방침을 관철시키려 했다. 이런 방침은 산업재해의 보상책임을 자본가가 아닌 국가가 지고, 국가의 직접적인 보조가 필요하며, 이윤을 목적으로 하는 사기업, 즉 민간 보험회사가 국가의 책임 영역에 들어오게 한다. 비스마르크는 노동자에게 국가가 직접 보조금을 지급해야만 노동자가 자본가가 아닌 국가에 대해 고마움을 느끼고 국가에 확실히 통합된다고 보고 특히 국가보조금 지급을 중요시했다.

그러나 비스마르크의 법안은 좌우 양쪽 세력으로부터 격렬한 비난에 봉착하였다. 좌파세력은 산재보험이 노동자를 국가복지의 노예로 만들고 노동운동에 족쇄를 채우는 것이라고 비난하였고, 우파세력은 비스마르크의 사회보험이 국가의 권력 강화와 관료화를 초래할 것이라고 비판했다. 또 우파세력은 국가보조는 노동자들의 부담을 줄이는 대신 자본가의 부담을 증가시키는 것이라며 이를 거부하고 나섰다. 이 법안은 부르주아들이 장악한 의회를 통과하는 데 결국 실패했으며, 비스마르크가 구상했던 국가의 중앙집중식 통제와 국가보조는 실현되지 못했다.

1889년 6월 22일에 공포된 강제노령연금은 건강보험과 달리 장기보험이다. 따라서 비스마르크는 적은 금액이지만 국가의 연금을 수령하는 국민들이 많다면 그들로부터 국가에 대한 충성심을 이끌어 낼 수 있다고 생각했다. 피보험자의 범위는 임금수령 노동자 전부와 소액의 봉급을 수령하는 근로자에게 한정되었다. 강제보험이 적용되지 않는 자는 40세 이상이 아니라면 임의보험의 형식으로 가입할 수 있었고, 강제보험에 적용되는 직업을 그만두게 될 경우에도 임의보험의 방법으로 피보험자로서 계속 남을 수 있었다. 보험료는 봉급의 1.7%로 고용주와 피고용인이 각각 반씩 부담하도록 하였고, 국가가 일정액을 보조하여 최저연금을 보장하였다. 노령연금은 70세 이상이 되어야 받을 수 있었으며 보험가입 기간이 30년 이상이 되어야 수령자격을 가질 수 있었다. 피보험자가 노령연금을 받기 전에 사망한 경우에는 보험료 전액의 1/2을 반환받을 수 있었으며 배우자, 유족에 대한 유족급여는 없었다.

(3) 비스마르크 사회보험 입법의 영향

비스마르크 사회보험 입법은 적용대상이 임금수령 노동자와 소액의 봉급을 수령하는 근로자로 제한되어 있었는데 당시 전 인구의 1/3 정도가 이 보험의 적용을 받았다. 이처럼 비스마르크 사회보험 입법은 노동자 중심의 사회보험체계에 불과하였고 적용대상의 측면에서 한계를 가지고 있었다. 하지만 그것은 그 이후 다른 나라 사회보험체계의 근간을 이루었다. 사회보험제도는 1919년까지 거의 전 유럽으로 확산되었고, 미국과 캐나다에서는 뒤늦게 대공황기에 도입이 되었다. 제3세계 국가들에서는 1924년에 사회보험제도를 도입한 칠레를 제외하고는 제2차 세계대전 전까지 실현된 곳이 거의 없었다. 제2차 세계대전까지의 사회보장 발전에 가장 크게 영향을 끼친 것은 제1차 세계대전과 경제공황이었다. 세계대전은 총력전의 형태로 일어났기 때문에 사회 전 영역에 국가개입을 증대시켰다. 또 국가는 국민적 동원에 대한 반대급부로 제도적 형태의 사회보장을 확대시킬 수밖에 없었다. 제1차 세계대전 이전의 사회보장의 발전에서 주목할 만한 것은 20세기 초 영국 자유당 집권기간(1905~1914)에 이루어진 일련의 사회복지제도의 도입이다.

(4) 영국 국민보험법의 성립(1911년)

독일이 노동계급 통제의 필요성에 따라 국가 관리하의 강제보험을 도입한 것과 달리 영국은 노동자 계급의 빈곤실태에 대한 다양한 사회고발과 구빈법체제의 실패에 대한 비판을 기반으로 하여 사회보험을 도입하게 된다. 찰스 부스(C. Booth)의 런던 시 빈민조사와 시봄 라운트리(S. Rowntree)의 요크 시 조사는 빈곤문제에 대한 여론을 각성시켰다. 신구빈법체제 이후의 구빈행정은 열등처우의 원칙, 작업장 검사제도로 인해 빈민들에게 낙인감만을 심어 주었고, 산업화 과정에서 발생한 대규모의 빈곤문제를 해결하는 데도 실패했다.

한편 로이드 조지(L. George)의 자유당 정부가 국민보험의 도입에 앞장섰던 이유는 독일제국과 같이 사회보험이 사회주의에 대한 방파제가 된다고 확신했기 때문이다. 사회보험의 반사회주의적 성격을 가장 잘 간파한 자유당 각료는 처칠(W. L. S. Churchill)이었다. 그는 사회보험의 도입 필요성을 역설하면서 독일의 비스마르크 사회입법이 사회주의를 부드럽게 소멸시키기 위해 마련되었다는 점을 강조하였다. 처칠은 사회보험을 포함한 자유주의적 사회개혁이 계층의 양극화를 막아 주는 기능을 한다고 믿었다.

사회보험의 급여 측면도 조지와 처칠의 자유주의 개혁사상과 잘 들어맞았다. 그들은 피보험자가 갹출한 돈으로부터 급여 혜택을 받는다는 것은 자신의 노력으로 급여권리를 획득한 것이므로 떳떳하다고 보았다.

(5) 미국의 사회보장법

미국에서는 경제대공황으로 인한 대량실업 문제를 해결하기 위해 루스벨트(F. D. Roosevelt) 행정부가 실시한 뉴딜 정책의 일환으로 1935년 사회보장법(Social Security Act)이 제정되었다.

루스벨트의 1차 뉴딜 정책(New Deal Policy)은 국가 계획과 통제의 정책이었으나, 대법원의 위헌판결에 부딪혀 국가주의적 정책에서 반독점과 노동자 보호를 지향한 개혁정책으로 방향을 바꾸었다. 2차 뉴딜 정책에서 가장 중요한 것은 노동자들의 단체교섭권을 인정한 와그너법(Wagner Act)과 사회보장법이었다. 뉴딜과 노동조직이 서로 정치적 동맹을 맺는 데 기여한 사회보장법은 미국 최초의 연방정부 차원의 복지 프로그램이었으며, 이후 미국 사회보장제도의 초석이 되었다. 이 법은 연방정부가 관장하는 노령보험, 주정부가 관장하고 연방정부가 세금을 면제해 주는 실업보험, 주정부가 관장하고 연방정부가 재정을 보조하는 공적 부조와 사회복지 서비스로 구성되어 있었다.

사회보장법의 성격은 1934년 6월 루스벨트가 의회에 보낸 사회보장에 관한 교서에 잘 나타나 있다. 루스벨트 대통령은 미국 역사상 처음으로 미국 헌법이 경제적 안정에 대한 개인의 권리를 포함하고 있다고 말하면서 가정의 보장, 생활의 보장, 사회보험의 보장이 필요함을 주장했다. 그는 경기회복과 병행해서 이루어져야 할 사회 재건의 가장 중요한 목표는 '시민의 생활보장'이라고 보았다. 루스벨트는 생활보장이 주택과 고용기회 그리고 생활변동에 대한 대비책인 사회보험과 공적 부조를 통해 실현될 수 있다고 주장했다.

사회보험의 기본 방침은 여러 종류의 사회보험을 하나로 묶어 포괄적인 제도를 수립하고, 사회보험의 운영은 주와 연방정부의 긴밀한 협조하에 이루어져야 하며, 필요한 재원은 일반조세 수입이 아닌 보험료로 조달한다는 것 등이었다. 이 같은 기본 방침을 실현하기 위해 1934년 6월 경제보장위원회가 설치되었고, 같은 해 8월부터 실업보험, 노령연금,

건강보험 등의 사회보험과 기타 공적 부조를 포괄한 사회보장제도 전반에 관한 기초적인 연구 작업에 착수했다. 사회보장법은 사회보험과 공공부조에 관하여 규정하고 있다.

미국의 사회보장제도에서 공공부조제도는 대상자 중심으로 규정되어 사회적 취약계층(요보호 아동, 노인, 시각장애인 등)에 대한 지원과 특수 프로그램(직업재활 훈련, 모자보건, 장애인 보호 등)에 대한 연방정부의 보조금 지출이 제도화되었다. 노인, 빈민과 시각장애인, 그리고 부모의 보호를 받지 못하고 친척의 부양을 받는 아동에 대해서는 각 주가 일정한 기준에 따라 공공부조를 수립하고, 연방정부는 각 주가 지출하는 부조자금의 1/3 내지 1/2에 해당하는 보조금을 일반재정에서 지급하도록 하였다. 신체장애 아동과 고아 등 불우아동과 신생아 및 산모에 대해서도 연방정부가 각 주에 보조금을 교부하도록 하였다.

실업보험제도와 노령연금제도는 논란 끝에 실행되었지만, 전국적 차원의 강제가입 방식인 의료보험제도는 의사들의 반대로 수립되지 못하였다. 가장 논란이 되었던 실업보험의 핵심 쟁점은 운영의 책임을 연방정부가 맡을 것인가, 아니면 연방정부와 주정부가 분담할 것인가 하는 것이었다. 논란 끝에 사회보장법에서 실업보험은 연방단위의 통일된 제도가 아닌 주정부마다의 독립된 제도를 운영하도록 하고 실업보험료와 조성된 기금운영에 대한 주체를 법으로 규정하였다.

이에 비해 노령연금제도는 전국적인 단일제도로 수립되었다. 전국의 고용주와 피고용인이 임금의 3%를 각각 보험료로 부담하여 재원을 마련하고, 피고용인이 65세에 이르러 퇴직하면 소득비례 보험급여를 받도록 하였다.

루스벨트 정부의 사회보장법은 미국의 사회복지 역사에서 하나의 분수령을 이루었다. 그 이전에는 자유주의와 개인주의 관념이 강한 미국인들은 국가가 국민 개개인의 사회경제 생활에 개입한다는 것을 전혀 상상하지 못했다. 1929년의 대공황은 미국인들의 사고의 전환을 가능하게 한 계기를 제공하였다. 대공황은 시민들의 경제적 생존권을 심각하게 위협했으나 이런 총체적 위기에 대응하는 데 있어 개인주의와 자유시장체제는 무기력하다는 것이 증명되었다. 이와 같은 관념의 변화가 사회보장법을 가능하게 만들었던 것이다.

3) 사회보장의 확장기

(1) 베버리지 보고서와 복지국가의 등장
제2차 세계대전 직후 총선에서 예상을 뒤엎고 세계적인 전쟁 영웅 윈스턴 처칠의 보수당을 이기고 집권한 애틀리와 노동당은 베버리지 보고서에 입각하여 복지국가를 실현해 나갔다. 베버리지 보고서는 영국에만 국한되는 것이 아니라 프랑스, 서독, 스웨덴 등 서유럽 복지국가의 기틀 형성에도 큰 영향을 미쳤으며 서유럽 복지국가의 청사진을 제공해 주었다.

당시 일반 시민들은 베버리지 보고서를 전후의 새로운 평등사회 실현을 위한 청사진으로 보았고, 대중신문들은 베버리지 계획을 '요람에서 무덤까지'의 사회보장이라고 표현했다.

베버리지는 국가 재건을 위해 다음과 같은 세 가지 원칙에서 출발했다(원석조, 2002). 첫째, 정치적 분파의 이해 대립은 무시한다. 그는 1911년의 국민보험법이 여러 이익집단 간의 어려운 타협의 산물이었다는 점을 되돌아보고, 사회 재건을 위해서는 분파 간 이해를 극복해야 한다고 보았다.

둘째, 국가 재건을 위해서는 결핍, 질병, 무지, 불결, 나태 등 5대 악을 극복해야 한다. 그의 계획은 출발점이 '결핍'을 해결하기 위한 소득보장에 있었지만 그것은 사회 재건을 위한 포괄적인 정책의 일부에 불과했다.

셋째, 사회보장은 국가와 개인의 협력을 통해 달성된다. 국가는 사회보장을 자산조사 없이 하나의 권리로 제공하여 국민최저선을 보장하되, 그 이상은 개인과 가족의 노력과 자유로운 선택에 달려 있다. 베버리지는 이러한 기본 원칙에서 출발하여 통일되고 보편적인 사회보험체계를 제안하였다.

베버리지 이념의 핵심은 보편주의(universalism)와 국민최저선 보장이다. 보편주의는 모든 시민을 포함하고 동일한 급여를 제공하며 빈민에 대한 자산조사의 낙인을 없애자는 평등주의 정신의 표현이다. '국민최저선' 또는 최저생계비 개념은 모든 시민이 노령, 질병, 실업 혹은 기타 다른 사회적 위험에 처했을 때 자산조사와 관계없이 기본적인 소득만을 보장해 주는 것을 말한다.

베버리지 보고서는 사회보장의 역사에서 사회보험 중심의 사회보장 개념을 정립하는 데 결정적인 영향을 끼쳤다. 베버리지 보고서는 사회보장의 개념을 노동계급 중심에서 전 국민을 대상으로 하는 보편적 개념으로 변화시키고 1950년대와 1960년대에 노령연금제도를 확산시키는 데 기여하였다.

(2) 국제기구의 역할

제2차 세계대전이 종결된 이후 1970년대 중반까지는 자본주의의 황금기이자 복지국가의 전성기였다. 제2차 세계대전은 사회보장에 긍정적인 영향을 끼쳤다. 전쟁은 일부 계층에 국한된 사회적 위험에 대한 불안을 국민 모두가 공유한다는 인식을 확산시켜 주었다. 또 전쟁 수행과 관련하여 사회 전반에 걸친 국가개입 능력의 확대는 시장경제에 대한 국가개입으로서 사회보장의 필요성에 대한 인식을 높여 주었다. 전후 급속한 경제성장은 이를 뒷받침해 주었고, 국제기구는 사회보장의 보편화에 기여했다.

전후 자본주의의 황금기는 케인즈적 사고에 따라 경제 영역에 대한 전면적인 국가개입을 통해 고도의 경제성장을 가져왔으며, 이는 사회보장 지출을 확대시킬 수 있는 물질적 토대를 마련해 주었다. 완전고용이 노동자의 절대빈곤을 감소시켰고, 사회보장제도는 단순한 제도의 도입을 넘어서서 적용대상의 포괄성(적용 범위의 확장), 급여의 관대성(급여요건의 완화, 급여수준의 향상) 면에서 확장되었다.

　제2차 세계대전 이후 인간의 기본적 인권을 보장하고자 하는 국제노동기구(ILO), 세계보건기구(WHO), 국제사회보장협회(ISSA) 등의 국제기구는 각종 회의나 전문 사절단을 통해 개발도상국에 사회보험제도를 확산시키는 데 큰 영향을 끼쳤다. 사회보장제도의 발전에 영향을 끼친 대표적인 국제조약으로는 1948년에 채택된 세계인권선언, 1952년에 채택된 사회보장 최저기준조약, 1961년 사회보장헌장 등을 들 수 있다. 세계인권선언은 유엔 3차 총회에서 채택된 것으로, 제22조와 제25조가 사회보장에 관한 것이다.[2] ILO 제35회 총회에서 채택된 '사회보장 최저기준조약(Minimum Standards of Social Security)'은 사회보장의 중요한 원칙 세 가지를 제시하고 있다. 첫째는 적용대상의 보편주의 원칙으로, 사회보험은 노동계급에 국한하지 말고 전 국민에게로 확대해야 한다는 것이다. 둘째는 비용 부담의 공평성 원칙으로, 비용 부담은 공동부담을 원칙으로 하여 기여금이나 조세로 충당하되 피보험자의 경제적 상태를 고려하여 결정하도록 한 것이다. 피용자들의 재정 부담은 급여에 필요한 전체 재원의 50%를 넘지 않도록 해야 하며, 재원은 급여에만 충당하고 관리·운영에 충당하면 안 된다는 원칙이다. 셋째는 급여수준의 적절성 원칙으로, 급여는 최저수준까지는 누구에게나 동액을 제공하고 최저생활이 보장되도록 해야 한다는 것이다.

---

[2] 세계인권선언은 "모든 인간은 사회의 일원으로서 사회보장을 받을 권리를 가지며 또한 국가적 노력과 국제적 협력을 통하여, 그리고 각국의 조직 및 자원에 맞추어 자신의 존엄과 자유로운 인격의 발전을 실현시킬 수 있는 경제적·문화적·사회적 권리를 향유한다."라고 규정하며 사회보장 수급권을 인정하고 있다.

〈표 3-2〉 사회보장제도 실시 국가 수

제도	1949	1967	1981	1997
기타 제도	58	120	139	172
노령·폐질·유족제도	44	92	127	167
질병·분만제도	36	65	79	112
산업재해보상보험제도	57	117	136	164
실업제도	22	34	37	69
가족수당 제도	27	62	67	88

출처: U.S. Social Security Administration (1999).

(3) 세계 사회보장 실시 현황

제2차 세계대전 종식 이후 사회보장제도를 운영하는 국가 수가 현저하게 증가하였다. 사회보장은 전후 재건사업의 중요 부문이 되었으며, 60개국 이상의 독립신생국가들의 주요 관심사가 되었다. 〈표 3-2〉에서 보듯이, 사회보장제도 중 가장 일반적으로 실시하고 있는 것은 노령·폐질·유족제도와 산업재해보상보험이다. 이 중에서도 산업재해보상보험제도가 일찍이 도입되는 경향이 있고, 1980년대 이후 노령·폐질·유족제도가 급속히 증가하고 있다는 사실을 알 수 있다. 한국의 경우에도 산업재해보상보험이 먼저 실시된 후 건강보험, 연금보험이 실시되었다. 이는 전 세계적인 산업화의 확산과 함께 사회보장제도가 실시되는 제도의 우선순위 경향을 보여 주는 것이다.

4) 사회보장의 재편기

1973년 제1차 석유파동과 1979년 제2차 석유파동은 1929년 대공황 이래 세계경제에 커다란 충격을 주었다. 경제성장의 악화에 따라 사회보장제도의 발전은 지체되고 이른바 복지국가의 위기론이 제기되었다. 자본주의 황금기에 팽배했던 복지국가에 대한 낙관론과 반대로 증가하는 복지비용이 경제성장을 저해한다는 비관적인 입장이 대두되었고, 서구 복지국가들은 재편을 모색하기 시작하였다.

경제위기 속에서 케인즈적 복지국가의 관념을 폐기하고 노동 연계적 복지국가가 강조되면서 복지국가의 재편을 이끌어 간 핵심 이념은 국가개입을 축소하고 시장기능을 복원해야 한다는 신자유주의 이데올로기였다. 신자유주의[3]는 하이에크(F. A. von Hayek)와 프리드먼(M. Friedman)을 비롯한 시카고 학파의 경제이론을 의미하는 한편, 정치적으로는 레이거노믹스(Reaganomics), 대처리즘(Thatcherism)으로 통칭되는 신보수주의를 말한다. 대처리즘은 1979년에 영국 경제의 쇠퇴와 사회민주주의의 퇴조 속에서 대처가 이끈 보수당이 승리하면서 출현한 이래 같은 시기에 등장한 레이거노믹스와 함께 정치적·경제적 이념의 주류로 자리 잡았다. 사회보장제도의 재편기에 가장 큰 변화를 보인 사회보험제도는 실업보험제도다. 1970년대 말 석유파동 이후의 경제위기와 고실업구조는 실업보험제도를 위축시켰다. 실업보험제도의 재정감축을 위해 최대 급여기간의 감소가 이루어졌으며, 실업급여의 산정에 적용되는 임금대체율의 하향조정, 수급자격의 강화, 실업급여에 대한 물가연동률 완화 등의 급여제한 조치가 취해졌다.

1980년대 이후 복지국가의 재편 방향은 크게 다음과 같은 세 가지 형태로 나타나고 있다(Esping-Andersen, 1999: 31-47).

(1) 스칸디나비아적 길

스칸디나비아적 길(Scandinavian route)은 포괄적이고 보편적인 사회민주주의 모델에 입각한 전통적 평등주의적 길을 말한다. 핵심은 고용

[3] 자본주의 체제의 문제를 분배에 대한 국가개입에 따라 교정하려는 혁신적 자유주의와 달리 신자유주의는 자본운동의 자유를 극대화하려는 정치적 이념이자 운동이다. 신자유주의는 ① 공공자원과 공기업의 민영화, ② 무역, 투자, 노동, 보건, 환경에 대한 정부규제의 축소, ③ 사회서비스에 대한 정부지출 축소, ④ 노동운동과 민중운동의 약화 등과 같은 정책들로 나타난다(김태성, 김진수, 2001: 116).

78

의 확대로 지속적 경기침체와 고실업의 위험에 대응하는 방식이다. 스웨덴과 덴마크 같은 북유럽 국가들은 공공부문에서의 고용 확대로 대량실업의 위험에 대응했으며, 공공부문의 확대는 주로 복지서비스 부문의 확대에 따라 뒷받침되었다. 두 나라의 경우에는 1970년대부터 1980년대까지 확대된 고용 규모의 약 80%가 공공부문에서 이루어졌다.

(2) 신자유주의적 길

신자유주의적 길(neo-liberal route)은 규제 완화와 시장주도 전략을 채택한 미국, 영국, 뉴질랜드, 캐나다 그리고 호주가 택한 방식들이다. 이는 단적으로 사회보장제도의 적극적 축소를 택하는 길이다. 이들 국가는 노동 입법과 사회보장 입법의 약화를 통해 노동시장의 유연성을 높임으로써 위기를 극복하려 한다. 1979년 영국의 대처 내각과 1980년 미국의 레이건 행정부의 등장과 함께 시작된 사회보장제도 축소의 움직임은 1982년 영국 실업보험의 축소에서부터 미국 클린턴 행정부의 복지개혁이나 영국에서 제안된 그린페이퍼에 이르기까지 계속 진행 중이다. 이들 정책은 경제성장률을 유지하고 고용 규모의 확대를 달성하였지만, 저임금 내지 빈곤 노동자를 양산하여 사회적 불평등을 심화시키고 있다는 한계를 갖는다.

(3) 노동감축의 길

노동감축의 길(labor reduction route)은 독일, 프랑스 등 유럽공동체(EC)가 추구하는 '일자리 없는 성장'(jobless growth) 전략을 말한다. 이 방법은 조기퇴직, 맞벌이 부부에 대한 중과세 등으로 가족 내의 주 소득자 이외의 가구원들이 노동시장에 참여하는 것을 억제하려는 것이다. 이 방법은 가족 구성원들을 부양하고 있는 주 소득자인 가장이 실업 상태가 되었을 때 다른 가족 구성원들의 생계를 보장할 정도로 사회보험제도가 발달되어 있어야 한다는 전제조건하에서 효과가 있다. 동시에 다른 가족 구성원들의 노동시장 참여를 촉진할 수 있는 사회복지 서비스(탁아, 노인보호 등)의 발달을 전제로 한다.

3. 전 망

　복지국가 위기론이 제기된 이후 전후 사회보장제도의 전면적 확대의 흐름은 멈춘 듯 보이지만 복지국가를 대체할 수 있는 체계적인 대안이 등장한 것은 아니다. 최근 유럽에서 복지국가의 전통적인 주도세력이었던 사민주의 정당들이 재집권하고 있지만 이들 좌파정권은 복지국가시대의 좌파정권과는 다르다. 그들은 복지국가 확대일변도의 주장이 효율과 배치된다는 생각으로 새로운 재편의 길을 모색하고 있다. 영국의 토니 블레어(A. C. L. Blair) 수상이 주장하는 '제3의 길'이나 독일의 게르하르트 슈뢰더(G. Schroder) 총리가 주장하는 '새로운 중도'는 재편을 주장하는 것들이다. 그러나 그들의 주장이 전후 사민주의자들의 실천적 패러다임을 제공했던 복지국가를 대체할 수 있는 새로운 패러다임의 수준이 될 정도의 전망을 갖는 것인가는 아직 회의적이다(신광영, 1998).

　분명한 것은 경제위기가 지난 100여 년에 걸쳐 발전되어 온 사회보장제도를 일거에 해체시키거나 급속하게 후퇴시키지는 못할 것이라는 점이다. 사회보장의 제도적 유산, 국내외 정치체제의 변화, 사회계급 간 세력관계의 변화 등에 따라 재편의 길이 모색될 것이다. 한국의 경우에도 1980년대 후반 이후 급속히 진전된 사회보장의 확대가 1997년 이후의 경제위기 이후에도 전면적으로 후퇴하는 양상을 띠지는 않으며, 오히려 시민사회의 활성화와 민주화의 진전으로 사회적 안전망의 확보가 전제되지 않는 경제개혁은 무의미하다는 사회적 합의가 형성되어 가고 있다.

1. 사회보험과 구빈법체제의 차이에 대한 다음 설명 중 <u>부적절한</u> 것은?

① 사회보험제도는 대상자의 과거 소득을 유지하는 데 초점을 두는 데 비해 구빈법체제는 최소한의 서비스 제공에 초점을 둔다.

② 대상자의 결정에서 구빈법이 보편주의 원칙을 적용한 데 비해 사회보험은 선별주의 원칙을 적용한다.

③ 구빈법은 대상자에 대한 일방적 시혜의 성격을 띠는 데 비해 사회보험제도는 대상자의 법적 권리의 성격을 갖는다.

④ 구빈법은 사후적 · 임시방편적 구호인 데 비해 사회보험은 빈곤문제에대한 일상적 · 예방적 · 제도적 개입의 성격을 갖는다.

⑤ 구빈법체제가 여성이나 아동과 같은 요보호 대상에 초점을 둔 데 비해 사회보험제도는 임금노동자들을 주 대상으로 삼는다.

2. 구빈법에 대한 다음 설명 중 <u>틀린</u> 것은?

① 억압을 통한 구제 방식이다.

② 중세 유럽에서 흑사병이 창궐하던 시기에 시작되었다.

③ 인클로저(enclosure) 운동으로 인해 급증한 유랑민들을 통제하는 데 기능하였다.

④ 빈민들의 시민으로서의 권리에 입각한 생존권 보장의 이념에 따라 만들어졌다.

⑤ 노동이 가능한 빈민에게 강제노동을 시키려는 것이었다.

3. 1935년에 제정된 미국의 사회보장법에 대한 설명으로 옳지 않은 것을 모두
고르시오.

① 뉴딜 정책의 일환으로 제정되었다.
② 시카고 학파 경제학자인 프리드먼의 신자유주의 이념의 영향을 받았다.
③ 사회보험으로 실업보험과 노령연금 제도를 도입하였다.
④ 질병보험(의료보험)제도가 연방정부의 단일한 제도로 수립되었다.
⑤ 공공부조제도로 사회적 취약계층을 대상으로 한 연방정부의 보조금을
제도화하였다.

4. 다음 항목 중 ILO 제35회 총회에서 채택한 '사회보장 최저기준조약
(Convention Concerning Minimum Standards of Social Security)'의 원칙 세 가
지를 고르시오.

① 적용대상의 보편주의 원칙
② 노동자 무갹출의 원칙
③ 의료의 사회화 원칙
④ 비용 부담의 공평성 원칙
⑤ 급여수준의 적절성 원칙

사회보장과 재원조달

어떤 사회보장제도라도 사회보험급여가 필요한 때에 적절하게 이루어질 수 없다면 유명무실해진다. 따라서 급여의 재원조달을 하는 방안은 면밀히 검토되어야 하며, 그 제도가 시행되기 전에 활용 가능한 해결방안이 강구되어야 한다. 국민연금의 재정이 2044년에 완전히 고갈된다는 예측이나 최근 건강보험의 재정 악화로 민간금융에서 재정을 차입해서 운영하고 있는 현실은 사회보장에 있어서 재원 조달과 운영이 얼마나 중요한 것인가를 인식시켜 주고 있다.

1. 보험급여 결정요인

재정운영을 결정하는 것은 보험급여의 내용이다. 보험급여를 결정하는 요인은 사회보장정책의 이념으로서 보험의 적용 범위를 어떻게 할 것이냐에 따라 결정된다. 또한 각 사회보험제도는 단기 또는 장기급여,

현물 또는 현금급여의 형태에 따라 운영된다. 수급자의 자격, 사회환경의 변화도 중요한 보험급여 결정요인이며, 보험재정 운영에 영향을 미치게 된다.

1) 적용 범위: 보편주의와 선별주의

사회보장정책이 대상으로 하는 적용 범위를 결정하는 자격조건을 어떻게 결정하느냐에 따라서 보험급여의 양은 결정되고, 이에 따라 재원조달의 방법이 선택된다. 사회보장의 인구 적용 범위에 대해서 국제노동기구의 목표와 원칙은 모든 보호대상자를 보편적으로 그리고 균등하게 적용하는 것이다. 그러나 이러한 원칙은 각 나라의 사회보장정책의 이념에 따라서 구체적으로 결정되고, 이에 따라 사회보장 재원조달의 정책적 대안도 결정된다.

보편주의는 사회보장의 대상이 되는 급여가 모든 국민에게 권리로 인정되는 것이다. 노인이 되면 노령연금을 수급할 수 있게 되는 수급권의 확보, 중등교육까지의 의무교육 등이 이에 해당된다.

선별주의 또는 선택주의는 사회적 급여가 소수의 사회적 약자를 대상으로 제한적으로 주어지는 것이다. 공공부조나 빈민을 위한 공공임대주택(public housing)이 이에 해당된다.

의료보장에 있어서 영국이나 스웨덴의 경우는 전 국민 또는 자국에 거주하는 외국인까지 의료보장을 하는 국영의료서비스제도와 같은 보편주의를 택하는 반면, 미국의 경우는 노인과 장애인만을 대상으로 하는 메디케어(Medicare), 메디케이드(Medicaid)와 같은 선별주의를 택하고 있다. 따라서 영국이나 스웨덴의 경우는 전 국민에 소요되는 의료보장의 재원을 조세 또는 사회보험료를 통해 조달하고 있다. 이에 반해서 미국의 경우는 노인과 장애인에 해당하는 미국 국민의 약 18%는 공적의료보장제도의 적용을 받는 반면, 나머지 대상들은 개인 또는 기업에서 스스로 지불하는 재원조달 방식에 의해 의료보장을 받고 있다.

2) 보험급여의 형태

보험급여의 형태는 급여기간에 따라 단기급여와 장기급여로 구분할 수 있고, 급여의 유형에 따라 현금급여와 현물급여로 나눈다. 이러한 보험급여의 형태는 보험급여를 결정하는 요인이 된다.

(1) 단기급여와 장기급여
① 단기급여

단기급여는 한정된 기간 동안 일반적으로 1년 혹은 그 이하 동안 지급되는 급여다. 그 대상이 되는 위험은 건강보험의 질병 및 분만, 현금으로 지급되는 급여, 산업재해보상보험의 요양급여 및 산업재해 후의 일시적 장해급여가 해당된다. 가족수당 및 실업급여도 이 범주에 포함시킬 수 있다.

분만 및 가족수당 청구의 기초를 이루는 인구통계는 아주 규칙적이고 완만하게 변화된다. 마찬가지로 질병 및 사망도 자연적인 규칙성을 유지하면서 발생하며, 일시적으로 유행병이 만연할 때는 이 규칙성이 깨지기도 한다. 산업재해의 발생 빈도는 직업에 따라 다양하나, 직업의 분포가 상대적으로 안정화되어 있다면 총 급여비용은 큰 변동이 없을 것이다. 반면에 실업은 생물학적인 사고와는 달리 통계적인 규칙성도 없으며, 그 발생 빈도는 예측할 수 없게 충분한 예고도 없이 다양하게 변한다.

급여비용은 급여지급 건수, 평균급여율 혹은 대기기간 및 최대의 급여 가능기간에 따라 좌우될 것이다. 단기급여 조건으로서 기간이 짧은 가벼운 상병을 비급여로 할 수 있고(예: 건강보험에서 재정 악화 시 감기와 같은 가벼운 질병을 보험에서 제외하자는 제안 등), 최대급여 기간도 급여비 증가에 큰 영향을 미친다. 한국 건강보험의 경우 급여기간이 제도 도입 초기에는 180일이었으나, 365일로 그 제한을 해제함에 따라 급여비용이 크게 증가하였다. 가족수당의 비용도 가족 내에서 연령 및 수급 가능한 자녀의 수에 대한 제한을 설정함으로써 통제하게 된다.

단기급여의 재원조달은 대부분 1년 단위로 소요급여 예산에 해당하는 재원조달 방식을 택하게 된다. 그러나 비상사태에 대비해서 상당액의 적립금을 두는 것이 일반적이다. 건강보험제도는 기본적으로 단기급여제도다. 실업보험제도도 거의 단기급여를 제공하도록 되어 있다. 위험(실업 상태)은 제한된 기간 동안에만 광범위하게 분산되며, 실업이 장기화될 경우 부조제도에서 실업자를 보호하여 그 제도(실업급여제도)가 지급능력을 유지할 수 있다.

② 장기급여

장기급여는 국민연금제도의 노령연금과 장애연금 및 유족연금, 산업재해보상보험에서 장해급여 및 피부양자에 대한 유족급여가 해당된다.

장기급여비의 경향은 비교적 짧은 기간에 상당한 안정을 얻게 되는 단기급여와 다르다. 급여율, 즉 급여비 산출공식의 효과를 신중히 고려해야 하고, 이에 따라 재원조달 방식도 변화하게 된다. 일반적으로 연금급여비는 연금수급자 수가 변동 없이 안정 추세를 보인 후에도 장기간 계속 상승한다. 연금률이 퇴직임금 또는 퇴직 직전의 임금과 연계될 경우 임금 인플레 현상이 새로운 연금을 과거에 지급한 연금보다 높게 상승시키기 때문이다.

한국의 국민연금이 현재의 국민연금보험료율을 소득의 9%로 유지하고 급여기준도 현 상태로 고수할 경우, 오는 2044년에는 연금기금이 고갈될 것으로 예측되고 있다(최병호, 2002). 현재의 적립방식으로 대처하기 어렵기 때문에 급여율의 제한 또는 보다 많은 재정 확보를 위한 보험료의 인상이나 국고지원 등의 정책대안을 고려하는 것은 좋은 예가 된다.

(2) 현물급여와 현금급여

급여 형태로서 가장 전통적으로 논의되는 방법은 현물급여와 현금급여다. 현물급여는 현금급여에 비해서 일반적으로 비용이 절감되고 사회복지의 목적에 맞게 효과적으로 사용되어 정책의 목표 효율성을 높일 수 있다. 그러나 현물급여 수급 시 수치심을 자극하는 단점이 있다.

현금급여는 소비자 선택의 측면에서 보면 자기 마음대로 소비할 수 있는 효용의 극대화를 가능하게 한다. 또한 현물급여에 비해 프로그램의 운영비가 절약되는 장점이 있다. 현물의 물품을 보관, 관리, 전달하는 데 따른 비용을 절감할 수 있기 때문이다. 또한 현금급여는 통장에 입금하는 등의 형태를 통해서 수치심을 자극하지 않는 방법이 될 수 있다.

현금급여와 현물급여 중 어느 것이 급여비 증가에 더 영향을 미치는가에 대해서 결론을 내리기는 어렵다. 두 방법 중 선택을 결정하는 것은 보험급여의 형태가 갖는 특성에 따라 좌우되는 측면이 크다.

단기급여와 장기급여, 현금급여와 현물급여를 중심으로 제도별 보험급여 형태를 정리하면 〈표 4-1〉과 같다. 국민연금, 고용보험은 주로

〈표 4-1〉 보험급여의 형태

구분		사회보험				공공부조	
		국민연금	건강보험	산재보험	고용보험	기초생활보장	의료급여
현물 및 현금급여	현물급여		요양급여	요양급여	실업자 재취직훈련, 정부위탁훈련	TV 시청료, 주민세, 정부양곡할인(50%), 교육급여	의료비
	현금급여	노령연금, 장애연금, 유족연금	장제비, 분만비, 본인부담보상금	휴업급여, 장해급여, 유족급여	구직급여, 상병급여, 취업촉진수당	생계급여, 주거급여, 해산급여, 장제급여, 자활급여	
단기 및 장기급여	단기급여		요양급여, 장제비, 분만비	요양급여, 휴업급여	구직급여, 상병급여, 취업촉진수당	생계급여, 주거급여, 해산급여, 장제급여, 자활급여	의료급여
	장기급여	노령연금, 장애연금, 유족연금		장해급여, 유족급여			

현금급여가 주축이고, 건강보험은 현물급여가 중심을 이루고 있으며, 산재보험은 현물급여와 현금급여가 모두 이루어지고 있다. 기간의 길이로 볼 때, 연금보험은 장기보험, 건강보험과 고용보험은 단기보험, 산재보험은 단기와 장기급여가 병행되고 있음을 알 수 있다. 한편 공공부조제도와 기초생활보장제도는 현금급여와 단기급여 중심으로 이루어지고 있고, 의료급여 제도는 현물급여와 단기급여 형태로 이루어지고 있다.

3) 수급조건

급여비를 결정하는 요인으로서 수급조건도 재정에 큰 영향을 미친다. 예를 들면, 국민연금제도에서의 연금수급 연령의 조정, 급여기간, 급여비 수준의 변화를 들 수 있다. 건강보험에서도 급여기간, 보험급여에서 제외되는 비급여대상의 지정, 본인부담 보상금[1]을 받을 때 보상금 기준의 변화가 보험급여비의 증감요인이 된다.

국민연금제도에서 급여비에 가장 큰 영향을 미치는 것은 법정 연금수급 연령이다. 수급연령을 올리면 노령연금 지급에 소요되는 재정은 보다 적어질 것이고, 동시에 기여자(연금보험료 납부자)의 수는 더욱 많아질 것이다. 연금연령의 하향조정은 반대 효과를 가져올 것이다.

평균수명도 중요한 급여증가 요인이다. 평균수명이 증가하면 급여기간이 길어지기 때문에 이에 소요되는 재정은 늘어나게 되고, 당연히 보험료도 상승하게 된다. 한국의 평균수명 증가는 민간연금 부문에서 최근 개인연금보험료의 상승으로 나타나고 있다. 평균수명이 특정 나라

---

[1] 본인부담 보상금은 가입자 또는 피부양자가 요양급여를 받고 지급한 요양급여 중 본인일부부담금이 매 30일간에 100만 원(2003년부터는 120만 원으로 상향 조정)을 초과한 경우에 지급하는 것으로, 지급액은 초과한 금액의 50/100이다. 도입 초기에는 50만 원이었지만 상향 조정됨에 따라 보상되는 금액이 줄어들게 된다.

및 지역에서의 전반적인 사망률의 상황을 표시하는 지표로 사용되나, 연금연령의 확정에 직접 관련되는 것은 아니다. 개발도상국에서의 평균수명이 선진산업국가보다 낮다고 해서 개발도상국에서의 연금연령이 상당히 낮은 수준에서 정해져야 한다고 주장하는 것은 잘못된 것이다. 평균수명은 유아사망률의 영향을 받는데, 그것이 개발도상국에서는 높기 때문이다. 개발도상국의 경우 생후 점차 나이가 듦에 따라서 그들의 기대여명 수준은 선진산업국가의 기대여명 수준과 유사한 수준을 보이고 있다.

4) 사회환경의 변화와 제도의 개편

건강보험제도에서 급여비에 영향을 주는 요인은 일반적으로 수진율이나 건당 진료비다. 그러나 최근 건강보험제도의 재정에 가장 큰 영향을 준 것은 의약분업 실시와 관련된 의료보험수가의 인상에서 비롯되었다. 의약분업을 반대하는 의사들의 요구를 수용하기 위하여 수가를 인상한 것이 보험재정에 커다란 영향을 주었다.

사회환경 변화의 가장 큰 영향을 받는 것은 고용보험이다. 실업이 일정한 수준을 상회하면 고용보험의 급여청구 건수는 증가하게 된다. 한국에서 경제위기가 도래하기 직전인 1996년을 기준으로 복지지출을 분석해 보면, 1990~1996년 동안 복지지출은 명목가치로 연평균 19.1% 증가한 반면, 1996~1999년 동안은 연평균 34.3% 증가하여 경제위기 전 증가율의 거의 2배에 이르고 있다.

2. 재원조달 방식

사회보장제도의 재원조달에 있어 중요한 것은 급여비 및 관리·운영비를 충당하기 위하여 재원을 어떻게 조직적으로 계획하여 체계적으로 조달하느냐 하는 것이다. 사회보장비는 급여에 소요되는 비용과 관리·운영비의 합산액이다. 이 합산액은 다양한 요인에 따라서 매년 변화할 것이다. 재원조달의 근본 문제는 적기에 급여비용을 충당하기 위해 어떻게 필요한 재원을 확보하느냐다. 이를 구체적으로 서술하면, 첫째는 보험급여가 불규칙적으로 발생할 경우에도 재원은 규칙적이고 체계적으로 조달되어야 한다는 점이다. 보험급여의 발생은 보험급여의 적용 범위를 결정하는 방법과 그 바탕이 되는 이념에 따라서 결정된다. 둘째는 조세 방식으로 할 것이냐 혹은 사회보험료 방식으로 할 것이냐의 문제다. 조세 방식을 택한다면 직접세 방식으로 할 것인가 혹은 간접세 방식으로 할 것인가를 결정하여야 한다. 보험 방식을 택한다면 보험료를 부과하는 구체적인 방식에 따라 형평성이나 소득재분배에 큰 영향을 미치게 된다. 셋째는 본인 부담의 도입과 수준을 어떻게 결정할 것인가의 문제다. 넷째는 국가경제 규모의 수준에서 전체 사회보장비의 조달을 어떤 수준에서 결정할 것인가다.

1) 사회보장의 재원

사회보장의 재원은 크게 공공부문과 민간부문을 구분할 수 있다. 공공부문의 재원으로는 조세, 사회보험료, 적립금의 투자이익 및 이자가 있다. 민간부문의 재원으로는 수익자(이용자) 부담, 후원금(자발적 기여), 기업복지, 비공식부문(가족, 친척, 이웃)에서의 지원을 들 수 있다.

2) 재원조달의 정책기준

사회보장은 최저생활 수준의 생활의 안정을 목표로 하고 있는데, 이는 궁극적으로 국가가 지향하고 있는 경제정책 목표와 서로 조화되는 것이어야 한다. 인구의 급속한 노령화와 사회경제적 환경의 심한 변화가 예상되는 21세기에 들어서면서 이런 측면의 고려가 특히 요구된다. 여기서는 재원조달의 정책기준으로 중립성, 공평성, 안정성, 간편성의 네 가지를 제시한다.

(1) 중립성

한정된 재원으로 사회보장정책을 적절히 수행하기 위해서는 재원조달이 국가의 경제생활을 크게 저해하지 않아야 한다. 사회보장의 국민부담률 상승이 가능한 한 국민경제의 운영에 나쁜 영향을 주지 않아야 한다는 것이다.

(2) 공평성(형평성)

사회보장의 정책목적 달성을 위한 재원조달은 부담의 공평성(형평성) 확보가 중요하다. 공평성을 확보하는 수단에는 크게 수직적 소득재분배, 수평적 소득재분배 방식이 있다. 수직적 소득재분배 방식은 기초생활보장제도나 의료급여 제도와 같은 공공부조에 적용되고, 조세 중에서도 누진적인 소득세 등에 따라 재원을 조달하는 것이 공평성의 관점에서 바람직하다. 수평적 소득재분배 방식은 사회보험 방식에 원칙적으로 적용된다. 반면 가족수당이나 노인 · 아동 등에 대한 일부 서비스는 준공공재적 성격이 있어 공공개입이 이루어지지만, 공공성이 다소 약하기 때문에 조세 중심의 재원조달보다는 이용료 등의 수익자 부담 중심의 재원조달을 취하게 된다.

(3) 안정성

사회보장제도를 장기적으로 유지 및 발전시키기 위해서는 재원의 안정성이 반드시 요구된다. 사회보험료는 소득을 기준으로 부과되기 때문에 기본적으로 안정성이 높은 재원조달 방식이다.

(4) 간편성

재원을 조달하는 징수의 절차가 간편하고 징수비용이 낮은 방법이 요구된다. 이 기준에서 본다면 직장보험의 경우와 같이 원천징수에 의한 재원조달이 제일 적당하다. 또한 사회보장의 비용이 조세, 사회보험료, 본인 부담(이용료) 등 어떤 형태로 부담되든 그 부담자들에게는 부담의 필요성, 부담의 방법, 재원의 구조 등에 대해서 충분하고 간명한 정보가 제공되어야 한다.

이상과 같은 네 가지 기준은 상호 대립되는 면이 있어 어느 한 기준을 강조할 경우 다른 기준이 손상되는 상대적인 관계에 있다. 중립성을 강조하면 공평성이 저해되고, 공평성을 강조하여 소득재분배를 강화하면 중립성이 약화되는 측면이 있다. 그러므로 재원조달에 있어서 각 제도의 목적에 비추어 기준별 비중을 고려하여 적절한 재원조달 방식을 선택하여야 한다.

3) 조세 방식과 사회보험 방식

사회보장제도의 재원조달은 조세 방식과 사회보험 방식을 택하는 경우가 대부분이다. 이 외에도 강제가입에 의한 적립기금 방식이 있다.

(1) 조세 방식

조세 방식은 조세를 재원으로 하는 방식이다. 정부에 의해 징수되는 조세 방식은 크게 직접세와 간접세, 일반세와 목적세로 구분된다. 직접 세는 소득이나 재산에 부과되는 조세로서 소득세, 재산세, 상속세, 증여 세 등이 대표적이다. 간접세로는 부가가치세(VAT)가 있다. 일반세는 지 출에 일정 목적을 두지 않고 징수되는 세금으로, 대부분의 조세가 일반 세에 해당된다. 목적세는 특별한 지출 목적을 위해 징수되는 조세로서 한국의 경우 교육세, 방위세가 해당되고, 프랑스의 경우는 건강보험의 재원으로 활용하기 위하여 징수되는 담배세, 주세가 해당된다.

① 조세 방식의 선택 이유와 단점

　조세의 형태에 관계없이 조세로 사회보장 재원을 선택하는 이유는 다 음과 같다.

- 사회보험 방식의 정률적인 갹출은 소득 역진적인 데 반해, 누진세 를 중심으로 하는 국가의 조세구조하에서의 조세를 통한 사회보장 재원조달은 소득재분배에 효과적이다.
- 보험료 내지 보험료 부과소득에 상한선이 설정되어 있는 경우에 보 험 방식은 더욱 소득 역진적이 되는데, 조세 방식에서는 이러한 상 한선이 없다.[2]
- 보험료의 부과에는 소득세의 부과에서 볼 수 있는 소득인적 공제가 없기 때문에 저소득자에게는 그 부담감이 크다.
- 사회보험 방식은 부담능력을 고려하지 않고 모든 사람에게 부담하 는 것을 원칙으로 하기 쉬워, 부담능력이 없는 계층도 사회보험료 부담을 하게 된다.
- 사회보험료는 조세보다 광범위한 부과기준을 갖지 않는다. 조세에

---

[2] 한국의 건강보험 보험료 부과 소득상한선은 2012년 현재 월 7,810만 원이다. 제도 초기에 는 월 300만 원이었다.

서는 상속세, 증여세, 이자소득세 등 포괄적인 부과기준을 가지고 있어 소득에 상응하는 징수를 할 수 있다.

- 조세 방식은 그 재정운영에 있어서 각종 서비스 프로그램 간의 상호 조정이 가능하다. 즉, 조세에 의해서 정부는 교육, 환경, 실업 대책을 포함하는 공적인 지출의 모든 분야 간 우선순위를 정할 수 있다. 이것은 사전에 약속된 급여를 새로운 우선순위에 따라 수정할 수 있는 것을 의미한다. 또한 건강, 사회복지, 고용 등 정책 간의 조정이 가능하게 된다.

그러나 조세 방식의 활용에는 다음과 같은 한계가 있다.

- 수익과 부담의 관계가 모호해지고, 재정에 대한 책임의식이 상실되기 쉽다.
- 정부재정의 낭비를 방지하기 위하여 급여의 수급요건으로 자산조사를 따르는 경우가 많고, 행정의 일방적인 개입이 나타나기 쉽다.
- 재원 확보를 둘러싸고 타 정책 분야와 경쟁하게 되어 재원조달의 안정성이 손상되기 쉽다.

② 자산조사를 수반하는 방식과 수반하지 않는 방식

조세 방식을 활용하는 데 있어서 자산조사(means test)를 수반하는 방식과 수반하지 않는 방식이 있다. 자산조사를 수반하는 방식은 저소득자에 대해 최저생활 수준을 보장하는 것을 목적으로 하는 기초생활보장제도나 의료급여 제도가 해당된다.

자산조사를 수반하지 않는 방식은 영국의 국민보건 서비스(NHS)와 같이 그 편익이 보편적이고 외부성이 존재해 사회적 편익이 개인 편익을 상회하는 경우, 급여가 소득이나 임금과 연관성이 없는 경우다.

③ 중앙정부와 지방정부 재원 부담

조세 방식을 실시할 경우 재원을 중앙정부가 부담하는가 혹은 지방정부가 부담하는가에 관해서는 이론적 근거가 명확하지 않다. 일반적으로 공공부조와 같이 국민의 생존권에 근거하여 자산조사를 하는 국민기초생활보장제도는 중앙정부의 국고 부담이 바람직하다.

반면 영국의 국민보건 서비스와 같이 지역주민의 욕구 충족을 목적으로 하여 지역성이 강한 서비스의 재원조달은 기본적으로 지방정부에 의한 조세조달 방식이 적절하다. 이 경우 지방정부 간의 격차를 고려하여 중앙정부의 국고지원이나 지방자치단체 간의 재정조정이 필요하다.

이와 같은 경향은 급속한 고령화 사회에서 가족부양 기능의 약화와 더불어 더욱 현저해질 것이다. 또한 적은 자녀 수를 갖는 사회 추세에서[3] 아동보육서비스에 대한 사회적 요구도 같은 이유로 높아질 것이다. 이들 서비스는 국민의 생활 안정을 위해 정부가 상당 부분을 직접 혹은 간접으로 급여해야만 하는데, 이들 서비스의 이용에 대해서는 수익의 정도에 따라 수익자가 적정하게 부담하도록 하여야 할 것이다.

④ 일반세와 목적세

조세 방식으로 사회보장 재원을 확보할 경우 이를 일반세로 할 것인가 혹은 목적세로 할 것인가가 검토의 대상이 된다. 한국의 경우 사회보험은 사회보험료로, 사회복지 서비스에 대한 재원은 일반세에 입각한 재원으로 조달되었다.

일반적으로 선진국의 경우 사회보장의 재원은 누진적 성격이 강한 일반세원에 크게 의존하여 왔다. 그런데 사회보장비의 급속한 상승으로

---

[3] 최근 들어 한국의 저출산율은 현저하다. 2002년 한 부부가 갖는 자녀 수는 1.3명으로서 선진국의 1.5~1.8명 수준보다 낮은 실정이다. 따라서 출생아에 대해 산전 및 모성 수당을 지급하는 가족수당 제도의 도입을 통하여 출산장려정책의 실시가 모색되고 있다.

인한 부담의 증가를 종래와 같이 일반세와 사회보험료에만 의존하는 것은 그 경제적 효과와 사회적 효과의 측면에서 미흡하다고 판단하여 이를 보완하는 재원으로서 목적세가 등장하고 있다.

특정 재원의 성격을 갖는 목적세는 그 사용이 특정되기 때문에 재원으로서 안정성 확보가 용이하다는 것과 수입지출의 대응관계가 명확하다는 것 등의 장점이 있다. 그러나 재원이 경직성을 가져 탄력적인 재정정책의 수행이 곤란하고 급여 자체가 재원의 변동에 좌우되는 등의 단점도 지적되고 있다.

이러한 목적세의 활용에는 크게 두 가지 경향이 있다. 신자유주의가 등장하는 1980년대의 선진자본주의 국가에서는 증가하는 사회보장비용에 대응하기 위하여 재원조달의 수단으로서 목적세를 택하되, 광의의 목적세에 가까운 조세를 채택하는 경우가 있다. 유럽의 부가가치세, 일본의 일반소비세 등이 그 예다. 이러한 방식은 재원 확보에만 치중하고 소득재분배에서는 역진적인 영향을 낳고 있다. 한국의 경우 선진자본주의 국가와는 달리 이제 사회보장 예산의 확보에 역점을 두어야 하는 단계다. 재정 확보에 있어서 조세에 의한 국고 부담의 증액을 염두에 두더라도 소득재분배에 역점을 두는 일반세에 의한 재원 확보가 중요한 관건이 될 것이다.

한편 공공부조나 저소득자를 대상으로 하는 일부 사회복지 서비스에 대해서는 능력비례 원칙에 근거해 징수되는 일반세에 재정적 기초를 두는 것이 원칙이다. 그러나 인구의 고령화와 함께 증가하는 보편적인 고령자 사회복지 서비스와 함께 수익자 부담원칙을 반영한 일부 본인 부담 또는 이용자 부담 등을 활용하는 것이 현실적이다.

⑤ 조세 방식과 소득재분배 효과

조세 방식은 일반적으로 소득재분배에 효과적이다. 그러나 조세에 의한 재원조달이 저소득자에게 반드시 큰 부담을 주지 않는 것은 아니다. 그것은 사회보장의 지출을 위한 특별세가 어디에 부과되는가에 따라 결정된다. 예를 들면, 생활필수품에 특별세가 부과될 때는 저소득자의 부담이 무겁게 될 것이다.

더 나아가 한국이나 프랑스처럼 역진적인 간접세의 비율이 상대적으로 높은 국가에서 조세에 의한 재원조달에 사회보장급여의 의존성을 높이는 것은 역진성을 높일 수도 있다. 따라서 사회보장 재원의 확보를 위해 국가 부담의 제고와 함께 더 나아가 국가재원의 수입이 되는 조세구조의 변화에 초점이 맞추어져야 한다.

개개의 국가에서 이루어지는 선택은 필연적으로 이러한 모든 고찰에 의한 것이다. 그러나 기본적으로 사회보장의 재원조달 방식은 역진적인 방식보다 누진적인 방식에 의해 이루어지는 것이 바람직하다. 단일급여로서 가장 큰 영향을 미치는 제도는 선진국가의 경우 연금제도라고 할 수 있는데(한국의 경우는 연금보험의 연금이 본격적으로 지급되는 단계가 아니므로 연금보험보다는 건강보험제도의 급여가 보다 일반적이고 크다고 느낄 수 있다), 그 연금을 받는 기간이 짧은 계층은 저소득계층이다. 저소득계층이 그 상위의 계층보다 건강상태가 좋지 않고 평균수명이 낮다는 것은 일반적이다. 따라서 저소득층에게 불리한 역진적인 재원조달 방식을 채택하면 빈곤한 사람이 부유한 사람의 연금을 위해서 보험료를 지불하는 결과가 된다.

⑥ 부의 소득세

사회보험료는 일정 소득 이하의 대상에게도 적용되어 역진적 성격을 갖기 때문에 저소득층의 부담을 적게 하는 취지에서 부(負)의 소득세(negative income tax)가 1960년대부터 제안되었다. 이러한 발상은 고도로 발달한 자본주의 국가에 있어서 빈곤 격차의 증대에 대한 해결방안으로 제기되었고, 그 사상적 배경은 사회보장 행정의 관료화에 대한 자유주의적 대안 제시라고 할 수 있다(신수식, 2002: 207).

이를 제안한 대표적인 학자 프리드먼(M. Friedman, 1962)의 제안은 다음과 같다. 사회보장, 최저임금, 가옥임대 등 모든 사회보장제도를 폐지하고 대신 일정한 기준소득액과 부의 소득세를 설정한다. 그리고 이 기준소득액에 미달하는 가구에 대해서는 부족액의 50%에 해당하는 급여를 실시한다. 또한 기준소득액을 초과하는 가구에 대해서는 재원조달을 위하여 세율 부담을 높인다는 것이다. 이 제안은 미국 뉴저지 주의 몇몇 행정구역에서 실험적으로 운영되었지만, 전 세계적으로 실시하는 나라는 거의 없다.

(2) 사회보험 방식

오늘날 재원조달 방식으로서 가장 일반적인 방식이다. 한국에서도 건강보험, 연금보험, 산업재해보상보험, 고용보험 등의 재원조달에 이 방식이 채택되고 있다. 조세보다도 사회보험료에 의해서 재원을 조달하는 경우는 다음과 같다.

① 사회보험 방식의 채택 이유

- 사회보험급여의 인상이 사회보험료 부담의 상승으로 이루어지기 때문에 무책임한 급여의 인상을 억제할 수 있다.
- 급여는 사회보험료 갹출에 수반하는 당연한 권리이고 자산조사를 필요로 하지 않는 보편주의적 접근 방식이다.
- 갹출에 의해 사회보험에 가입한 자는 사회보험의 운영에 참여할 권리가 있다.
- 특히 산업재해보상보험의 경우 산업재해 발생비율에 따라 사회보험료율이 차등 부과됨으로써 고용주는 적어도 이론상으로는 보험사고 발생을 예방하려는 동기를 갖는다.
- 직장가입자를 대상으로 하는 피용자보험의 경우 사회보험료의 징수비용이 낮거나 간편하다.

〈표 4-2〉 조세 방식과 사회보험 방식의 비교

조세 방식	사회보험 방식
누진적	역진적
소득상한선이 없음	소득상한선이 있음
소득공제 있음	소득공제 없음
광범위한 부과기준	부과기준 한정
프로그램 간 상호 조정 가능	프로그램 간 상호 조정 제한
일반적으로 자산조사 있음	자산조사 없음

- 사회보험료는 사회보장세와 같은 목적세적 성격을 갖고 있기 때문에 피보험자의 납부 의욕이 일반조세의 경우에 비하여 높다.
- 사회보험료가 적립되는 경우에 공공투자의 자금으로 이용되고, 국민경제에 중요한 영향을 미칠 수 있다.

이상 설명한 조세 방식과 사회보험 방식의 특징을 비교하면 〈표 4-2〉와 같다.

이상과 같이 사회보험 방식은 연금급여나 실업급여와 같이 소득비례형 급여에 특히 적합한 재원조달 방식이다. 그러나 건강보험의 재원조달 방식에 있어서 사회보험 방식과 조세 방식 채택의 장단점을 비교하는 것은 어렵다. 주요 국가의 의료보장 방식의 재원조달은 조세 방식과 사회보험 방식으로 다양하게 이루어지고 있다.

한국 사회보장의 재원조달 형태를 비교하면, 〈표 4-3〉과 같이 사회보험제도는 사회보험 방식으로, 공공부조는 조세 방식에 의한 일반예산으로 조달된다.

〈표 4-3〉 보험급여의 형태

구분		사회보험				공공부조	
		국민연금	건강보험	산재보험	고용보험	기초생활보장	의료급여
재원 조달 방식	조세 방식					○	○
	사회 보험 방식	○	○	○	○		
자산조사						○	○

※ ○는 적용을 의미함.

② 사회보험의 사회성과 보험성

사회보험은 사회성과 보험성이라는 두 가지 특성을 가지고 있다. 다시 말하면, 사회보험의 기능은 위험분산(risk pooling)을 주된 기능으로 하는 보험기능과 소득재분배 기능을 내포하고 있다. 사회보험은 소득재분배 기능을 수행하여 사회적 보장을 한다는 점에서 단순히 위험분산 기능을 하는 민간보험과 큰 차이가 있는 것이다.

사회보험에 있어서 사회성은 능력비례 원칙에 따라 보험료를 징수하는 데서 나타난다. 한국의 건강보험이나 연금보험에서 소득에 따라 일정 비율의 보험료를 기여하는 것이 그 예다. 이에 대해서 보험성은 피보험자 전원의 평균적·사회적 위험의 발생확률을 고려하여 전체 소요되는 급여금액을 확정하고 이에 따라 부과하는 점에서 나타난다. 예를 들면, 건강보험의 발병확률이나 연금보험의 연금지급 연령과 금액을 감안하여 전체 급여액을 추정하고 이에 따라 보험료율을 결정하는 것이다.

사회보험료는 목적세와 유사한 측면이 있다. 사회보험료는 일반세의 대표적인 조세인 소득세에서 사용하는 기초공제, 부양공제와 같은 인적공제가 없고 피보험자의 부담능력이 충분히 반영되지 않는 점에서 조세라고 간주하기는 어려운 측면이 있다. 그러나 사회보험 방식이 전체적으로 보험급여와 재정의 수지를 일치시키고 있지만, 피보험자 개인별로 부담과 급여의 대응관계를 두지 않는다는 점, 일반적으로 능력비례 원칙에 따라 징수되고 있는 점, 그리고 강제적으로 징수된다는 점에서 사회보장급여를 위한 목적세적 성격을 가지고 있는 것이다.

③ 보험료와 기여금

사회보험은 보험이라 일컬어지면서도 민간보험과는 근본적으로 차이가 있으므로 보험이란 말을 유추하여 양자를 혼동하지 않도록 하여야 한다. 민간보험의 보험료는 'premium'이라고 하는데, 이는 보험가입자가 민간 보험회사와 자유의지로 계약을 하여 자신의 필요성과 지불능력에 따라 보험회사에 지불하는 돈을 말한다. 다만 미국과 같이 민간 시장경제를 중요시하는 국가에서는 공적 제도에서도 보험료를 'premium'이라고 하는 경향이 있다. 반면에 공공보험 방식에서의 보험료는 'contribution'으로서 개인의 자발적 의사와는 관계없이 강제적으로 지불하는 돈이다. 한국에서는 보험료라고 번역되지만, 개인의 필요성이나 지불능력에 관계없이 지불된다는 점에서 내용 면에서는 조세적 성격을 가진 '기여금'이다.

④ 사회보험과 역선택, 도덕적 해이

그렇다면 공적 보험인 사회보험에는 왜 강제적으로 가입해야 하고, 조세처럼 강제적으로 보험료를 납부하여야 하는가? 사회보험이 강제가입의 사회보험 방식을 채택하는 이유는 역선택의 발생을 방지하기 위해서다. 또 한편으로 사회보험 적용 시 나타나는 도덕적 해이는 사회보험 운영에 있어 중요한 고려사항의 하나다.

역선택 역선택(逆選擇, adverse selection)은 보험시장에서 고위험집단의 가입률이 높아지고, 저위험집단의 가입률이 낮아지는 현상을 말한다. 일반적으로 개인은 불확실한 손실의 위험에 대하여 보험에 가입해

손실을 회피하고자 한다. 만약 사람들이 보험의 발생이 높아질 것으로
예상될 때에만 보험에 가입하고, 낮아질 것으로 예상될 때에는 보험에
가입하지 않으면 위험 발생이 높은 집단만 보험에 가입하게 되어 결국
보험시장은 재정파탄으로 보험시장 자체가 성립할 수 없게 되는 시장실
패[4]가 발생한다. 예를 들면, 자동차보험회사는 이윤 확보를 위해 사고
율이 높은 젊은 계층이나 사고가 자주 일어나는 지역에서 사는 사람에
게 보험가입을 회피하거나 높은 보험료를 지불하도록 한다. 자동차사
고는 개인적 위험으로 간주하여 시장경제에 맡겨 두지만, 질병이나 산
업재해 또는 실업 그리고 사망으로 인한 소득 상실 등의 사회적 위험을
민간시장에 맡겨 둔다면 위험군이 높은 대상은 보험시장에서 배제되거
나 소득이 낮아도 높은 보험료를 지불하게 되어 빈곤의 악순환이 발생
될 것이다.

　이러한 악순환을 방지하고 사회보장을 실현시키기 위하여, 사회보험
을 통하여 위험군이 낮은 것으로 예상되는 대상도 강제로 가입시켜 위
험군이 높은 대상에게로 위험과 소득이 분산되도록 설계하는 것이다.

　그런데 사회보험 수요의 특성은 사회적 위험으로서 수요 발생에 있어
서 발생의 불확실성, 소요경비의 불확실성, 회복의 불확실성을 가지고
있다. 결국 사회 구성원 모두가 이러한 불확실성 앞에 놓이기 때문에,
사회 전체적으로 볼 때, 사회보험 방식의 강제적용은 사회 전체에 긍정
적인 결과를 가져다준다.

----

[4] 시장실패(market failure)는 민간시장에서 해결할 수 없는 문제가 발생하는 것을 말한다.
시장실패는 크게 다음 네 가지 원인으로 발생한다(Creedy & Disney, 1985: 13-24). 첫째,
대재난의 발생 때문이다. 전쟁이나 대규모 실업, 고율의 인플레이션이나 광범위한 전염병
이 발생할 때는 진정한 의미의 보험계약이 성립할 수 없다. 둘째, 시장실패는 역선택의 문
제 때문이다. 셋째, 도덕적 해이 또는 도덕적 위해 때문이다. 넷째, 사회복지의 재화나 서
비스는 소비자들이 불완전한 정보를 획득할 수밖에 없어 시장에 맡겨 둘 수 없기 때문에
공공재로서 사회보험을 제공하는 것이 타당하다. 이러한 시장실패로 인하여 정부나 공공
부문의 개입이 필요하게 되지만, 반대로 과도한 정부개입으로 인하여 나타나는 비효율을
'정부 실패'라고 부른다.

도덕적 해이　도덕적 해이(道德的解弛, moral hazard) 또는 도덕적 위해 (危害)는 보험가입이 가입자들의 행태에 영향을 미치는 현상을 말한다. 사람들이 일단 보험에 가입하면 보험에 가입하지 않았을 때보다 그러한 위험 발생을 예방할 행위를 적게 할 동기가 부여되고, 결과적으로는 위험 발생률이 높아진다. 이러한 결과로 보험료가 높아지고 가입자는 줄어들게 되어, 결국 이 문제가 심각해지면 그 상품은 민간보험에서 제공되기 어렵게 된다. 따라서 서비스의 제공자가 사회보험을 통하여 수혜자의 행위에 대한 충분한 정보를 가지고 그들의 행위를 조정하고 통제함으로써 해결할 수 있다.

그러나 사회보험을 적용한다고 해도 보험운영 과정 중에 사회보험의 참여자 간에 다양한 도덕적 해이 현상이 발생한다. 건강보험의 경우 피보험자는 보험에서 급여가 지급되기 때문에 쉽게 의료기관에서 진료를 받거나(과잉 수진) 고액 진료를 받으려 하고, 건강유지 노력을 게을리하기 쉽다. 의료기관에서는 피보험자의 비용의식이 약한 것을 이용하여 불필요한 검사나 과잉 진료를 하는 유인동기를 갖게 되는 경향이 있다. 이를 방지하기 위하여 건강보험 가입자의 비용의식을 높이기 위해 이용자 본인 부담을 두거나, 의료기관의 진료비에 대한 심사를 강화하는 등의 조치를 취하게 된다.

⑤ 보험료 산정방법 및 효과

보험료 부과방법은 사회보장의 형평성 확보와 긴밀한 관계를 갖는다. 일반적으로 사회보험료는 정률제 방식을 택하고 있는데, 형평성의 기준에서 볼 때 재분배 효과는 제한적이다. 특히 보험료 부과기준에 상한선이 있을 때는 더욱 제한적이 된다.

소득비례 정률제와 정액제　피보험자와 사용주가 부담하는 보험료는 소득비례 정률제다. 정률제 부담 보험료를 적용할 경우, 급여는 통상 정률제로 제공된다. 이와 같은 정률제 방식은 이해하기 쉽고 또 관리 · 운영하는 데 편리하다. 그러나 이 방식은 조세 방식에 비하면 상대적으로 소득 역진적이다. 소득에 따라 일정 비율로 보험료를 부과하는 것은 다른 계층보다도 저소득 근로자에게 무거운 부담을 주기 때문이다. 보험료 정률제 부과방식은 최저수준의 급여를 주고 제공하는 제도에서는 적절하지만 소득비례급여를 제공하는 제도에서는 미흡한 제도다.

정액제는 일정액의 금액을 보험료로 지불하는 방법이다. 구체적으로는 전원 정액제와 소득계층별 정액제가 있다.

전원 정액제는 모든 가입자에게 정액으로 부담하는 방법이다. 초기 사회보장제도 도입 시 활용되거나, 혹은 신자유주의적 · 시장경제적 보장체제를 채택하고 있는 나라에서 시행하고 있다. 베버리지가 제안한 '균일갹출(flat-rate contribution), 균일급여(flat-rate benifits)' 방식이 이에 해당된다.[5] 소득계층별 정액제는 소득계층별로 금액을 달리하여 일정액을 부과하는 방법이다. 자영업자에 대한 보험료 부담에 적용된다. 한국 건강보험의 자영업자나 지역가입자에 적용되는 방식이다. 지역가입자의 소득 파악이 어려워 소득 이외의 재산, 임대료, 자동차 등 요소를 감안하여 추정된 소득을 바탕으로, 소득계층별로 금액을 달리하여 정액으로 부과한다.

상한제 보험료 부과방법에 있어서 일정액을 넘어서는 소득에는 보험료를 부과하지 않는 방법을 보험료 부과의 상한제(ceiling)라고 한다. 상한선이 있으면 소득이 높은 계층은 보험료를 적게 내게 된다. 한국 건강보험의 경우 소득상한선이 당초 월 300만 원이었으나, 2013년 현재 6759만 원이다. 한국 국민연금은 상한선이 300만 원으로 설정되었다가 2003년

---

[5] 조세 방식으로 공적 연금을 실시하고 있는 호주에서는 연금급여를 소득에 관계없이 정액으로 지급한다.

에 400만 원, 2011년부터는 부과소득 상한선이 375만 원이다. 조세와 달리 부과기준의 상한선이 있는 보험료는 소득재분배 효과가 상대적으로 제한적이다.

(3) 적립기금 방식

적립기금 방식(provident funds)은 일종의 강제저축 수단으로 피용자와 사용자가 정기적으로 보험료를 중앙기금으로 불입하면 개인별 구좌에 예치된 적립기금으로 급여를 지급하는 것이다.[6] 구좌에 예치된 총적립기금은 노령, 폐질, 사망 등 규정에 의한 사태가 발생할 경우 근로자 또는 그 유가족에게 지급된다. 이 기금은 질병 또는 실업 상태가 발생한다든가 주택 구입 등 정당한 목적을 위해서 사전에 인출될 수 있다.

이 제도는 사회보장 후발국가인 싱가포르와 같은 개발도상국가에서 국가의 책임을 최소화하는 간단한 관리운영 방식을 추구하여 공공기관에서 관리하는 개인별 적립기금으로 성립된 것이다. 최근 들어서는 사회보험 방식의 건강보험에 대한 대안으로 신자유주의 진영에서 제안하고 있다.[7]

또 다른 변형으로는 강제개입식 개인연금제도를 들 수 있다. 예를 들면, 공적 연금의 위기를 겪었던 칠레, 아르헨티나 등 일부 중남미 국가와 폴란드, 카자흐스탄 등 구 공산권 국가에서 자본주의 경제체제로 전환되는 과정에서 국가 주도의 공적 연금제도를 대체하여 도입되고 있다.

적립기금 방식은 장래를 대비한 정기저축 수단으로 도입되었고, 개인의 자립정신을 고취하는 장점이 있다. 그러나 적립기금은 전통적 의미

---

[6] 한국에서는 연금제도가 도입되기 이전의 퇴직금제도와 유사하나 퇴직금제도보다는 규모가 훨씬 크다는 점에서 다르다. 사회보험과 퇴직금제도의 중간 형태로 볼 수 있다.

[7] 싱가포르나 미국 일부에서 운영되고 있는 이 제도의 한 방식은 개인별로 계좌를 만들어 의료비로 지출하고 남은 액수는 현금으로 상환하는 제도로서, 사회보험 방식의 건강보험에서 나타나는 소비자의 도덕적 해이, 즉 의료소비자의 과도한 의료 이용을 억제하는 장점이 있다(김연명, 2002: 116).

에서 사회보장제도로 포함하기 어려운 제도로도 볼 수 있다. 일종의 확대된 퇴직금제도와 유사하며 개인별 구좌로 운영되므로 사회보험제도가 추구하는 개인 간의 위험분산이나 소득재분배가 전혀 이루어질 수 없는 구조를 가지고 있기 때문이다(ILO, 1985; 김연명, 2002 재인용).

4) 부과방식과 적립방식

부과방식과 적립방식의 구분은 연금의 재원조달에서 주로 논의되는 것이다. 연금보험의 급여지출에 소요되는 재원은 완전 적립 또는 부분 적립될 수도 있고, 부과방식을 이용하여 조달될 수도 있다.

(1) 부과방식

부과방식(pay-as-you-go system,[8] annual assessment system)은 1년의 급여총액을 매년 조달하는 방식이다. 따라서 부과방식은 1년을 수지단위로 한다. 매년 소요금액을 조달하면서 일정 비율의 위험준비금을 두는 것이 원칙이다. 부과방식은 단기급여를 지급하는 건강보험이나 실업보험에 주로 적용된다.

연금보험에서 적용되는 부과방식은 현재의 근로세대가 현재 퇴직세대의 급여지출에 필요한 재원을 부담하는 것이다. 그리고 현재 근로세대의 퇴직 후 연금급여지출에 필요한 재원은 미래의 근로세대가 부담할 것을 전제로 한다.

---

[8] pay-as-you-go system이란 용어는 보험재정의 부과방식으로 사용되고, 재정학에서는 국가예산의 수립처럼 지출을 먼저 결정하고 이에 따라 수입을 결정하는 양출제입(量出制入) 방식으로 사용되기도 한다. 또한 서비스를 사용할 때 일정의 본인 부담을 지불하는 본인부담 방식으로 사용되기도 한다.

(2) 적립방식

적립방식(accumulation of funds system 또는 funded reserve system)은 어떤 시점을 기준으로 그때까지 기여한 사회보험료와 적립된 기금의 투자수익을 합한 총액으로 미래에 발생할 급여총액을 지불하는 데 충분한 수준의 기금을 축적하는 방법이다. 한국의 국민연금이나 특수직역(공무원, 사립학교교직원, 군인)연금이 이에 해당된다. 완전적립 방식으로 제도가 출발하였다 하더라도 인플레이션에 의해 급여비를 인상하게 되면 연금보험 재정의 건전성을 확보하기 어렵게 된다. 적립방식으로 시작하지만, 기금이 고갈되거나 그 가능성이 보일 때는 당초 가입시기의 급여율을 유지하기 위해 적립방식에 부과방식을 가미하기도 하는데 이를 수정적립 방식이라고 한다.

일반적으로 연금제도의 성숙화에 따라서 적립방식이 부과방식으로 전환되는 것은 공적 연금제도의 피하기 어려운 추세다. 오늘날 선진 각국의 연금재정 운영 방식은 부과방식과 적립방식을 다소 변형시킨 것으로 어느 방식이 더 합리적인 제도라고 평가하기는 어렵다.

5) 인구계층 간의 재원분담 방식

사회보험제도의 재원분담 방식을 결정할 때는 재원이 인구계층 간에 어떻게 분담될 것인가를 정할 필요가 있다. 일반적으로 사회보장제도 운영에 필요한 비용을 국가(국고), 고용주(사업주, 사용자), 피보험자(근로자)가 각각 부담하여야 할 근거가 있다. 그리고 그 부담비율을 어떻게 할 것인가는 제도의 성립 역사, 각국의 정치경제적 환경에 따라 다양하다.

(1) 부담 방식과 근거

비용 부담에 사회보장 재정을 분담하는 방식을 구분하면 다음과 같다.

재정부담 방식
- 단일부담제: ① 근로자형
  ② 고용주형: 한국 산업재해보상보험(무과실책임주의)
  ③ 국가형: 영국 국민보건 서비스
- 복수부담제: ① 2자 부담제: 근로자와 고용주형, 근로자와 국가형, 고용주와 국가형 - 한국 건강보험(직장보험)
  ② 3자 부담제: 근로자, 사용자, 국가 - 한국 건강보험(지역보험)

사회보장 재원 부담에 있어서 배분의 비율은 당사자 간의 비용 부담의 과다에만 국한된 것이 아니고 사회보장 기능을 둘러싼 기능에 대한 이념과 사회운동의 결과와 관련이 크다. 일반적으로 근로자, 고용주, 국가가 비용을 부담하는 근거는 다음과 같다(신수식, 2002 : 202).

근로자의 부담 이유는, 첫째, 자신을 위한 제도이고, 사고의 발생 책임이 자신에게 어느 정도 있기 때문이다. 둘째, 권리로서 급여를 청구하는 권리가 발생한다. 셋째, 급여비용의 충당과 제도의 남용을 방지한다. 넷째, 국가나 고용주에 의타심을 갖지 않게 한다.

사용자의 부담 이유는, 첫째, 피용자인 근로자의 사고는 기업주에게 직간접적인 책임이 있다. 둘째, 사회보장제도가 노동력의 유지와 증진에 필요하기 때문에 기업주에게도 이익이 있다. 셋째, 고용주로서 기업주가 수행할 후생복지의 일환이다.

국가의 부담 이유는, 첫째, 국가는 국민의 최저생활을 보장할 의무가 있다. 둘째, 근로자의 사고는 산업사회에서 필연적으로 발생하는 사회적 위험이다. 셋째, 노사 간의 안정과 사회의 질서유지에 필요하다. 그런데 여기에서 유의해야 할 것은 사업주나 국가의 부담은 결국 생산비나 국민에게 돌아간다는 것이다. 사업주가 부담하는 비용은 임금과 마찬가지로 생산비의 한 요소로서 제품가격에 포함되어 소비자인 근로자에게 전가된다. 또한 국가의 부담도 결국은 조세로서 국민에게 전가된다. 따라서 사회보장을 부담하는 방법과 부담비율의 구성에 대한 변화는 결국 부담하고자 하는 부담의 전가가 어느 계층, 어느 직종에 귀착되는가를 파악하는 것이 중요하고, 그 경로가 명확하다면 부담자와 부담비율의 변화는 사회역학적 관계에 의해 결정된다.

(2) 3자 부담방식

자본주의 국가에서는 일반적으로 3자 부담방식(tripartite basis)이 적용되고, 국가 부담의 원리가 항상 요구되고 있다. 비스마르크의 사회보험제도는 독일의 사회보험제도가 성립하기 이전의 공제조합에서 공제급여에 대해 피용자와 고용주 간의 공동부담에 기초하고 있다.[9] 3자 부담방식은 1994년 국제노동기구의 '소득보장권고'와 '의료권고'에서 제시된 안이다. 3자 부담이라고 하여도 그 내부적 비율은 국가와 사회보장의 여건 및 사회보험의 사회적 여건이나 제도에 따라서 달라진다. 특히 근로자 부담이 초기보다 줄어드는 경향이 있는데, 이는 노동조합의 조직적 요구와 사회보험 확충과정에서 비롯된 것이다. 이와 관련하여 근로자의 재원 부담에 관해서도 국제노동기구(ILO)는 그 기준을 제시하고 있다. '사회보장의 최저기준에 관한 조약' 제102호(최저기준)에서는 피용자 보험료는 총 재원의 50%를 초과하지 않도록 설정하고 있고, 정부는 관리·운영비를 지원할 수 있도록 규정하고 있다.

한국의 경우에도 피용자, 고용주, 국가 외 3자가 부담하는 방식(한국 건강보험의 공무원이나 사립학교교직원의 재원조달은 그 비용이 5:3:2의 비율임)도 있고, 피용자와 고용주의 5:5 부담(건강보험의 직장가입자나 국민연금) 등 다양한 부담방식을 택하고 있다.

---

[9] 1900년대 사회보험이 발달되며, 정부보조금으로 재원이 보충되어 3자 재원조달 방식이 성립되었다. 이후 3자 재원조달 방식은 사회보험제도의 재원조달 방식으로 많은 국가에서 채택되었다. 그러나 이 방식이 완벽한 형태의 재원조달 방식은 아니며, 국가마다 그리고 국가 내 제도마다 3자 간의 부담자, 부담비율은 다양하다.

(3) 국가 또는 고용주에 의한 재원조달

국가는 사회보장제도의 관리·운영비에 대해서 지원하는 경향이 있다. 또한 저소득계층이 보험제도로 편입될 때 부족한 재원을 지원한다. 한국이나 일본, 독일, 프랑스의 경우 사회보험제도 재정 중 농민, 지역주민에 대한 보험료 부담의 일정 비율을 국가가 지원한다. 와해되기 이전의 소련 그리고 일부 동양권 국가에서는 피용자(근로자)가 보험료를 부담하지 않았다. 또한 자본주의 국가에도 국가는 가족수당 또는 국민보건서비스와 같이 사회복지에 특히 도움이 된다고 생각되는 일부 급여에 대한 비용의 전액 또는 상당액을 부담하고 사회보장제도 중 일부 소득계층의 운영에 국고를 전액 또는 일부 지원한다. 또한 국가는 가족수당과 같이 보편적 사회보장제도에 대해 조세로 확보된 재원을 투입한다.

대부분의 국가에서 산업재해보상보험의 재원은 고용주에 의해서만 부담되고 있다. 이를 무과실책임주의라고 하는데, 고용주가 회사 내에서 일어나는 모든 사고에 대해서 직간접의 책임을 지는 것이다. 국가에서 산업재해보상보험의 재정을 부담하는 경우가 있는데, 특히 영국은 3자 부담방식으로 산업재해보상보험의 현금급여 재원을 조달한다.

(4) 한국 사회보험의 3자 간 재원부담 비율과 국제 비교

이상 논의된 인구계층 간의 재원 부담을 한국 사회보험 재정에 비추어 분석해 보면, 2010년 사회보험에 기여하는 사회보험료율은 총 16.77%이며 피용자 부담은 7.24%, 고용주 부담은 9.53%다(〈표 4-4〉 참조).

또한 우리나라와 비슷한 사회보험 방식을 실시하고 있는 나라들과의 전체 보험료 기여율과 인구계층 간 부담비율을 파악해 보고자 한다. 〈표 4-5〉에서와 같이 주요 국가의 1995년 자료와 한국의 2010년 자료를 분석해 보면, 한국과 독일 그리고 일본은 피용자와 고용주의 비용부담 비율이 5:5에 가깝고, 프랑스나 이탈리아는 고용주의 부담비율이 높다. 따라서 프랑스나 이탈리아에서는 사회보험의 보험료 인상에 대해서

〈표 4-4〉 한국 사회보험 재정의 기여부담(2010) (단위: %)

부담자	소계	국민연금	건강보험	산재보험	고용보험	노인장기요양보험
계	16.77	9.0	5.33	1.49	1.75	0.35
피용자	7.24	4.5	2.665	—	0.45	0.175
고용주	9.53	4.5	2.665	1.49	1.3	0.175

※ 기여율 계산기준
- 산업재해보상보험 1.49%(최저 0.4%, 최고 31.9%인데 평균 1.49% 적용)
- 고용보험 피용자: 실업급여 0.5%, 고용주는 각각 실업급여 0.5%, 고용안정 0.3%, 직업능력개발사업은 0.5%(규모별로 보험료율이 0.1~0.7%로 다르나 150인 이상~1,000인 미만 기업 0.5% 적용)
- 장기요양보험료=건강보험료의 6.55%(2010)

〈표 4-5〉 사회보장 프로그램의 기여율 비교(1995년)

국가	노령 · 장애 · 유족			총 사회보장 프로그램 합계[1]		
	피보험자	고용주	소계	피보험자	고용주	총계
독 일	9.30	9.30	18.60	16.55	17.99	34.54[2]
프랑스[3]	8.05	8.20	16.25	18.27	34.31	52.58
이탈리아	8.34	21.30	29.64	9.34	47.62	56.96
일 본	8.25	8.25	16.50	12.24	14.38	26.42
미 국	6.20	6.20	12.40	7.65	13.35	21.00
한 국(2010)	4.50	4.50	9.00	7.24	9.53	16.77

[1] 노령 · 장애 · 유족 · 상병급여, 산재급여, 실업급여, 가족수당 프로그램의 합계를 의미함.
[2] 중앙정부가 가족수당 비용 부담
[3] 프랑스의 경우 보험료 부과에 소득상한선이 있어 상한선 이하에 대해 보험료율을 높게 책정함.
출처: Social Security Administration (1995); 김연명(1998), p. 57에서 재구성.

기업주의 입장에서 보다 민감하게 대응할 것임을 추정할 수 있다. 한편, 전체 사회보험료의 기여에 있어서는 미국이 한국과 유사한 수준이고 기타 선진국가들은 10% 이상 높다는 것을 알 수 있다.

6) 수익자(이용자) 부담

수익자 부담은 이용자 부담, 사용자 부담 또는 본인 부담이라고도 불린다. 이는 사회보장정책이 제공하는 서비스를 받을 때 일정한 액수를 이용한 본인이 부담하는 것을 말한다. 건강보험에서의 본인 일부 부담, 공공임대주택의 관리비 부담, 각종 사회복지 서비스의 이용료 등을 들 수 있다. 영국에서는 주택서비스 비용의 약 55%를 부담하고 개별 사회복지 서비스의 총지출 중 약 16%를 지불한다. 한국의 건강보험에서의 본인 부담은 2012년 현재 약 38%로 추정된다.

수익자 부담을 활용하는 이유로는 두 가지를 들 수 있다. 첫째, 건강보험의 본인 일부 부담의 경우와 같이 무료 또는 저가 서비스 제공에서 오는 서비스 남용을 방지하여 자원 이용의 효율성을 높이기 위한 수단으로 가능하다는 것이다. 둘째, 수익자 부담을 채택함으로써 수익자와 비수익자 사이의 공평을 도모할 수 있다는 것이다.

그러나 본인 부담률은 기본적으로 저소득자에 상대적으로 강한 압박을 주게 된다. 한국 건강보험의 본인 부담률은 전체 의료비의 2012년 현재 38%에 가깝다. 이 때문에 질병에 대한 사회보험의 소득재분배 기능은 위험분산 기능도 제대로 적용되지 않는 결과를 낳고 있다. 이러한 점을 고려하여 국제노동기구는 의료보장의 본인 부담이 총 의료비의 1/3을 넘지 않도록 권고하고 있다. 우리나라와 같은 사회보험 방식의 건강보험을 채택하고 있는 국가들의 본인 부담률은 대체로 30% 이하를 나타내고 있다. 독일의 경우 약 7% 정도이며, 일본의 경우 약 17%, 우리나라와 비슷한 경제수준인 대만의 경우는 약 20% 정도다.

3. 한국 사회보장 재정[10]

한국의 사회보장 재정에 대한 종래의 일반적인 시각은 경제수준에 비하여 사회복지지출 수준이 현저히 낮다는 것이었다. 그러나 경제위기 이후 공공부조제도를 중심으로 사회복지지출이 급격히 증가하여서 한국의 사회복지지출 규모가 외국에 비하여 낮지 않다는 새로운 시각이 대두되기 시작하였다. 이러한 주장은 새로운 사회복지지출 집계 방식을 사용하는 것과 맞물려 더욱 설득력을 얻어 가고 있다.

먼저 새로운 재정집계 방식인 OECD 방식에 의거하여 한국의 사회복지지출 규모가 최근 5년간 연평균 34.3%의 증가율을 나타냈으며, 그 결과 1999년 GDP의 11.8%에 이르러 사회복지지출 규모가 과거에 비해 상당 수준 증대되었다는 사실을 수긍할 수 있다. 그러나 이러한 사실이 한국의 사회복지지출 규모가 이미 적정수준에 도달하였거나 가까운 장래에 도달하게 될 것임을 보여 주는 것은 아니다.

그 논거는, 첫째, GDP의 11.8%를 차지하는 사회복지지출 비중은 국민소득 수준을 통제한 상태에서 선진 외국의 복지지출 규모와 비교하여 현저히 낮다는 점이다. 더욱이 그 포함 여부가 논란되고 있는 퇴직금을 집계에서 제외하면 실제 복지지출은 GDP의 7.5%에 불과하게 되어, 현재의 복지지출 수준은 더 낮아진다. 둘째, 최근의 급격한 복지지출 상승은 대부분 임시 대응적인 비용의 증대에 기인하는 것으로서 구조화된 복지지출 증대가 아니며, 경제여건이 호전되면 사회복지비 지출이 감소할 가능성이 높다는 점이다. 따라서 현재의 증가 추세를 유지한다는 가정하에 가까운 장래에 한국의 복지지출 규모가 선진국 수준에 도달할 것이라는 주장은 근거가 미약하다. 셋째, 민간기업이 부담하는 퇴직금

---

10) 박능후(2002)에서 요약 정리함.

지급의 증가가 최근의 복지지출 증가를 주도하고, 노인·장애인 등 취약계층에 대한 복지비용은 증가율이 오히려 감소하고 있어 복지지출의 구성 면에서 적정성과는 거리가 멀어지고 있다는 점이다.

〈표 4-6〉에 나타난 바와 같이, 퇴직금을 포함한 복지지출은 1990∼1999년에 명목가치상으로 8조 2,210억 원에서 56조 9,430억 원으로 총 692.7%, 연평균 24% 증가되었다. 경제위기가 도래하기 직전인 1996년을 기준으로 이 기간을 다시 세분하여 보면, 1990∼1996년에 복지지출은 명목가치로 연평균 19.1% 증가한 반면 1996∼1999년에는 연평균 34.3% 증가하여 경제위기 전 증가율의 거의 2배에 이른다. 복지지출 규모를 GDP에 대한 비율의 측면에서 보면 1990년 4.6%에서 1999년 11.8%로 2.6배 증가하였다. 이 역시 1990∼1996년의 6년 동안 1.4% 포인트 (4.6% → 6.0%) 증가하였음에 비해 1996∼1999년의 3년 동안은 5.8% 포인트(6.0% → 11.8%) 증가하여 경제위기 이후 사회복지지출이 급격히 증가하였음을 다시 확인할 수 있다.

그러나 항목별로 세분해 보면 한국의 복지지출의 변화 양태는 매우 상이하게 나타난다. 1996∼1999년의 연평균 증가율 중 눈에 띄는 것은 노령현금급여(38.9%), 가족현금급여(116.0%), 적극적인 노동시장 프로그램(119.4%), 실업급여(57.5%) 및 법정퇴직금(55.5%), 기타 급여 (37.4%)다. 이 중에서 가족현금급여의 급격한 증가는 1997년부터 산전·산후휴가급여가 집계되기 시작한 것에서 연유하므로(고경환 외, 1999: 62) 별다른 정책적 의미는 없다. 노령현금급여의 급격한 증대는 1997년 이후 공무원 및 사립학교교직원의 급격한 퇴직자 증가와 퇴직자들이 연금수령 대신 퇴직일시금을 보다 선호한 것에서 연유한다. 적극적인 노동시장 프로그램, 실업급여 및 법정퇴직금의 가파른 증대는 경제위기 이후 늘어난 실업 대책비와 임금근로자의 대거 퇴직에서 비롯된 것이다. 기타 급여의 증대 원인은 1997년 이후 경제위기에 대처하기 위해 임시적으로 늘어났던 생활보호비용이 기타 급여로 분류된 데 있다.

〈표 4-6〉 사회보장 프로그램의 기여율 비교(1995년)　　　　　　(단위: 십억, ( )는 GDP 대비 %)

사회보장비 지출부문	지출 규모										연평균 증가율	
	1990	1991	1992	1993	1994	1995	1996	1997	1998	1999	1990~1999	1996~1999
1. 노령현금급여	1,113 (0.6)	1,404 (0.7)	1,592 (0.7)	2,041 (0.8)	2,575 (0.8)	3,404 (0.1)	3,689 (1.0)	4,333 (1.0)	6,982 (1.6)	9,890 (2.0)	27.5	38.9
2. 장애현금급여	147 (0.1)	213 (0.1)	252 (0.1)	275 (0.1)	322 (0.1)	360 (0.1)	408 (0.1)	460 (0.1)	499 (0.1)	518 (0.1)	15.0	8.4
3. 산업재해 및 직업병 급여	366 (0.2)	509 (0.2)	672 (0.3)	629 (0.2)	730 (0.2)	854 (0.2)	1,012 (0.3)	1,159 (0.3)	1,071 (0.2)	916 (0.2)	10.7	-3.3
4. 질병급여	—	—	—	—	—	—	—	—	—	—		
5. 노인과 장애인 복지서비스	202 (0.1)	104 (0.1)	121 (0.1)	157 (0.1)	342 (0.1)	427 (0.1)	537 (0.1)	735 (0.2)	811 (0.2)	772 (0.2)	25.2	12.9
6. 유족급여	288 (0.2)	398 (0.2)	438 (0.2)	475 (0.2)	548 (0.2)	602 (0.2)	679 (0.2)	773 (0.2)	830 (0.2)	854 (0.2)	12.9	7.9
7. 가족현금급여	2 (0.00)	5 (0.00)	5 (0.00)	7 (0.00)	8 (0.00)	11 (0.00)	11 (0.00)	99 (0.02)	103 (0.02)	112 (0.02)	55.7	116.0
8. 가족복지 서비스	58 (0.0)	84 (0.0)	106 (0.0)	147 (0.1)	177 (0.1)	251 (0.1)	326 (0.1)	414 (0.1)	329 (0.1)	364 (0.1)	22.7	3.7
9. 적극적인 노동 시장 프로그램	113 (0.1)	111 (0.1)	179 (0.1)	226 (0.1)	196 (0.1)	267 (0.1)	330 (0.1)	552 (0.1)	1,679 (0.4)	3,485 (0.7)	46.4	119.4
10. 실업급여	1,797 (1.0)	2,139 (1.0)	2,985 (1.2)	3,522 (1.3)	4,608 (1.5)	5,714 (1.6)	6,174 (1.6)	10,230 (2.4)	25,245 (5.7)	24,129 (5.0)	33.5	57.5
10.1 법정퇴직금	1,797 (1.0)	2,121 (1.0)	2,605 (1.1)	2,987 (1.1)	3,985 (1.3)	4,922 (1.4)	5,453 (1.4)	9,358 (2.2)	22,919 (5.2)	20,504 (4.2)	31.1	55.5
11. 보건부문 공공지출	3,899 (2.2)	4,312 (2.0)	4,983 (2.1)	5,736 (2.2)	6,440 (2.1)	7,717 (2.2)	9,765 (2.5)	11,433 (2.7)	12,706 (2.9)	14,411 (3.0)	15.6	13.8
12. 주거급여	—	—	—	—	—	—	—	—	—	—		
13. 기타 급여	335 (0.2)	336 (0.2)	328 (0.1)	359 (0.1)	363 (0.1)	451 (0.1)	576 (0.2)	729 (0.2)	928 (0.2)	1,493 (0.3)	18.1	37.4
복지지출계 (퇴직금 제외)	6,423 (3.6)	7,494 (3.5)	9,055 (3.8)	10,587 (4.0)	12,323 (4.0)	15,136 (4.3)	18,053 (4.6)	21,561 (5.1)	28,264 (6.4)	36,439 (7.5)	21.3	26.4
복지지출계 (퇴직금 포함)	8,221 (4.6)	9,614 (4.5)	11,661 (4.9)	13,573 (5.1)	16,308 (5.3)	20,058 (5.7)	23,506 (6.0)	30,918 (7.3)	51,183 (11.5)	56,943 (11.8)	24.0	34.3

출처: 1990~1997년은 고경환 외(1998); 1998~1999년은 문형표 외(2002).

이에 비해 장애현금급여(8.4%), 산재 및 직업병 급여(-3.3%), 노인과 장애인 복지서비스(12.9%), 유족급여(7.9%), 가족복지 서비스(3.7%) 등은 오히려 경제위기 전보다 지출수준의 증가율이 현저하게 낮아졌다. 즉, 사회복지의 일차적 대상인 노인, 장애인, 아동, 편모 등 취약계층에 대한 서비스 지출은 이 기간 동안 오히려 퇴보한 것이다. 이것은 경제위기 이후 실업 대책 위주로 복지지출이 급격히 증대되면서 취약계층에 대한 배려가 상당히 약화되었음을 의미한다. 다시 말해, 경제위기 이후 한국의 사회복지지출은 총체적인 측면에서 급격히 증가하고 GDP의 10%를 넘어서게 되었으나, 지출 증대의 대부분이 근로경력이 있는 실업자에 대한 배려에 치중되었고, 근로경력이 없는 취약계층에 대해서는 사회복지지출이 감소하였다. 그 결과, 외형적으로는 사회복지지출이 현격히 증대되었음에도 불구하고 취약계층을 주된 대상으로 하는 사회복지 현장의 체감 복지는 오히려 감소한 것으로 느껴지는 복지급여의 이중성 현상이 나타나고 있는 것이다.

한편 현재의 사회복지지출 증대가 임시성 비용 증대에서 비롯되었다는 사실은 향후 경제여건이 호전되면 사회복지지출이 다시 축소될 가능성이 높다는 긍정적인 측면이 있다. 즉, 현재의 비용 증대를 지나치게 염려할 필요는 없는 것이며, 정책환경의 변화에 적응하여 지출비용을 축소할 수 있는 가능성이 높다.

그러나 부정적인 측면도 무시할 수 없다. 문제의 핵심은 단기간 내 사회복지지출이 급격히 증가하였다는 사실에 있는 것이 아니라, 기업 부담의 퇴직일시금 중심으로 경제위기가 초래한 복지수요를 감당하였다는 사실이다. 이것은 국가 주도의 기존 사회안전망이 그만큼 부실하였음을 반영하는 것으로서, 대기업·정규근로자 중심으로 유리하게 운용되고 있는 퇴직금제도의 특성이 복지수요자에게 그대로 반영되어 사회복지제도가 추구하는 사회적 연대감의 제고, 사회적 형평성의 제고에 역행할 가능성이 높다는 점이다. 이는 노인과 장애인 등 사회적 취약계층을 위한 사회복지 서비스 분야는 경제위기 전에 비하여 복지비 지출액의 증가율이 하락하였다는 사실과 맞물려 향후 한국의 사회복지 재정을 재구조화하여야 하는 당위성을 높이고 있다.

4. 과제

사회보장의 재원조달 문제를 단번에 해결해 주는 마법과도 같은 방법은 없다. 사회보장의 비용문제는 본질적으로 심리적이고 정치적인 문제다. 사회보장의 부담이 조세 형태든 보험료 형태든, 또는 조세가 누구에게서 부담되든지 간에 사람들은 자신이 너무 많이 지불하고 있다고 느낀다. 한국의 사회보장 부담은 세계 주요 국가의 어느 나라보다 낮은 편이지만 한국의 언론이나 사용자단체, 더 나아가 노동자단체에서도 부담이 높다는 주장이 많다.

그러면서도 사람들은 사회보장이 제공하는 급여는 미흡하다고 생각하고, 언젠가 자신이나 가족에게 닥칠 소득 상실이나 질병, 산업재해, 실업의 위험에 대해서는 무시하거나 과소평가하기 쉽다. 하지만 인간은 본질적으로 개인적 또는 사회적 위험을 가지고 있다.

앞으로 닥칠 사회보장의 위기는 연금수급자의 증가나 의료비의 증가로만 발생하는 것은 아니다. 그것은 무엇보다도 경제의 저성장과 높은 실업률, 여성의 사회진출과 인구 저출산 추세, 급속한 노령화가 될 것이다. 선진국가가 이미 보여 주듯이 전체 인구의 1/10 이상이 사회보장기금에 의해서 생활이 유지되는데, 경제활동 인구의 1/10 이상이 사회보험료에 기여하지 않는 상황이기 때문에 심각한 적자가 발생하게 된다.

이러한 현상이 지속될 때, 사회변화에 따른 아동, 노인, 실업에 대한 사회보장급여는 늘어날 수밖에 없다. 이러한 부담의 증가에 대해서 피보험자의 저항은 물론, 기업주들도 수익성을 회복하고 경쟁력을 증가시키기 위해 사회보장비용을 감소시켜야 한다고 주장한다. 한편으로는 사회보장비용 증가의 억제과정에서 그 고통을 분담하는 이해관계 단체, 예를 들면 의료인들이 불만을 나타내게 된다.

사회보장이 갖는 효용성을 인정하면서도 국민들은 과다한 부담, 낮은 급여에 불만을 가지기 쉽다. 사용자단체나 의료단체들은 부담을 낮추거나 자기들의 몫을 더 달라고 요구하게 된다. 이런 데서 사회보장 위기가 오게 된다. 지난 수년 동안 사회보험 노동자와 의료인의 파업 및 거리시위로 나타나는 강한 항의에 보건복지부 장관이 수차례 경질되는 사태에서도 이러한 위기의 징후는 잘 나타나고 있다. 앞으로 사회보장이 사회에서 차지하는 중요성이 커짐에 따라 이러한 위기는 더욱 자주 그리고 심각하게 다가올 것이다.

이러한 문제를 해결하기 위해서는 이해관계 단체들이 사회보장에 대한 성숙한 이해와 공익에 입각한 토론을 통해 합의를 도출하고, 합의된 결과에 대해서는 미흡하더라도 수용해 나가는 자세를 확립해 나가는 것이 필요하다. 이러한 민주적 절차를 제도화하는 것도 필요하다. '사회보장 자문회의'를 헌법기구로 설치하여 초당적이고도 비정치적이면서도 이익집단적 틀을 넘는 정책을 도출하고, 합의된 결과는 전체 사회 구성원이 수용하는 제도적 틀이 필요하다.

1. 사회보장 재정에 영향을 미치는 보험급여의 결정요인이 <u>아닌</u> 것은?

① 보편주의와 선택주의의 선택 여부에 따른 영향이 있다.

② 단기급여는 대부분 3~4년 단위로 재원조달을 결정한다.

③ 장기급여는 연금제도의 노령연금에 해당된다.

④ 장기급여는 산업재해보상의 장해급여나 유족급여를 포함한다.

⑤ 단기급여는 건강보험의 요양급여가 해당된다.

2. 현물급여와 현금급여의 설명 중 <u>잘못된</u> 것은?

① 현물급여는 정책의 목표달성 효율성을 높일 수 있다.

② 현물급여는 수급자의 자긍심을 높이는 데 기여한다.

③ 현물급여는 프로그램의 운영비가 소요되는 단점이 있다.

④ 한국의 사회보험 중 현금급여 중심으로 지급되는 제도는 국민연금제도다.

⑤ 한국의 사회보험 중 현금급여와 현물급여가 지급되는 제도는 산업재해 보상보험이다.

3. 사회보험제도의 재원조달 방식에 대한 설명 중 옳지 <u>않은</u> 것은?

① 조세 방식은 일반적으로 누진적으로 소득재분배 효과가 크다.

② 사회보험 방식은 부과기준에 상한제가 있어 소득재분배에 긍정적인 영향을 미친다.

③ 사회보험료는 일종의 목적세 기능을 갖는다고 할 수 있다.

④ 한국의 사회보험은 사회보험 방식에 의해 재원조달이 된다.

⑤ 한국의 공공부조는 조세에 의해 재원조달이 된다.

4. 재원조달에 관한 다음 설명 중 맞지 <u>않는</u> 것은?

① 사회보험료가 강제적으로 징수되는 것은 사회보험이 보장하는 사회적위험이 시장실패적 성격을 가지고 있기 때문이다.

② 역선택은 보험가입에서 저위험집단의 가입이 낮아지는 현상을 말한다.

③ 건강보험의 수진자가 과잉 수진을 하는 것은 일종의 도덕적 해이 현상이다.

④ 일반적으로 조세 방식은 보험 방식보다 역진적이다.

⑤ 과도한 정부개입으로 인해 비효율성적 현상이 발생하는 것을 정부 실패라고 한다.

5. 사회보장의 재원조달에 관한 설명 중 <u>틀린</u> 것은?

① 사회보험제도는 모두 피용자, 고용주, 정부의 3자 재원조달 방식으로 운영된다.

② 국제노동기구에서는 피용자 보험료가 소요되는 재정의 50%를 넘지 않도록 규정하고 있다.

③ 한국의 사회보험 기여율은 주요 선진국과 유사한 수준이다.

④ 수익자 부담은 공공적 성격이 높은 서비스에는 적용하지 않는 것이 원칙이다.

⑤ 한국의 사회보장 지출규모는 주요 선진국가에 비해서 아직 낮은 수준이다.

사회보장과 경제·사회 구조

사회보장제도의 역사적 발전과정을 살펴보면 빈곤과 질병 등 인간의 각종 사회문제를 해결하는 수단이 제도나 정책으로 나타난 것이라 할 수 있다. 특히 자본주의를 경제적 이데올로기로 채택한 국가들은 고도의 산업화와 경제성장을 달성한 반면, 빈부 격차와 실업 증가 그리고 물가상승이라는 양면성을 동시에 지니게 되었다. 따라서 이 장에서는 한국의 경제·사회 구조의 특징과 사회보장제도를 조명해 보고, 사회보장이 가지는 전반적인 사회경제적 기능에 대해서 파악한 후, 사회보장제도 각 프로그램의 사회경제적 효과를 구체적으로 알아본다.

1. 한국 경제·사회 구조의 특징

한국의 경제체제는 자본주의 원리를 기본 바탕으로 한 혼합경제체제를 선택하고 있다. 자본주의 경제사회에는 일체의 재화가 상품으로 생산되어 시장에서 매매되는 시장경제 내지 교환경제를 메커니즘으로 하며 개인의 사유재산을 인정하고 경제활동의 자유가 보장된다는 점이 특징이다. 1인당 국민소득은 1948년 대한민국 정부가 수립될 당시 겨우 100달러에서 1996년에는 1만 달러로, 약 반세기 만에 100배로 성장하는 고도의 성장을 기록하였다. 해방 이후 우리나라가 선택한 경제성장 전략은 대기업 위주의 수출위주 정책으로, 불균형적 성장전략을 추진함에 따라 농민과 도시근로자들의 상대적 박탈감이 초래되기도 했다. 그 결과, 외형적 성장은 크게 이룩하였으나 소득분배와 자본축적의 형평성 문제가 나타나게 되었다.

1) 공업화와 근대화 과정

한국 경제의 고도성장 요인으로 많은 경제학자가 주장하는 내용은 다음과 같다. 첫째, 한국은 과잉인구와 과소고용의 특성 때문에 우수한 노동력이 풍부하게 존재하여 경제개발 과정에 필요한 인재를 골라 쓸 수 있었다. 그러나 지금은 반대로 부족한 노동력과 고임금으로 어려움을 겪고 있으며 과거와 같은 저렴하고 풍부한 노동력을 보유할 수 없다는 것이 문제로 지적된다. 둘째, 외자(外資) 도입을 통한 경제발전이 성공했다. 우리나라의 경우 경제개발 5개년계획을 수행하는 과정에서 산업개발을 위한 막대한 자금을 외자로 충당할 수밖에 없었다. 셋째, 정부주도형의 수출위주 경제정책이 주효했다. 정부주도에 의한 선성장 후분배와 수출 지향적인 공업화 전략, 외자에 의존하는 자본축적 전략 등으로 시장기구 대신에 정부 주도의 개입과 명령이 주된 영향을 미쳤다. 넷째, 기업의 성장과 자본력의 집중을 가져오는 기업집중의 개발전략과 이를 수행하는 기업가의 경영이념이 조화를 이뤘다. 그러나 기업의 사회적 책임 없이 기업집중에만 일관하여 문어발식 재벌 형성으로 국제경쟁력을 약화시키는 문제가 제기되기도 한다. 다섯째, 국민들의 높은 교육열이다. 한국인의 높은 교육열은 우수한 근로자층을 형성시켰고, 각종 경제활동과 생산성을 향상시키는 요인이 되었다. 여섯째, 한국인의 근면성과 부지런함이다. 1960년대에 가난을 극복하고 잘살아 보겠다는 우리 국민의 부지런함과 근면정신의 의지는 아름다운 미덕이었고, 무한한 가능성으로 이어져 경제성장을 이루었다. 일곱째, 문화와 종교적 영향이다. 유교문화를 바탕으로 한 불교 유입과 서구 기독교문화와의 조화, 특히 해방 이후 서구문화는 한국의 문화 수준과 인식을 크게 높였다. 이러한 문화와 종교적 영향으로 가정과 사회에 대한 책임감, 소외된 국민과 장애인에 대한 관심, 성취와 진보를 강조하는 의식구조, 높은 사회적 이동성 등이 기업활동과 경제성장을 촉진시키는 요인이 되었다.

이상과 같이, 우리의 고도성장 전략은 많은 개발도상국의 모델이 되었다. 그동안 우리나라 경제발전의 특징은 성장 지향적(growth oriented), 공업 지향적(industry oriented), 대외 지향적(outward oriented)이었다고 요약할 수 있다. 즉, 소득분배보다는 성장을, 농업보다 공업을, 국내자본이나 국내수요보다 외자나 수출을 더 중시한 경제발전 전략을 채택하고 실시하였다.

2) 불균형발전론과 균형발전론

미국의 경제학자 허쉬먼(A. Hirschman)은 균형발전론(balanced growth theory)을 비판하면서 불균형발전론(unbalanced growth theory)을 주장하였다. 허쉬먼에 따르면, 불균형발전론은 후진국이 자본 · 기술 면에서 취약하여 모든 산업을 균형적으로 동시에 성장시키기 어렵기 때문에 자본 부족에 허덕이는 후진국은 개발 가능한 특정 산업에 집중 투자하여 선도산업으로 삼고, 그 선도산업으로부터 전후방 연관효과를 통해 역동적인 경제개발을 추진해야 한다고 주장한다. 허쉬먼은 투자의 효과를 생산능력 창출 효과, 소득창출 효과, 연관 효과로 구분하고, 자본량을 증가시켜 공급능력을 확장시키는 것을 주장한다. 이는 정부의 적극적인 경제개입의 당위성을 역설한 케인즈(J. M. Keynes)의 유효수요이론의 투자효과와 동일시된다.

균형발전론과 불균형발전론 중에서 어느 쪽이 합리적인 전략이냐 하는 것은 각국의 경제사정에 좌우된다. 즉, 수출에 의한 판로의 개척이 쉬운 나라에서는 불균형발전론이 설득력이 있으나, 국내수요에 주로 의존하는 나라에서는 균형발전론이 설득력이 있다.

균형발전론이 수요 쪽에 중점을 두는 데 반하여, 불균형발전론은 공급 쪽에 중점을 둔다. 우리나라는 1962년부터 시작된 일련의 경제개발계획에서 허쉬먼이 제안한 공업 우선의 불균형발전을 추진하여 왔다. 그리하여 1990년대까지 연평균 9%에 육박하는 경제성장, 7%대의 수출 증가를 기록하였다. 그러나 이 과정에서 공업과 농업 간, 도시와 농촌 간, 수출산업과 내수산업 간, 대기업과 중소기업 간 불균형이 아주 심각하여 경제 내에 선진부문과 전통부문이 병존하는 이중경제(dual economy)를 낳았다. 농업발전 없이 선진국에 진입한 나라는 없다. 불균형발전론의 주창자도 이 이론이 자본이 부족한 경제발전의 초기단계에 적용되는 이론이고, 경제발전이 일정 단계를 넘어서도 추구되어야 할 이론이라고는 생각하지 않았다.

우리나라는 절대적 빈곤을 어느 정도 벗어난 1970년대 중반부터 균형성장 전략을 추구했어야 했다. 그런데 1990년대 중반까지도 기조적으로 불균형성장 전략을 추구해 왔다. 이제부터라도 산업의 각 부문을 고려한 균형적 발전을 도모하고 동시에 사회복지 철학과 이념에 부합하는 평등주의적 재분배구조를 통해 경제적 · 사회적 계층 간 갈등을 해소해야 한다.

3) 우리나라의 사회보장 수준과 국제 비교

1997년 IMF 구제금융을 통해 우리 국민들은 소득수준의 감소 또는 대량실업을 경험하면서 사회보장에 대한 관심이 크게 높아졌다. 앞으로 사회보장에 대한 국민들의 욕구는 더욱 확대될 전망이며, 아울러 연금과 사회보험 그리고 정부의 사회복지 서비스 지출도 꾸준히 증가하리라고 본다. 1997년도 OECD 추계방법에 따른 우리나라의 사회보장비 지출은 30조 9,182억 원으로 전년 대비 31.5% 증가한 것으로 추계되었으며, 국내총생산 대비 6.82%로 나타났다. 사회보장비의 구성 백분율은 보건부문 공공지출이 37.0%로 가장 높게 나타났으며, 다음으로 실업급여 33.1%, 노령현금급여 14.0%, 산업재해 및 직업병 급여 3.7% 순이며, 가족현금급여는 0.3%로 가장 낮았다.

결국 우리나라의 사회보장비 지출은 질병, 실업(결국 법정퇴직금임) 그리고 노령의 세 부문에서 80% 이상 지출하고 있는 것으로 나타났다.

OECD 회원국 중 대부분의 국가가 질병과 노령의 두 부문에서 60% 이상을, 일본과 멕시코는 80% 이상을 지출하고 있다.

〈표 5-1〉의 1995년 OECD 자료에 의해 산출된 사회보장비 지출지수를 보면 26개 국가 중 17개국이 100을 상회하고 있으며, 나머지 9개국은 100 이하로 나타났다. 우리나라의 사회보장비 지출지수는 38.72%로, 소득수준에 비해 사회보장비 지출 비중이 26개국 중 가장 낮은 수준임을 알 수 있다. 이 경우 우리의 소득수준에 적합한 사회보장비 기대지출은 실제 지출보다 2.6배나 높은 13.74%로 나타났다. 우리나라의 소득수준은 경제성장정책에 힘입어 꾸준히 증가하여 왔지만 이러한 수준에 맞는 사회보장정책이 따르지 못하였음을 알 수 있다.

〈표 5-2〉에서 소득수준이 같은 연도의 사회보장비 지출을 비교해 보면, 우리나라의 1인당 GDP가 1만 달러(1995년, 5.3%)였을 때 미국(1978년)은 13.6%, 일본(1981년)은 10.4%, 서독(1980년)은 25.7%로 우

〈표 5-1〉 OECD 회원국의 사회보장비 지출지수(1995년)

| 국가 | 1인당 GDP (US $) | GDP 대비 사회보장비 지출 | | 사회보장비 지출지수 (A/B×100)(%) | 순 위 |
		실제지출(A)	기대지출(B)		
한국(1995)	10,120	5.32	13.74	38.72	26
(1997)	10,363	6.82	13.87	49.17	-
체코	4,883	19.23	9.03	212.96	1
스웨덴	26,186	33.38	23.34	143.02	2
핀란드	24,633	32.12	22.65	141.81	3
포르투갈	10,059	18.26	13.74	132.90	4
스페인	14,365	21.49	16.61	129.38	5
벨기에	26,956	28.78	23.81	120.87	10
터키	2,747	6.79	6.55	103.66	15
룩셈부르크	42,173	25.24	30.57	82.56	20
일본	40,780	14.06	29.96	46.93	25

출처: 보건복지부, 한국보건사회연구원(1999); OECD (1999).

〈표 5-2〉 1인당 1만 달러 소득대의 사회보장비 지출

구분	사회보장비 지출총액 (자국 통화: 십억)	인구수 (천 명)	1인당 사회보장비 (US $)	사회보장비 지출비율 (GDP에 대한 %)
한국(1995, 원)	20,058	45,093	577	5.3
일본(1981, ¥)	27,174	117,650	1,047	10.4
미국(1978, US$)	304	222,585	1,364	13.6
서독(1980, DM)	378	78,303	2,650	25.7

출처: 보건복지부, 한국보건사회연구원(1999).

리나라보다 약 2~5배나 높다.

사회보장비를 인구수로 나눈 1인당 사회보장비의 경우, 우리나라는 1995년 577달러로 미국 1,364달러, 일본 1,047달러, 서독 2,650달러와 큰 차이를 보였다. 사회보장비는 질병, 노령, 실업, 재해 등 사회적 위험을 보장하기 위하여 지출한 비용으로, 소비가 아니라 사회적 인프라를 구축하는 투자라는 측면으로 인식할 때 우리 경제가 감당할 수 있는 범위 내에서 최대화하는 방안을 고려해 볼 수 있을 것이다. 우리나라의 사

회보장비 지출이 낮은 원인은 2008년 이후에 국민연금급여가 본격적으로 시작되어 아직 재정 규모가 크지 않고 상병급여 및 가족(아동)수당 제도가 도입되지 않았기 때문으로 풀이된다. 국민들이 현재 낮게 부담하고 낮게 급여를 받는 '저부담－저급여'의 사회보장 구조로부터 '적정부담－적정급여'로의 '사회보장 기본 틀'을 재구축하기 위하여 국민적 공감대와 합의과정이 필요하다고 본다.

2. 사회보장제도와 국민경제

1) 사회보장의 경제 발전과 안정 효과

사회보장의 경제효과는 경제정책적인 면에서 크게 활용되고 있다. 사회보장은 먼저 경제발전을 위한 자본축적 효과를 가지고 있다. 한국의 국민연금이 1988년에 실시된 동기는 경제발전을 위한 장기성 재정자금의 안정적 공급의 필요성 측면도 있다(6장 '국민연금제도'의 '도입 배경' 참조). 연금보험의 막대한 적립금을 자본시장으로 환원할 때 국민경제에 미치는 영향은 막대하다고 할 수 있다. 국민연금의 재정조성 금액이 2002년 9월 말 기준 약 104조 원에서 2010년 7월 말 기준 300조 원에 이르러 국가예산과 맞먹는 금액이 적립되었는데(2011년 한국 국가예산 약 300조 원), 이 자금의 활용이 경제에 미치는 영향은 매우 크다고 할 수 있다.[1]

또한 사회보장은 경제안정의 효과를 발휘한다. 경기 호황기에는 보험료를 징수하여 경기과열을 방지하고, 불황기에는 실업급여 등을 통하

[1] 신자유주의적 관점에서는 사회보장제도가 단기적으로 경제성장에 부정적 영향을 주는 것으로 간주한다. 반면, 사회민주적 관점에서는 사회보장이 거시적으로 경제 발전과 안정에 효과적이고 노동운동도 유연해지도록 하기 때문에 결과적으로 경제성장에 도움이 된다고 본다.

여 구매력을 창출함으로써 경기회복을 자극할 수 있다. 이와 같이 사회
보장은 경제변동의 안전판 역할을 수행한다.

2) 사회보장과 사회발전

사회보장은 삶의 질 향상을 목표로 하는 사회발전과 긴밀한 관계를
갖는다. 첫째, 사회보장은 인구 노령화에 따른 사회적 대응에 필수적이
다. 한국의 인구 노령화는 매우 급속하게 이루어지고 있다. 인구의 노령
화는 사회보장제도(사회보험, 공공부조, 사회복지 서비스)에 커다란 재정
적 부담이 되고 있다. 요양보험이 도입되면 노인부양에 따른 재정의 효
율적 운영과 여성의 사회참여가 가능하게 된다. 둘째, 전통 가족구조가
급속히 해체되고 핵가족을 보편화시키고 있다. 또한 여성의 경제활동
증가는 영육아보육시설 확충을 통해서만 가능하다. 고용보험은 경제적
여건의 급속한 악화에 따른 실업으로 인한 가족의 고통을 완화시킬 수
있다. 또한 재교육 등을 통한 고용창출 등은 사회경제 발전에 크게 이바
지한다.

3) 사회보장과 소득재분배

사회보장제도의 사회적 효과가 삶의 질을 개선시키는 것이라면, 경제
적 효과는 소득을 재분배하는 것이다. 처칠은 사회보험에 대하여 "수백
만의 생명을 구하는 마술과 같이 경이로운 것"이라고 논평하였다.

사회보장에 의해 소득이 재분배되는 방법은 수평적 재분배, 수직적
재분배, 세대 간 재분배로 구분할 수 있다(2장 '사회보장의 주요 형태와 기
능 및 원칙' 참조). 그러나 사회보장제도의 기능 중 소득분배는 사회보장
의 이차적 기능이라고 보는 것이 타당하다. 보편적이고 수준 높은 사회
보장제도를 완비하고 있는 나라에서조차 소득재분배의 주된 기능은 시

장구조나 조세에 주로 의존하고 있다. 대부분의 개발도상국에서의 소
득재분배는 예산배분이나 저소득계층을 위한 국가예산 지원의 형태로
이루어지는 경향이 있다.

4) 사회보장과 노사관계

노동조합 운동은 사회보장의 확대에 큰 영향을 미쳤다. 국제노동기
구(ILO)가 각종 사회보장 기준에 대한 조약과 권고를 통하여 노동자의
삶을 확보하기 위해 노력한 것은 잘 알려진 사실이다. 노동조합 운동이
산업화 사회에서 대부분 피용자화된 노동자의 노동조건과 삶의 질에 대
해 관심을 보이는 것은 당연하다.

그러나 개별 국가의 노동조합이 사회보장 도입에 반대하거나 적극적
인 역할을 하지 않았다는 것도 이상한 일은 아니다. 비스마르크가 사회
보험을 독일에 처음 도입했을 때 근로자들은 반대하였다. 그 이유는 사
회보험료의 일부를 고용주가 부담하기는 하지만, 결국은 인건비 예산에
서 임금을 대신하여 지급되는 것이기 때문에 임금인상을 저해하거나 임
금인하를 초래할 것을 우려했기 때문이다. 미국에서도 1930년대 강제
의료보험의 도입을 노동조합에서 반대하였다. 한국의 경우 사회보장의
도입 초기에 노동조합의 역할이 두드러지게 드러난 것은 없다. 그러나
1980~1990년대 사회보장의 발전과 성숙 과정에서 사회보장제도의 확
대와 발전을 위한 노동조합의 역할은 큰 영향을 미쳤다.

5) 경제적 위기와 사회보장

사회보장제도는 경제위기 상황에서 국민의 경제적 · 사회적 위험으
로부터 보호해 주는 사회적 안전장치 역할을 한다. 한국의 경제사회는
앞으로 지속적인 구조조정이 필요한데, 이를 성공적으로 수행하기 위해

서는 사전에 사회보장제도의 확립이 전제되어야 한다. 미국은 1930년대 대공황 이후 뉴딜 정책을 통해 유효수요를 창출하였고, 1935년 사회보장법 입법을 통해 이를 제도화함으로써 경제위기를 극복하였다.

사회보장제도가 안전망 역할을 하지 못하는 상황에서 구조조정이 단행될 경우 사회적 불안과 공동체의식의 와해 등 엄청난 사회적 비용이 발생하여 국가경쟁력이 약화되는 악순환이 발생한다.

3. 사회보장 프로그램의 사회경제적 효과

1) 공공부조제도

공공부조는 국가의 조세를 재원으로 저소득층의 빈곤과 질병, 주택 등의 사회보장을 국가가 책임지는 제도다. 모든 나라가 실시하고 있는 공공부조가 저소득 국민계층과 경제에 미치는 영향은 크다.

홍경준(2002)은 2001년의 연간 도시가계조사 자료를 분석에 활용하여 기초생활보장제도가 시행된 2001년 10월 이후의 변화 상황을 분석하였다. 전체 가구 중 빈곤가구가 차지하는 빈곤율이 전체 가구 6.8%에서 5.5%로 줄고 있다. 세부적으로는 노인가구의 빈곤율이 전체 노인가구 중 14.5%에서 9.7%로, 비노인 일반가구의 빈곤율은 6.1%에서 4.8%로, 비노인 한부모가구의 빈곤율은 23.2%에서 14.4%로 줄었다.

이를 센지수[2)]로 분석해 보면 〈표 5-3〉과 같다. 먼저 전체 가구의 경

---

2) 센(sen)지수는 빈곤을 측정하는 지수다. 우리가 흔히 쓰는 빈곤율은 빈곤의 규모를 나타내지만 빈곤의 심도를 보여 주지 못하는 한계를 지니고 있다. 반면 센지수는 빈곤의 규모, 빈곤의 심도, 그리고 빈곤계층 내의 소득재분배 상태를 동시에 고려할 수 있도록 만들어졌다. 센지수는 0~1의 값을 가지며, 0에 가까울수록 빈곤이 개선된 것이고 1에 가까울수록 악화된 것이다.
S=빈곤율×〔빈곤 갭 비율+빈곤계층의 지니계수(1- 빈곤 갭 비율)〕의 공식에 의해 계산된다.

〈표 5-3〉 가구유형별 소득이전의 빈곤감소 효과성: 센지수 　　　　　(단위: %)

구분	전체 가구	노인가구	비노인 일반가구	비노인 한부모가구
소득이전 전	.0329	.0686	.0296	.1020
소득이전 후	.0240	.0428	.0223	.0547
공적 이전 후	.0292	.0557	.0269	.0678
사전 이전 후	.0274	.0538	.0248	.0884
소득이전의 효과성(%)	26.96	37.64	24.44	46.35
공적 이전의 효과성	11.20	18.71	8.95	33.51
사전 이전의 효과성	16.76	21.60	16.31	13.31

주: [1] 빈곤계층의 지니계수는 이전 전 소득기준으로 .2382, 이전 후 소득기준으로 .2270이
며, 공적 이전 후 소득기준으로 .2340, 사적 이전 후 소득기준으로 .2322다.
[2] 빈곤감소 효과성=〔(이전 전 센지수-이전 후 센지수)/이전 전 센지수〕×100

우 소득이전 전의 센지수는 .0329인데, 소득이전 후의 센지수는 .0240이
다. 빈곤의 규모와 심도, 빈자들 간의 소득분배 모두를 고려할 경우에
도 소득이전은 빈곤가구의 빈곤을 감소시키는 것이다. 둘째로 노인가
구의 경우 소득이전 전의 센지수는 .0686인데, 소득이전 후의 센지수는
.0428로서 역시 빈곤감소 효과가 있다. 보다 구체적으로 사적 이전의
센지수 감소 효과성이 21.60%인 데 비해 공적 이전의 센지수 감소 효과
성은 약 18.71%로서 사적 이전의 효과성이 더 크다. 반면 비노인 한부
모가구의 양상은 다르다. 비노인 한부모가구에서 소득이전 전의 센지
수는 .1020으로 다른 유형의 가구들보다 빈곤의 정도가 완화되는데, 그
효과는 주로 공적 이전 때문이다. 즉, 공적 이전의 효과성이 33.51%로
서 사적 이전의 효과성 13.31%보다 크다.

2) 국민연금제도

(1) 저축과 금융시장에 미치는 효과[3]

　국민연금제도의 실시는 국민저축의 형태 및 구조와 금융시장의 발달
에 적지 않은 영향을 미치게 된다. 왜냐하면 연금재원이 조달되었다가

급여되는 과정에서 저축 수준을 결정하는 데 가장 중요한 국민들의 평생소득을 변화시키기 때문이다. 그리고 연금기금은 규모가 막대할 뿐만 아니라 장기성 금융저축의 성격을 지니고 있으므로 금융시장의 발달에도 영향을 미치게 된다.

연금제도를 적립방식으로 운영할 경우에는 가입자들로부터 갹출금을 징수하여 장기간 적립하였다가 퇴직 후에 연금으로 분배하게 된다. 이 과정에서 매년 누적되는 적립금만큼 강제저축이 동원되는 효과를 낳는다.

① 자산대체 효과

경제 주체들은 일생 동안 소비의 현재 가치는 평생소득의 현재 가치와 같다는 예산 제약하에서 그들의 효용을 극대화하는 소비와 저축 수준을 결정하게 된다. 따라서 각 개인들은 단기의 소득이 아니라 평생 동안의 기대소득에 입각하여 소비수준을 결정하므로 비록 은퇴 이전의 소득이 은퇴 이후의 소득보다 높다 하더라도 소비를 일생 동안 거의 균등하게 유지하려는 경향이 있다.

이 모형이 개인의 소비와 저축 형태를 일생 동안의 소득수준에 의거하여 설명한다는 점에서, 연금제도로 인하여 노후의 소득이 일정 수준 보장되기 때문에 노후를 위한 저축동기는 그만큼 저하되어 자발적 저축이 감소하게 된다.

연금이 은퇴 이후의 자산을 대체해 준다는 의미에서 이를 자산대체 효과라 한다. 따라서 일생주기 모형에 따르면 연금제도는 자발적 저축을 완전 상쇄시켜 총 저축에 아무런 영향을 미치지 못함을 시사한다.

[그림 5-1]을 통하여 이를 설명해 보자. X축은 은퇴 이전의 소득과 소비를 나타내고, Y축은 은퇴(55세) 이후의 소득과 소비를 나타낸다. 만

---

3) 국민연금의 경제적 효과에 대해서는 이만우(1995)를 참조하여 정리함.

일 어떤 근로자들의 소득수준이 예산선 I에 위치하고 55세에 완전히 퇴직한다고 가정하면, 그의 소득상태는 A점이며 은퇴 이전의 소득은 X_1이며 은퇴 이후의 근로소득은 없다. 그리고 은퇴 이전의 소비는 예산제약선과 효용곡선이 만나는 C_1에서 결정된다. 연금제도가 도입되면 A점은 B점으로 이동한다. 즉, 은퇴 이전의 저축은 (X_1-C_1)에서 (X_2-C_1)으로 감소하게 된다는 것이다.

② 퇴직효과

펠드스타인(Feldstein, 1984)은 이상의 일생주기 모형에서 고정되어 있는 퇴직시기를 내생화하여 확장된 일생주기 모형(extended life cycle model)을 설정하고 보다 현실적인 설명을 한다. 이 모형에 따르면, 연금제도 도입은 연금급여 또는 반환일시금에 대한 기대로 인하여 연금가입자들의 조기퇴직 현상을 일으킬 가능성이 있다. 따라서 연금가입자들은 짧아진 근로기간 동안에 연장된 퇴직기간의 생활을 대비하기 위하여 더욱 많은 저축을 하게 되는데, 이와 같은 효과를 퇴직효과(retirement

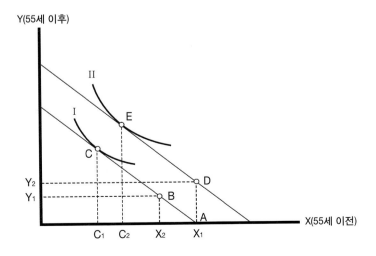

[그림 5-1] 자산대체 및 퇴직효과

effect)라고 한다. [그림 5-1]을 이용하여 살펴보면 55세 이후에도 노동 시장에 참여하는 근로자의 소득은 D점이며 균형점은 E점이 된다. 55세 이전에는 소득 X_1을 55세 이후에는 Y_2의 소득을 얻고 있음을 알 수 있다.

이 경우에 연금제도로 인하여 조기퇴직이 유발되어 55세 이전에 퇴 직한다면 연금제도 이후의 소득은 B점으로 이동하게 된다. 따라서 균형 점도 E에서 C로 옮겨와 은퇴 전 저축이 연금제도 도입 전에는 (X_1-C_2) 이나 도입 후에는 (X_2-C_1)이 된다. 자산대체 효과만을 고려하였을 경우 에는 저축이 감소하나, 은퇴시기를 내생화할 경우에는 퇴직효과가 저축 을 증대시키는 작용을 하므로 연금제도가 저축을 증대시킬지 감소시킬 지는 이론적으로 판단하기 어려우며 경험적 분석에 의존해야 한다.

③ 인식효과

연금제도가 근로자들의 정신적 · 심리적 요인에도 영향을 미친다는 것을 주장한 학자로는 케이건(P. Cagan)과 카토나(G. Katona)가 있다.

케이건(1985)에 따르면, 연금제도의 도입은 사회 구성원들에게 노후 복지에 대한 관심을 제고함으로써 근로자들이 저소득과 질병에 대하여 준비하도록 자극할 수 있다. 즉, 연금가입자들은 종전처럼 그들의 노후 를 막연히 후손에게 의지하려는 경향에서 벗어나 스스로 미래의 생활안 정에 대한 대비를 해야 함을 깨닫게 된다. 특히 핵가족화가 진행되는 사 회에서는 연금제도의 홍보효과가 국민들의 잠재적인 저축 욕구를 현실 화하는 데 크게 이바지할 수 있다. 케이건은 연금제도의 이와 같은 범국 민적인 교육효과를 인식효과라고 부른다.

한편 카토나(1985)는 목표실현 효과를 주장한다. 사람들은 특정 목적 을 위한 저축목표가 달성될 수 있다고 여겨지면 그 목표를 성취하기 위 하여 더욱 저축을 하려는 심리적 경향을 갖고 있다는 것이다. 과거에는 대부분의 가계가 자력으로는 노후생활 안정을 위해 저축할 여력이 없다 고 생각하던 관습이 있었으나, 연금제도 이후에는 국가에서 지원해 주는 연금에 자신들의 저축을 합하면 노후의 안정적 소비생활의 목표를 달성할 수 있다고 믿기 때문에 저축이 증가된다는 것이다.

④ 금융시장에 미치는 효과

국민연금제도가 적립방식으로 운용될 경우 연금적립금은 금융저축의 형태로 축적되며 그 규모가 막대하고 장기성 저축이라는 특성을 가진다. 따라서 적립금이 누적되는 과정에서 금융저축의 규모, 금융중개비용, 자원배분 등에 영향을 미쳐 금융시장에 큰 변화를 초래할 것이며, 또한 이와 유기적 관계가 있는 실물경제 활동에도 적지 않은 파급효과가 있을 것이다. 특히 우리나라의 경우 장기성 금융시장이 발달되어 있지 못해 장기성 자금수요를 단기저축으로 연결하게 되는데, 이에 금융중개는 불안정해지고 높은 비용을 지불해야만 한다. 그러나 국민연금제도의 실시로 자본시장 및 보험시장 등의 장기성 금융시장의 성장기반이 조성될 것이다.

그리고 국민연금제도에 의한 금융거래의 집중은 국민경제 활동에서 다양한 금융수요를 효과적으로 충족시킬 뿐만 아니라 자금배분의 효율성도 제고할 수 있다.

(2) 노동시장에 미치는 효과

국민연금제도의 실시는 노동의 공급 및 수요 양 측면에 영향을 미친다. 이는 국민연금의 재원이 기본적으로 고용주의 사용자 부담분과 취업자의 가입자 기여금으로 구성되어 있기 때문이다. 국민연금제도의 도입으로 인해 사용자의 입장에서는 연금갹출금 부담에 따른 노동비용의 상승으로 노동수요를 줄이려는 경향이 나타날 것이다. 한편 가입자의 관점에서는 연금의 소득재분배 기능에 따라 연금제도의 실시가 기대되는 평생소득의 흐름을 변화시키게 된다. 이에 따라 노동공급의 형태가 연금이 도입되기 이전과는 다르게 나타날 것이다.

이상의 각종 요인이 국민연금 도입으로 인해 노동의 수요와 공급의 탄력도를 결정하게 되며, 이들 탄력도가 연금갹출금에 대한 최종 부담(귀착)을 결정하게 된다. 각 근로자의 노동공급량의 결정은 일정 시점뿐만 아니라 전 생애 중에서 노동활동을 할 때의 경제여건, 즉 노동공급에 따른 기대수익률과 비용의 상대적 크기에 따라 결정된다는 것이다. 다음으로, 사용자 입장에서는 갹출금 부담에 따른 노동비용의 상승으로 노동수요의 감소를 유발할 것이다. 그러나 이러한 효과의 추정은 다음의 두 요인들을 고려한 실증분석에 의존할 수밖에 없다. 첫째는 국민연금제도의 도입에 따른 추가적 노동비용이 실제로 어느 정도 상승하는가의 분석이고, 둘째는 이들 비용상승을 기업이 어느 정도 부담하며 클라이언트나 노동자에게는 어느 정도 전가시키는가의 분석이다.

(3) U자 가설과 우리나라의 소득분배

국민연금제도는 소득분배의 기능을 갖고 있는데, 실제로 우리나라는 제도 도입으로 경제성장에 따라 소득분배가 어느 정도 평등화되고 있다고 볼 수 있다.

미국의 경제학자 쿠즈네츠(S. Kuznets)는 경제발전 단계와 소득분배 추이를 살펴보았는데, 경제개발이 진행되는 초기단계에서는 소득분배의 균등도가 점점 떨어지다가 경제발전이 성숙단계에 들어서면 다시 높아지는 현상을 발견하였다. 이런 현상을 시계열자료로 가로축에는 경제발전 단계를 나타내고 세로축에는 소득분배의 균등도를 나타내면 [그림 5-2]와 같이 거의 U자 모양이 된다. 이를 쿠즈네츠의 U자 가설이라고 한다. 경제발전의 초기단계에서 소득분배 상태가 악화되는 것은 대부분 개발도상국이 자본축적의 부족 때문에 불균형성장 전략에 따라 경제개발을 추진하기 때문이다. 경제발전이 성숙단계에 이르면 소득분배 상태가 개선되는 것은 균형성장을 지향하면서 최저임금제도, 건강보험제도, 실업수당 제도, 연금제도 등 각종 사회복지정책에 눈을 돌

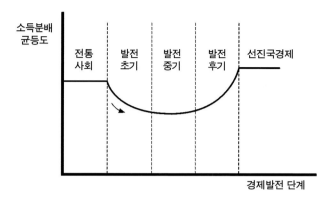

[그림 5-2] 쿠즈네츠의 U자 가설

리기 때문인 것으로 풀이된다. 우리나라의 경우 지난 20여 년간 성장우
선주의의 경제정책을 유지해 왔는데 최근에 이르러서야 소득분배 문제
에 관심을 갖기 시작하였다.

　우리나라의 소득분배 통계는 신빙성이 낮아 논란이 되고 있으나 한
국개발연구원의 공식적인 통계로 사용되는 〈표 5-4〉에 따르면 계층별
소득분배는 1960년대 후반에 약간 개선되다가 1970년대 중반에 크게
악화되었고, 그 후 지속적으로 개선되는 추세다. 1993년의 지니계수와
십분위분배율은 각각 0.310과 0.520으로 상대적으로 양호한 편이다.[4]

　한 나라의 경제적 불평등문제를 제대로 이해하기 위해서는 소득분배
외에 자산분배에 관한 연구가 보완되어야 한다. 자산 중에서 가장 큰 비
중을 차지하는 것은 토지인데, 1988년 토지공개념연구위원회의 발표에
따르면 우리나라 전체 사유지의 65.2%는 상위 5%의 소유계층이 보유
하고 있고, 상위 10%의 계층이 전체의 76.9%, 상위 25%의 계층이 전체
의 90.8%를 보유하고 있다. 권순원(1992)의 연구에 따르면 소득분배보

---

[4] 지니계수는 0과 1 사이 값으로 수치가 클수록 소득분배가 불평등함을 의미하고 작을수록 평
　등하다. 십분위분배율은 반대로 수치가 클수록 평등함을, 작을수록 불평등을 의미한다.

〈표 5-4〉 우리나라의 계층별 소득분배 추이

십분위계층	1965	1970	1976	1980	1982	1985	1988	1993
1	1.32	2.78	1.84	1.57	2.56	2.59	2.81	2.75
2	4.43	4.56	3.86	3.52	4.30	4.37	4.58	4.72
3	6.47	5.81	4.93	4.86	5.46	5.48	5.65	5.95
4	7.12	6.48	6.22	6.11	6.48	6.47	6.64	7.00
5	7.21	7.63	7.07	7.33	7.51	7.57	7.60	8.08
6	8.32	8.71	8.34	8.63	8.73	8.73	8.67	9.27
7	11.31	10.24	9.91	10.21	10.03	10.10	10.01	10.57
8	12.00	12.17	12.49	12.38	11.94	11.97	11.80	12.37
9	16.03	16.21	17.84	15.93	14.94	15.10	14.62	15.04
10	25.78	25.41	27.50	29.46	28.05	27.62	27.62	24.25
지니계수	0.344	0.332	0.391	0.389	0.357	0.345	0.336	0.310
하위 40%	19.34	19.63	16.85	16.06	18.80	18.91	19.68	20.42
상위 20%	41.81	41.62	45.34	45.39	42.99	42.72	42.24	39.29
십분위분배율	0.463	0.47	0.372	0.354	0.437	0.443	0.466	0.520

출처: 한국개발연구원 각호, 통계청; 안국신(1999)에서 재인용.

다는 자산분배가 더 불균등하고, 자산 중에서는 실물자산보다는 금융자산의 불균등도가 더 큰 것으로 나타났다.

자본주의 시장경제체제는 고도의 경제성장을 달성하는 데는 기여했지만 소득과 자산의 분배가 불평등한 결과를 초래하였다. 따라서 모든 국가는 이를 개선하고 공정분배를 위한 정책을 편다. 공정분배를 실현하기 위한 정책으로는 소득형성 과정에서의 공정분배정책, 결정된 소득의 재분배정책, 소득원천의 균등화정책 등이 있는데 이를 어떻게 잘 운영하느냐에 달려 있다.

3) 건강보험제도

건강보험제도의 경제적 효과는 다음과 같다.

첫째, 질병의 예방이나 치료는 그 자체가 외부경제를 유발하므로 시장기구나 민간 의료보험체제하에서는 시장실패를 효과적으로 치유할

수 없다. 따라서 정부 주도하의 전 국민건강보험제도는 예방이나 치료
에 따른 가격보조나 가격통제 등으로 이들 행위를 조정함으로써 외부성
을 내부화할 수 있다.

둘째, 의료서비스 부문은 수요 측면 이외에도 공급 측면에서 나타나
는 각종 시장실패 요인들이 존재한다. 예컨대, 전문의료인들의 면허제
도나 교육제도의 제한 등이 공급 측면에서의 완전경쟁을 저해하기도 하
며, 소득계층에 따른 차별적 진료비 책정은 가격결정에 있어서 독점력
의 행사를 뜻한다. 또한 의료전문가들이 약품을 어떻게 처방하고 치료
방법을 어떤 방향으로 권유하는가에 따라서 의료서비스의 양적 수준은
물론이고 비용이 결정된다는 점에서도 의료서비스의 수요를 결정하는
데 영향력을 행사하는 독점력을 가지기도 한다. 따라서 공적인 건강보
험제도는 이와 같은 공급 측면에서 유발되는 시장실패 요인들에 효과적
으로 대처할 수 있게 한다.

셋째, 건강보험제도의 또 다른 경제적 효과로는 소득재분배를 들 수
있다. 인간은 태어날 때부터 제각기 질병에 대한 위험도가 다르기 마련
이다. 불행한 어떤 사람, 애초에 불구자나 허약체질로 태어나고, 행운을
가진 어떤 사람은 일생 동안 병에 걸리지 않는 건강한 체질을 보유한 채
태어난다. 따라서 민간에 의한 보험제도로 운영한다면 전자의 그룹에
게는 높은 보험료를, 그리고 후자의 그룹에게는 낮은 보험료를 책정함
으로써 소득의 격차를 심화시키게 된다. 그러나 공적 건강보험제도는
모든 질병의 위험도를 갖고 있는 개인들에게 동일한 조건으로 보험을
제공함으로써 사회형평을 도모하게 된다.

넷째, 시장실패 요인으로 지적되는 도덕적 해이나 역선택 등에서 오
는 비효율적 자원배분의 문제에 효과적으로 대처하여 사회복지를 증진
시킨다.

4) 고용보험제도

고용보험제도는 실업에 따른 불확실한 소득원을 해소하여 안정된 소득을 보장해 주는 기능 이외에도 경기변화의 진폭을 완화시키는 자동 안정조절 기능을 갖고 있는 반면, 직업의 이동이나 실업기간의 의도적 연장을 조장하는 부작용을 낳기도 한다.

(1) 자동 안정조절 기능

고용보험은 불황 시에 대량의 실업자가 발생할 경우 그들에게 적립된 보험기금에서 보험급여를 지급함으로써 생활안정을 도모함은 물론 유효수요를 늘려 경기를 진작시킨다. 반면 호황 시에는 고용수준이 높고 고용자들로부터 보다 많은 보험료를 거두어들임으로써 불황 시의 실직에 대비하게 함은 물론 유효수요를 줄여 경기를 완화시킨다.

(2) 도덕적 해이

보험제도의 취약점인 도덕적 해이의 문제가 고용보험에서도 심각하게 나타나 그 파급효과도 상당수준에 달하고 있다. 예를 들면, 고용보험제도가 없었더라면 경기하락이나 계절적 요인 등에 의한 일시적 해고를 단행하지 않을 기업이나 고용주들도 이 제도하에서는 일시해고에 대한 기업 측의 부담이 줄어들게 되므로 보다 많은 해고를 하게 된다. 또한 근로자의 입장에서도 고용보험제도는 일시적 해고에 따른 보조금을 지급하여 실직의 부담을 덜어 줌으로써 보조금을 지급받을 수 있는 최대기간 동안 직장에 복귀하지 아니하도록 혹은 새로운 직장을 구하는 데 노력을 게을리하도록 유인하는 부작용을 낳기도 한다.

(3) 노동공급에 미치는 효과

고용보험의 혜택은 노동시장에의 참가수준(participation rate)을 제고시켜 노동공급을 늘린다. 첫째, 실업에 따른 재정적 위험의 완화는 잠재적인 노동인구로 하여금 노동시장에 참여하도록 유도한다. 둘째, 직업에 불안정한 계층이나 주부, 학생 등 고용보험이 존재하지 않을 경우 노동인구로 분류되지 않던 계층도 노동시장의 참여를 유도함으로써 노동공급을 늘린다. 고용보험은 노동력의 생산성이나 직업의 안정성에 관계없이 일정률의 보험료를 납부하게 함으로써 직장의 안정성이 높은 계층에는 상대적 손실을, 그렇지 못한 계층에는 상대적인 이익을 가져와 보험원리에 상반되는 요인도 존재한다. 하지만 이는 소득재분배 효과를 가져온다는 점에서 바람직한 요인일 수도 있다.

(4) 산업 전반에 미치는 효과

산업이나 기업에 따라서는 경기변동이나 계절적 요인 등에 민감하여 일시적 해고를 빈번히 하거나 안정적인 고용을 유지하기 어려운 업종이 있는가 하면, 반대로 안정된 고용을 보장할 수 있는 업종도 존재한다. 고용보험제도는 불안정한 고용의 특성을 가지고 있는 업종에게는 유리한 반면, 나머지 업종에게는 상대적으로 불리하게 작용할 수도 있다. 경기변동이나 계절요인 등에 민감한 업종들은 과거에 비하여 고용에 따른 비용이 감소함으로써 타 업종에 비하여 상대적으로 높은 성장을 누릴 수 있게 될 것이다. 불안정한 고용의 특성이 강한 업종의 상대적인 확장은 노동시장 전반의 불안전성을 증가시킬 수도 있으며, 실업자를 늘려 실업보험료의 인상요인으로 작용할 가능성도 배제하기 어렵다.

5) 산업재해보상보험제도[5]

산재보험제도는 대부분의 국가에서 사용자가 전액 부담하고 있다.

---

[5] 산재보험의 비용부담 효과는 이인재, 류진석, 권문일, 김진구(2000)를 참조하여 정리함.

그러나 사용자가 부담하는 산재보험료는 상품가격을 통해 소비자에게 전가되거나(이른바 부담의 전전[前轉], forward shifting), 노동자의 임금으로 전가될(이른바 부담의 후전[後轉], backward shifting) 수 있으므로 반드시 사용자가 전액 부담한다고 볼 수 없다. 소비자에 대한 산재보험료의 전가의 경우 다른 조세와 마찬가지로 상품시장의 독점도 상품 수요와 공급의 가격탄력성과 같은 생산물시장의 상황에 따라 좌우된다. 노동자의 임금에 대한 전가 역시 노동시장의 공급탄력성에 따라 좌우된다. 노동자에게 전가되는 내용을 고찰해 보면 [그림 5-3]과 같다. 노동시장에서 최초의 균형은 노동공급곡선 S와 노동수요곡선 D_0에 의해 E_0에서 형성되고, W_0의 임금과 L_0의 고용량으로 결정된다. 여기에 t만큼의 산재보험료가 부과된다고 가정하면 고용주는 이를 비용상승으로 인식하여 보험료만큼 노동에 대한 수요를 줄이기 때문에 노동의 수요곡선 D_0은 D_1으로 이동하게 된다.

따라서 새로운 균형은 E_1에서 형성되며, 임금과 고용량은 W_1과 L_1으로 이동한다. 이때 산재보험료 t를 고려하면 총 노동비용은 W_1+t로 증

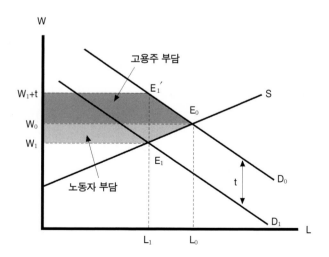

[그림 5-3] 산재보험료의 후전효과

가한다. 이때 노동자가 부담하는 몫은 사다리꼴 $W_1E_1E_0W_0$로 그림상의 아랫부분이 된다. 만약 노동공급 탄력성이 0에 가깝다면, 즉 S가 X축에 평행한 직선에 가깝다면 사용자가 부담하는 산재보험료는 거의 모두 노동자에게 전가된다. 산재보험료를 형식적으로 사용주가 부담한다 하더라도 실질적으로 누가 부담하게 되는가는 실증적으로 분석되어야 한다. 또한 직무 위험도가 높은 업종이냐 혹은 낮은 업종이냐에 따라 사업주의 보험료 부담이 달라진다. 실제적인 보험료가 어떤 경제 주체에 귀착되는가의 측면뿐만 아니라 보상적 임금 격차의 감소라는 측면에서도 산재보험과 임금 간의 대체관계가 분석될 수 있다(Moore & Viscusi, 1990). 실제적으로 산재보험 보상수준이 임금에 어떠한 영향을 주는가에 대한 경험적 연구들(Arnold & Nichol, 1990; Butler, 1987; Dorsey, 1990; Dorsey & Walzer, 1983; Viscusi & Moore, 1987, 1990)은 산재보험제도가 상당한 임금감소 효과를 가지고 있음을 실증하고 있다. 그들의 실증분석에서 보다 주목해야 할 점은 산재보험급여의 급여 증가량과 임금 감소량의 상대적 비를 급여의 임금대체율이라고 할 때 거의 모든 연구에서 급여 증가량보다 임금 감소량이 더 크다는 것을 의미한다. 이는 산재보험제도가 노동자보다는 고용주에게 더 많은 이익이 돌아가고 있음을 의미하는 것이다. 즉, 고용주는 산재보험료를 전액 납부하지만 그 이상의 임금 프리미엄 감소를 통해 고용주가 이익을 본다는 것이다. 산재보험료의 전가(shifting)에 대한 이론들과 보상적 임금 격차의 감소에 대한 이론들은 산재보험료의 형식적 부담자와 실질적 부담자가 다를 수 있음을 시사해 주고 있다. 따라서 실제 산재보험비용을 누가 부담하고 있는가는 실증분석의 대상이 되는데, 대체로 이에 관련된 연구들은 상당히 많은 부분을 노동자가 부담하고 있는 것으로 제시하고 있다.

6) 최저임금제

최저임금제는 저임금 근로자들에게 최저생계비를 보장하며 최소한의 인간다운 삶을 보장할 수 있다는 점에서 그 중요성이나 사회보장적 기능을 높이 평가할 수 있다. 뿐만 아니라 이 제도의 도입은 임금상승으로 인한 원가절상을 상쇄시키기 위해 일부 기업들로 하여금 원가절감이나 생산성 향상 그리고 경영의 효율화를 촉진시켜 경쟁력 제고에 이바지할 수도 있다. 또한 최저임금제는 일부 생산성이 낮은 근로자, 교육수준이나 경험이 부족한 젊은 연령층의 근로자, 그리고 주부나 학생 등 임시고용자 계층의 실업을 증가시킬 수도 있다. 일부 생산성이 낮은 업종이나 겨우 현상을 유지하는 한계기업들에게는 원가절상의 요인으로 작용하여 생산활동을 중단하게 하는 부작용을 야기할 우려도 있다(이만우, 1995).

[그림 5−4]는 완전경쟁적 노동시장에서 최저임금제도가 도입되었을 경우 고용 감소를 설명하고 있다. 이 제도의 도입 이전 노동시장의 균형

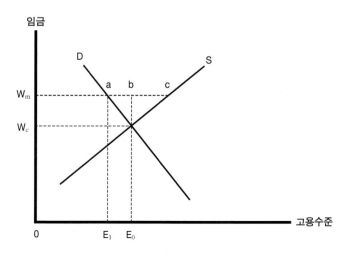

[그림 5−4] 최저임금 효과

은 수요와 공급이 일치하는 E_0의 고용과 W_c의 임금에서 이루어진다. 만약 최저임금이 W_m으로 결정되면 노동의 수요는 줄어들고 공급은 늘어나게 되며 고용수준은 종전보다 낮은 E_1에서 결정된다. 최저임금제도의 도입으로 줄어든 노동수요는 ab로서, 그리고 늘어난 노동공급량 bc로서 나타나 ac의 초과공급이 발생하게 된다. 이들 크기는 수요곡선과 공급곡선의 기울기에 의존한다. 이와 같은 최저임금제가 장기적으로 고용 감소를 유발한다면 개별 기업의 고용 감소를 초래하기보다는 일부 기업의 도태를 유발할 수도 있다. 일부 기업이 최저임금제 도입으로 인한 원가절상 요인을 생산성 향상으로 상쇄시킬 경우, 나머지 기업들도 생산성 향상을 꾀하지 못한다면 도태될 가능성을 배제하기 어렵기 때문이다. 이상의 부작용을 최소화하기 위해서 1988년부터 시행되는 우리나라의 최저임금제도는 제조업 중 일부 업종에 우선적으로 적용한 이후에 단계적으로 실시하고 있다.

7) 퇴직연금제도

퇴직연금제도는 근로자가 퇴직하거나 55세 이상이 되면 금융기관으로부터 연금이나 일시금으로 받게 하는 제도다. 사업주가 사전에 정기적으로 금융기관에 퇴직금 재원을 맡겨서 운용한다.

종전 퇴직금과 달리 연금으로 지급받을 수 있으며, 퇴직금 재원이 사전에 저축되므로 퇴직금을 못 받을 염려가 적다는 점에서 근로자에게 유리하다. 퇴직연금제의 도입으로 기업체가 퇴직연금에 가입하면, 일시금이나 중간정산으로 받던 퇴직금을 퇴직 후 일정 연령(55세)에 이르는 때부터 연금으로 받을 수 있게 되어 노후 소득재원으로 활용할 수 있게 된다.

퇴직연금제는 근로자가 나중에 받을 연금 수령액이 사전에 확정되는 확정급여형(defined benefit: DB)과 근로자가 선택한 운용수익에 따라 연금수령액이 바뀌는 확정기여형(defined contribution: DC)으로 나뉜다.

쉽게 말해, DB형은 근로자가 퇴직자금의 투자에 신경 쓰지 않고 퇴직금만 안전하게 받겠다고 할 때 적합한 방식이다. DB형은 회사 측이 연금급여를 위해 예상급여액의 60% 이상을 사외 금융기관에 적립하고 금융기관은 이 자금을 운용한다. 회사 측이 금융기관을 잘 선택해 적립자금 운용이 잘되면 적립금 부담은 그만큼 줄어들게 된다. 퇴직금의 최대 40%는 사내에 적립하므로, 근로자 입장에서는 만약 회사가 망하면 퇴직금의 40%를 받지 못할 수 있다. 이 때문에 DB형은 경영이 안정적이고 급여가 꼬박꼬박 잘 나오는 대기업이나 공사 근로자에게 맞는 방식이다.

DC형은 회사 측이 퇴직자금의 100%를 사외 금융기관에 일률적으로 적립하고, 근로자가 받는 연금수령액은 투자손익에 따라 달라진다. 금융기관이 제시하는 적립금 운용상품을 근로자가 잘 고르면 많은 연금을 거두어 가게 되고 반대로 투자손실이 발생하면 큰 손해를 볼 수 있다. DC형은 기업경영이 다소 불안정해 퇴직급여의 수급이 보장되지 않는 중소기업 근로자나 직장이동이 잦은 근로자에게 바람직한 방식이다. DB·DC형 등 퇴직연금 유형은 노사합의를 통해 자율적으로 선택할 수 있다.

〈표 5-5〉 퇴직금제와 퇴직연금제 비교

구분	퇴직금제	퇴직연금제	
		고용주	총계
지급 형태	일시불	일시불 또는 연금	일시불 또는 연금
적립방식	사내 적립	부분 사외 적립	전액 사외 적립
퇴직급여 보장	불안정	부분 인정, 도산의 위험	안정적, 전액보장
이직 시 승계	불가능	어려움	쉬움
세제혜택 (근로자)	일시금 퇴직소득 과세	연금 수령 때까지 유예	연금 수령 때까지 유예

〈표 5-6〉 퇴직연금제 추진 현황(2006년 3월 말 현재)

구분	합계	확정급여형	확정기여형	IRA특례	비 고
도입 사업장수	5,825	426 (7.3%)	1,517 (26%)	3,882 (66.7%)	5인 이상 사업장의 1.2%
가입자 수(명)	41,654	8,692 (20.9%)	17,030 (40.9%)	15,932 (38.2%)	퇴직연금사업과 실제 계약 체결 기준
사업장당 가입자 수(명)	31.8	31.8	18.3	4.1	
적립금(억 원)	527.3	171.9 (32.6%)	222.8 (42.6%)	132.6 (132.6%)	

　　노동조합원의 과반수(없는 경우는 근로자의 과반수) 이상의 동의를 얻어 퇴직금제 대신에 퇴직연금으로 전환이 가능하며, 두 가지 형태(확정기여형, 확정급여형) 중 하나를 선택할 수 있다.

　　퇴직연금제도가 근로자에게 미치는 긍정적 효과는 다음과 같다.

• 현행 퇴직금제도는 노후생활 보장이 미흡한 반면, 퇴직연금은 퇴직 후 장기적이고 계속적으로 급여가 지속되므로 노후소득 보장에 기여한다.
• 현행 퇴직급여충당금은 주로 사내에 유보되어 수급권 보장이 어렵지만 퇴직연금의 재원은 사외에 적립될 것이므로 근로자들의 수급권이 보장된다.
• 퇴직금보다 세금이 적고 향후 연금소득의 증가 추이에 따라 지속적으로 세제 혜택이 확대되어 실질소득의 증가를 가져올 것이다.

다음으로 퇴직연금제도가 기업 측에 미치는 긍정적 효과는 다음과 같다.

• 퇴직연금에 대한 사용자부담금의 전액 손비 인정으로 세제 혜택이 부여되며, 종업원의 퇴직연금을 정기적으로 적립함으로써 퇴직일

시금 부담을 완화할 수 있다.

- 일반적으로 퇴직연금은 퇴직일시금과 달리 일시에 다액의 지출을 필요로 하지 않으므로 기업 입장에서 자금관리가 원활하다.
- 근로자의 노후생활 불안을 해소함으로써 고용안정과 인재 확보에 유리하며 노사관계가 장기적으로 안정되어 기업경영에 합리성을 제고할 수 있다.

1. 한국 경제·사회 구조의 특징을 잘못 설명한 것은?

　　① 한국은 불균형 경제성장 전략을 통해 공업화를 달성한 나라다.

　　② 케인즈의 유효수요이론은 정부의 적극적 시장개입을 옹호한다.

　　③ 한국은 선성장 후분배의 경제정책으로 산업 간, 계층 간 갈등을 초래하

　　　기도 했다.

　　④ 1962년 우리나라가 본격적인 경제개발계획을 시작한 것은 공업 중시의

　　　불균형정책이었다.

　　⑤ 우리나라는 1970년대부터 균형성장 전략으로 절대적 빈곤을 벗어났다.

2. 현재 우리나라에서 실시되고 있지 않은 제도는?

　　① 국민연금　　　　　　　② 기업연금

　　③ 건강보험　　　　　　　④ 공공부조

　　⑤ 고용보험

3. 1997년 우리나라의 GDP 대비 사회보장비 지출은 얼마인가?

　　① 6.82　　　　　　　　② 13.87

　　③ 3.78　　　　　　　　④ 10.52

　　⑤ 22.51

4. 우리나라의 사회보장 구조에 대한 설명 중 옳지 않은 것은?

　　① 사회보장비가 '고부담 저급여' 구조여서 국민적 공감대를 형성하지 못하

　　　고 있다.

　　② 공공부조는 저소득층의 생계비를 국가가 조세를 재원으로 실시한다.

　　③ 한 나라의 경제적 불평등문제를 제대로 이해하기 위해서는 소득분배

외에 자산분배에 관한 연구가 보완되어야 한다.

④ 최저임금제도는 저임금 근로자들에게 최저생계비를 보장하고 있지만 노동시장에서는 고용이 감소될 수 있다.

⑤ 사회보장비 지출을 무조건 증대하기보다는 사회복지와 경제성장 간의 조화를 기해야 한다.

5. 국민연금의 경제적 효과를 설명한 것 중 옳지 <u>않은</u> 것은 ?

① 국민연금은 장기성 금융저축의 성격을 지녀 금융시장 발달에도 영향을 미친다.

② 자산대체 효과와 퇴직효과가 있다.

③ 사용자 입장에서 연금 갹출금 부담에 따른 노동비용 상승으로 노동수요를 감소시키는 경향이 있다.

④ 현행 국민연금은 부과방식을 채택하고 있다.

⑤ 국민연금 재원은 기본적으로 사용자 부담분과 가입자 기여금으로 구성되어 있다.

국민연금제도

1. 도입 배경

연금제도가 실시된 배경은 나라마다 다르다. 독일은 1889년에 노령·폐질연금제도를 세계 최초로 도입하였는데, 당시 비스마르크가 장기적인 경제공황으로 격화되는 노동운동을 완화시키고 노동자들을 보수적인 국가통치체제로 포섭하려는 정치적인 전략에서 연금제도를 도입하였다. 그 후 1897년에 뉴질랜드가 연금제도를 실시했으며, 영국은 이들 국가의 영향을 받아 1908년에 비기여의 노령연금제도를 도입하여 1911년에 이를 국민보험으로 체계화했다. 그리고 미국은 1920년대에 일부 주정부에서 비기여의 노령연금제도를 실시하다가, 대공황을 계기로 1935년에 체계적인 연금제도를 연방정부에서 실시하였다. 일본은 1941년에 전시 노동력의 확보, 전시 국민생활의 안정, 전시 재정정책의 원활한 수행을 위하여 노동자연금제도를 처음 도입하였다.

1) 도입과정

우리나라에 최초로 도입된 연금제도는 1960년에 실시된 공무원연금제도다. 그 후 1963년에 군인연금제도가 도입되었고, 1973년에 국민복지연금법이 제정되었다. 그러나 국민복지연금법은 두 차례의 석유파동에 따른 사회경제적 여건의 악화로 그 시행이 보류되어 왔다. 그리고 1986년 8월에 대통령이 하계 기자회견을 통하여 국민연금제도를 1988년 1월 1일부터 실시하겠다고 발표했고, 1986년 12월에 국민복지연금법을 전면 개정하였다.

2) 실시 동기와 개혁 방향

당시에 정부가 발표한 국민연금제도의 실시 동기는 다음과 같다. 첫째, 60세 이상의 노령인구는 1986년에 전체 인구의 6.8%이며 향후 급격히 증가할 것으로 예상되나, 도시화·핵가족화 등으로 노인부양 의식은 크게 약화되고 있어 제도적인 노후생활대책의 마련이 시급한 실정이었다. 둘째, 경제성장을 위한 지속적인 공업화 때문에 산업재해, 교통사고 등 각종 사고율이 급격히 증가하고 있어 이러한 사고로 인한 소득 상실에 대한 제도적 대비책의 마련이 시급하였다. 셋째, 공무원, 군인, 사립학교교직원 등에게는 공적 연금제도를 실시하고 일반 사업장의 근로자에게는 일시금 형태의 퇴직금제도만을 실시하고 있어 노후소득 보장 측면에서 국민 간의 형평을 도모하기 위하여 사업장 근로자 및 지역주민에 대한 공적 연금제도의 실시가 절실하였다. 넷째, 1982년 이후 연평균 물가상승비율이 3% 내지 4%로 안정되었고 1인당 국민소득이 1986년에 2,271달러로 상승하여 국민연금제도의 시행을 위한 경제적 여건이 성숙되었다.

(1) 실시 동기 분석: 복지이념 또는 재정정책 필요성

1988년 1월 1일에 실시된 국민연금은 국민의 노령, 장애 또는 사망에 대하여 연금급여를 실시함으로써 국민의 생활 안정과 복지 증진에 이바지하는 것을 목적으로 한다고 국민연금법에 규정되어 있다. 그런데 1973년의 국민복지연금법과 1986년의 국민연금법이 과연 국민의 생활 안정과 복지 증진을 위하여 제정되었는가 혹은 다른 목적에서 제정되었는가에 대하여 학자들 간에 여러 논쟁이 있었다. 부연하면 현행 국민연금제도의 특징을 규명하기 위해서는 국민연금제도의 실시 동기 및 배경과 시행과정에 대한 분석이 필요할 것이다.

국민연금제도가 그간 사회경제적 여건의 성숙으로 1988년에 실시되었다는 주장은 국민연금제도 실시의 확정 동기 및 배경을 긍정적으로 평가하는 관점이다. 다시 말하면, 이러한 주장은 국민연금제도를 시행할 당시의 지배적 국가이념이 다른 가치보다 국민의 노후생활 보장과 복지 증진에 높은 우선순위를 부여했다고 보는 관점이다. 이러한 관점에서 보면 국민연금제도에 최저생활 보장, 소득재분배 등 복지이념이 충분히 반영되었다고 주장할 수 있을 것이다.

한편 1988년도 국민연금제도의 실시 동기는 1973년의 경우와 유사하게 장기성 재정자금의 안정적인 공급이라는 재정정책의 필요성이라고 보는 주장이 있다. 이러한 주장은 국민연금제도 실시의 확정 동기 및 배경을 경제정책 위주로 평가하는 관점이다. 이러한 관점은 국민연금제도를 실시할 당시의 지배적 국가이념이 국민의 생활 안정이나 복지 증진보다 경제성장에 높은 우선순위를 부여하였다고 본다. 이 관점에서 보면 국민연금제도에서 최저생활 보장, 소득재분배 등 복지이념보다 연금재정 안정, 재정자금의 안정적 조달 등 경제적 원리가 우선적으로 고려되었다고 할 수 있다.

국민연금제도의 실시에 대하여 상반된 두 가지 주장이 있는 것은 그것이 국민복지 증진과 재정자금 조달이라는 두 가지 목적을 갖고 있으며 '국민의 이익'과 '지배세력의 이익'이라는 양면성을 지니고 있기 때문이다. 그런데 국가의 지배적 이념은 시대적 상황이나 여건에 따라 변화하며, 이러한 지배적 이념의 변화에 따라 국민연금제도도 변화하게 된다(오근식, 1993: 54-55). 국민연금제도가 지니고 있는 상반된 두 가지 목적과 양면성 때문에 국민복지연금법 제정 시부터 현재까지 연금제도 개선에 대하여 두 가지 주장이 항상 대립되어 왔다. 그간에 '국민복지 증진'의 용어는 '최저생활 보장 또는 적정급여'라는 개념으로 변화하고, '재정자금 조달'의 용어는 '연금재정 안정 또는 적정부담'이라는 개념으로 변화하였다고 볼 수 있다.

(2) 연금재정 개혁 방향: 급여수준 하향 조정 또는 부담 확대

최근에 국민연금제도의 저부담-고급여 구조를 적정부담-적정급여 구조로 개편하여야 한다는 주장이 제기되었다. 이러한 주장은 현 세대의 보험료 부담이 적고 그 부담수준과 비교하여 상대적으로 급여수준이 높기 때문에 장기적으로 연금재정이 불안하므로, 현 세대의 급여수준을 부담수준에 맞게 하향 조정해야 한다는 입장이다. 이러한 입장을 견지하는 사람들은 조만간 현 세대의 급여수준을 하향 조정하지 않으면 후세대의 보험료 부담을 크게 늘려야 하며, 후세대가 이러한 보험료 부담의 증대를 감당할 수 없을 때에는 결국 정부가 국민연금에 대한 재정지원을 해야 한다고 보았다. 그래서 향후 정부의 재정 부담을 초래하는 사례를 사전에 방지하기 위하여 현 세대의 부담과 급여를 적정화시켜야 한다고 주장한다. 과거에 국가의 지속적인 경제성장을 위하여 필요한 재정자금을 조달하는 방안으로 국민연금제도의 시행을 주장했고, 국민연금기금을 재정투융자자금으로 활용하기 위해 공공자금관리기금에 예탁해야 한다고 주장했던 사람들은 현재 국민연금의 장기적인 재정안정을 위한 조치가 긴요하다고 주장한다. 그리고 향후 정부는 국민연금에 재정지원을 하기가 어려우므로 국민연금제도를 시급히 개선해야 한다고 주장한다. 덧붙여 이러한 주장은 국민연금의 재정안정이 국가의 재정안정을 위해 필요하며, 국민연금의 향후 재정적자가 국가의 향후 경제성장에 걸림돌이 되지 않아야 한다는 것이다. 외국의 경우에도 정부가 연금기금을 경제성장의 자금으로 활용하여 경제성장을 이룩하고 연금제도가 성숙되었을 때 경제성장의 주역이었던 노인들의 생활안정을 위해 경제성장의 유산을 이어받은 후세대의 보험료 부담을 증가시켰다.

한편 국민연금제도가 경제성장의 과실을 그간 소외된 계층에게 배분하고 국민의 생활 안정과 복지 증진을 위하여 시행되었다고 주장하는 사람들은 국민연금의 장기적인 재정안정을 위하여 그간 경제성장의 주역이었던 현 세대의 급여수준을 낮추어야 한다는 것에 대하여 회의적이다. 국민연금제도가 시행될 당시에는 국민의 부담능력과 수용성을 고려하여 제도 시행 초기의 보험료 부담수준을 낮게 설정하고, 단계적으로 보험료를 인상하여 연금재정의 수지를 맞추어 나간다는 것이 장기적 제도운영의 기본적 구상이었다.

이와 같이 국민연금제도를 시행할 당시부터 지배적이었던 국가이념, 즉 국민복지 증진보다 경제성장에 높은 우선순위를 부여했던 국가이념이 현재에도 국민연금제도의 발전 방향 설정에 큰 영향을 미치고 있다. 부연하면 국민연금제도의 실시 배경과 그 기능에 대한 대립된 주장들이 아직도 논쟁을 계속하고 있으며 그 논리가 국민연금제도의 모든 부문에 대하여 전개되고 있다.

2. 적용대상

공적 연금제도는 인구학적 특성이나 사회경제적 지위에 관계없이 모든 국민에게 보편적으로 적용되어야 한다. 그러나 공적 연금제도가 일시에 모든 국민에게 적용되려면 이미 노령화된 국민에 대한 노령연금을 지급할 재원이 마련되어야 하고 모든 국민에 대한 가입자 관리, 보험료 징수 등의 행정능력을 일시에 구비해야 한다. 따라서 일반적으로 공적 연금제도는 피용자(근로자)에게 우선 적용되고 그 후 자영자(지역주민)에게 확대 적용된다.

현행 국민연금의 경우에도 시행 초기인 1988년에는 10인 이상을 고용하는 사업장의 근로자를 당연적용 대상(강제가입 대상)으로 하여 실시되었고, 1992년에는 5인 이상을 고용하는 소규모 사업장으로 확대 적용되었다. 그리고 우루과이라운드 협상타결에 따른 농수산물 수입개방으로 농어촌 지역 소득 손실에 대한 보완대책의 일환(농어민에 대한 연금보험료 일부 국고지원)으로 1995년 7월에 농어촌 지역의 주민에게 국민연금이 확대 적용되었다. 1999년 4월에 국민연금제도가 도시지역의 주민에게까지 확대 적용되어, 현재 대부분의 피용자와 자영업자를 포괄하는 전국민 연금제도로 발전하였다. 그리고 2003년 7월부터는 근로자 1인 이상을 고용하는 전 사업장으로 확대되었다.

1) 가입대상

국민연금의 가입대상은 국내에 거주하는 18세 이상, 60세 미만의 국민이다. 그러나 이들 국민 중에서 다른 공적 연금(공무원연금, 군인연금, 사립학교교직원연금)에 가입 중인 현직자 및 별정우체국 직원과 국민연금의 노령연금 수급자(60세 미만의 광부, 선원 등 특수직종 근로자로서 노령연금 수급자, 60세 미만의 조기노령연금 수급자)는 국민연금의 가입대상에서 제외되고 있다. 즉, 일반 사업장의 근로자와 지역주민이 국민연금의 가입대상이다.

현행 국민연금은 18세 미만의 사업장 근로자 및 지역주민을 가입대상에서 제외하고 있는데, 이것은 경제활동에 본격적으로 참여하지 않는 미성년 계층을 가입대상에서 제외하려는 입법 취지 때문이다. 또한 60세 이상의 사업장 근로자 및 지역주민도 가입대상에서 원칙적으로 제외되어 있는데, 이것은 현행 국민연금이 노령연금의 지급개시 연령을 60세로 정하고 있기 때문이다. 다만 18세 미만인 자가 국민연금에 가입되는 경우와 60세 이상인 자가 국민연금에 가입되는 경우가 있다. 전자는 국민연금에 가입된 사업장에서 근로하고 있는 자로서 18세가 되지 않은 자가 본인이 원하는 경우에 사용자의 동의를 얻은 경우다. 후자는 연령이 60세가 넘었더라도 60세까지의 가입기간이 20년을 채우지 못한 자가 65세가 될 때까지 가입신청을 하는 경우다.

또한 현행 국민연금은 국내에 거주하는 국민만을 원칙적으로 가입대상으로 하고, 예외적으로 국민연금법의 적용을 받는 사업장에 고용되어 있는 자로서 18세 이상, 60세 미만인 외국인은 사업장 가입자가 되며, 국내에 거주하는 18세 이상, 60세 미만인 외국인으로서 사업장 가입자가 아닌 자는 지역가입자가 된다. 또한 국내법의 적용을 받는 기업의 직원으로서 외국에 있는 지점이나 공장에 근무하는 국민도 국민연금에 가입되어 있다. 그러나 국내거주 외국인과 국외거주 국민(근로자)은 우리나라와 외국 간에 사회보장협정이 체결된 경우에 그 규정을 따른다.

2) 가입자 종류

국민연금의 가입자는 사업장 가입자, 지역가입자, 임의가입자 및 임의계속 가입자로 구분된다. 사업장 가입자는 상시 1인 이상을 고용하는 사업장의 근로자와 사용자다. 지역가입자는 농어민, 자영업자 등 사업장 가입자가 아닌 자다. 사업장 가입자 및 지역가입자는 당연가입 대상(강제가입 대상)이므로 여기서 제외되는 사람이 임의가입 대상이 된다.

그래서 임의가입자는 무소득 배우자(공무원연금, 국민연금 등 공적 연금에 가입한 사람의 배우자로서 별도의 소득이 없는 자, 공적 연금에서 노령연금이나 퇴직연금을 받는 사람의 배우자로서 별도의 소득이 없는 자), 27세 미만의 무소득자(학생, 군복무, 취업대기 등으로 소득이 없는 자), 다른 공적 연금에서 연금을 받는 자(공무원연금, 군인연금, 사립학교교직원연금, 별정우체국연금 등에서 퇴직연금, 장애연금, 퇴직연금일시금, 상이연금 등을 받는 자), 국민기초생활보장법에 의하여 생계급여를 받는 기초수급자다.

임의계속 가입자는 가입기간이 20년 미만인 사람이 60세에 도달한 때에 본인의 희망에 의하여 계속해서(종전의 65세인 가입상한 연령이 폐지됨) 국민연금에 가입한 자다.

3) 가입자 현황

국민연금의 가입 종류별 가입자 현황은 〈표 6-1〉과 같다. 2010년 11월 기준 국민연금의 총 가입자는 1924만 9천 명이다. 이 중 사업장 가입자는 1044만 4천 명, 지역가입자는 867만 3천 명(도시지역 주민이 672만 4천 명이고, 농어촌 지역 주민이 194만 9천 명임), 나머지는 임의가입자 8만 3천 명과 임의계속 가입자 4만 9천 명이다.

〈표 6-1〉 가입종별 가입자 현황 (단위: 천 명, %)

구분	사업장 가입자	지역가입자	임의가입자	임의계속 가입자
1924만 9천 명 (100%)	1044만 4천 명 (54.26%)	867만 3천 명(45.06%) 도시지역 672만 4천 명 농어촌 지역194만 9천 명	8만 3천 명 (0.43%)	4만 9천 명 (0.25%)

3. 급 여

　국민연금은 국민들이 나이가 들어 은퇴하거나 불의의 사고 또는 질병으로 장애를 입거나 불행히 사망하게 되어 생계가 어렵게 될 경우에 본인이나 그 유족에게 연금급여를 지급함으로써 국민의 생활 안정과 복지 증진에 기여함을 목적으로 한다. 따라서 연금급여의 산정기준, 종류, 수급요건, 수준 등이 매우 중요하다.

　연금급여의 내용은 각국의 정치, 경제, 사회의 여건과 역사적 배경에 따라 결정된다. 그러므로 각국의 연금급여는 다양한 성격을 띠고 있는데, 국민연금의 경우에는 실질가치 보장, 소득재분배, 위험분산 등 연금보험의 기본적인 요건이 제도화되어 있어 연금급여의 기본적인 골격이 선진화되어 있다. 그러나 연금급여의 수급요건, 지급수준 등은 아직 미흡하여 개선의 여지가 많다.

1) 급여의 구성

(1) 기본연금

　국민연금의 급여액은 기본연금액과 부양가족연금액으로 구성되어 있다. 이 중 기본연금액은 노령연금, 장애연금, 유족연금 산정의 기초가 된다. 기본연금액은, 첫째로 가입자의 소득수준(보험료 부담수준)과 관계없는 균등부분(기초연금), 둘째로 가입자의 소득수준에 비례하는 소득비례 부분(소득비례연금), 셋째로 가입자의 가입기간에 비례하는 가산부분으로 구성되어 있다. 이러한 기본연금액의 산정방법을 수식으로 제시하면 〈표 6-2〉와 같다.

　기본연금액의 산정공식에서 'A'는 연금수급 전 3년간 가입자 전체의 평균소득월액 평균치로서 균등부분을 결정하는 요인이다. 이 균등부분

〈표 6-2〉기본연금액 산정식

개정 전
$[1.5(A+0.75B)P1/P](1+0.05n/12)$

↓

개정 후
$2.4(A+0.75B)P1/P+1.8(A+B)P2/P+1.5(A+B)P3/P+1.485(A+B)P4/P+1.47(A+B)P5/P$

주: A=연금수급 전 3년간의 평균소득월액의 평균액; B=가입자의 가입기간 중 기준(표준) 득
　　월액의 평균액; n=20년 초과 가입월 수(1년 미만의 매 1월은 1/12로 계산); P=전체 가
　　입월 수; P1=1998. 12. 31. 이전 가입월 수; P2=1999. 01. 01.～2007. 12. 31. 가입월 수;
　　P3=2008년 가입월 수; P4=2009년 가입월 수; P5=2010년 가입월 수.

은 가입자의 보험료 부담액과 관계없이 균등하게 정액으로 결정되므로,
일종의 기초연금 역할(최저생활보장 기능)을 하면서 가입자 간의 소득을
재분배하는 기능을 수행하고 연금급여의 적절성을 도모하는 기능을 한
다. 이러한 A값은 기본연금액 산정요소 외에 연금수급자의 소득 있는
업무 종사 여부를 판정하는 기준이 되고, 가입자의 기준소득월액 상하한
액을 조정하는 기준이 되기도 한다.

　'B'는 가입자의 가입기간 중 표준소득월액의 평균치로서 소득비례 부
분을 결정하는 요인이다. 이것은 가입자의 보험료 부담액에 비례하여
차별적으로 결정되므로 가입자의 보험료 부담과 급여 간의 공평성을 도
모하고 가입기간 중 근로 의욕을 고취시키는 데 기여한다. 그리고 B는
가입자 개인의 매 연도 표준소득월액을 매 연도 가입자 전체의 평균소득
인상비율에 따라 연금수급 전년도의 현재가치로 재평가(인상하여 환산)
한 후에 그것을 평균 산정함으로써 연금급여의 실질가치가 보장된다.

　'n'은 가입기간이 20년을 초과하는 경우에 그 초과 가입월 수다. '0.05'
는 연금액의 가산율로서 가입기간이 20년을 초과하는 경우에 초과 연수
1년마다 연금액을 5%씩 가산한다는 의미다. 따라서 가입기간이 20년이
면 가산율은 없게 되고, 40년이 되면 가입기간을 나타내는 비례상수는
'$1+0.05×240/12$'가 되어 2가 된다.

〈표 6-3〉 가입기간별 소득대체율

가입기간	소득대체율	비례상수	가입월 수
1988년~1998년	70%	2.4	P1
1999년~2007년	60%	1.8	P2
2008년	50%	1.5	P3
2009년	49.5%	1.485	P4
2010년	49%	1.470	P5
⋮	⋮	⋮	⋮
2028년	40%	1.2	P23

※ 비례상수는 2008년 1.5를 시작으로 매년 0.015씩 작아짐.

'2.4'와 '1.8' 등 상수는 가입기간이 40년(480개월)일 때의 연금액 수준을 정하는 재정 수리적인 비례상수다. B값이 A값과 동일할 때 비례상수가 2.4인 경우에는 연금월액이 본인 소득평균(B값)의 70% 수준이 되며, 비례상수가 1.8인 경우에는 연금월액이 본인 평균소득(B값)의 60% 수준이 되도록 정한 상수다.

이 기준은 2008년 1월부터 개정·적용되었다. 개정 이유는 한국의 국민연금이 낮은 보험료율과 높은 급여율로 인해 향후 재정적자가 예상되었기 때문이다. 적정 연금급여를 위해서는 보험료를 높이는 방안이 효과적이나, 현 상황에서 보험료를 인상하는 것은 쉽지 않기 때문에 보험료 대비 급여비율(소득대체율)을 낮추는 방향으로 개정되었다.

개정 내용의 핵심은 가입기간이 40년인 평균소득자를 기준으로 소득대체율을 현행 60%에서 2008년에는 50%를 시작으로 이후 매년 0.5%씩 하향 조정하며, 2028년부터는 40%를 적용하는 것이다. 다만 기존 가입기간(법 개정 전)에 대해서는 종전 소득대체율을 적용한다.

이상과 같은 방법으로 산정된 기본연금액은 매년 전국 소비자물가 변동률을 기준으로 하여 조정된다. 즉, 최초 연금수급 이후 연금액은 물가가 인상될 때 그 인상률만큼 자동적으로 인상된다. 이와 같이 국민연금은 연금급여의 물가연동제(price sliding system)를 채택함으로써 연금액의 실질가치를 보장하고 있다.

(2) 부양가족연금

부양가족연금은 연금 수급권자가 그 권리를 취득할 당시 그(유족연금의 경우에는 가입자 또는 가입자였던 자)에 의하여 생계를 유지하고 있거나, 노령연금 또는 장애연금의 수급권자가 그 권리를 취득한 후 그에 의하여 생계를 유지하고 있는 배우자, 자녀, 부모가 있는 경우 연금수급자에게 추가로 지급되는 일종의 가족수당이다. 따라서 부양가족연금의 수급계산 대상자는, 첫째, 배우자, 둘째, 18세 미만이거나 장애 2등급 이상에 해당하는 자녀이며, 셋째, 60세 이상인 부모이거나 장애 2등급 이상에 해당하는 부모(배우자의 부모 포함)다. 부양가족연금액은 1999년에 배우자에게 연간 15만 원, 부모 및 자녀에게 1인당 연간 10만 원으로 설정되었다. 그러나 그 후 매년 전국 소비자물가 변동률에 따라 조정되고 조정연도 4월부터 다음 연도 3월까지 적용되어 왔으며, 2010년 4월부터는 배우자 연 22만 870원, 자녀와 부모 1인당 연 14만 7,230원이다.

2) 급여의 종류와 지급수준

국민연금의 급여는 지급방법에 따라 연금급여와 일시금급여로 분류된다. 연금급여에는 노령연금, 장애연금 및 유족연금이 있고, 일시금급여에는 반환일시금, 사망일시금 및 장애일시보상금이 있다. 이러한 급여의 지급요건 및 지급수준을 세부적으로 살펴보면 다음과 같다(〈표 6-4〉 참조).

(1) 노령연금

국민연금의 노령연금은 가입자의 노후생활을 보장하기 위한 급여다. 수급요건인 수급개시 연령, 가입기간 및 소득활동 여부에 따라 완전노

〈표 6-4〉 노령연금 종류별 수급요건 및 급여수준

구분	수급요건	가입기간	연령	급여수준
완전노령연금	가입기간 20년 이상인 자로 60세에 달한 자(65세 미만인 자는 소득이 있는 업무에 종사하지 않는 경우에 한함)	20년 이상	60세	• 기본연금액 100%+부양가족연금액
감액노령연금	가입기간 10년 이상, 20년 미만인 자로 60세에 달한 자(65세 미만인 자는 소득이 있는 업무에 종사하지 않는 경우에 한함)	10년 이상 ~ 20년 미만	60세	• 가입기간이 10년인 경우, 기본연금액 50%+부양가족연금액 ※ 가입기간 1년 증가 시마다 기본연금액의 5%씩 가산, 1년 미만의 매 1월은 1/12년으로 계산
조기노령연금	가입기간 10년 이상, 55세 이상인 자가 소득 있는 업무에 종사하지 아니하고 60세 도달 전 연금수급을 청구한 경우	10년 이상	55세 ~ 59세	• 가입기간이 10년, 55세인 경우, 기본연금액 50%×70%(조기연령별 지급률)+부양가족연금액 ※ 가입기간 1년 증가할 때마다 기본연금액의 5%씩 가산, 수급개시 연령 1세 증가 시 연령별 지급률 6%씩 증가
재직자노령연금	가입기간 10년 이상, 60세 이상 65세 미만인 자로 소득 있는 업무에 종사하는경우	10년 이상	60세 ~ 64세	• 가입기간 10년, 연령 60세의 경우,기본연금액 50%×50%(재직자연령별 지급률) ※ 가입기간 1년 증가할 때마다 기본연금액의 5%씩 가산, 연령 1세 증가 시 연령별 10%씩 증가
특례노령연금	• '88. 1. 1 기준 45세(40세) 이상, 60세(55세) 미만이며, 가입기간 5년 이상, 15년 미만인 자 • '95. 7. 1 기준 45세 이상, 60세 미만으로, '95. 7. 1~'99. 3. 31 사이에 농어촌 가입이력이 있으며, 가입기간 5년 이상, 15년 미만인 자 • '99. 4. 1 기준 50세 이상, 60세 미만이며, 가입기간 5년 이상 10년 미만인 자	5년 이상	60세	• 가입기간 5년인 경우, 기본연금액 25%+부양가족연금액 ※ 가입기간 1년 증가할 때마다 기본연금액의 5%를 증액, 1년 미만의 매 1월은 1/12년으로 계산
분할연금	혼인기간 중 가입기간이 5년 이상인 노령연금 수급권자의 이혼한 배우자가 60세 도달 시		60세	• 배우자였던 자의 노령연금액(부양가족연금액 제외) 중 혼인기간에 해당하는 연금액의 1/2

출처: 국민연금공단(http://www.npc.or.kr). 알기 쉬운 국민연금.

령연금, 감액노령연금, 재직자노령연금, 조기노령연금, 특례노령연금, 분할연금으로 구분되고, 그 급여액은 수급요건에 따라 기본연금액의 일정 비율이 지급된다.

① 완전노령연금

완전노령연금은 가입기간이 20년 이상인 사람이 60세(광원[1] 및 부원[2]은 55세)에 도달한 때부터 사망할 때까지 지급된다. 노령연금의 수급개시 연령은 평균수명의 연장에 따라 상향 조정되는데, 2013년부터 1세씩 5년마다 연장되어 2033년에는 노령연금의 수급개시 연령이 65세가 된다. 그리고 완전노령연금의 급여액은 기본연금액의 100%에 부양가족연금액을 가산한 금액이다. 완전노령연금을 수급하다가 소득이 있는 업무에 종사하게 되면 재직자노령연금이 적용된다.

② 감액노령연금

감액노령연금은 가입기간이 10년 이상, 20년 미만인 사람이 60세에 도달한 때부터 사망 시까지 지급된다. 그 지급액은 가입기간에 따라 기본연금액의 50%(10년 가입) 내지 95%(19년 가입)이며, 가입기간이 1년씩 증가할 때마다 감액노령연금이 5%포인트씩 증가한다. 또한 감액노령연금의 경우에도 부양가족연금이 가산된다. 감액노령연금은 완전노령연금의 수급요건인 20년의 가입기간을 충족하지 못한 사람에 대하여 지급되는 부분노령연금이다. 감액노령연금을 수급하다가 소득이 있는 업무에 종사하게 되면 재직자노령연금이 적용된다.

---

[1] 갱내에서 일하는 광원
[2] 갑판에서 일하는 선원

③ 조기노령연금

조기노령연금은 가입기간이 10년 이상이고 연령이 55세 이상, 60세 미만인 사람이 '소득이 있는 업무'에 종사하지 않는 경우에 가입자 본인의 희망에 의하여 지급된다. 그 지급액은 수급개시 연령에 따라 60세에 받을 수 있는 완전노령연금이나 감액노령연금의 70%(55세) 내지 94%(59세)에 부양가족연금액을 합산한 금액이다. 그리고 조기노령연금액은 연금 수급 개시연령이 1년씩 늦어질 때마다 5%포인트씩 증가한다. 조기노령연금은 개인적인 사정으로 조기에 퇴직한 사람의 노후생활을 보호하기 위하여 지급되는데, 수급개시 연령이 낮을수록 연금수급 기간이 길어지므로 그 지급액을 낮추어 그들과 60세 이후 수급자 간의 형평성을 도모하게 된다.

④ 재직자노령연금

재직자노령연금은 가입기간이 10년 이상이고 연령이 60세 이상, 65세 미만(광원 및 선원은 55세 이상, 60세 미만)인 사람(완전노령연금이나 감액노령연금을 받을 수 있는 사람)이 '소득이 있는 업무'에 종사하는 경우에 지급된다. 그 연금액은 연령에 따라 완전노령연금이나 감액노령연금의 50%(60세) 내지 90%(64세)이고 연금수급 연령이 1세씩 증가할 때마다 그 연금액이 10%포인트씩 증가한다. 그리고 재직자노령연금 수급자에게는 부양가족연금액이 지급되지 않는다. 재직자노령연금은 완전노령연금이나 감액노령연금을 받을 수 있는 사람이 연금 이외의 상당한 소득이 있는 업무에 종사할 경우에 그들의 연금을 감액하여 지급하는 형태다.

⑤ 특례노령연금

특례노령연금은 국민연금제도의 시행 초기와 확대적용 과정에서 이미 고령화된 국민들(1988년 1월 1일 기준 45세 이상인 자, 1995년 7월 1일 기준 45세 이상인 자, 1999년 4월 1일 기준 50세 이상인 자)은 노령연금 수급을 위한 최소 가입기간을 충족할 수 없으므로 단기간(5년)을 가입하여도 60세에 도달하면 예외적으로 노령연금을 받을 수 있도록 정책적으로 도입된 과도적인 노령연금이다. 특례노령연금액은 가입기간에 따라 기본연금액의 25%(5년) 내지 70%(14년)에 부양가족연금액을 합산한 금액이며, 가입기간이 1년씩 증가할 때마다 5%포인트씩 많아진다.

⑥ 북한이탈주민에 대한 국민연금 지급

북한이탈주민의 보호 및 정착지원에 관한 법률에 따라 북한이탈주민으로서 보호결정 당시 50세 이상, 60세 미만인 보호대상자는 특례노령연금과 같이 가입기간이 5년 이상이면 60세부터 노령연금을 지급받을 수 있다. 물론 60세 이후에 가입기간 요건을 충족하는 경우에는 가입자 자격을 상실한 날부터 노령연금을 지급받을 수 있다.

⑦ 분할연금

분할연금는 이혼한 배우자가 60세가 된 이후에 노령연금 수급권자의 가입기간 중 혼인기간 동안 정신적·물질적 기여부분을 인정하고 이혼한 배우자의 안정적 노후생활을 보장하기 위한 제도다. 혼인기간(국민연금 가입기간 중)이 5년 이상인 노령연금 수급권자와 이혼한 경우 혼인기간에 해당하는 연금액(부양가족연금액은 제외)의 1/2을 지급받는 연금이며, 2007년 7월 23일 법 개정으로 분할연금 수급권자가 재혼하더라도 연금지급을 정지하지 않고 계속 지급한다.

이상의 노령연금 예상연금 월액은 〈표 6-5〉와 같다.

〈표 6-5〉 노령연금 예상연금액 (단위: 원)

가입기간 중 기준소득 월액 평균액 (B값)	보험료 (9%)	가입기간						
		10년	15년	20년	25년	30년	35년	40년
620,000	55,800	140,940	205,760	266,970	327,270	387,570	447,860	508,160
920,000	82,800	158,470	231,360	300,170	367,970	435,770	503,570	571,370
1,290,000	116,100	180,100	262,920	341,130	418,180	495,230	572,280	649,320
1,760,000	158,400	207,560	303,020	393,150	481,950	570,750	659,550	748,350
2,300,000	207,000	239,120	349,090	452,920	555,220	657,520	759,820	862,120
2,940,000	264,600	276,520	403,690	523,760	642,060	760,360	878,660	996,960
3,680,000	331,200	319,530	466,590	605,450	742,250	879,060	1,015,860	1,152,660

주: 1. 2010년 1월에 최초 가입한 것으로 가정, 현재의 A값(2010년도 적용 1,791,955원)으로 산정.
   2. 생계를 유지하고 있는 가족이 있을 경우 배우자 연 220,870원, 자녀/부모 1인당 연 147,230원의 부양가족연금액이 가산되며 매년 물가변동률이 반영되어 조정 지급됨.
출처: 국민연금공단 내부자료(2010. 12.).

(2) 장애연금

장애연금은 가입자가 가입기간 중에 생긴 질병 또는 부상으로 인하여 신체적 또는 정신적 장애를 입은 경우에 그 완치 후에도 장애가 존속하는 동안 그 장애의 정도에 따라 지급된다. 그리고 가입 중에 질병 또는 부상을 당한 사람이 초진일(최초 진료일)로부터 1년 6개월이 지나도 완치되지 아니하면 그 1년 6개월이 지난 날을 기준으로 장애 정도에 따라 장애연금 지급 여부가 결정된다.

국민연금의 장애등급은 장애상태에 따라 4개 등급으로 구분되어 있다. 장애연금은 3등급까지 지급되며, 4등급의 장애인에게는 장애일시보상금이 지급된다. 장애등급의 결정을 위한 장애 정도의 심사는 국민연금공단(장애심사위원으로 위촉된 전문의사)이 하며, 장애연금 대상자는 장애심사에 앞서 동 공단이 지역별로 지정한 전문의료기관에서 장애상태에 대한 진단을 받아야 한다.

장애연금의 지급액은 가입기간 또는 소득수준에 관계없이 장애

등급에 따라 결정된다. 장애등급이 1등급인 경우에는 기본연금액의 100%(20년을 가입한 사람의 완전노령연금과 동일한 수준임)이며, 2등급인 경우에는 80%, 3등급인 경우에는 60%다. 그리고 장애등급이 4등급인 경우에는 장애일시보상금으로 기본연금의 225%가 지급된다. 이러한 일시보상금은 기본연금의 40%가 약 5.6년 동안 지급된 것으로 평가된다.

지금까지 중증장애인을 대상으로 정부가 지급하는 장애인연금 관련, 등급 심사를 국민연금공단이 수행했는데, 2011년 4월부터는 모든 장애등급 판정을 국민연금공단에서 수행하게 되었다.

(3) 유족연금

유족연금은 가입자 또는 가입자였던 자(자격상실자)가 사망한 경우에 그 유족에게 지급된다. 즉, 첫째는 노령연금의 수급자와 장애등급이 1급 또는 2급인 장애연금 수급자가 사망한 경우, 둘째는 가입 중인 사람(가입기간이 1년 미만인 가입자가 질병이나 부상으로 사망한 경우에는 가입 중에 발생한 질병이나 부상으로 사망한 경우에 한정된다)과 10년 이상을 가입하였던 사람이 사망한 경우, 셋째는 10년 미만을 가입하였던 사람이 가입 중에 발생한 질병이나 부상으로 초진일로부터 2년 이내에 사망한 경우다.

유족연금을 받을 수 있는 유족은 가입자(또는 가입자였던 자)가 사망할 당시에 그에 의하여 생계를 유지하고 있던 배우자와 직계 존속 및 비속이다. 그리고 유족연금을 우선적으로 받는 유족의 순위는 첫째가 배우자(남자의 경우에는 60세 이상이거나 2등급 이상의 장애인에 한정된다), 둘째는 자녀(가입자가 사망할 당시의 태아를 포함하며 18세 미만이거나 2등급 이상의 장애인에 한정된다), 셋째는 부모(배우자의 부모를 포함하며 60세 이상이거나 2등급 이상의 장애인에 한정된다), 넷째는 손자녀(18세 미만이거나 2등급 이상의 장애인에 한정된다), 다섯째는 조부모(배우자의 조부모를 포함하며 60세 이상이거나 2등급 이상의 장애인에 한정된다)다.

유족연금을 받을 권리가 소멸하는 경우는, 첫째, 수급권자가 사망한 때, 둘째, 배우자가 재혼한 때, 셋째, 자녀 또는 손자녀가 파양되거나 다른 사람에게 입양된 때, 넷째, 장애인이 아닌 자녀 또는 손자녀가 18세에 도달한 때, 다섯째, 장애로 인하여 유족연금을 받던 사람이 2등급 이상의 장애에 해당되지 아니하게 된 때다.

유족연금의 지급액은 사망한 가입자(또는 가입자였던 자)의 가입기간에 따라 기본연금액의 40%(10년 미만 가입) 내지 60%(20년 이상 가입)에 부양가족연금액을 가산한 금액이다. 그런데 노령연금을 받던 사람이 사망한 경우의 유족연금은 그가 받던 노령연금액을 초과할 수 없도록 되어 있다. 이러한 사례는 재직자노령연금이나 특례노령연금을 받던 사람이 사망한 경우에 발생할 수 있다.

(4) 반환일시금과 사망일시금

반환일시금은 국민연금에서 지급하는 세 가지 연금(노령, 장애, 유족) 중 어느 것도 받지 못하면서 가입자 자격을 상실하고 다시 가입할 가능성이 희박한 경우에 가입기간 중 납부한 보험료에 소정의 이자를 합산하여 환급해 주는 급여다. 이것은 국민연금제도의 목적(생활안정과 복지 증진)을 직접적으로 달성하기 위한 급여는 아닌 것으로 본다.

따라서 반환일시금은 다음과 같은 경우에 지급된다. 첫째는 가입기간이 10년 미만인 사람이 60세에 도달한 경우, 둘째는 가입자 또는 가입자였던 자가 사망하고 유족연금의 수급요건을 충족하지 못한 경우, 셋째는 가입자 또는 가입자였던 자가 국적을 상실하거나 국외에 이주한 경우, 넷째는 가입자 또는 가입자였던 자가 다른 공적 연금의 가입대상(공무원, 군인, 사립학교교직원, 별정우체국 직원)이 된 경우 등에 반환일시금이 지급된다. 그리고 가입자 또는 가입자였던 자가 사망한 경우의 반환일시금은 그 유족이 그 지급을 청구하는데, 이때에 유족의 범위 및 그 청구의 우선순위는 유족연금을 수급할 경우와 동일하다.

반환일시금의 지급액으로는 가입자의 기여금(본인부담 보험료), 부담금(사용자부담 보험료) 및 퇴직금전환금(퇴직금 중에서 국민연금의 보험료로 전환된 금액)에 일정한 이자를 가산한 금액이 지급된다. 연금보험료에 가산되는 이자율은 연금보험료 납부 월의 다음 달부터 자격상실 월까지의 이자가 3년 만기 정기예금 이자율(1999년 4월 1일 이후)이고 자격상실 월의 다음 달부터 반환일시금청구 월까지의 이자가 1년 만기 정기예금 이자율이다.

사망일시금은 가입자 또는 가입자였던 자가 사망하여 유족연금 또는 반환일시금 수급권이 발생하였으나 해당 급여의 수급요건을 갖춘 유족이 없는 경우에 지급되는 장제부조적·보상적 성격의 급여다. 부연하면, 국민연금법은 유족연금이나 반환일시금(사망의 경우)을 받을 수 있는 유족의 범위를 제한적으로 설정하고 있어, 사망 당시에 유족인 부모의 연령이 60세 미만이거나 유족인 자녀의 연령이 18세 이상인 경우 등에 유족연금이나 반환일시금이 지급되지 않는다. 그러므로 연금제도에 가입하여 기여를 하였으나 실제 혜택이 없어 발생되는 가입자 간의 형평성과 이들 유족과 다른 급여수급자(급여를 받는 유족) 간의 형평성 문제를 해소하기 위하여 사망일시금이 1995년 7월 1일부터 지급되고 있다.

따라서 사망일시금의 지급대상은 연령의 제한이 없는 직계혈족과 방계혈족이다. 즉, 사망일시금을 청구할 수 있는 사람은 가입자(또는 가입자였던 자)의 배우자, 자녀, 부모(배우자의 부모 제외), 손자녀, 조부모, 형제자매 및 4촌 이내의 방계혈족이며 이러한 순위로 수급자가 될 수 있다. 이 중 4촌 이내의 방계혈족은 가입자(가입자였던 자)의 사망 당시 그와 생계유지 관계가 인정되어야 한다.

사망일시금의 지급액은 가입자(또는 가입자였던 자)의 반환일시금에 상당하는 금액으로 하되, 그 금액은 사망한 가입자(또는 가입자였던 자)의 최종 표준소득월액(사망일시금 수급 전년도의 현재가치로 환산한 금액)과 가입기간 중 표준소득월액의 평균치(기본연금액 산정공식의 'B') 중에서 많은 금액의 4배를 초과하지 못한다.

3) 급여의 중복조정 및 제한

국민연금법에 의한 급여를 받을 권리가 한 사람에게 2개 이상 발생한 경우에는 수급권자의 선택에 의하여 그중 하나만이 지급되고 다른 급여의 지급은 정지된다. 예를 들면, 부부가 각각 노령연금을 받다가 어느 일방이 사망한 경우에는 유족연금의 수급권이 신규로 발생하게 된다. 이 경우에 생존하는 배우자가 본인의 노령연금을 계속 받고자 할 때에는 사망한 배우자의 유족연금은 지급되지 않으며, 반대로 사망한 배우자의 유족연금을 신규로 받고자 할 때에는 본인의 노령연금이 지급되지 않는다. 장애연금을 받던 중에 60세에 도달하여 노령연금이 발생하게 된 경우에는 두 개의 급여를 모두 지급하게 되는 것이 아니라, 본인의 선택에 따라 선택한 급여만 지급하고 다른 급여는 지급을 정지하게 된다. 물론 선택한 급여가 소멸되거나 정지하게 되면 지급 정지 중이던 다른 급여가 다시 지급된다. 다만 선택한 급여가 수급권자의 귀책 사유로 정지되는 경우에는 정지 중이던 다른 급여가 지급되지 않는다.

또한 국민연금법에 의하여 장애연금이나 유족연금을 받을 수 있는 사람이 그 수급권이 발생한 사유(장애 발생 또는 사망의 사유)와 동일한 사유로 다른 법률(예: 산업재해보상보험법, 근로기준법, 선원법)에 의한 급여, 보상, 배상 등으로 금품을 받은 경우에는 국민연금법에 의한 장애연금 또는 유족연금이 감액 지급된다. 따라서 산재보험이 적용되는 사업장의 근로자가 국민연금에 가입한 후 근로 중에 발생한 업무상 질병이나 부상으로 인하여 장애를 입거나 사망한 경우에는 국민연금에서 장애연금이나 유족연금을 받을 수 있고 또 산재보험에서 장애보상연금이나 유족보상연금을 받을 수 있게 되는데, 이 경우에 국민연금에서는 장애연금이나 유족연금의 1/2을 감액하여 지급한다.

이와 같이 사회보험(산재보험과 건강보험의 급여 간에도 유사한 병급조정이 있음)에서는 동일한 사고에 대하여 이중적으로 급여를 하지 않고,

사회보험의 어느 한쪽에서 급여를 하면 다른 한쪽에서 그만큼 급여를 조정 또는 제한하여 특정한 사고에 대하여 사회보험의 급여가 집중적으로 지급되는 것을 방지하고 있다. 국민연금은 가입자 본인 및 유족의 소득 감소에 따른 생계보호를 위한 것으로, 연금지급 사유는 각각 다르지만(노령, 장애 또는 사망) 지급목적(생활안정 및 복지 증진)이 동일하기 때문에 한 사람의 수급권자에게 동일한 목적의 급여를 2개 이상 지급하지 않도록 하는 것이 사회보장의 기본 원리의 하나다.

급여의 제한은 사회보험에서 일반적으로 본인(가입자 또는 가입자였던 자)의 고의에 의하여 급여의 지급 사유가 발생한 경우에 있게 된다. 가입자 또는 가입자였던 자가 고의로 사고를 일으켜 장애를 입은 경우에는 장애연금이 지급되지 않을 수 있으며, 가입자를 고의로 사망시킨 유족에게는 유족연금이 지급되지 않는다.

4) 급여의 지급실적

국민연금이 1988년에 실시된 이래 가입자 및 그 가족에 대하여 각종 급여를 지급한 실적을 급여 종류별로 살펴보면, 1988년에는 반환일시금만 3,128건이 지급(당시에는 장애연금과 유족연금이 1년 이상을 가입한 사람에게만 지급되었기 때문임)되었다. 1989년부터는 장애연금(42건) 및 장애일시보상금(27건)과 유족연금(1,756건)이 지급되기 시작하였으며, 1993년에는 최초로 특례노령연금이 10만 971명에게 지급되었다. 그리고 1995년에는 신규로 추가된 급여인 사망일시금이 425명에게 최초로 지급되었고, 1999년부터는 조기노령연금이 최초로 2만 6,142명에게 지급되었으며, 2003년부터는 감액노령연금이 최초로 2만 5,884명에게 지급되었다.

1988년부터 1999년까지 12년 동안은 국민연금급여지급액의 대부분(약 87%)이 반환일시금이었으나, 반환일시금제도의 개선(1998년도 말의

〈표 6-6〉 연도별 및 연금종별 지급실적   (단위: 명, 백만 원)

구분		계	연금				일시금			
			소계	노령	장애	유족	소계	장애	반환	사망
88	인원	3,128	—	—	—	—	3,128	—	3,128	—
	금액	301	—	—	—	—	301	—	301	—
89	인원	59,347	1,798	—	42	1,756	57,549	27	57,522	—
	금액	6,034	772	—	19	753	5,262	35	5,227	—
91	인원	382,790	9,271	—	879	8,392	373,519	332	373,187	—
	금액	110,882	7,463	—	862	6,601	103,419	546	102,873	—
93	인원	583,014	35,203	10,971	3,896	20,336	547,811	2,341	545,470	—
	금액	333,131	32,708	6,447	5,781	20,480	300,423	4,467	295,956	—
95	인원	875,899	77,709	38,162	7,088	32,459	798,190	1,529	796,236	425
	금액	755,460	89,310	37,517	12,665	39,128	666,150	3,902	661,754	494
97	인원	983,386	149,680	83,222	10,536	55,922	833,706	1,268	830,138	2,300
	금액	1,485,530	204,135	109,722	22,213	72,200	1,281,395	4,635	1,274,014	2,746
99	인원	1,249,257	282,407	175,572	16,906	89,929	966,850	1,944	962,578	2,328
	금액	3,871,969	477,350	299,592	45,740	132,018	3,394,619	11,887	3,378,752	3,980
01	인원	948,164	770,568	602,197	27,456	140,915	177,596	2,469	170,542	4,585
	금액	1,569,257	1,301,142	973,630	83,583	243,929	268,115	18,286	243,445	6,384
03	인원	1,169,441	1,052,414	819,800	39,727	192,887	117,027	2,853	108,740	5,434
	금액	2,328,449	2,017,911	1,533,339	131,921	352,651	310,538	21,978	278,232	10,328
05	인원	1,757,674	1,651,681	1,349,626	54,467	247,588	105,993	4,147	96,078	5,768
	금액	3,584,901	3,210,044	2,531,536	193,931	484,577	374,857	35,713	324,885	14,259
07	인원	2,244,477	2,110,519	1,731,560	67,091	311,868	133,958	5,167	121,200	7,591
	금액	5,182,611	4,748,988	3,857,709	245,878	645,401	433,623	48,325	368,374	16,924
09	인원	2,770,344	2,602,630	2,149,168	74,535	378,927	167,714	3,836	154,119	9,759
	금액	7,471,934	6,946,490	5,814,825	287,016	844,649	525,444	40,940	460,476	24,028
10	인원	2,939,751	2,800,386	2,314,307	75,485	410,594	139,365	3,173	127,257	8,935
	금액	7,870,993	7,391,008	6,254,897	269,994	866,117	479,985	34,168	422,625	23,192

주: 연도별 지급실적은 해당 연도 누계기준임. 단, 2010년은 11월 말 기준.
출처: 국민연금공단 공시자료(http://www.npc.or.kr).

〈표 6-7〉 연도별 및 연금종별 월평균 지급액   (단위: 원)

구분	노령 연금				장애연금			장애 일시금	유족 연금
	완전	감액	조기	특례	1급	2급	3급		
1989	−	−	−	−	225,947	114,159	66,898	2,248,366	61,702
1990	−	−	−	−	181,304	122,402	88,379	2,958,048	64,317
1991	−	−	−	−	208,030	135,657	95,282	2,823,719	68,315
1992	−	−	−	−	195,174	158,525	124,228	3,464,434	77,203
1993	−	−	−	74,289	244,610	193,270	144,064	4,025,349	95,529
1994	−	−	−	83,938	264,188	210,226	160,043	4,468,119	103,911
1995	−	−	−	90,287	281,566	221,780	163,621	5,082,491	107,948
1996	−	−	−	104,426	303,631	242,433	180,363	5,742,871	117,408
1997	−	−	−	116,492	311,353	251,094	188,342	6,133,493	121,152
1998	−	−	−	136,201	335,673	272,311	205,626	6,505,180	130,237
1999	−	−	233,689	165,253	377,810	305,706	231,588	8,622,403	147,009
2000	−	−	233,749	124,413	391,930	316,179	241,736	9,586,749	153,466
2001	−	−	243,213	131,230	394,134	319,694	244,673	9,873,070	157,329
2002	−	−	265,899	155,252	417,051	341,896	268,851	9,999,944	166,966
2003	−	336,785	275,621	158,521	422,069	345,179	271,812	10,125,246	170,962
2004	−	360,368	289,967	150,094	433,064	353,219	276,780	10,067,610	177,083
2005	−	388,068	306,526	153,029	446,832	363,473	284,615	10,396,814	184,222
2006	−	407,549	324,931	158,124	465,352	373,218	290,977	12,332,479	192,104
2007	−	446,723	356,348	164,105	476,646	380,941	296,941	12,521,735	197,393
2008	718,392	459,982	380,158	171,096	490,416	391,231	304,380	12,319,381	204,093
2009	750,834	444,614	406,432	180,856	513,749	409,073	318,252	12,748,170	215,536
2010	771,208	421,497	425,863	186,533	527,858	419,301	326,766	12,485,582	223,189

※ 해당 연도 12월 기준임. 단, 2010년은 11월 기준.
출처: 국민연금공단 공시자료(http://www.npc.or.kr).

국민연금법 개정)으로 2000년에는 반환일시금 지급액이 전년도 지급액 (3조 3,387억 원)의 19.6%로 대폭 감소하여 연금(특례노령연금, 조기노령연금, 장애연금, 유족연금)의 지급액(9,245억 원)이 반환일시금의 지급액 (6,624억 원)보다 많아졌다. 그리고 최근(2010. 11)에는 노령연금의 지급액(6조 2,549억 원)이 전체 급여지급액의 79.5%를 점유하였는데, 이는 이제 국민연금의 주된 급여가 노령연금임을 시사하고 있다.

현재 노령연금의 지급수준은 국민연금제도의 시행기간이 길지 않기 때문에 가입기간이 적어 아직 낮은 수준이다. 2010년 11월 기준으로 연금 종류별 월평균 지급액을 살펴보면, 완전노령연금은 77만 1,208원, 조기노령연금은 42만 5,863원, 감액노령연금은 42만 1,497원, 특례노령연금은 18만 6,533원, 장애연금은 52만 7,858원(1등급 기준), 그리고 유족연금은 22만 3,189원이다. 이러한 지급수준은 현재 국민기초생활보장제도의 최저생계비 수준과 비교할 때 상당히 낮은 수준이라고 볼 수 있다. 그러나 향후 제도의 성숙과 더불어 향상되어야 할 것이다.

4. 재원조달

공적 연금보험에 소요되는 재원을 조달하는 방식과 연금재정 운용 방식은 국가에 따라 상이하다. 연금보험의 재원이 가입자 및 사용자의 보험료로 조달되는 국가도 있고 조세로 조달되는 국가도 있으며, 그 재원의 대부분을 보험료로 조달하고 나머지 일부(예: 무기여 급여의 비용)는 조세로 조달하는 국가도 있다. 연금보험의 재원조달 방식은 일반적으로 각 국가의 사회경제적인 여건과 적용대상(피용자, 자영업자, 농민, 광부 등)에 따라 상이하게 결정된다. 그러므로 각 국가의 재원조달 방식과 재정운용 방식은 그 나름대로의 특성과 장단점을 갖고 있다.

우리나라의 경우에 국민연금의 재원은 대부분이 연금보험료이고, 기타 재원으로 기금운용수익금, 국고보상금 등이 있다. 따라서 국민연금공단은 가입자 및 사용자로부터 보험료를 매월 징수하는데, 사업장 가입자의 경우에는 근로소득의 일정 비율을 보험료로 부과하고 지역가입자의 경우에는 모든 소득(근로소득, 사업소득, 재산소득 등)의 일정 비율을 보험료로 부과한다. 또한 국민연금의 재정운용 방식은 가입기간 중의 보험료율이나 보험료가 동일한 완전적립 방식이나 확정기여 방식을

채택하지 않고, 보험료율을 단계적으로 인상하여 확정된 급여의 지급
비용을 점차적으로 적립하는 수정적립 방식의 확정급여 방식을 채택했
다. 이것은 건강보험의 재정 운영방식인 부과방식(매 연도의 급여비용을
당해 연도의 보험료로 충당하는 방식)과 대조적이다. 그리고 국민연금 재
정에 대한 국고지원은 농어민 보험료의 일부(최저등급 보험료의 1/2)와
국민연금공단의 관리·운영비 일부다.

현재 각국의 연금제도가 당면하고 있는 가장 중요한 과제는 재원조달
(재정안정)이다. 연금급여비용은 인구의 고령화, 생활수준의 향상 등으
로 급격히 증가하고 있지만 연금보험료의 인상은 용이하지 않고, 연금
기금은 거의 고갈되어 연금재정의 안정을 위해 연금제도까지 개혁하고
있다(급여수준의 하향 조정, 노령연금 수급개시 연령의 연장, 확정기여 방식
의 민영연금 도입 등). 우리나라의 경우에는 노령연금이 본격적으로 지급
되지 않고 있어 현재 재원조달 문제는 심각하지 않다. 그러나 향후 본격
적인 노령연금 지급에 대비한 장기적 및 단계적인 보험료율 인상, 보험
료의 세대 간 분담, 지역가입자에 대한 적정 보험료의 부과 및 징수 등
에 관한 문제가 지속적으로 제기되고 있다.

1) 연금보험료 부과기준

사업장 가입자의 보험료 및 급여를 산정하는 기준이 되는 소득월액은
2007. 7. 23. 법령 개정으로 기존의 등급제(45등급/표준소득월액)가 폐지
되고 가입자의 실제소득을 기준으로 하는 기준소득월액으로 변경되었
다. 이에 따라 근로자의 연간 임금소득월액을 평균한 금액을 기초로 일
정 범위(상하한) 내에서 1,000원 단위로 정한 금액이 되며, 2010년 7월
부터는 물가변동률(A값 변동률)에 연동하여 매년 상하한액(2010년 기준
상한액은 368만 원, 하한액은 23만 원)을 조정한다. 여기에서 임금소득 월
액은 근로자에게 지급되는 매월의 총 임금액에서 비과세 근로소득(여

비, 일직수당 등의 실비보상금과 식비, 교통비, 퇴직금 등의 복리후생비)을 제외한 잔여금액(상여금 포함)을 말한다. 이러한 임금소득월액(월평균 임금)은 매년 한 차례씩 전년도 소득을 기준으로 소득월액을 산정하여 해당 연도 7월부터 다음 연도 6월까지 적용한다. 따라서 사업장 가입자의 보험료는 이러한 기준소득월액에 보험료율을 곱하여 산정된 금액이다.

지역가입자의 보험료 및 급여를 산정하는 기준이 되는 기준소득월액은 농업소득, 임업소득, 어업소득, 근로소득, 사업소득 등을 합한 총소득을 기초로 하여 산정하도록 되어 있다. 그러나 자영업자, 전문직(예: 의사, 변호사, 세무사) 등 지역가입자의 소득을 정확히 파악하는 것은 용이하지 않아, 현재 국세청, 지방행정기관 등의 자료를 근거로 지역가입자의 소득을 사실상 추정하여 기준소득월액이 산정되고 있다. 따라서 지역가입자의 정확한 소득 파악과 실제소득에 비례한 적정 보험료의 부과가 국민연금의 중요한 당면 과제다.

임의가입자의 기준소득월액은 가입자 간의 소득재분배에 영향을 미치지 않는 중립적인 소득계층의 기준소득월액으로 매년 정해진다. 즉, 임의가입자의 기준소득월액은 전체 가입자의 기준소득월액 중에서 중위수(medium)에 해당하는 사람의 기준소득월액으로 정해진다. 그리고 임의계속 가입자의 기준소득월액은 종사하는 직종에 따라 다르게 정해진다. 즉, 임의계속 가입자가 근로자인 경우에는 사업장 가입자와 동일하게 기준소득월액이 정해지며, 자영업자인 경우에는 지역가입자와 동일하게 기준소득월액이 정해진다.

2) 보험료율 및 보험료 부담

사업장 가입자의 보험료율은 1988년부터 1992년까지 3%였고, 1993년부터 1997년까지는 6%였으며, 1998년부터 현재까지는 9%다. 국민연금에 20년을 가입한 사람의 완전노령연금이 평균적으로 가입 중 평균

〈표 6-8〉 연도별 가입종별 연금보험료율   (단위: %)

사업장 가입자	1988~1992	1993~1997	1998~1999	1999. 4 이후
합계	3.0	6.0	9.0	9.0
근로자	1.5	2.0	3.0	4.5
사용자	1.5	2.0	3.0	4.5
퇴직금전환금	—	2.0	3.0	—

지역가입자	1995. 7~2000. 6		2000. 7~2005. 6		2005. 7 이후
	3.0		4.0~8.0		9.0

임의가입자	1988~1992	1993~1997	1998~1999. 3	1999. 4~2000. 6	2000. 7~2005. 6	2005. 7 이후
	3.0	6.0	9.0	3.0	4.0~8.0	9.0

출처: 국민연금공단(2010. 10).

보수월액의 35%가 되도록 하려면, 재정운용 방식으로 완전적립 방식을 채택하였을 경우에 보험료율은 1988년부터 10% 이상이 되어야 한다. 그러나 현행 국민연금제도는 시행 초기의 국민부담 능력과 국민경제에 대한 충격(물가인상 등)을 고려하여 보험료율을 시행 초기인 1988년에 3%로 낮게 책정하고 이를 점진적으로 인상하는 수정적립 방식을 재정운용 방식으로 채택하였다. 따라서 보험료율은 제도 시행 후 5년마다 3%씩 인상되어 왔다.

사업장 가입자의 보험료는 가입자인 근로자와 사용자가 절반씩 분담하고 있다. 1993년부터 1999년 3월까지는 근로자, 사용자 및 퇴직금적립금이 보험료의 1/3씩 분담하였으나, 퇴직금의 연금보험료 전환에 대한 노사갈등과 그 복잡성 때문에 1998년 말의 국민연금법 개정으로 그 전환이 폐지되었다.

지역가입자의 보험료율은 1995년 7월부터 2000년 6월까지 3%였고, 2000년 7월에 4%로 인상되었으며, 그 후 1년마다 1%씩 인상되어 2005년 7월분부터 현재까지 사업장 가입자와 동일한 수준인 9%다. 지역가입자의 보험료는 가입자 본인이 전액을 부담한다. 다만 농어민인 지역가입자의 경우에는 현재 국고에서 연금보험료의 일부를 지원하고 있다. 그 지원 범위를 보면, 농어민 가입자의 기준소득월액이 매년 보건복지부 장관이 고시하는 기준금액(2010년도 기준금액은 79만 원임) 이하인 경우에는 가입자 본인에 대한 연금보험료의 50%를 정률로 지원해 주고 있다. 그리고 농어민 가입자의 기준소득월액이 보건복지부 장관의 고시 금액을 초과하는 경우에는 고시금액에 해당하는 연금보험료의 50%를 정액으로 지원해 주고 있다.

　임의가입자의 보험료율은 도시지역 확대적용 이전인 1999년 3월까지는 사업장 가입자와 동일하였으나 그 이후에는 지역가입자와 같다. 임의가입자의 보험료는 본인이 전액을 부담한다. 그리고 임의계속 가입자의 보험료율은 가입자가 근로자인 경우에는 사업장 가입자와 동일하며, 지역주민인 경우에는 지역가입자와 동일하다. 임의계속 가입자의 보험료는 본인이 전액을 부담하므로 그가 근로자인 경우에도 사용자가 보험료를 분담하지 않는다.

5. 기금의 운용

　국민연금제도가 시행된 기간이 길지 않기 때문에 연금급여의 지급액이 적고 그 재정운용 방식이 수정적립 방식이기 때문에 국민연금기금이 많이 적립되고 있다. 그런데 국민연금기금은 향후 연금급여에 대비한 책임준비금이며 국민의 신탁재산이다. 따라서 이러한 기금을 어떻게 관리 및 운용하느냐가 장기적으로 국민연금제도의 운영을 좌우하게 된다.

　연금기금의 운용에서 안전성, 수익성, 공공성이 일반적으로 중요하게 고려되는 요소다. 연금기금의 운용에서는 이 세 가지 요소를 균형적으로 동시에 추구하는 것이 가장 바람직하다. 그러나 현실적으로는 그것이 대단히 어려우므로 각 국가의 정치, 경제, 사회 등의 여러 여건에 따라 어느 한 시점에서 세 가지 요소에 대하여 우선순위를 부여하게 되고, 그에 따라 연금기금의 운용 방향을 결정한다.

우리나라의 경우에 국민연금기금의 운용 지침, 예탁 이자율의 협의, 기금운용계획, 기금운용의 각종 정책 등에 관한 중요 사항을 심의·의결하기 위한 최고 의사결정기구인 국민연금기금운용위원회가 설치되어 있고, 그 기금의 운용에 관하여 전문적인 분석 및 검토를 통하여 기금운용위원회의 심의·의결 기능을 보좌하기 위한 국민연금기금운용실무평가위원회가 설치되어 있다. 이들 위원회 구성원의 과반수 이상은 민간단체의 대표나 관련 전문가다.

국민연금기금은 2010년 11월 말 기준 317.4조 원이 적립되어 있는데, 그중 0.04%가 복지부문에 투자되어 있고, 기타 부문(회관취득 등)에는 0.21%가, 그리고 금융부문에는 99.75%가 투자되어 있다. 이처럼 국민연금기금의 부문별 투자에는 아직도 불균형이 있다.

1) 연금기금의 설치 및 조성

국민연금사업에 필요한 재원을 원활하게 확보하고 국민연금법에 규정된 급여에 충당하기 위한 책임준비금으로서 국민연금기금이 보건복지부에 설치되어 있다. 이러한 국민연금기금은 연금보험료, 기금운용수익금, 적립금 및 국민연금공단의 결산상 잉여금으로 조성된다. 따라서 국민연금공단은 연금보험료를 징수하여 국민연금기금(한국은행의 국민연금기금 계정)에 일단 입금시킨 후에 필요한 연금급여비용을 국민연금기금으로부터 배정받아 국민연금급여수급자에게 지급한다. 또한 국민연금공단은 국민연금기금의 관리 및 운용에 관한 업무의 일부를 보건복지부 장관으로부터 위탁받아 수행하고 있다.

국민연금기금의 조성금액(수입금액)은 2010년 11월 말 기준 376.7조 원이다(연금급여지급, 공단운영비를 제외한 운용 적립금액은 317.4조 원임).

〈표 6-9〉 연도별 국민연금기금 적립 현황　　　　　　　　　　　　　　　　　　　　　　(단위: 십억 원)

구분	조성(A)				지출(B)			기금증가 (A-B)	적립금 누계
	완전	감액	조기	특례	1급	2급	3급		
1988	535	507	27	1	0	0	0	535	528
1989	740	628	109	4	6	6	0	735	1,234
1990	1,049	834	214	1	43	43	0	1,006	2,211
1991	1,334	985	348	1	111	111	0	1,223	3,380
1992	1,731	1,223	507	—	230	217	13	1,501	4,813
1993	3,364	2,639	725	—	347	333	14	3,017	7,688
1994	4,468	3,326	1,142	—	535	519	15	3,933	11,495
1995	5,543	3,966	1,577	—	771	755	16	4,772	16,117
1996	6,917	4,944	1,974	—	1,135	1,118	18	5,782	21,851
1997	7,865	5,676	2,187	2	1,507	1,486	21	6,358	28,492
1998	12,476	7,841	4,636	—	2,465	2,440	25	10,011	37,702
1999	14,692	9,367	5,324	1	3,954	3,872	82	10,739	47,240
2000	13,586	10,378	3,206	3	1,689	1,607	82	11,897	61,588
2001	18,140	12,069	6,069	2	1,667	1,569	97	16,473	78,057
2002	20,320	13,818	6,500	2	2,030	1,915	115	18,289	96,340
2003	22,817	15,611	7,206	—	2,457	2,328	129	20,360	116,695
2004	27,561	17,143	10,299	119	3,241	2,914	327	24,321	141,008
2005	26,907	18,544	8,238	126	3,960	3,585	375	22,947	163,949
2006	30,422	20,152	10,104	165	4,757	4,360	397	25,665	189,607
2007	35,526	21,670	13,719	137	5,594	5,183	411	29,933	219,540
2008	22,585	22,986	--419	19	6,698	6,181	517	15,887	235,433
2009	50,084	23,858	26,246	-20	7,872	7,472	400	42,212	277,642
2010. 11	48,001	23,055	24,898	48	8,289	7,876	413	39,711	317,354
계	376,710	241,219	134,880	611	59,356	55,889	3,467	317,354	—

주: 시가기준으로 작성된 통계자료임.
출처: 국민연금공단 공시자료(http://www.npc.or.kr).

조성금액의 64.0%(241.2조 원)는 연금보험료 수입이고, 35.8%(134.9조 원)는 적립기금의 운용수익(이자 등 투자수익)이며, 나머지 0.2%는 국민 연금공단의 결산상 잉여금 등 기타 수입이다. 적립기금의 운용수익이

1990년에는 조성금액의 20.4%였으나 1995년에는 28.5%로 증가하였고, 2003년에는 31.6%로 증가하였다. 이러한 기금운용수익 증가 추세는 국민연금의 재정안정을 위하여 국민연금기금의 운용(투자수익 증대)이 얼마나 중요한가를 명확하게 보여 주고 있다.

국민연금기금의 지출(누적총계)은 2010년 11월 말 기준 59조 4천억 원이다. 이 중 94.2%(55.9조 원)가 연금급여비며, 나머지는 국민연금공단 관리·운영비(5.8%) 등이다. 국민연금기금의 조성금액 대비 지출금액의 비율은 1990년도에 4.1%였으나, 1995년에는 13.9%로 대폭 증가하였으며, 2003년에는 10.8%로 줄었다가, 2010년 11월 말에는 17.3%까지 증가하였다. 이러한 지출증가 추세는 연금수급자 증가에 따른 연금급여비 증가 때문인 것으로 추정된다.

국민연금기금의 적립기금(투자운용 금액)은 2010년 11월 말 기준 317조 4천억 원으로, 총 조성금액의 84.2%다. 적립기금은 1989년도에 1조 2천억 원이었으나 2003년에는 116조 7천억 원으로 대폭 증가하였으며, 2010년 7월에는 300조 원 규모로 크게 증가하였다. 이와 같이 국민연금기금의 규모는 지속적으로 증가하여 2012년에 400조 원으로 증가할 것으로 전망되며, 2043년에는 2465조 원으로 증가할 것으로 예상된다.

2) 연금기금의 관리체계

국민연금기금의 운용에 관한 중요한 사항을 심의 및 의결하기 위하여 국민연금기금운용위원회가 설치되어 있다. 국민연금기금운용위원회는 방대하게 조성되는 국민연금기금의 운용에 대한 최종적인 의결기구로서 기금운용 지침, 예탁이자율의 협의, 연도별 운용계획, 운용결과 평가, 기금의 운용 및 사용 내역 등을 심의 및 의결함으로써 국민연금기금을 효율적으로 관리하기 위하여 보건복지부에 설치되어 있다.

국민연금기금운용위원회는 위원장, 당연직 위원(5명), 가입자를 대표하는 위원(12명), 관련 전문가(2명)로 구성되어 있다. 그 위원장은 보건복지부 장관이고 당연직 위원은 관련 부처(기획재정부, 농림수산식품부, 지식경제부, 고용노동부)의 차관과 국민연금공단의 이사장이다. 그리고 가입자를 대표하는 위원은 사용자단체(전경련, 한국경총, 중소기업중앙회)의 대표(3명), 근로자단체(한국노총, 민주노총, 전국공공노련)의 대표(3명) 및 지역가입자 관련 단체(농협, 수협, 공인회계사회, 음식업중앙회, 대한주부클럽연합회, 한반도선진화재단)의 대표(6명)이며, 관련 전문가는 관련 연구기관(한국보건사회연구원, 한국개발연구원)의 대표(2명)다.

국민연금기금운용 실무평가위원회는 국민연금기금의 관리 및 운용에 관하여 기술적이고 전문적인 의견을 제공하여 국민연금기금운용위원회의 심의 및 의결 기능을 활성화하기 위한 심의평가 기구이며 국민연금기금운용위원회를 보좌하는 기구다. 이 실무평가위원회는 기금운용 자산의 구성 및 회계처리, 기금운용 성과의 측정, 기금 관리 및 운용의 개선요망 사항 등을 심의함으로써 국민연금기금 운용과정에 대한 관련 기관 및 단체의 민주적 참여와 투명성 제고를 위하여 보건복지부에 설치되어 있다. 국민연금기금운용 실무평가위원회는 위원장, 관련 부처 공무원(5명), 가입자를 대표하는 위원(12명), 관련 전문가(2명) 등 20명으로 구성되어 있다. 그 위원장은 보건복지부 차관이고 가입자를 대표하는 위원은 관련 단체가 추천하는 전문가(변호사, 공인회계사, 관련 학과 대학교수 등)다.

3) 연금기금의 운용실적

국민연금기금은 그 규모가 방대하므로 국민경제 전반에 미치는 영향력이 매우 크고 그 운용방법에 따라 국민경제에 여러 가지(자금 유통 등) 왜곡 현상을 초래할 수 있다. 그러므로 그 운용에 일정한 제약(공공성의 제약 등)이 따를 수밖에 없고 향후 연금급여 지급을 위한 책임준비금으

〈표 6-10〉 연도별 국민연금기금 투자 현황   (단위: 십억 원)

구분	1988	1990	1995	1999	2003	2005	2007	2009
계	528	2,211	16,117	47,240	116,695	163,949	219,540	277,642
공공부문	288	1,018	10,436	31,857	15,274	-	-	-
복지부문	-	-	630	990	432	303	204	154
금융부문	240	1,181	4,890	14,145	100,798	163,351	219,010	277,252
주 식	-	185	941	102,407	9,126	20,395	38,470	49,505
• 국내주식 직접	-	-	808	1,372	5,452	10,318	15,241	18,304
• 국내주식 위탁	-	185	133	1,035	3,517	9,395	17,848	18,006
• 해외주식 직접	-	-	-	-	-	-	-	1
• 해외주식 위탁	-	-	-	-	-	681	5,381	13,194
채 권	222	965	3,498	10,168	90,985	141,482	174,844	215,087
• 국내채권 직접	59	529	2,064	9,175	90,387	124,386	149,403	194,813
• 국내채권 위탁	163	436	1,434	993	-	5,136	8,078	9,756
• 해외채권 직접	-	-	-	-	598	11,642	15,069	5,967
• 해외채권 위탁	-	-	-	-	-	319	2,294	4,550
대체투자	-	-	-	-	46	780	5,406	12,522
단기자금	18	31	450	1,571	447	669	373	342
해외대여 손익	-	-	-	-	-	25	-84	-204
기타 부문	-	1	162	247	191	295	326	237

주: 1. 해당 연도 말일 시가기준의 투자잔액임.
   2. 공공부문: 공공자금예탁금(45.6조 원)은 '05년 말에 전액 회수함.
   3. 단기자금은 정기예금 포함.
출처: 국민연금공단 공시자료(http://www.nps.or.kr, 2010. 12).

로서의 기능이 원활히 유지되기 위해서는 수익성과 안정성의 확보가 절실히 요구되는 양면성을 지니고 있다. 이와 같은 국민연금기금의 특성은 결국 투자자금의 분야별 적절한 배분과 기금의 신중한 운용을 요구하게 되며, 그 특성들(공공성, 수익성, 안정성)을 적절하게 조화시키는 제도적 장치가 필요하다. 다시 말해, 국민연금기금은 이러한 세 가지 운용원칙이 조화를 이루는 방향으로 운용되어야 한다는 것이다.

    국민연금기금의 운용은 기본적으로 국민연금기금운용위원회에서 의

〈표 6-11〉 연도별 국민연금기금 투자수익률　　　　　　　　　　　　　　(단위: %)

구분	1988	1990	1995	1999	2003	2005	2007	2009
계	11.98	12.55	11.81	12.80	7.03	5.63	6.79	10.39
공공부문	11.00	11.00	11.64	8.45	4.90	4.16	—	—
복지부문	—	—	10.68	8.01	4.53	3.60	1.52	0.53
금융부문	12.96	13.83	12.19	24.49	7.58	5.66	6.81	10.41
국내주식	—	10.00	5.07	88.86	37.44	59.07	37.07	51.00
• 국내주식 직접	—	—	4.36	137.28	35.08	55.69	34.37	58.65
• 국내주식 위탁	—	10.00	8.74	17.43	40.91	62.88	39.42	45.09
해외주식	—	—	—	—	11.47	10.76	3.70	26.50
• 해외주식 직접								0.50
• 해외주식 위탁	—	—	—	—	11.47	10.76	3.70	26.49
국내채권	13.14	13.98	13.84	13.00	5.09	0.57	2.68	4.10
• 국내채권 직접	11.83	13.54	13.72	12.59	5.09	0.58	2.69	4.08
• 국내채권 위탁	13.69	14.34	14.04	14.30	—	0.40	2.46	4.50
해외채권	—	—	—	—	—	−5.05	2.43	2.58
• 해외채권 직접	—	—	—	—	—	−5.19	2.57	1.35
• 해외채권 위탁	—	—	—	—	—	2.86	0.44	4.92
대체투자	—	—	—	—	—	8.48	6.08	−0.92
단기자금	12.49	14.33	13.68	5.94	3.93	3.50	4.75	−0.49

주: 해당 연도 말일기준의 연간수익률임.
출처: 국민연금공단 공시자료(http://www.npc.or.kr).

결한 바에 따르되, 그 구체적인 투자는 국민연금법에 규정된 방법(금융기관 예탁, 공공사업 투자, 유가증권 매매, 선물거래, 복지사업 등)으로 한다. 다만 가입자 및 연금수급권자을 위한 복지사업에의 투자는 연금재정의 안정을 해치지 않는 범위에서 하여야 하고 공공사업에의 투자는 2001년부터 국채를 매입하는 방법으로 하여야 한다.

공공부문 투자는 재정자금 및 공공자금에의 예탁과 국채매입이며, 복지부문 투자는 국민주택기금채권 매입, 복지타운(충북 제천 소재) 건립, 보육시설 및 노인복지시설의 신축자금 대여, 생활안정자금 및 생계자금 대여다. 그리고 금융부문 투자는 채권, 수익증권 및 주식의 매입, 금전

신탁, 정기예금, 위탁투자 등이다.

국민연금기금의 투자수익률을 보면 1990년에 12.55%였으며, 1995년에 11.81%였으나, 2003년에는 저금리로 인해 7.03%로 낮아진 후, 2009년도에는 10.39%로 다시 올라갔다. 그리고 2009년도의 투자부문별 투자수익률은 금융부문이 10.41%, 복지부문이 0.53%이다.

6. 관리 · 운영

연금보험의 관리 · 운영 형태는 각 국가의 문화적 전통, 제도 성립의 역사적 배경, 정치적 · 사회적 및 경제적 여건 등에 따라 결정되는 것이 일반적인 관례다. 따라서 정부(또는 지방자치단체)가 직접 연금보험을 관리 · 운영하는 나라도 있고, 공공적인 성격이 강한 특수법인을 설립하여 연금보험의 관리 · 운영을 담당하도록 하는 나라도 있으며, 연금보험의 가입대상에 따라 일부를 정부가 관리하고 나머지 일부를 특수법인이 관리하는 나라도 있다.

국민연금의 경우는 특수법인인 국민연금공단이 설립되어 국민연금의 업무를 수행하고 있다. 이와 같이 국민연금 업무를 수행하는 특수법인을 설립한 목적은 정부조직이 갖는 경직성 등의 문제점을 보완하면서 국민연금 관리의 전문성, 독립성, 효율성 등을 증대시키기 위한 것이다.

국민연금공단은 비영리 공익법인으로서 민법상 재단법인의 성격을 지닌 특수법인이다. 즉, 국민연금공단은 민간 보험회사와 다르게 영리를 목적으로 하지 않으며, 특정 사업(국민연금사업)을 위하여 특별법(국민연금법)에 의하여 설립된 법인이다. 그리고 국민연금공단에 관하여 국민연금법에 규정되지 않는 것은 민법의 재단법인에 관한 규정이 준용된다.

국민연금공단은 국민연금에 관한 다음의 업무를 수행하고 있다. 첫째, 가입자에 대한 기록의 관리 및 유지, 둘째, 연금보험료의 부과, 셋

째, 연금급여의 결정 및 지급, 넷째, 가입자와 가입자였던 자 및 연금수
급권자를 위한 복지 증진사업(자금의 대여, 복지시설의 설치, 운영 등), 다
섯째, 국민연금사업에 관하여 보건복지부 장관이 위탁하는 사항(국민연
금기금의 관리 및 운용에 관한 업무의 일부) 등이다. 연금보험료에 대한 징
수업무는 국가의 사회보험료 징수통합 방안에 따라 2011년 1월부터 국
민건강보험공단에 위탁하여 수행하도록 하고 있다. 이러한 국민연금공
단의 업무처리(처분)에 대하여 불만이 있을 경우에는 심사청구(행정소송
의 필수적 절차)를 할 수 있으며, 이를 심사하기 위해 국민연금심사위원
회(의사, 변호사 등 관련 전문가로 구성된 의결기구)가 국민연금공단에 설
치되어 있다.

국민연금공단의 조직 현황을 보면 2011년 1월 기준으로 중앙에 9개
실과 기금운용본부 및 국민연금연구원, 4대보험정보연계센터가 있고,
전국에 7개 지역본부와 91개 지사와 5개 지원센터(콜센터 및 전산센터)
가 있다. 직원(정원)은 3,905명(일반직 3,753명, 연구직 29명, 기금운용직
115명, 기능직 5명, 별정직 3명)이다.

국민연금공단의 이사회는 이사장, 상임이사 3명과 비상임이사 7명으
로 구성되는데, 비상임이사는 사용자 대표, 근로자 대표, 지역가입자 대
표가 각각 2명이고 나머지는 보건복지부 담당국장이다. 따라서 국민연
금공단의 운영과 밀접한 관련이 있는 민간단체(전경련, 한국경총, 한국노
총, 민주노총, 농협, 소비자보호단체협의회 등)의 대표가 중요한 결정에 직
접 참여함으로써 국민연금사업 수행의 투명성, 신뢰성, 민주성 등을 제
고할 수 있게 되어 있다. 특히 국민연금기금의 관리 및 운영을 담당하는
기금담당 상임이사(기금운용본부장)는 일간신문 공고로 공개 모집하며,
비상임이사인 관련 단체의 대표가 많이 참여하는 기금이사추천위원회
에서 선발된다.

7. 향후 과제

국민연금제도의 조기 정착이라는 이상을 실현하기 위해서 해결해야 할 현실의 어려운 과제가 많다. 그러나 그 이상의 실현을 위해 모두가 고뇌하고 지속적으로 개선대안을 모색하며 장기적 및 단기적 개선대책을 계속 추진해 나갈 때 비로소 국민연금제도가 명실상부한 전체 국민의 소득보장제도로 정착될 수 있을 것이다.

사회보장제도의 개선에서 우리가 유의해야 해야 할 사항은 특정 제도만을 우선적으로 조기에 정착시키려고 하는 것은 바람직하지 않다는 것이다. 사회보장제도는 상호 연관되어 있기 때문에 사회보장제도 전체의 체계적이고 종합적인 정착방안이 강구되고 개별 사회보장제도의 세부적인 정착방안이 모색되는 것이 바람직하다는 것이다. 국민연금의 경우에 납부예외자 문제는 국민기초생활보장과 밀접하게 관련되어 있고, 지역주민의 보험료 부과징수는 건강보험과 관련되어 있으며, 장애 및 유족 연금급여는 산재보험과 관련되어 있다. 그러므로 국민연금의 문제를 이러한 관련 제도와 분리하여 독자적으로 해결하려고 할 경우에는 그 해결방안의 모색에 한계가 있고 국민의 수용도가 낮을 가능성이 크다. 따라서 국민연금제도를 개선하려고 할 경우에는 개선대안과 관련 사회보장제도 간의 조화를 고려하여야 할 것이다.

1) 납부예외자의 축소

국민연금의 가입대상은 원칙적으로 18세 이상, 60세 미만의 모든 국민이다. 그러나 현재 가입을 기피하거나 국가의 행정력(거주지 및 소득파악, 조세부과 등)이 미치지 못하는 사유 등으로 인하여 국민연금의 가입대상자(1911만 7천 명) 중에 많은 사람(26.7%)이 보험료 납부예외자

(510만 1천 명)다. 이러한 납부예외자는 실질적으로 미가입자와 동일하다. 왜냐하면 보험료를 납부하지 않는 기간은 국민연금의 가입기간에 포함되지 않으므로 장기적인 납부예외자는 국민연금이 적용되지 않는 사람과 동일하다.

연금보험료 납부예외자의 약 90% 정도(실직 75.5%, 사업 중단 8.3%, 기초생활곤란 5.4%)인 지역주민(454만 6천 명)이 소득이 없거나 적어 연금보험료를 납부할 능력이 없는 사람으로 간주되고 있다. 국민연금의 실질적인 적용제외자는 원칙적으로 공적 부조 대상이거나 다른 공적 연금법의 적용을 받는 사람이어야 한다. 그런데 납부예외자는 공적 부조 대상자도 아니고 공적 연금 가입자도 아닌 모호한 위치에 있다. 이러한 납부예외자를 이론적으로 정의하면 이들은 기초생활을 스스로 유지하는 자로서 보험료 부담능력이 부족한 저소득자라고 규정될 수 있다. 그러나 현실적인 납부예외자에는 이러한 개념의 납부예외자와 국민연금제도 기피자가 혼합되어 있다고 볼 수 있다. 국민기초생활 보장 대상자 선정기준에는 소득기준과 자산기준이 혼합되어 있다. 그런데 국민연금에서는 모호한 소득기준에 의하여서만 실질적 가입자(보험료 납부자)를 선정하기 때문에 납부예외자가 많이 발생하고, 이러한 납부예외자는 기초생활보장 대상자도 아니고 국민연금의 실질적인 가입자도 아니기 때문에 우리나라의 기본적인 소득보장제도의 틀 밖에 존재하는 애매한 위치를 차지하게 된다고 볼 수 있다.

따라서 이러한 소득보장제도의 사각지대에 있는 납부예외자를 제도권 내로 끌어들여 조기에 명실상부한 소득보장체계를 갖추려는 정책의지가 절실하게 필요한 실정이다. 우리나라가 체계적인 소득보장제도를 구축하려면 기초생활보장 대상자의 선정기준과 국민연금의 납부예외자 선정기준 간에 일관성이 있어야 할 것이다. 즉, 기초생활보장 대상자의 선정기준에 자산기준을 포함시켰으므로 납부예외자를 선정할 경우에도 자산기준을 설정하여 보험료 부담능력 부족 여부를 판별하는 기준으로 채택하여야 할 것이다. 납부예외자인 지역가입자의 경우에 겉으로 드러난 명백한 소득활동은 없으나 상당한 규모의 자산을 소유 및 관리하고 있다면 이에 대한 본인의 소명자료(예: 타인 재산의 명의신탁 등)가 없을 경우에 추정소득을 기준으로 보험료를 부과하는 것이 합리적일 것이다. 요약하면, 현 단계에서 소득보장의 사각지대를 해소하기 위해서는 지역가입자의 납부예외자 선정기준에 자산 관련 사항을 반영하는 것이 불가피하다고 본다. 다만 이 경우에 자산 관련 사항을 어느 정도로 반영하느냐가 신중하게 검토되어야 할 것이다.

한편 국민의 일부(예: 국민연금의 납부예외자)가 기초생활보장 대상자도 아니고 국민연금에 연금보험료를 납부할 능력이 일시적으로 부족하다면, 국가가 그들의 보험료 일부를 부담함으로써 그들이 향후 기초생활보장 대상자로 전락하는 것을 방지하는 사회안전망 역할을 국민연금이 담당하도록 해야 할 것이다. 즉, 두 가지 소득보장제도를 조화롭게 접목시키는 정책대안의 강구가 절실하다.

2) 연금재정의 장기적 안정화

국민연금제도 시행 후 가입대상의 지속적인 확대와 보험료율의 인상으로 보험료 수입과 기금운용 수익은 크게 증가하고 있으나 연금급여는 아직 본격적으로 지급되고 있지 않아서 연금기금의 적립금 규모가 급격히 증가하고 있다. 따라서 현재는 제도의 도입단계이므로 국민연금의 재정은 아직 안정적이다. 그러나 연금급여와 보험료 부담의 불균형, 인구구조의 급격한 노령화 등으로 인하여 노령연금이 본격적으로 지급되기 이전에 보험료를 단계적으로 적기에 인상하지 않는다면 연금재정의 불안정이 예견된다. 현행 보험료율을 적정수준(예: 17~18%)으로 조기에 인상하지 않는다면 제도의 성숙기에 도달하는 2044년경에는 재정수지 적자가 발생하고, 이러한 적자를 국민연금기금의 적립금만으로 충당하면 2060년에 적립금이 완전히 소진될 것으로 전망되고 있다.

국민연금의 장기적 재정안정을 위해서는 보험료 부담과 연금급여의 적절한 균형이 이루어져야 한다는 것에 이견이 없을 것이다. 그런데 이 양자 간의 합리적인 조정이 어떻게 이루어져야 하는가에 대하여 상반된 주장이 있다. 즉, 현행 제도가 저부담(낮은 수준의 보험료 부담)과 고급여(높은 수준의 연금급여 지급)의 불균형 구조이므로 현행 급여수준에 맞게 연금보험료 부담수준을 단계적으로 상향 조정해야 한다는 주장이 있다. 반대로 현행 부담수준에 맞게 연금급여 수준을 점진적으로 하향 조정해야 한다는 주장도 있다. 또한 두 가지 주장을 절충하여 현행 부담수준을 국민경제가 감당할 수 없는 수준까지 인상할 수 없으므로 적정부담 수준을 설정하고 그에 맞게 급여수준도 적절하게 조정하는 양자 동시조정론도 있다. 여기에서 쟁점사항은 적정부담 수준과 적정 급여수준의 설정으로 양자 중에서 어느 것을 우선적으로 설정하느냐다. 국민연금이 보편적인 소득보장제도이며 그 목적이 국민의 생활 안정에 기여하는 데 있다면, 국민연금제도가 보장하는 적정급여(적정소득)의 수준이 우선적으로 설정되고 이러한 소득보장 수준을 유지하기 위한 재원조달 방안이 강구되는 것이 합리적일 것이다.

또한 국민연금의 적절한 급여수준이 무엇이냐에 대하여 여러 주장이 있다. 그 주장들은 국민연금의 적정 급여수준을 가입자의 가입기간 중 평균소득의 일정 비율(소득대체율)로 표현하는데 과연 이것이 적절한가에 대하여 의문을 제기한다. 즉, 국민연금에서 절대적인 적정 급여수준(최저생활 수준)을 설정하지 않고 상대적인 적정 급여수준(가입자별 소득대체 비율)만을 설정하고 있기 때문에 문제다. 국민기초생활보장제도는 절대적인 기초생활 수준(최저생계비)을 설정하고, 그 수준 이하의 국민에게 공적 부조를 하고 있으므로 국민연금에서도 그 수준 이상인 국민을 가입대상으로 설정하고 그 수준 이상의 소득을 보장하여야 할 것이다.

현재 국민연금제도의 시행기간이 짧고 연금급여의 하한선(최저생활보장수준)이 설정되어 있지 않기 때문에 노령, 장애 및 유족 연금의 지급 금액이 국민기초생활보장 수준보다 낮은 경우가 많다. 극단적인 경우에 국민연금의 급여(예: 유족연금)를 받으면서 국민기초생활보장제도의 생계보호를 받는 경우가 발생할 수 있다. 따라서 현 단계에서 국민연금의 재정안정을 위하여 연금급여 수준을 하향 조정하고 현행 보험료율을 인상하지 않는 것은 바람직하지 않다고 생각한다.

3) 국민연금과 사적 연금의 적절한 역할 분담

최근에 국민연금제도 개선과 관련하여 공적 연금과 사적(민간) 연금의 역할 분담이 학계와 전문가들 사이에서 많이 논의되었다. 이러한 논의에서 국민연금과 특수직역연금 간의 연계방안(또는 통합방안)으로 여러 대안이 제시되었고, 공적 연금의 역할 축소와 사적 연금의 확충 방안이 제시되면서 현행 국민연금제도의 구조적 개선이 장기적으로 필요하다는 주장이 제기되었다.

국민연금의 보험료를 특수직역연금(공무원연금 등)의 현행 보험료 수준(17%)이나 선진국 수준으로 인상하기가 어려우므로, 국민연금의 현행 급여수준을 낮추고 국민연금의 현행 보험료 수준을 유지하되, 현행 퇴직금제도를 기업연금제도로 전환해야 한다는 공적 연금과 사적 연금의 역할 분담론이 제기되었다. 그러나 이러한 주장에는 논리적 타당성이 없다고 본다. 즉, 특수직역연금도 보험료율을 17%까지 단계적으로 인상하였고 선진국도 보험료를 장기간에 걸쳐 단계적으로 17% 이상까지 인상하였는데, 국민연금 가입자에 대하여는 보험료의 단계적 인상이 곤란하다는 주장은 타당성이 거의 없다고 볼 수 있다.

국민연금의 역할을 축소해야 한다는 주장(국민연금의 현행 급여수준을 하향 조정해야 한다는 주장)은 우리나라의 장기적 경제발전 수준을 비관적으로 전망하여, 국민의 조세 부담과 사회보험료 부담이 향후에 과중

할 것이라는 가설에 근거를 두거나 미래세대의 보험료 부담을 경감시켜야 한다는 당위성에 기초를 두고 있다.

한편 사적 연금(기업연금, 개인연금 등)의 역할을 증대하고 공적 연금의 역할을 축소해야 한다는 주장도 불합리한 측면이 많다. 이러한 주장은 사적 연금이 확정기여형 연금으로서 재정불안이 없어 국가의 지원이나 후세대의 많은 부담이 없으나, 공적 연금은 확정급여형 연금으로서 재정불안이 있어 국고나 후세대의 부담이 많을 가능성이 있다는 가설에 근거하고 있기 때문이다.

그러나 확정기여형 연금인 사적 연금은 소득재분배 기능이 전혀 없고, 연금을 받는 시점에 따라 연금급여의 수준이 상이하므로 저소득자의 노후소득 보장이 불확실하다. 따라서 공적 연금(국민연금 등)의 역할 축소는 저소득자의 노후보장 축소와 같으며 과거 경제발전의 주역인 현세대의 노후소득 보장에 대한 국가 또는 미래세대의 책임 회피를 의미한다고 볼 수 있다. 그러므로 공적 연금의 역할 축소는 국민복지 증대의 차원에서 바람직하지 않다.

또한 퇴직금제도가 기업연금제도로 전환되기 이전에 공적 연금의 역할을 축소하려는 생각은 매우 위험한 발상이라고 본다. 왜냐하면 양 제도의 기능이 상이하고 지역가입자의 경우에 기업연금제도가 적용되지 않기 때문이다. 그리고 향후 보험료 인상이 경제불황으로 어려울 경우에는 과거와 같이 퇴직금의 일부를 국민연금의 보험료로 다시 전환시키는 방안이 검토될 필요가 있기 때문이다. 한편으로는 근로자들이 퇴직금제도의 폐지보다 그 역할의 축소를 선호하고 있기 때문이다. 더구나 현행 퇴직금의 전부를 기업연금으로 전환하는 경우에는 기업이 퇴직금적립액의 전부를 회사 이외의 금융기관에 적립해야 하므로 기업에게도 과중한 부담이 될 것이다. 그리고 현행 고용보험제도에서는 실업급여 지급요건(비자발적 실업에 대한 구직급여 미지급)이 엄격하므로 퇴직금제도의 전면적인 폐지는 근로자에게도 이직 시 과도기에 필요한 생활비

확보를 곤란하게 할 우려가 있다. 따라서 퇴직금 전액을 기업연금으로 전환하는 것이 현실적으로 어렵기 때문에 기업연금의 도입을 전제로 하여 우선적으로 공적 연금의 역할을 축소해야 한다는 주장은 국민연금의 급여수준을 하향 조정하는 편법을 합리화시키는 것이 될 수 있다. 따라서 공적 연금과 사적 연금의 역할을 조화롭게 분담시키는 방안은 충분한 시간을 갖고 장기적으로 신중하게 검토되어야 한다. 부연하면 기업연금제도를 도입하여 시행하면서 공적 연금의 급여수준을 단계적 및 장기적으로 조정하는 방안을 강구하는 것이 바람직하다.

8. 특수직역연금제도

국민연금제도 이외의 공적 연금제도로는 공무원연금, 군인연금 및 사립학교교직원연금이 있다. 이 세 가지 연금제도는 매우 유사하고 국가와 특수한 관계에 있는 직역(직종)에 종사하는 사람을 가입대상으로 하는 연금제도이기 때문에 일반적으로 특수직역연금제도로 불리고 있다. 특수직역연금은 이론상으로 순수한 연금보험제도가 아니고 연금보험, 산재보험, 고용보험 및 퇴직금제도 등이 혼합된 일종의 종합보험이라고 볼 수 있다(이용하, 2001: 6-7).

이러한 특수직역연금의 특성은 다음과 같다. 첫째, 특수직역연금은 노후생활 보장과 퇴직 이후의 생활보장을 모두 고려하는 소득보장제도라고 볼 수 있다. 왜냐하면 퇴직자가 퇴직 후에 퇴직연금을 받을 수도 있고 퇴직연금에 상응하는 일시금(일종의 실업자 생업자금)을 받을 수도 있기 때문이다. 둘째, 특수직역연금은 부상, 질병, 폐질 등의 위험을 보장하고 있으나 그 위험이 공무상 발생하는 경우에만 해당 급여가 지급된다. 따라서 특수직역연금의 장애 및 유족 급여는 산재보험의 해당 급여와 동일하며 그 가입대상은 산재보험의 적용대상에서 제외되어 있다. 셋째, 특수직역연금에서는 근로보상 성격의 급여(퇴직수당), 부조적 성격의 급여(재해부조금) 등 연금보험과 관계가 없는 급여가 지급되고 있다. 이와 같이 특수직역연금은 건강보험을 제외한 종합적 사회보장 제도라고 볼 수 있다.

특수직역연금의 가입대상은 공무원연금의 경우는 원칙적으로 정규직 공무원(선거에 의한 공무원은 제외)이며, 군인연금의 경우는 부사관, 준사관, 장교 등 직업군인이다. 그리고 사립학교교직원연금의 경우는 사립학교의 교원과 사무직원이다. 특수직역연금의 가입자(2009년 말 기준)는 공무원연금의 경우 104만 8천 명(수급자 29만 3천 명), 사립학교교직원연금의 경우는 26만 2천 명(수급자 3만 4천 명), 그리고 군인연금의 경우는 16만 6천 명(수급자 7만 3천 명)이다.

특수직역연금의 급여로는 장기급여로서 퇴직급여(퇴직연금, 조기퇴직연금, 퇴직연금일시금, 퇴직연금공제일시금, 퇴직일시금), 유족급여(유족연금, 유족연금일시금, 유족연금부가금, 유족연금특별부가금, 유족일시금), 장애급여(장애연금, 상이연금, 장애보상금) 및 퇴직수당이 있고, 단기급여로서 공무상요양급여(공무상요양비, 공무상요양일시금) 및 부조급여(재해부조금, 사망조위금)가 있다.

특수직역연금의 기본적인 급여인 퇴직연금은 퇴직자의 퇴직 이전 평균보수월액(또는 평균기준소득월액)과 재직기간에 의하여 산정되므로 연금수급자 간에 소득재분배 기능이 전혀 없다. 그 연금지급액은 매년 전국 소비자물가 변동률에 의하여 인상되는데 이를 살펴보면 다음과 같다. 다만 공무원연금법 및 사립학교교직원연금법은 2009년 12월 31일 연금재정 안정성을 확보하기 위한 법 개정으로 연금지급액 산정공식 및 보험료율 등이 변경되었다.

- 퇴역연금월액(군인연금)=W(0.5+0.02n)
- 퇴직연금월액(공무원 및 사립학교교직원 연금)=평균기준소득월액×재직기간×1.9%

퇴역연금의 산정공식에서 'W'는 퇴직 직전 3년간의 보수월액을 매 연도 보수인상률에 의하여 퇴직 당시의 현재가치로 환산한 후 이를 평균한 값인 평균보수월액을 말한다. '0.5'는 20년을 가입할 경우에 연금지급액이 평균보수월액의 50%가 되도록 연금지급 수준을 설정하는 연금수리적인 상수이고, '0.02'는 가입 연수가 20년을 초과할 경우에 그 초과 연수 1년마다 연금액을 평균보수월액의 2%씩 가산하는 상수다. 그리고 'n'은 가입기간이 20년을 초과하는 경우의 그 초과 연수다.

퇴직연금의 산정공식에서 '평균기준소득월액'은 재직기간 중 매년 기준소득월액을 보수인상률 등을 고려하여 급여 사유가 발행한 날의 현재가치로 환산한 후 합한 금액을 재직월 수로 나눈 금액을 말한다. 적정 노후소득 보장이라는 연금제도의 취지에 맞지 않는 고액연금의 수급 방지를 위해 가입자 전체의 기준소득월액 평균액의 1.8배를 기준소득월액 상한으로 설정하는 이른바 '소득상한제'를 도입하였다. 이에 따라 평균소득의 1.8배를 초과하는 보수를 받더라도 재직 중 기여금 납부 및 퇴직 후 연금지급 시 평균소득의 1.8배를 기준으로 산정하게 되는 것이다.

연금재정 안정성을 확보하기 위한 공무원연금법 및 사립학교교직원 연금법 개정(2009. 12. 31)은 기본적으로 기존 재직자의 신뢰 이익을 보호하기 위하여 법 개정 이전 재직기간에 대해서는 종전 규정을 적용하여 연금을 산정하도록 하고 있다. 따라서 기존 재직자의 경우 법 개정이전 재직기간에 대해서는 종전 규정을 적용하여 연금을 산정하고, 개정 이후 재직기간에 대해서만 개정 법률을 적용하도록 하고 있다.

특수직역연금의 보험료율은 2010년도 기준 공무원연금 및 사학연금은 12.6%로, 가입자가 6.3%를 부담하고 법인이 3.705%, 국가가

2.595%를 부담하고 있다. 그러나 2012년까지 14%로 인상되면서 가입자가 7%를 부담하고, 법인이 4.117%, 국가가 2.883%를 부담하게 된다. 군인연금은 17%로, 가입자와 국가가 각각 8.5%를 부담하고 있다.

공무원연금의 재정 현황을 살펴보면 1998년에 많은 재정수지 적자(1조 4171억 원)가 발생하였으며, 1999년에는 정부조직 개편으로 인한 다수의 공무원 퇴직으로 그 적자가 2조 1555억 원으로 크게 증가하였다. 2000년에는 보험료율 인상과 제도 개선으로 그 적자 규모가 감소하였으나, 적립기금이 거의 고갈상태에 있어 급여지급의 많은 부분을 정부의 지원(연간 1조 원)에 의존하고 있다. 이와 같은 연금재정의 적자는 시간이 경과하면서 누적적으로 증가하여 그 수습이 매우 어렵다. 그래서 연금재정의 장기적 안정을 위해서는 그 안정대책을 적기에 시행해야 함을 공무원연금이 잘 설명해 주고 있다고 볼 수 있다.

군인연금의 재정은 1977년부터 적자가 발생하여 30여 년간 정부의 지원을 받아 왔고, 2000년에는 총지출의 약 43.8%에 해당하는 4569억 원을 정부에서 지원받았다. 연간 9000억 원대 재정지원이 이루어지고 있다. 군인연금이 특수직역연금 중에서 재정적자가 가장 심각한 상태인데, 군인연금의 재정상태가 이와 같이 어렵게 된 것은 계급정년으로 조기퇴직자가 많고, 특히 전투경력의 기간을 실제 가입기간의 3배로 계산하여 연금을 지급하였기 때문이다.

사립학교교직원연금의 재정은 다른 특수직역연금보다 다소 좋은 상태다. 그러나 1998년부터 제도의 성숙단계에 진입하기 시작하여 급여지출이 급격히 증가함으로써 현행 상태가 계속된다면 2023년에 재정수

〈표 6-12〉 재정 추계 결과

기금 최고	적자 전환
2022년 (23.8조 원)	2023년

출처: 사학연금 홈페이지(http://www.ktpf.or.kr) 사학연금제도.

지 적자가 발생하여 2033년에 기금이 소진될 것으로 전망된다. 정부가 현재 사립학교교직원연금 가입자의 보험료 일부를 부담하고 있기 때문에 여기에서 재정적자가 발생하면 다른 특수직역연금과 같이 정부의 지원에 의존할 가능성이 있다. 따라서 정부는 사립학교교직원연금의 장기적 재정안정대책을 조속히 강구하여야 할 것이다. 이와 같이 특수직역연금의 재정위기가 올 수밖에 없는 근본적인 이유는 '내는 것보다 많이 받는' 구조라고 할 수 있다. 이는 '저출산, 고령화' 문제와 연계되어 국가재정의 부담을 가중시킬 것으로 예상된다.

9. 국민연금과 특수직역연금의 연계

2009년 8월부터 공무원연금 등 직역연금에 가입했다가 국민연금 대상자로 바뀌더라도 가입기간을 합산해 연금을 받을 수 있다. 근거법은 '국민연금과 직역연금의 연계에 관한 법률'(이하 연계법, 2009년 8월 7일 시행)이다. 연계법이 시행됨에 따라서 국민연금과 직역연금의 가입합산기간이 20년 이상인 연금가입자는 60세부터 연금을 받을 수 있다. 예컨대, 공무원연금 가입자로서 국립병원에서 15년간 일한 간호사가 민간병원으로 이직하면 국민연금 가입대상이 되는데, 국민연금을 5년만 더 가입해 20년을 채우면 향후 공무원연금에서 15년분에 해당하는 연금을, 국민연금에서 5년분에 해당하는 연금을 받을 수 있다. 직역연금은 특정 직종에 종사하는 자들을 가입대상으로 하는 연금으로, 공무원연금, 사립학교교직원연금, 군인연금, 별정우체국직원연금이 있다. 연계법이 제정되기 이전에는 국민연금은 10년 이상, 공무원연금 등 직역연금은 20년 이상 각각 가입해야만 연금을 받을 수 있었다. 최소 가입기간을 채우지 못하는 경우 일시금만을 받았고, 이직하는 경우 연금을 받기 위한 최소 가입기간을 충족하지 못해 연금을 받지 못하였다. 국민연금과 직역연금 간 이동자는 연간 12~13만 명으로 추정되는데, 그동안 연금제도 간의 단절로 인해 사각지대가 있었다.

　이와 같은 연금연계제도 시행의 주된 대상은 최근 공직 개방에 따라 증가하는 전문계약직 공무원, 국공립과 사립 기관을 오가는 유치원교사와 계약직교원, 국립병원과 민간병원 간 직장을 옮기는 간호사와 의사 등이다. 연금연계 신청은 강제가 아닌 가입자 본인의 선택사항이며, 본인이 가입한 적이 있는 국민연금공단, 공무원연금공단 등 연금관리기관 중 한 곳에 신청서를 제출한다.

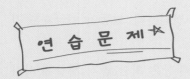

1. 국민연금의 가입자 종류와 관련하여 연결이 가장 <u>잘못된</u> 것은?

    ① 사업장 가입자-1인 이상 사업장 근로자

    ② 임의가입자-가입자의 배우자로서 소득활동자

    ③ 지역가입자-18~59세의 자영자

    ④ 임의계속 가입자-60세 이상 가입자

    ⑤ 사업장 가입자-사용자

2. 국민연금의 노령연금 중에서 10년 이상 가입하고 60세부터 64세까지 받는 연금은?

    ① 완전노령연금

    ② 재직자노령연금

    ③ 감액노령연금

    ④ 특례노령연금

    ⑤ 조기노령연금

3. 국민연금의 급여와 그 내용이 <u>잘못</u> 연결된 것은?

    ① 기본연금의 균등부분-소득재분배 기능

    ② 장애연금-2등급까지 연금지급

    ③ 부양가족연금-배우자, 자녀 등에게 지급

    ④ 유족연금-노령연금수급자 사망시 지급

    ⑤ 기본연금의 소득비례 부분-보험료 부담액과 정비례

4. 국민연금의 2011년 1월 현재 보험료 부담과 관련하여 연결이 <u>잘못된</u> 것은?

　　① 근로자 본인－4.5%

　　② 지역가입자－9%

　　③ 사용자－4.5%

　　④ 임의계속가입 자영업자－6%

　　⑤ 임의계속가입 근로자－9%

5. 특수직역연금(공무원연금 등)에 대한 설명으로서 <u>틀린</u> 것은?

　　① 출장 중 사망 시 유족연금 지급

　　② 가족놀이 중 부상 시 장애연금 지급

　　③ 퇴직급여는 노후보장급여

　　④ 급여의 소득재분배 기능이 없음

　　⑤ 퇴직수당은 퇴직금과 유사함

건강보험

1. 건강보험 개념과 유형

의료보장은 기본적으로 의료비의 경제적 부담으로부터 국민들의 부담을 덜어 주려는 사회복지체계의 일부다. 이 문제의 해결이 개인적인 차원으로 남아 있을 때, 대다수의 국민은 큰 부담을 느낀다. 특히 저소득층일수록 질병으로 인한 부담이 더욱 크다. 의료보장은 질병으로 인해 발생하는 경제적 부담의 해결을 사회공동체가 공동으로 책임지는 제도다. 사회정의의 달성을 위해 사회적 연대를 형성하자는 것이다.

1) 의료보장제도의 유형

의료보장제도는 각 나라의 역사적 · 사회적 특수성에 따라 다양한 형태를 갖추고 있다. 그러나 여러 나라 의료보장제도를 비교하여 특징을 간추려 보면 일반적인 의료보장의 형태, 즉 의료보장제도의 이념(ideal type)을 설정해 볼 수 있다. 먼저 의료보장제도의 운영비용이나 의사의 진료비용을 지불하기 위한 재원을 조달하는 방식에 따라 보험료 방식과 일반조세 방식으로 나누어 볼 수 있다. 그리고 진료서비스를 제공하는 주체(의료인)가 국가부문에 속해 있는가 혹은 민간부문에 속해 있는가에 따라 민간공급 방식과 국가공급 방식으로 분류해 볼 수 있다. 이 두 가지 기준을 교차시키면 〈표 7−1〉에서처럼 4개의 의료보장제도 이념형이 도출될 수 있다.

독일, 일본 그리고 우리나라가 해당되는 Ⅰ형태는 재원의 대부분을 보험료로 거두고 의료공급을 민간부문이 주도하는 형태로, '사회보험 방식(National Health Insurance: NHI)'이라 할 수 있다. 그리고 영국의 대표적인 예인 Ⅳ형태는 재원을 일반조세에서 충당하고 공무원처럼 국가에 고용된 의사들에 의해 의료서비스가 제공되는 형태로, '국영 의료서비스 방식(National Health Service: NHS)'이라 할 수 있다. 물론 NHI 제도임에도 조세에서 일정 부분 재원을 충당하기도 하며, NHS 제도에서도 의사들에게 약간의 사적인 진료서비스가 허용되기도 한다. 그러나 보험료와 조세, 그리고 민간부문과 국가부문 중 어느 부분이 재원조달과 의료공급에서 우세한 위치를 차지하고 있는가에 따라 두 개의 대비되는 이념형의 설정이 가능하다.

한국의 건강보험제도는 〈표 7−1〉에서 보는 바와 같이 사회보험형을 택하고 있다.[1] 사회보험으로서 건강보험은 의료시장이 갖는 시장실패

---

[1] 건강보험(health insurance)이라는 용어는 의료보험(medical insurance)에 비해서 보다 포괄적인 보험급여를 한다는 목표를 가지고 있다는 점에서 의미가 다르다. 의료보험은 질병 발생 시 의료진료비에 대한 보장이 중심이다. 건강보험은 의료비 보장에 추가하여 보다 적극적인 예방급여, 질병 발생 시 일을 못하는 데 따른 소득 상실의 경우 금전적으로 보전하여 주는 현금급여인 상병급여(sickness benifit) 등의 급여를 포괄하는 의미를 가지고 있다. 이러한 점에서 의료보장제도 통합조직의 기본법인 현재의 국민건강보험법은 이전의 의료보험법이나 공무원 및 사립학교교직원 의료보험법에 비해서 보장의 목표가 보다 포괄적이고 전향적이다. 일본의 의료보장기본법도 건강보험법과 국민건강보험법이다. 이 글에서는 시기를 기준으로 하여 2000년 7월 이후는 건강보험, 그 이전은 의료보험을 사용하기로 한다.

〈표 7-1〉 사회보장 프로그램의 기여율 비교(1995년)

의료공급 방식	재원조달 방식	
	보험료	조세
민간공급 (보험자와 의료기관의 계약)	I 형태(NHI) 한국, 독일, 일본	II 형태 스페인
국가공급 (국가의료기관의 직접 공급)	III 형태 이탈리아	IV 형태(NHS) 영국, 호주

적 특성을 교정하기 위한 정책이다(최병호, 2000: 41).

2) 의료시장과 시장실패

의료시장이 시장실패적 특성을 가지고 있는 것은 다음 두 가지로 설명할 수 있다. 첫째, 의료시장은 비효율적이다. 의료시장은 의료 공급자와 수요자가 동등한 위치에서 경쟁하는 '시장의 원리'가 작동하지 않는 공급자 독점시장이다. 이에 따라 시장가격은 바람직한 수준 이상의 독점가격이 형성되므로 소비자에게 불리하게 작용하기 쉽다.

둘째, 의료시장은 불평등하다. 질병 발생 시 고소득층은 적절히 대처할 수 있으나 저소득·중산층은 가계파탄의 위험에 직면하게 된다. 고소득층은 고급의료에 쉽게 접근함으로 생산성을 빨리 회복하고 평균수명이 길어진다. 저소득층일수록 저급의료에 의존할 수밖에 없어 빈곤의 악순환에 빠질 가능성이 있으며 평균수명이 단축된다. 만약 건강보험을 민간 보험시장에 맡긴다면, 대부분이 저소득층이며 안정된 직장이 없는 고위험군이므로 위험 발생확률에 따라 보험료를 산정하는 방식을 적용하여 높은 보험료를 지불하게 되거나 보험가입에서 배제될 것이다.

이러한 상황을 해결하기 위해서는 정부 또는 공공기관이 운영하는 강제적인 사회보험제도의 도입을 통해 저위험군과 고위험군이 함께 포괄적 급여를 제공하는 보험에 가입하도록 하는 것이 바람직하다.

따라서 건강보험은 질병 발생에 따른 의료비 및 소득 상실에 대처한 위험을 분산함에 있어서 이러한 의료시장의 특성을 고려하여 위험재분배를 주목적으로 하되, 저소득층의 의료접근도 제고 측면에서 소득재분배적 기능도 함께 추구하게 된다. 이러한 이유로 건강보험의 운영은 민간단체에 의해 운영되기보다 정부나 공공단체에 의해 운영된다.

2. 발전과정

우리나라의 사회보장제도에 포함되어 있는 여러 제도는 대부분 1960년대 초에 입법된 것으로서 그 골격은 1963년 말에 제정·시행되기 시작한 '사회보장에 관한 법률'에 의해 갖추어졌다. 의료보험도 비슷한 시기인 1963년 12월에 제정되어 300인 이상 사업장의 근로자와 농어민을 대상으로 임의가입 형태를 취하여 이듬해 6월부터 시행하기로 되어 있었으나, 그 시행을 유보하여 오다가 1977년에 이르러서야 본격적으로 시행하게 되었다. 그동안의 경제발전에 따른 소득분배를 개선하고 사회복지를 증진시키고자 제4차 경제개발 5개년계획의 일환으로 의료보장사업을 실시하게 된 것이다. 이에 따라 1977년 1월 생활보호 대상자 등을 대상으로 한 의료보호사업이 먼저 실시되었으며, 의료보험은 국민 부담능력을 고려하여 시행이 용이한 임금근로자부터 점진적으로 확대·적용되었다.

보험료의 부담능력, 관리운영 능력 등을 감안하여 우선 1977년에는 500인 이상 고용사업장을 적용대상으로 하였고, 1979년에는 300인 이상 고용사업장, 1981년에는 100인 이상 고용사업장까지 확대 적용하였다. 1982년에는 100인 이하, 1983년에는 16인 이상 고용사업장이 강제 적용하도록 하여 의료보험의 수혜대상자를 확대해 왔다. 더 나아가 1986년에는 5인 이상 고용사업장에 대한 강제적용을 실시하였다.

또한 지역주민에 대한 당연적용의 가능성을 타진하기 위한 시범사업이 1981년 하반기부터 홍천, 옥구, 군위의 3개 군에서 실시되기 시작하였고, 1982년에는 강화군, 보은군 및 목포시를 시범사업 지역으로 추가 지정하여 이들 6개 시범지역에서의 경험을 토대로 주민의 경제력 및 의료접근도 등 지역 실정에 적합한 의료보험 모형을 모색하였다.

한편 정부는 의료보험법에서 그 적용을 제외했던 공무원 및 사립학교 교직원에 대한 의료보험 적용을 위해 1977년 12월에 공무원 및 사립학교교직원(이하 공·교)의료보험법을 별도로 제정하고, 이듬해 그 시행령을 만들어 1979년부터 공·교의료보험을 시행하였다. 공·교의료보험은 대상 범위를 꾸준히 확대하여 1980년에는 군인가족이, 이듬해에는 공무원 및 사립학교교직원의 퇴직연금 수급자 및 군인퇴역연금 수급자가, 또한 1985년에는 유족·장해연금 수급자와 퇴직·퇴역연금일시금 수급자까지 공·교의료보험의 적용을 받게 되었다. 그리고 1985년에는 직장, 지역, 직종, 공·교 구분 없이 피부양자에 장인, 장모를 포함시킴으로써 의료보험 대상자 확대는 물론 인구정책에도 기여하는 계기를 마련하였다.

또한 한방의료보험을 1984년 12월에 시범사업으로 청주, 청원에서 실시하였고, 1987년 2월에는 전국적으로 실시하였다.

1980년대 초반 지역의료보험에 대한 시범사업을 바탕으로 1988년 농어촌 지역 의료보험을 실시하였으며, 1989년 7월에는 도시지역 의료보험을 실시하여 제도 도입 후 12년 만에 전 국민 의료보험을 실시하였다.

나아가 1997년 12월 국민의료보험법이 제정·공포되어 227개 지역조합과 공·교공단이 통합되었고, 2000년 7월부터는 국민건강보험법 시행으로 140개 직장조합과 국민의료보험관리공단이 통합되었다. 이로써 전 국민이 단일한 보험자가 운영하는 통합보험체제에 속하는 건강보험의 새로운 발전 계기가 마련되었다.

건강보험제도의 발전과정을 요약하면 다음과 같다.

건강보험제도 발전과정

- 1963. 12. 16. 의료보험법 제정
- 1976. 12. 22. 의료보험법 전문개정
- 제4차 경제개발 5개년계획으로 의료보장제도 실시
  - 생활보호 대상자 등에 대하여 의료보호(현행 '의료급여') 실시(1977년 1월)
  - 국민 부담능력 등을 고려하여 실시 가능한 임금소득 계층부터 점진적으로 의료보험적용 확대
- 1977. 7. 500인 이상 사업장근로자 의료보험 실시
- 1979. 1. 공무원 및 사립학교교직원 의료보험 실시
- 1979. 7. 300인 이상 사업장까지 의료보험 확대
- 1980년 이후 전 국민 의료보험 확대 실시를 위한 기반조성
  - 1981. 7. 지역의료보험 1차 시범사업 실시(홍천, 옥구, 군위)
  - 1982. 7. 지역의료보험 2차 시범사업 실시(강화, 보은, 목포)
  - 1988. 7. 5인 이상 사업장까지 의료보험 당연적용 확대
- 한방의료보험 실시
  - 1984. 12. 의료보험 시범사업(청주, 청원)
  - 1987. 2. 한방의료보험 전국 실시
- 1988. 1. 농어촌 지역 의료보험 실시
- 1989. 7. 도시지역 의료보험 실시(제도 도입 후 12년 만에 전 국민 의료보험 실시)
- 1989. 10. 약국의료보험 실시(1982. 8.~1984. 12. 의약분업 실시운영―목포시)
- 1997. 12. 국민의료보험법 제정·공포(227개 지역조합과 공·교공단 통합)
- 1998. 10. 국민의료보험법 시행
- 1999. 2. 국민건강보험법 제정·공포(140개 직장조합과 국민의료보험관리공단 통합)
- 1999. 12. 국민건강보험법 개정(시행일 연기, 한시적 재정 분리 등)
- 2000. 7. 국민건강보험법 시행
- 2001. 7. 5인 미만 사업장 근로자를 직장가입자로 편입
- 2003. 7. 직장 및 지역 보험 재정통합 운영

3. 적용대상

1) 적용 현황

1989년 7월 1일부터 전 국민 의료보험이 실시되어 모든 국민이 건강

〈표 7-2〉 의료보장 적용 현황(2009년 12월 말 기준)　　　　　　　(단위: 만 명, %)

구분		적용인구	구성비
계		50,290	-
건강보험	소계	48,613	97.2
	직장	31,412	62.1
	지역	17,201	34.4
의료급여 (의료보호)	소계	167 1종 1,03 2종 64	3.3

※ 2001년 5월 기존의 '의료보호법'이 '의료급여법'으로 개정됨.[2]

보험과 의료급여 제도(기존의 '의료보호제도')에 의하여 의료보장을 받고 있다. 한국의 의료보험은 의료보험이 실시된 1977년으로부터 약 12년 만에 전 국민 의료보험을 실시하였다. 건강보험제도 내용상의 충실성은 미흡하지만, 건강보험 적용 확대의 신속함에 있어서는 세계 의료보장 역사에서 드문 경우라고 할 수 있다.[3]

2) 관리 · 운영

우리나라의 의료보험 적용체계는 2000년까지 보험료 부담과 급여의 형평을 기하기 위하여 소득의 형태, 소득 파악의 용이, 의료이용 정도

---

[2] 의료보호제도가 의료급여 제도로 변경됨에 따라 의료급여라는 용어가 기존의 건강보험에서 보험료 부담의 대가로 지급되는 보험급여와 다소 혼동되는 점이 있다. 하지만 의료급여는 의료급여법에서 기존의 의료보호제도를 대치한 개념이라는 점에서 보험급여와는 다르다는 점을 유념할 필요가 있다.

[3] 급속한 경제성장을 한 일본의 경우 1927년 건강보험제도가 실시된 지 34년 만인 1961년 전 국민에 대한 건강보험을 실시한 것과 비교해도 상당히 빠름을 알 수 있다. 참고로 미국의 보건복지 담당부처인 보건인력성(DHHS)에서 발간하는 『세계의 사회보장제도(Social Security Programs Throughout The World)』에서는 한국이 의료보장 제도를 실시하지 않는 나라로 분류하고 있는데, 그것은 현물급여만 실시하고 현금급여인 상병급여를 실시하지 않기 때문인 것으로 보인다.

등이 유사한 집단별로 보험자(조합, 공단)를 구성하고 보험자별 독립채산 방식에 의하여 자치 운영하였다.

직장의료보험은 1977년 7월 500인 이상의 사업장 근로자를 조합별 운영 방식으로 시작되었다. 이후 2000년 7월 조직통합 전까지 독립채산제 방식으로 운영되었으며 1999년 말까지 140개 직장조합이 운영되었다.

1977년 사업장 근로자를 대상으로 의료보험이 최초로 실시되자, 뒤이어 1979년 1월부터 공무원과 사립학교교직원을 대상으로 한 의료보험도 실시하게 되었으며, 공·교의료보험의 관리·운영은 공·교의료보험 관리공단이라는 단일조직이 담당하였다.

지역의료보험은 조합방식에 의한 관리·운영체계를 채택하여 254개 조합이 의료보험을 운영하였다. 그러나 1998년 10월부터 227개 지역조합과 공·교공단을 통합하는 국민의료보험법이 제정되어, '국민의료보험관리공단' 단일조직이 2000년 7월 의료보험 통합 전까지 지역의료보험과

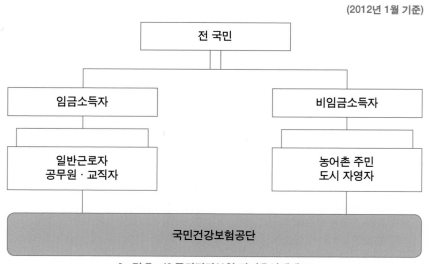

(2012년 1월 기준)

[그림 7-1] 국민건강보험 관리운영체계도

주: 진료비심사, 진료의 적정성 평가를 위하여 국민건강보험심사평가원을 설치·운영.

공 · 교의료보험을 맡아 운영하였다. 이후 2000년 7월에 1차 통합체인 국민의료보험관리공단과 직장의료보험을 통합함으로써 의료보험은 단일조직으로 통합됨과 동시에 국민건강보험공단으로 출범하게 되었다.

4. 급 여

1) 급여 내용

보험급여의 수준은 피보험자의 보험료 부담능력, 보험재정 상태 등을 감안하여 보험료 부담수준과 균형을 이루는 수준에서 결정된다. 건강보험급여는 제공 형태에 따라 현물급여와 현금급여로 구분할 수 있다. 현물급여는 가입자 및 피부양자에게 요양기관을 통하여 직접 의료서비스를 제공하는 것으로 요양급여와 건강검진이 있다. 현금급여에는 요양비, 장제비, 본인부담액보상금, 장애인보장구급여비 등이 있다(〈표 7-3〉 참조). 우리나라의 건강보험제도는 현물급여를 원칙으로 하고 있다.

요양급여는 가입자 및 피부양자의 질병 · 부상에 대한 예방 · 진단 · 치료 · 재활, 출산에 대하여 요양기관으로부터 진찰 · 검사 · 약제 · 치료재료의 지급, 처치 · 수술 기타의 치료, 예방 · 재활, 입원, 간호, 이송

〈표 7-3〉 건강보험급여의 종류

급여 종류		수급권자	비고
현물 급여	요양급여	가입자 및 피부양자	법정급여
	건강검진		
현금 급여	요양비	가입자 및 피부양자	법정급여
	본인부담보상금		임의급여
	장애인보장구급여비	장애인복지법에 의하여 등록한 장애인 가입자 및 피부양자	법정급여

등에 대하여 직접 의료서비스를 제공받는 것을 말한다. 요양급여의 방법, 절차, 범위, 상한 등에 대하여는 '보건복지부령이 정하는 요양급여의 기준에 관한 규칙'에 의하도록 되어 있으며, 요양급여의 기준을 정함에 있어 업무 또는 일상생활에 지장이 없는 질환, 기타 보건복지부령이 정하는 사항은 요양급여의 대상에서 제외할 수 있도록 되어 있다.

건강검진은 가입자 및 피부양자에 대한 질병의 조기발견과 그에 따른 요양급여를 위하여 2년마다 1회 이상 실시하고 있다. 건강검진 대상은 직장가입자 세대주인 지역가입자 40세 이상인 지역가입자 및 40세 이상인 피부양자다. 건강검진의 검사항목 방법 범위 및 그에 소요되는 비용 등에 관하여 필요한 사항은 보건복지부 장관이 정하고 있다.

현금급여 중 요양비는 가입자 또는 피부양자가 긴급, 기타 부득이한 사유로 인하여 요양기관에서 제외되는 의료기관 등에서 질병, 부상, 출산 등에 대하여 요양을 받거나 요양기관 외의 장소에서 출산한 경우 그 요양급여에 상당하는 금액을 그 가입자 또는 피부양자에게 지급하는 것이다.

본인부담보상금은 가입자 또는 피부양자가 요양급여를 받고 지급한 요양급여 중 본인일부부담금이 6개월 기간 중 300만 원을 초과할 경우 그 이상은 면제된다.

장애인보장구급여비는 장애인복지법에 의거해 공단이 등록한 장애인 가입자 및 피부양자가 구입한 보장구에 대하여 금액의 일부를 지급하는 것이다.

'만성신부전증 환자의 복막관류액 구입·사용비'는 환자가 의사의 처방전에 의거해 복막관류액을 복막투석으로 요양급여를 받고 있는 자에게, 직접 복막관류액을 판매하는 의약품 판매업소(당해 환자에게 판매하는 복막관류액에 한함)에서 구입·사용한 경우 요양비를 지급한다. 지급기준은 요양급여비용 총액(부가가치세를 포함한 실구입액)의 80%를 공단부담금으로 결정하여 지급한다.

2) 본인일부부담금 내용[4]

가입자 또는 피부양자가 요양급여나 분만급여를 받을 때에는 그 진료
비용의 일부를 본인이 부담하여야 한다(국민건강보험법 시행령 제22조 제
1항). 그 내용은 입원의 경우 진료비총액의 20/100이고, 외래의 경우는
요양기관 종별에 따라 다음과 같이 차등 적용하고 있다.

(1) 입원진료: 요양급여비용 총액의 20/100
- 만성신부전증 환자 등 보건복지부 장관이 정하는 외래진료를 받은
  경우: 요양급여비용 총액의 20/100

(2) 외래진료
- 읍면 지역을 제외한 지역의 병원급 이상
- 병원: 전체 진료비의 40%
- 종합병원: 요양급여비용 총액의 50%
- 종합전문요양기관: 통합진찰료 전액 + 진료비의 50%
- 의원, 한의원, 보건의료원: 1만 5천 원을 초과하는 경우 요양급여
  비용 총액 × 30/100(의과, 한방과)

(3) 비급여대상
보험급여에서 제외되는 항목은 다음과 같다.

① 다음 질환으로서 업무 또는 일상생활에 지장이 없는 경우에 실시
   또는 사용되는 행위, 약제 및 치료재료

---

[4] 자세한 요양급여 기준에 대해서는 국민건강보험공단 홈페이지의 민원업무안내(보험급여
항목, http://www.nhic.or.kr/wbh/wbhc/2002/11/11/78,65,0,0,0.html)를 참조.

- 단순한 피로 및 권태
- 주근깨, 점(모반), 다모(多毛), 무모(無毛), 백모증(白毛症), 딸기코(주사비)
- 사마귀, 여드름, 노화현상으로 인한 탈모 등 피부질환
- 단순 코골음 등

② 다음 진료로서 신체의 필수 기능 개선 목적이 아닌 경우에 실시 또는 사용되는 행위·약제 및 치료재료
- 쌍꺼풀수술(이중검수술), 코성형수술(융비술), 유방 확대·축소술, 지방흡인술, 주름살 제거술 등 미용 목적의 성형수술과 그로 인한 후유증 치료
- 안경, 콘택트렌즈 등을 대체하기 위한 시력교정술 등

③ 본인의 희망에 의한 건강검진(국민건강보험법 제47조의 규정에 의하여 공단이 가입자 등에게 실시하는 건강검진 제외)

④ 예방접종(파상풍, 혈청주사 등 치료목적으로 사용하는 예방주사 제외)

⑤ 멀미 예방, 금연 등을 위한 진료

⑥ 법 제46조에 의하여 장애인에게 보험급여를 실시하는 보장구를 제외한 보조기, 보청기, 안경 또는 콘택트렌즈 등 보장구

⑦ 치과의 보철(보철재료 및 기공료 등 포함)

⑧ 한방물리요법(수기요법, 전자요법, 온열요법 등), 한방 첩약 및 기성 한의서의 처방 등을 근거로 한 한방생약제제

⑨ 비급여대상
- 언어치료
- 행동치료(behavior therapy) 등

※ 위 항목들은 한시적으로 비급여대상에 포함되고 있는데, 그 이유는 보험재정에 상당한 부담을 초래할 것으로 예상되기 때문이다. 특히 사회복지실천과 관련하여 언어치료와 행동치료가 보험적용에서 제외되어 이용자 본인이 전액 비용을 부담하고 있다.

(4) 최근 변화 내용

국민건강보험법 시행과 관련하여 최근 달라진 건강보험급여제도의 주요 내용은 다음과 같다.

① 건강보험급여기간 확대: 의료보험급여 기간은 의료보험이 도입된 이후 1994년까지는 연간 180일로 제한되었는데, 1995년부터 매년 30일씩 급여기간을 연장하여 1999년에는 연간 330일까지 보험급여기간을 확대하였다. 그간 법률에 규정하여 보험급여기간을 제한하였는데, 국민건강보험법에서는 제한규정을 두지 않음에 따라 2000년부터 보험급여 기간이 365일로 확대되었다.

② 산전 진찰 건강보험급여

③ 본인부담금 경감대상 확대: 노인인구의 진료비 부담을 경감하기 위해서 현재 70세 이상의 노인이 간단한 질병으로 의원 또는 치과의원을 방문하는 경우에 본인부담금을 경감하여 주고 있다. 2000년 7월 1일부터는 본인부담금 경감대상을 70세 이상에서 65세 이상으로 확대하였다.

④ 장애인 보장구 보험급여 대상 확대: 지금까지 뇌병변장애인의 경우 보험급여 범위가 다른 장애인에 비해서 제한되어 있었다. 이에 국민건강보험법 시행과 함께 뇌병변장애인에 대한 장애인 보장구 보험급여 범위를 지체장애인과 동일한 수준으로 확대하여 급여의 형평성을 도모하였다.

⑤ 입원기간 중 식대 80% 급여지원(2006년 7월부터)

⑥ 폐계면활성제 급여 인정(2011년부터 실시)

⑦ 항암제 보험급여 확대(2011년부터 실시)
- 간암 치료제: 넥사바정
- 다발성골수종 치료제: 벨케이드

⑧ 출산진료비 지원 확대: 30만 원 → 40만 원(2011년부터 실시)

⑨ 최신 방사선치료 기법 급여화(2011년부터 실시)

- 양성자 치료
- 세기변조 방사선치료

⑩ 당뇨 환자 급여 확대(2011년부터 실시): 당뇨 치료제 급여 확대, 제1형 당뇨관리 소모품 지원

⑪ 최신 암수술 급여화(2011년부터 실시)

폐암 냉동제거술, 전립선암 3세대형 냉동제거술, 신장암 고추파 열 치료술, 신종양 냉동제거술

⑫ 골다공증 치료제 급여 확대(2011년부터 실시)

⑬ 장루, 요루 환자 대료대 요양비 지원(2011년부터 실시)

⑭ 노인 틀니(2012년부터 실시)

- 75세 이상을 대상으로, 본인 부담을 50% 적용한다.
- 2012년 7월부터 시급성이 높은 완전틀니를 우선 적용하고, 2013년 부터는 부분틀니까지 적용할 예정이다.

⑮ 임신출산진료비 지원 증액: 임신출산진료비는 출산 친화적인 환경 조성을 위해 지난 2008년부터 지원해 오고 있다. 2011년 40만 원 에서 2012년 50만 원으로 지원금액을 높인다.

한국의 건강보험 보장률은 연도별로 약간의 차이가 있지만, 대체로 63~64%다. 특히 암환자 건강보험 보장률은 약 68~69%다.[5]

---

[5] 2012년 한국의 대통령선거 과정에서 박근혜 후보와 문재인 후보는 건강보험 적용과 관련된 정책을 제안하고 토론하였다. 박근혜 후보는 암, 심장병, 뇌혈관 질환, 희귀난치성 질환에 대한 100% 보장을 제시하였고(병실료 등 비급여항목에 항목에 대한 보장이 공약에 포함된 것은 아님), 문재인 후보는 본인부담 100만 원이 넘는 의료비 보장(의료비 상한제 100만 원)을 제시하였다.

〈표 7-4〉 건강보험 보장률 (단위: %)

	2007	2008	2009	2010
건강보험 보장률	64.6	62.2	64.0	62.7

출처: 국민건강보험공단. 진료비 본인부담 실태조사.

〈표 7-5〉 암환자 보장률 (단위: %)

	2009			2010		
	전체	입원	외래	전체	입원	외래
건강보험 암환자 급여율	67.9	63.9	79.8	70.4	69.0	75.1

출처: 국민건강보험공단. 진료비 본인부담 실태조사.

5. 재 정

1) 보험료 부과

국민건강보험에 있어 가장 중요한 과제는 보험사업에 소요되는 재원을 어떻게 하면 가장 효율적으로 확보하느냐 하는 문제다. 우리나라의 건강보험은 사회보험 방식에 의하여 재원을 조달함을 원칙으로 하고 있다.

보험료 부과는 직장가입자와 지역가입자가 서로 다른 방식으로 이루어지고 있다. 직장가입자는 근로소득이 거의 투명하게 파악되지만, 지역가입자는 소득 파악이 제대로 이루어지지 않기 때문에 지역가입자의 보험료 부담능력을 파악하기 위한 별도의 부과체계를 개발하여 사용하기 때문이다.

건강보험의 전체적인 부과체계를 살펴보면 현행 건강보험의 보험료 부과체계는 직장가입자와 지역가입자로 이원화되어 있다. 지역 간 부과기준인 부과요소가 다르고 보험료 산정방법도 다르다. 부담 주체도 구별되며 보험료 상하한선도 다르다. 구체적인 2008년도 부과체계의

〈표 7−6〉 보험료 부과체계 현황(2012년 기준)

구분	직장근로자	자영자
부과기준	근로소득	보험료 부과점수[1]
보험료 산정	근로소득×정률(5.80%)	보험료 부과점수×금액(148.9원)
부과기준의 상하한	28만 원~7,810만 원	20점~11,000점
최저 · 최고 보험료(월)	14,200~334.2만 원(7,100원~167.1만 원)[2]	2,978원~163.7만 원
보험료 부담	사용자 50%, 근로자 50%	보험료, 국고, 담배부담금, 기타

[1] 소득, 재산, 생활수준, 경제활동 참가율 등을 고려하여 산정
[2] 사용자부담금 제외한 본인부담금

현황은 〈표 7−6〉과 같다.

직장가입자의 보험료는 일정 기간 동안 지급받는 보수를 기준으로 산정된다. 보수의 범위는 근로의 제공으로 인하여 받는 봉급, 급료, 보수, 세비, 임금, 상여, 수당과 이와 유사한 성질의 금품을 포괄한다. 다만 소득세법 제12조 제4호 자목 · 카목 및 파목의 비과세소득과 실비 보상적인 금품은 제외된다.

직장가입자가 납부할 보험료는 이러한 보수를 기준으로 정률의 보험료율을 곱하여 산정된 금액이다. 보수월액은 최저 28만 원에서 최고 7,810만 원으로 상하한선이 있으며, 2012년 현재 보험료율은 5.80%다. 지역가입자의 보험료는 보험료 부담능력을 나타내는 부과표준소득 점수에 점수당 금액을 곱하여 산출된다. 부과표준소득 점수는 세대원이 보유한 각 부과요소(소득, 재산, 자동차)별 점수를 세대단위로 합산하여 점수당 금액을 곱하여 보험료를 산정한다. 2008년 점수당 금액은 148.9원이다.

- 부과표준소득 점수=Σ[각 세대원의 소득(평가소득)점수+재산점수+자동차점수]
- 보험료=부과표준소득 점수×금액

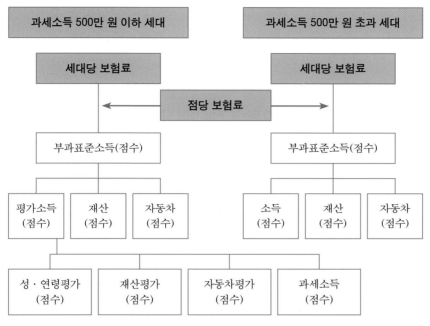

[그림 7-2] 지역가입자 보험료 부과체계

　지역가입자 보험료 부과체계의 전체 모습은 [그림 7-2]와 같지만, 보험료 산정절차는 복잡하다.

　소득점수는 종합소득을 기준으로 하며, 과세소득 500만 원을 초과하는 세대와 그 이하 세대를 구분하여 달리 산정한다. 과세소득이 500만 원을 초과하는 세대는 70등급의 등급별 기준에 의해 소득점수가 부여되는 반면, 과세소득 500만 원 이하 세대와 과세소득 자료가 없는 세대는 생활수준 및 경제활동 참가율에 따른 30등급의 평가소득 점수가 부여된다. 평가소득 보험료는 먼저 성, 연령, 재산, 자동차에 해당하는 점수와 500만 원 이하의 과세소득 금액을 50만 원으로 나누어 얻은 점수를 합산하여 산출한다. 재산보험료는 건물, 토지, 선박, 항공기 등의 과세재산과 전월세금에 대하여 50등급으로 구분하여 부과하고 있으며, 자동차보험료는 차의 배기량과 연식을 고려하여 부과하고 있다. 구체

적인 부과등급표와 자세한 계산 방식은 국민건강보험공단 홈페이지
(http://www.nhic.or.kr/)에서 민원업무안내 보험료에 자세히 서술되어
있다.

(3) 소득 있는 직장가입자의 피부양자에 대한 보험료 부과

피부양자는 보수 또는 소득이 없는 자를 대상으로 사회보험의 기여대
상에서 제외하는 취지에서 운영되는 것이다. 이를 구체적으로 명시하면
직장가입자의 배우자, 직장가입자의 직계존속(배우자의 직계존속 포함),
직장가입자의 직계비속(배우자의 직계비속 포함) 및 그 배우자, 직장가입
자의 형제자매가 포함된다. 또한 19세 미만의 미성년자는 보수 또는 소
득이 없는 자로 간주되어 당연히 피부양자가 된다.

의료보험 확대과정에서 피부양자 인정을 확대하는 경향이 있었다.
그러나 소득이 있음에도 보험가입자에서 제외되어 피부양자로 인정되
면 사회보험 원리와 어긋나게 된다.

따라서 2001년 7월 이후에는 피부양자 인정기준을 축소하기 시작하
였다. 그동안 보수 또는 소득이 없는 자로 간주하였던 가입자의 배우자,
남자가 60세 이상인 부부 및 남편이 없는 55세 이상인 여자 중에서 소득
이 있으면 지역가입자로 전환하여 보험료를 부과하였다.

2002년 6월부터는 연소득 500만 원 초과자도 피부양자에서 추가 제
외되었다. 이를 통하여 연간 500만 원을 초과하는 소득이 있는 작가·
보험설계사·다단계 판매업자 등이 피부양자에서 제외됨으로써 그동
안 소득활동을 하면서도 다른 소득활동자와 달리 보험료를 부담하지 않
았던 피부양자제도의 문제점이 개선되었다.

(4) 보수외 소득이 연 7,200만 원이 넘는 직장 가입자 보험료 부과

2013년부터 근로소득을 제외한 보수외 소득(사업소득, 임대소득, 금
융소득, 기타소득 등)이 7,200만 원을 초과하면, 직장 가입자라 할지

라도 보수외 소득을 기준으로 건강보험료를 부과하였다. 예를 들어, 보수외 소득이 연 7,200만 원이라면 소득월액은 600만 원(7,200만 원/12개월)이고, 353,400원(600만 원×5.89%)의 건강보험료와 23,140원(353,400×6.55%)의 장기요양보험료를 본인이 부담한다.

2) 재정운영

건강(의료)보험이 안정적으로 운영되기 위해서는 보험재정의 수입과 지출이 균형을 이루어야 한다. 이는 가입자가 부담하는 적정수준의 보험료와 국고지원금을 포함한 수입 범위 내에서 지출이 이루어져야 함을 의미한다.

1977년 의료보험제도가 도입된 이후 보건·의료기술의 발전과 더불어 소비자인 국민의 의료 욕구도 증가하고 있으며, 이러한 사회적 여건의 변화 추세는 필연적으로 의료비 지출 증가를 초래하게 되어 국민의 부담도 증가할 수밖에 없게 되었다.

보험재정은 1998년 10월 이전까지는 227개의 지역의료보험조합, 1개의 공무원 및 사립학교교직원 의료보험관리공단, 142개의 직장의료보험조합으로 각각 운영하여 왔으나, 1998년 10월 1일 국민의료보험관리공단이 출범하면서 공무원 및 사립학교교직원 의료보험관리공단과 지역의료보험이 통합되었다. 이후 2000년 7월 1일에 139개의 직장의료보험조합을 통합하여 단일 보험자인 국민건강보험공단이 출범하였으며, 보험재정은 지역, 직장, 공무원 및 교직원 보험재정별로 구분하여 운영되고 있다.

국민건강보험법에 따라 2001년 1월 1일에는 직장보험 재정과 공무원 및 교직원 보험재정을 통합하였고, 2003년 7월 1일에는 보험재정을 완전 통합하였다.

(1) 보험종별 재정 현황

1995년까지는 보험재정이 비교적 안정상태를 유지하였으나, 1996년 이후부터 급여 범위의 확대, 수가인상, 수진율 증가, 노령인구 및 만성질환 증가 등의 영향으로 지출이 수입보다 상대적으로 높아 적자폭이 심화되었다. 이에 1996년에 877억 원의 적자가 발생하였으나, 1997년에 3,820억 원, 1999년에 8,691억 원, 2000년에는 약 1조 원의 당기적자가 발생하였다. 재정적자 규모가 이처럼 급격하게 증가한 원인은 수년간 누적된 적자구조와 의약분업의 시행, 수가인상 등의 요인이 복합적으로 작용하였기 때문이다. 이에 따라 보험료 인상 등 재정대책을 강구하여 2003년부터는 재정이 흑자상태로 전환되어 2005년까지 지속되었다. 이후에는 흑자와 적자를 반복하고 있다. 건강보험 재정은 1년 단위로 운영된다. 따라서 흑자나 적자가 날 경우 적립된 적립금으로 재정을 운영하게 된다.

(2) 지역건강보험

농어촌 및 도시 지역의 자영업자를 적용대상으로 하는 지역건강보험의 과제는 보험료 부과의 형평성 제고를 위한 과세자료 확보에 있다.

1998년 10월 1차 통합 이전의 의료보험제도에서는 지역의료보험의 퇴직자, 고령자 등 고위험군의 인구집중 및 부담능력의 취약성 등을 고려하여 재정공동사업을 실시하여 재정안정을 도모하였다. 그러나 2000년 7월 의료보험 완전통합 후에는 재정공동사업이 폐지되었다.

지역건강보험에 소요되는 비용은 크게 보험급여비와 관리·운영비

〈표 7-7〉 가입종별 가입자 현황 (단위: %, 억 원)

구분	1988	1989	1990	1991	1992	1993	1994	1995	1996	1997	1998	1999	2000
지원율	54.5	50.7	36.1	52.3	44.5	40.5	38.1	32.7	30.1	29.7	28.2	26.4	31.4
총지출	1,733	4,339	10,079	11,219	13,306	15,748	18,164	23,122	28,966	33,534	38,163	44,065	49,523
국고지원	946	2,202	3,639	5,868	5,924	6,381	6,924	7,553	8,723	9,954	10,760	11,656	15,529

로 구분할 수 있고, 그 재원은 가입자가 부담하는 보험료와 국고지원으로 조달하고 있다. 국가가 지역건강보험에 국고를 지원하는 목적은 농어민, 도시지역 저소득계층 등의 보험료 부담을 완화하고 재정안정을 도모하기 위한 것이다. 이 외에도 지역건강보험의 재정지원을 위해 재정공동부담사업이 실시되었다.

국고지원의 경우 1998년 10월 의료보험 통합 이전에는 보험급여비와 관리·운영비의 일부를 조합별로 지원하였다. 지원 규모는 1988년 출발 당시 총 재정의 54% 수준인 946억 원을 지원한 이후 점차 감소하다가, 1991년 추경예산 편성으로 52.3% 수준으로 회복하였다. 그러나 다시 매년 감소하여 2000년에는 총 재정의 31.4%인 1조 5,529억 원을 지원하였다.

재정공동부담사업은 다수의 보험자 운영관리체계상 발생될 수 있는 개별 보험자의 재정적인 위험을 재정공동사업을 통해 분산시키고, 보험자의 구조적인 재정력 격차를 완화시켜 보험자 간의 재정 형평성을 도모하여 의료보험제도의 안정적인 정착을 기하기 위해 실시한 제도다.

보험급여비 지출 경향, 인구 구성 등 구조적인 요인으로 인하여 발생하는 보험자 간 보험재정의 격차를 완화하여 제도의 안정적인 정착을 이루고자 고액보험급여비와 노인의료비에 대한 공동부담사업을 실시하였다.

고액보험급여비용 공동부담사업은 질병구조의 만성화, 의료기술 및 장비의 발달 등에 의한 진료비의 고액화가 심화됨에 따라 보험재정에 큰 영향을 미치고 있어, 고액보험급여비용의 위험을 분산시키고자 1991년부터 실시하였다.

1994년까지는 고액 진료비에 대해서만 공동부담사업을 실시해 왔으나, 1995년부터는 노인의료비 공동부담사업을 새로 도입하였다. 노인의료비 공동부담사업은 농어촌의 노인인구 비율 증가에 따른 노인의료비 부담이 농어촌조합의 재정압박 요인이 되고 있으므로, 모든 보험자가 공동으로 부담하게 하여 위험을 재분산시킴으로써 농어촌 주민의 재

〈표 7−8〉 건강보험 재정공동부담 현황 (단위: 백만 원)

구분	1991	1993	1995	1997	1999	2000
계	−11	−858	2,418	−15,393	5,331	383
직장	−14,733	−28,151	−95,392	−238,356	−165,432	−62,661
공·교	−4,012	−5,138	−16,036	−25,253	−19,071	−45,937
지역	18,733	32,431	113,846	248,216	189,834	108,981

정 부담을 덜어 주기 위하여 도입되었다.

지역건강보험의 재정지원을 위해 실시된 재정공동부담사업은 2000년 7월 1일 의료보험 통합과 함께 통합관리 방식 속에서 재정이 운영되기 때문에 폐지되었다. 그간의 추진실적은 〈표 7−8〉과 같다.

(3) 직장건강보험

2000년 7월 1일 의료보험 통합 이전의 보험재정 운영은 139개의 직장 의료보험조합별로 각각 독립채산제 방식으로 운영하여 왔으나, 통합 이후부터는 단일 보험자인 국민건강보험공단이 출범하여 보험재정을 운영하고 있다.

직장의료보험조합의 재정은 1989년 이후 보험료율의 지속적인 인하 조정에도 불구하고 총 누적적립금이 1996년 말에 2조 6,075억 원으로 적립률이 138%에 달하여 재정안정을 달성하였다.

그러나 급여비의 급격한 증가 등으로 1997년부터 직장조합도 2,276억 원의 당기적자가 발생하기 시작하였고, 1998년에 3874억 원, 1999년에는 5,764억 원의 당기적자가 발생함으로써 1999년 말 현재 누적적립금은 1조 7,305억 원으로 감소하였다.

(4) 공·교건강보험

공·교보험의 재정불안정 요인의 해소를 위해 1998년 7월에 보험료 부과기준을 확대하고 보험료율을 3.8%에서 4.2%로 인상 조정하였다.

1999년에는 보험료 부과 범위를 정근수당, 장기근속수당으로까지 확대하고, 보험료율을 4.2%에서 5.6%로 인상하였다. 그리하여 1999년 당기수지 356억 원 흑자를 기록하여 다소 안정을 되찾기도 하였다.

(5) 보험재정과 보험료율의 조정

직장의료보험은 법정준비금의 적립률이 일정 수준 이상으로 재정이 안정된 조합에 대하여 지속적으로 보험료율을 인하 조정하여 피보험자의 부담을 경감시키고 있다. 평균보험료율도 1986년도의 3.57%를 기준으로 하여 1995년도에는 3.03%로 크게 낮아졌으나, 조합재정이 어려워짐에 따라 보험료율이 다시 증가하기 시작하여 1997년도에는 평균보험료가 3.13%로 인상되었고, 1998년 3.27%, 1999년 3.75%로 점차 증가되어 왔다. 2000년 7월부터는 직장가입자는 2.8%, 공무원·교직원은 3.4% 부과하였으며, 2001년 1월부터는 직장 및 공·교 가입자 모두 보험료율을 3.4%로 일원화하였다. 2012년에는 5.80%를 적용하고 있다.

우리나라 건강보험제도의 재정 부담률은 이와 같이 전체소득의 약 5.80%인데, 이를 주요 국가와 비교하면 약 1/2 수준인 것을 알 수 있다(〈표 7-9〉 참조). 일반적으로 국민들은 보험료 부담에 대해서는 예민하고 보험급여는 낮다고 생각하기 쉽다. 우리나라 건강보험의 부담과 급여 수준은 간단히 표현하면 '저부담, 저급여'라고 할 수 있는데, 앞으로 건강보험제도의 발달과 함께 국민도 사회발전 수준에 맞는 재정 부담과 그에 상응하는 보험급여를 받아야 하는 '적정부담, 적정급여'에 대한 인식의 수용이 필요하다.

〈표 7-9〉 **외국의 건강보험 보험료율 비교**(2000) (단위: %)

독일	일본	프랑스	벨기에	대만
13.3(6.8)	8.5(4.25)	13.5(6.8)	10.85(4.7)	8.0(3.2)

※ ( )는 본인부담률.

〈표 7-10〉 건강보험 재정 현황 (단위: 조 원, %)

	2003	2004	2005	2006	2007	2008	2009	2010	2011
수입	16.8	18.6	20.3	22.4	25.3	28.9	31.2	33.6	38.0
ㅡ 보험료 등	13.4	15.1	16.6	18.6	21.6	24.8	26.5	28.7	32.4
ㅡ 정부지원	3.4	3.5	3.7	3.8	3.7	4.1	4.7	4.9	5.1
* 국고	2.8	2.9	2.8	2.9	2.7	3.1	3.7	3.8	4.2
* 국민증진기금	0.6	0.6	0.9	0.9	1.0	1.0	1.0	1.1	0.9
지출	15.7	17.0	19.2	22.5	25.6	27.5	31.2	34.9	37.4
ㅡ 보험급여비 등	15.0	16.2	18.3	21.6	24.6	26.5	30.2	33.8	36.2
ㅡ 관리운영비	0.7	0.8	0.9	0.9	1.0	1.0	1.0	1.1	1.1
당기수지	1.1	1.6	1.2	−0.1	−0.3	1.4	0.0	−1.3	0.6
누적수지	−1.5	0.1	1.3	1.2	0.9	2.3	2.3	1.0	1.6
수지율(지출/수입)	93.6	91.6	94.2	100.3	101.1	95.3	100.0	104.0	98.0

출처: 보건복지부. 국민건강보험공단 자료.

건강보험의 재정 현황을 살펴보면, 2011년 현재 수입이 38조 원, 지출이 37.4조 원이다. 재정수지(지출/수입)는 약 98%다. 2003년 이래 재정수지가 93.6%, 91.6%로 적자를 보이기도 하였으나, 2006년 이후 약간의 흑자를 보이면서 재정안정을 이루고 있다(〈표 7-10〉 참조).

6. 진료비 심사와 지불 제도

1) 진료비 심사와 지불

진료비 심사란 의료인에 의해 제공되는 의료서비스의 적정성을 평가하는 것이다. 건강보험제도에서는 진료비 심사를 통해 의료기관에서 보험자인 건강보험공단에 청구된 진료비의 적정성을 평가하여 과잉 진료, 부당청구, 산정 착오 등의 명목으로 청구된 진료비는 삭감하고 있다.

2000년 7월 1일 국민건강보험법이 시행되면서 진료심사 기능은 보험자의 기능에서 독립되어 별도로 설립된 '건강보험심사평가원'에서 이루어지도록 되어 있다. 건강보험심사평가원의 설립목적은 요양급여비용을 심사하고 요양급여의 적정성을 평가하기 위한 것이다. 이를 위해 요양급여비용을 심사하고, 요양급여의 적정성에 대한 평가를 시행할 뿐만 아니라, 심사 및 평가 기준을 개발하는 등의 업무를 할 수 있도록 되어 있다.

건강보험심사평가원은 심사기능뿐만 아니라 평가기능을 가질 수 있도록, 요양급여의 적정성 평가결과에 따라 요양급여비용을 가산 또는 감액 조정하여 지급하도록 그 기능이 대폭 강화되었다.

2) 진료비 지불 제도와 건강보험 수가체계 개편

(1) 진료비 지불 제도

보험급여의 하나로 의료기관을 이용한 피보험자의 진료비를 지불하는 방법은 행위별 수가제, 인두불제, 총액계약제, 예산제 등이 있다. 한국에서는 행위별 수가제 방식을 택하고 있다.

행위별 수가제는 의료기관이 피보험자가 이용한 의료기관의 의료서비스를 항목별로 산정하여 그 총액을 진료비로 지불하는 방법이다. 점수제 또는 성과불제(fee for service system)라고도 부른다. 한국과 일본, 미국에서 실시하고 있는 제도다. 행위별 수가제의 장점은 의료기관이 의료서비스별로 진료한 항목에 대한 진료비를 지불하는 방법이므로 객관적이다.

단점은 의료기관이 실제 진료한 것보다 과다 청구하는 경향이 발생하고, 검사 등 불필요한 진료를 행하기가 쉽다. 피보험자들도 의료비를 절감해야 할 유인장치가 없다. 따라서 이러한 제한이 있기 때문에 인두불제나 총액계약제 또는 예산제 등이 활용되고 있다.

인두불제(人頭拂制, capitation system)는 의료인이 일정한 인원을 할당받아 진료를 담당하고, 할당된 인원에 따라 일정한 금액을 정하여 지급하는 방법이다. 영국이 자랑하는 국영의료서비스(NHS) 외래진료의 진료비 지불방법이다. 장점은 한 사람당 진료비가 정해져 있으므로 과잉 진료를 할 필요가 없고, 의료인이 가족별 주치의나 가정의(family doctor)가 되어 예방이나 상담을 통하여 질병이 발생되지 않도록 적극적인 진료를 하게 되는 점이다. 단점은 의료인으로서 별도의 성과급이 없으므로 진료대기 기간이 길어지는 문제가 있다.

총액계약제는 한 국가의 진료비 총액을 미리 결정하여 그 한도 내에서 진료하도록 하는 방법으로서, 독일의 외래진료비 지불방법에 활용되고 있다. 진료비 총액의 의료단체와 협상을 통하여 계약하고 의료비 총액을 의료단체에 지불하면 의료단체 내부에서 진료비를 배분한다. 장점은 진료비의 증가를 억제할 수 있고, 의료기관 내부에서 자체적으로 진료비를 배분하므로 의료인의 자존심이 확보될 수 있다. 단점은 진료비 총액을 경제성장률 내에서 억제하므로 의료기관에서 쉽게 받아들이기 어렵다는 것이다. 고도의 공익성과 민주적 결정과정에 익숙한 사회에서 받아들여질 수밖에 없는 한계를 가지고 있다.

예산제는 진료비 총액을 미리 결정하는 방법으로 총액계약제와 유사하다. 영국의 입원진료비나 독일, 스웨덴의 입원진료비 지불방법이다. 진료비 억제에 유리한 방법이나 총액결정에 대해 의료인들의 반발이 있는 단점이 있다. 병원이 국영 또는 공익 기관으로 운영되는 영국, 독일, 스웨덴 등에서 가능하고, 한국이나 일본처럼 의료가 상품화되어 병원이 민간시장에서 운영되고 있는 국가에서는 수용하기가 쉽지 않다.

(2) 한국 건강보험의 요양급여비용 결정

한국 건강보험의 요양급여비용, 즉 진료비는 행위별 수가제로 지불되고 그 보험수가는 의료기관과의 계약을 통해 결정된다.

요양급여비용은 공단의 이사장과 의약계를 대표하는 자 간의 계약으로 정한다. 이 경우 계약기간은 1년으로 하며 계약기간 만료일 3월 이내에 계약이 체결되지 않는 경우에는 보건복지부 장관이 심의조정위원회의 심의를 거쳐 정하는 금액을 요양급여비로 정한다. 계약의 내용은 각 요양급여의 구체적 항목에 대하여 보건복지부 장관이 정한 항목별 상대가치 점수의 점수당 단가를 체결하는 것이다. 약제 및 치료재료에 해당하는 비용은 장관이 정하는 범위 내에서 요양기관이 당해 약제 및 치료재료를 구입한 금액으로 하고 있다.

(3) 건강보험 수가체계 개편

건강보험 수가체계 개편 방향은 크게 두 가지로 설명할 수 있다. 첫째는 현행 행위별 수가제를 보완·발전시키는 대안으로서, 상대가치수가제도의 도입과 질병군별(DRG) 포괄수가제도의 실시다. 둘째는 총액계약제의 도입이다.

① 상대가치수가제도 도입

상대가치수가제도는 투입자원에 근거한 행위별 수가산정 모형인 자원기준 상대가치체계(Resource Based Relative Value Scale: RBRVS)를 우리나라 사정에 맞게 재고안한 것이다. 미국에서는 1992년부터 메디케어의 수가산정에 활용되기 시작하였다.

상대가치수가제도 도입의 배경은 종전의 의료보험 수가체계의 여러 문제점을 개선하고 국민건강보험에 의해 실시되는 수가계약제의 원만한 시행을 도모하는 데 있다. 종전 의료보험 수가는 의료수가 간(진료과목 및 의료행위 간)의 불균형이 심하고 의료보험 수가가 생산원가 수준에 크게 미달되어 있으며, 의료보험 수가의 결정과정이 경직되어 있어 변화하는 의료환경에 적용하기 어려운 구조를 내포하고 있었다.

② 질병군별(DRG) 포괄수가제도의 실시

현행 수가제도하에서는 근본적으로 의료서비스 제공량의 중대유인을 의료기관에 줌으로써 급격한 진료량 증가와 그에 따른 의료비용의 상승이 가속화되는 요인이 되고 있다. 그 밖에도 의료서비스 공급 형태의 왜곡, 수가관리의 어려움, 의료기관의 경영 효율화 유인장치 미비 등 많은 문제점이 파생되어 왔다.

행위별 수가제하에서의 문제점들을 합리적이고 효과적으로 해결하기 위한 방안으로 일종의 포괄수가제인 질병군별 포괄수가제도(Diagnosis Related Groups: DRG)의 단계적인 도입을 추진하고 있다. 1997년부터 질병군별 포괄수가제도 시범사업을 시작하였다.

질병군별 포괄수가제도의 도입은 수가제도상의 개혁으로 의료공급자 및 의료이용자뿐만 아니라 보험자에게도 많은 영향을 주게 되며, 특히 의료제공자의 진료 형태뿐만 아니라 환자들의 본인부담금 지불 방식과 보험자의 진료비 부담 및 진료비 심사·지급제도 등에 큰 변화를 초래할 것이다.

③ 총액계약제의 도입

최근 급속히 증가하는 진료비의 증가는 진료비 증가의 적절한 억제를 필요로 하고 있다. 의료인의 전문인으로서의 자긍심을 부여하면서도 진료비의 합리적인 배분이 가능하도록 하기 위해 진료비의 총액을 결정하고 이를 배분하는 총액계약제의 도입이 절실하다.

7. 조합론과 통합론 논쟁

우리나라 건강보험제도는 1977년에 도입된 이래 12년 만인 1989년에 전 국민으로 확대·적용되어 전 국민 의료보장시대를 열었다. 그 과정에서 병원 이용이 용이해지고 기본 진료를 큰 부담 없이 받을 수 있는 성과를 거둔 것으로 평가된다. 그러나 초기의 도입·확대 그리고 전 국민에게 적용되는 과정에서 계층 간 및 지역 간 부담의 형평성 결여, 조합 간 재정불균형의 심화에 따른 급여수준의 하향 평준화, 다수 조합운영으로 인한 관리체계의 비효율, 불합리한 보험수가 구조에 의한 의료공급체계의 비효율 등의 문제가 계속 남아 있었다.

그동안 관리·운영체계는 사업장 중심의 다수 직장조합과 시·군·구 단위의 지역조합으로 분립·운영되었고, '저부담·저급여' 구조로 인하여 많은 문제점이 지적되었다. 이러한 의료보험제도의 구조적인 문제점들을 개선하기 위한 한 대안으로 조합방식 건강보험을 통합방식으로 전환하자는 주장이 제기되어 결국 2000년 단일 보험자로 통합되었다.

1) 전개과정

(1) 의료보험 도입과 조합방식 관리운영의 채택

우리나라 건강보험제도는 도입 때부터 조합방식 관리운영체제를 채택하였다. 이 방식은 직업, 직장, 지역별로 각기 독립적인 조합을 조직하고, 이 조합이 해당 집단 내 피보험자의 보험을 관리·운영하는 것이다. 1977년 제도의 시행을 설계할 때 관리운영체계를 조합방식으로 정하게 된 배경에는 다음과 같은 요인이 작용한 것으로 분석되고 있다.

첫째, 조합방식의 분립체제는 의료보험제도를 단기적으로 확대하는 데 유리하다. 1976년 의료보험정책을 수립할 때 정부로서는 이 제도를 전 국민에게 동시 적용하기가 어려웠다고 판단했기 때문에 계층별, 집단별로 나누어 적용대상을 점진적으로 확대하고자 하는 방침을 세웠다. 이와 같은 단계적 확대정책을 추진하기 위해서는 전 국민을 집단별로 나누어 적용하는 방식이 유리하다고 생각한 것이다.

둘째, 조합방식은 정부재정의 책임을 최소화하면서 의료보험을 확대하기에 유리하다. 조합방식의 장점으로 가장 강조되어 온 것은 재정자치의 원칙이었다. 보험재정을 자치적·독립적으로 해결하도록 하는 것이다. 이 원칙이 실현될 때 정부에서는 재정지원 없이 의료보험제도를 확대할 수 있다고 본 것이다.

이와 같은 배경하에 조합방식의 의료보험 관리운영체계가 출범하였다. 1977년 7월 의료보험제도를 본격적으로 실시할 즈음에는 의료보험조합을 사업장별로 조직하는 식으로 사업이 시작되었다. 그래서 1979년까지 모두 603개의 직장의료보험조합이 만들어진 것이다.

그런데 이처럼 수많은 조합이 설립되면서 다음과 같은 문제점이 나타나게 되었다.

- 전체 조합의 22%에 해당하는 130개 조합의 재정이 극히 취약하여 보험재정이 불안하였다. 소규모의 조합으로 의료보험을 적용하여 재정불안이 발생하게 된 것이다.
- 사업장의 도산, 휴·폐업 등 경기변동에 따라 의료보험조합의 해산, 업무 정지 등 문제점이 발생하였다.
- 의료보험제도의 소득재분배 및 위험분산 기능이 사업장 내에 국한되었다.

(2) 1980년대의 의료보험 관리 방식에 관한 논의

1980년대에 접어들면서 1977년의 직장의료보험, 1979년 공무원 및 사립학교교직원 의료보험이 시행된 이후 우리나라의 의료보험 확대와 관련된 관리 방식의 문제가 제기되기 시작하였다. 이때 주된 관점은 관리·운영비의 절감, 보험재정의 안정화 등이었다. 1980년대 초 제5공화국 출범과정에서 난립한 사회단체 통합의 일환으로 직장의료보험과 공·교의료보험의 통합을 추진하여 국회에서 통합 결의를 한 바 있다. 그러나 공무원보험과 근로자보험의 통합 시 근로자의 보험료 부담이 가중될 수 있다는 여론 등에 따라 조합단위의 관리 방식을 유지하기로 결정하였다.

1980년대 후반에 이르러서는 지역주민에 대한 의료보험의 확대와 맞물리면서 의료보험 확대 실시를 위한 의료보험 관리체계의 모델에 대한 논의가 다시 한 번 제기되었다. 도시지역보험의 확대와 관련하여 시·도 단위 광역화, 생활권단위 광역화, 구·시·군 단위 조합 설립 등 다양한 모델에 대한 논의가 이루어졌다. 이 과정에서 여소야대의 정국을 맞아 소득재분배, 위험분산의 강화, 관리·운영비 절감 등 제안의 이유로 통합의료보험법안이 1989년 국회를 통과하였다. 그러나 시행상의 어려움과 재정통합으로 인한 사유재산권 침해소지 등을 이유로 대통령이 거부권을 행사하여 구·시·군 단위의 지역의료보험조합이 설립되고 다보험자 방식의 전 국민 의료보험이 출범하게 되었다.

(3) 1990년대의 의료보험 관리방식에 관한 논의

1990년대 들어 지역의료보험의 여러 문제에 대한 불만이 커져 가면서 조합 간 재정력의 격차를 해소하는 재보험 성격의 재정공동사업과 조합 간 재정력 격차를 고려한 국고 차등지원 등이 추진되었다. 한편으로는 근본적인 의료보험의 난제 극복을 위한 대안 모색을 위해 다각적인 노력이 진행되어 1994년의 의료보장개혁위원회, 1997년의 의료개혁위원회, 국회 및 정가 주최의 여러 공청회와 토론회가 이어졌다. 이러한 다양한 논의가 의료보장제도의 전반적인 개혁 요구와 접목되면서 특히 정치권을 중심으로 통합 움직임이 구체화되었다. 그리하여 1998년 지역의료보험과 공·교 의료보험이 통합되었고, 2000년에는 직장보험을 포괄한 단일한 보험자 조직으로 통합되었다.

2) 통합건강보험 실시목적

(1) 사회연대성 원리 실현

건강보험은 국민의 건강 욕구를 해결하는 데 드는 사회적 비용을 국가가 사회 연대성 원리에 따라 공동체적으로 해결하는 사회보장제도다. 그 기본 취지는 부자가 가난한 사람을, 건강한 사람이 병든 사람을 돕자는 것이다. 그러나 조합방식에서는 독립채산제로 운영되기 때문에 전 국민적 상부상조가 불가능하였다. 따라서 통합에 의해 이러한 문제를 해결하여 사회 연대성 원리를 실현하게 된다.

(2) 보험료 부담의 형평성 제고

의료보험 통합을 논의할 때 가장 기본적이며 핵심적인 논의과제가 보험료 부담의 형평성 문제다. 의료보험 재정단위인 사회공동체의 집단을 조합별로 하느냐 혹은 전국을 하나로 하느냐에 따라 부담의 형평성은 달라지게 되어 있다. 직장의료보험의 부과체계가 조합마다 달라서 동일한 소득이 있더라도 조합마다 각기 다르게 보험료가 부과되었으나, 통합체제에서는 통일된 기준에 의한 보험료 부담으로 형평성을 제고하게 된다.

(3) 보험재정의 안정적 확보와 효율적 운영

의료보험 통합에서 다른 한편으로 중요 논의과제가 되는 것은 보험재정의 안정적 확보와 효율적 운영, 이에 따른 보험급여 수준에 관한 문제다. 의료보험은 사회보험제도로서 보험급여비용의 지출과 보험료의 수입이 서로 균형을 이루어야 하나, 조합별로 재정을 운영함에 따라 조합

구성원의 특성에 따라 보험료 수입과 보험급여비용 지출에 차이가 발생하여 조합 간의 재정 격차가 발생하였다.

의료보험 통합은 이와 같은 조합별 재정운영의 구조적 장벽을 없애고 전 국민적 차원에서 보험재정을 안정적으로 확보하여 이를 기초로 한 적정한 수준의 의료서비스를 보장하자는 것이다.

결론적으로 의료보험의 통합은 '부담의 형평성 확보—적정수준의 보험료 부담—보험재정의 안정적 확보와 효율적 운영—적정수준의 보험급여 제공'의 형태로 국민에 대한 의료보장을 제대로 실현하도록 하는 것에 그 목적이 있다.

3) 통합건강보험의 주요 내용

(1) 관리 · 운영조직의 통합 일원화

2000년 7월에 1차 통합조직인 국민의료보험관리공단(227개 지역조합과 공 · 교공단의 통합조직)과 139개 직장의료보험조합이 단일 보험자인 '국민건강보험공단'으로 완전 통합되었다.

(2) 보험재정의 안정장치 마련

가입자대표(지역가입자 10명, 직장가입자 10명)와 공익대표(10명)로 구성되는 재정운영위원회를 설치하여, 보험재정을 안정적으로 관리 · 운영하도록 하는 제도적 장치를 마련하였다.

(3) 건강보험심사평가원의 신설

진료비 심사기능을 독립시켜 의료의 질과 평가기능을 갖춘 '건강보험심사평가원'을 설립하였으며, 적정진료와 보험재정의 균형, 심사의 전문성 및 공정성, 진료의 적정성 및 비용효과 등의 제고에 힘쓰도록 하였다.

(4) 건강보험제도 운영의 민주성과 투명성 제고

국민의 의견이 정책결정 및 관리·운영에 반영될 수 있도록 가입자, 의료계, 보험자, 정부대표가 함께 참여하는 건강보험심의조정위원회를 정책자문기구로 운영하도록 하고, 국민건강보험공단 및 건강보험심사평가원의 운영에도 참가하도록 함으로써 제도운영의 민주성과 투명성을 제고하였다.

(5) 적정부담·적정급여 체계 전환으로 내실 있는 의료보장제도 기반 구축

전국 차원의 보험료와 급여수준에 대한 효율적 통제가 가능하게 됨으로써 '저보험료 → 저수가 → 저급여 → 높은 본인 부담'이라는 악순환의 고리를 차단하고, '적정보험료 → 적정수가 → 적정급여'라는 내실 있는 의료보장제도의 기반 구축이 가능하게 되었다.

(6) 의료보험에서 건강보험으로: 치료중심에서 예방 및 재활까지를 포함한 포괄적 급여 제공

사후치료 중심의 보험급여에서 사전 진찰 등의 예방급여와 재활서비스, 건강증진 프로그램 등을 포함하는 포괄적 급여 실시를 명문화하였다.

(7) 경제적 능력에 상응하는 보험료 부담의 형평성 확보

종전에는 139개 직장조합 간이나 같은 조합 내에서도 각 사업장 간의 총 보수에서 차지하는 보험료 부과 범위가 상이하여 동일 소득의 근로자들 간에도 보험료 차이가 발생하고 있었다. 그러나 통합체제에서는 통일된 기준에 의한 보험료 부담으로 형평성이 확보되었다.

4) 통합논쟁이 건강보험 발전에 미친 영향

우리나라의 의료보험 관리방식을 둘러싼 논쟁은 매우 치열하고 광범위하게 진행되었다. 10여 년에 걸친 '의료보험 통합논쟁'이라는 독특한 경험을 하면서, 많은 이해관계 단체와 학자, 전문가 간의 역동적인 의사결정 과정을 겪은 끝에 2000년 7월에 통합 방식의 국민건강보험공단의 성립으로 마무리되었다.

의료보험 통합을 둘러싼 격렬한 논쟁은 그 과정에서 소비적이고 불필요한 것으로 비판되기도 하였지만, 의료보험의 관리·운영에 대한 지속적인 토론과 논쟁은 관리·운영에 대한 국민의 관심을 유도해 냈고 운영상의 긍정적인 효과를 나타냈다.

첫째, 통합 논쟁은 결과적으로 전 국민으로의 보험 확대를 촉진한 중요한 동인으로 작용하였다. 1977년 500인 이상 사업장의료보험이 처음 도입된 이래 적용대상을 점차 확대하여, 1988년 1월 농어촌 지역과 1989년 7월 도시지역 자영자에게까지 적용됨으로써 12년이라는 짧은 기간 내에 전 국민 의료보험시대에 접어들게 되었다. 이러한 계기를 마련한 것은 바로 건강보험 미적용 국민의 비형평성, 불평등성에 대한 논쟁이 중요한 촉발제가 되었다. 특히 의료보험을 강제 적용하여 500인 이상 사업장 근로자와 공무원 및 사립학교교직원을 대상으로 의료보험이 시작되면서 그들에 대해 낮은 보험수가를 적용하였는데, 이에 상대적으로 높은 일반의료 수가를 적용받게 된 저소득계층인 미적용 계층의 불만이 컸고 이러한 불만이 급속한 적용 확대의 동인이 되었다.

둘째, 의료보험 관리·운영을 둘러싼 논쟁은 급여 확대의 촉매가 되었다. 의료보험의 도입을 조합방식으로 시작하면서 급여수준은 전국적으로 일부 부가급여의 수준 차이를 제외하고는 거의 동일하게 유지되었다. 그런데 보험급여수준은 보험재정이 열악한 조합을 기준으로 제공되었기 때문에 보험재정이 우량한 조합도 낮은 조합을 기준으로 보험급여 수준이 결정되었다. 따라서 보험급여의 확대는 조합방식을 채택하는 한, 재정수준이 낮은 조합이 있는 한 불가능한 것이었다. 이러한 구조적 모순을 탈피하기 위해서 재정통합을 비롯한 의료보험 통합이 필요하다는 주장이 계속 제기되었고, 조합방식을 유지하며 급여 확대가 추진되면서 재정이 열악한 조합의 보험재정이 급속히 악화되는 악순환이 나타남에 따라 통합의 필요성이 현실적으로 받아들여지게 된 측면이 있다.

셋째, 사회보장으로서 건강보험의 효율성과 형평성에 대한 문제의식이 커졌고, 여기서 제기된 여러 제안이 제도운영에 반영되었다. 통합을 둘러싼 논쟁이 지속되면서 조합방식을 유지하면서도 한편으로는 통합방식의 장점을 조합방식 속에 반영하려는 노력이 추진되었다. 조합방식하에서 소규모 직장조합의 통·폐합이 지속적으로 이루어졌고, 통합방식에서 나타나는 국민의 서비스 이용의 편리성을 확보하기 위한 노력이 이루어졌다. 예를 들면, 소속 대규모 직장의료보험조합에서는 서울 본사 위주로 관리가 되기 때문에 지부나 지방에 근무하는 근로자가 피부양자 등재 등 의료보험 업무를 하고자 할 때는 서울본사에서 신청서류를 처리하는 시간과 노력이 소요되었다. 그러나 통합 방식을 채택하면서 가능한 전국 어디서나 가장 가까운 사무소에서 업무를 처리할 수 있도록 하는 조치가 이루어졌다.

넷째, 통합을 둘러싼 논쟁 속에서 사회보험의 통합을 향한 진전이 이루어졌다. 통합의 기본 방향이 그동안 수요자의 편의 증진, 관리·운영의 효율성, 사회보험 간 중복급여 방지와 사회보장의 사각지대 해소로 질적 발전을 도모하는 것이었다. 이러한 조합방식과 통합 방식을 둘러싼 논쟁은 국제사회에도 영향을 미쳤다. 대만의 경우는 1988년 전 국민 건강보험제도 도입을 위한 특별위원회를 설립한 이후 7년이 지난 1995년에 통합의료보험제도를 실시하였다. 사회보험을 오래전부터 실시해 온 영국, 프랑스, 독일, 일본 등에서는 사회보험의 기능을 전반적으로 통합하거나 부분적으로 통합하여 운영하고 있다. 특히 제2차 세계대전 이후 영국의 복지국가 건설의 초석이 된 베버리지 보고서는 사회보험의 개혁을 핵심으로 하고 있다.

역사적으로 사회보장제도의 혁신은 경제적·사회적 위기 속에서 이루어져 왔다. 미국 사회보장제도의 기초가 된 1935년의 '사회보장법'은 대공황의 위기를 극복하기 위한 것이었으며, 유럽복지국가의 전형이 된 영국의 베버리지 보고서도 제2차 세계대전의 격동기에 사회적 통합을 추구하기 위해서 구상된 것이었다. 베버리지 보고서를 바탕으로 비효율적인 영국의 사회보장제도가 전면 개편된 지 50여 년이 지난 오늘날 한국에서 의료보험 통합이 제기되어 하나의 건강보험제도로 단일화된 것은 큰 의미가 있다.

8. 사회보험 징수통합

사회보험징수통합제도는 3개의 사회보험공단(건강보험공단, 국민연금공단, 근로복지공단)에서 따로 수행하던 건강보험, 국민연금 및 고용·산재보험 업무 중 유사·중복성이 높은 보험료 징수업무를 건강보험공단이 통합하여 운영하는 제도다.

관련 근거법은 국민건강보험법 시행령에 그 근거규정을 마련하고, 건강보험공단 분사무소의 장에게 위임할 수 있도록 하기 위하여 관련 '징수위탁 근거 관련 법률(국민연금법, 고용보험 및 산업재해보상보험의 보험료 징수 등에 관한 법률, 임금채권보장법)'의 위탁에 따른 사회보험료 등에 대한 납입고지, 독촉, 체납처분 등 징수에 관한 권한을 신설한 것이다.

징수통합 서비스는 2011년 1월 1일부터 실시되었다. 사회보험료 징수통합을 실시하는 이유는 크게 세 가지다. 첫째, 징수업무의 단일화로 고객의 편의성이 크게 향상될 수 있다. 고지 방식, 납부방법 및 창구의 일원화로 시민이 보다 편리하게 사회보험료를 납부할 수 있다. 둘째, 징수중복 업무 효율화를 통하여 행정비용이 절감될 수 있다. 건강보험공단, 국민연금공단 및 근로복지공단은 중복 업무를 효율화하여 인건비, 고지서 발송비용, 그 밖의 행정비용 등을 절감할 수 있다.

　사회보험 징수통합은 건강보험의 운영 방식을 조합방식에서 통합방식으로 개혁하며 제기된 과제이며, 동시에 사회보험청과 같은 사회보험 통합기구 운영과 같은 사회보장의 효율적 운영을 위한 모색의 하나다. 주요 국가에서도 이러한 사회보험의 효율적 운영을 위한 방법의 하나로 실시해 오고 있다. 독일 및 오스트리아는 질병금고(한국의 건강보험)에서 징수업무를 통합 수행하고 있으며, 폴란드를 비롯한 체코, 그리스에서는 사회보험청 등 대표 보험기관에서 일부 급여업무를 포함한 징수업무를 통합 수행하고 있다. 프랑스에서는 보험료 징수연합이라는 별도의 징수기구에서 사회보험료 징수업무를 전담하고 있으며, 일본에서는 정부 관장의 건강보험료과 국민연금을 통합 징수하기 위해 일본연금기구에서 징수업무를 부분적으로 통합 징수하고 있다.

1) 징수통합 업무 범위

　징수업무인 고지·수납·체납업무를 국민건강보험공단에서 통합하여 시행한다. 자격관리, 보험료 부과 및 급여 업무는 현재와 같이 각 사회보험공단에서 처리한다.

　① 국민연금 위탁업무: 반납금[6] 및 추납보험료[7]를 제외한 연금보험료의 고지, 수납 및 체납관리 업무

---

[6] 반납금은 국민연금법 제77조에 따라 반환일시금을 받은 자로서 다시 가입자의 자격을 취득한 자가 국민연금공단에 내는 금액으로 지급받은 반환일시금에 이자를 더한 금액이다.

[7] 추납보험료는 연금보험료의 납부예외로 보험료를 내지 않은 기간 및 병역의무를 수행한 기간에 상응하는 보험료로서 추후에 국민연금공단에 내는 금액이다.

② 고용·산재보험 위탁업무
- 건설업·벌목업을 제외한 사업장의 사업주가 내야 하는 월별 고용·산재보험료의 고지, 수납 및 체납 관리 업무
- 건설업·벌목업 사업장의 사업주가 체납한 개산·확정고용·산재보험료의 징수업무

③ 임금채권부담금·석면피해구제분담금 위탁업무: 산재보험 위탁업무와 동일
- 임금채권부담금[8]과 석면피해구제분담금[9]은 산재보험료와 통합하여 징수한다.

2) 징수통합 업무 – 고지

건강보험공단이 국민연금공단 및 근로복지공단으로부터 부과자료(고지확정 자료)를 받아 통합하여 고지한다. 고용보험과 산재보험은 이에 따라 보험료 관련 사항이 변경되었다. 첫째는 납부 방식이다. 매년 자진신고하여 납부하는 방식에서 매월 부과하는 방식으로 바뀌었다. 둘째는 부과기준이다. 부과기준이 임금총액에서 (소득세) 과세대상총액으로 바뀌었다.

3) 징수통합 업무 – 수납

보험료 납부(수납)에 있어서 더욱 편리하게 보험료를 납부할 수 있도록 다양한 납부방법을 도입하였다. 예를 들면, 편의점을 통하여 24시간

---

[8] 임금채권부담금은 사업장의 도산 등으로 퇴직한 근로자가 받지 못한 임금을 고용노동부장관이 대신 지급하는 데 충당하기 위하여 사용자로부터 징수하는 금액이다.
[9] 석면피해분담금은 석면으로 인한 피해자의 치료비 등에 충당하기 위하여 20명 이상의 산재보험 가입사업장 사용자로부터 징수하는 금액이다.

납부 가능하고 고지서가 없어도 금융기관 창구에서 납부 가능하다. 특히 '통합징수 포털사이트(http://si4n.nhic.or.kr)'에서 인터넷으로 편리하게 납부할 수 있다. 지역가입자는 신용카드를 이용하여 자동납부 가능하다.

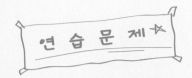

1. 다음 우리나라의 사회보험제도 중 현물급여를 중심으로 지급하는 제도는?
   ① 건강보험   ② 연금보험
   ③ 산업재해보상보험   ④ 고용보험
   ⑤ 가족수당

2. 의료보장제도를 실시하는 국가 중 한국과 가장 유사한 제도를 실시하는 나라는?
   ① 스페인   ② 미국
   ③ 이탈리아   ④ 영국
   ⑤ 일본

3. 한국건강(의료)보험제도의 발달과 관련하여 맞지 <u>않는</u> 것은?
   ① 최초의 건강보험 입법은 1963년에 이루어졌다.
   ② 건강(의료)보험은 공무원을 대상으로 최초로 실시되었다.
   ③ 건강(의료)보험이 최초로 실시된 연도는 1977년이다.
   ④ 전 국민에 대한 적용이 이루어진 해는 1989년이다.
   ⑤ 2000년부터 건강보험은 단일 보험자로 운영되기 시작하였다.

4. 건강(의료)보험의 보험료 부과방식으로 옳지 <u>않은</u> 것은?

① 직장가입자의 경우에는 소득비례정률제가 적용되고 있다.

② 지역가입자는 '부과표준소득'에 의해 부과한다.

③ 부나 모 등 직장가입자의 직계피부양자는 소득에 관계없이 보험료를 내
    지 않는다.

④ 2003년 직장가입자의 보험료율은 3.94%다.

⑤ 지역가입자에 대해서는 국고에서 일부 지원되고 있다.

5. 보험급여를 설명한 것 중 맞지 <u>않는</u> 것은?

① 입원진료비의 본인부담 비율은 20%다.

② 만성신부전증 환자의 진료비의 본인부담 비율은 20%다.

③ 초음파, 자기공명영상의 비용은 비급여다.

④ 입원기간 중의 식대는 급여대상이다.

⑤ 언어치료, 행동치료 등은 보험급여 대상이다.

6. 통합건강보험 실시목적과 <u>다른</u> 것은?

① 사회연대성 원리 실현

② 보험료 부담의 형평성 제고

③ 보험재정의 안정적 확보와 효율적 운영

④ 국민참여와 민주적 운영

⑤ 분립체제 운영을 통한 분권화

산업재해보상보험

1. 의의와 역사

산업재해보상보험(이하 '산재보험')은 산업재해를 당한 근로자를 보호하기 위한 사회보험이다. 산업재해란 사업장의 근로자가 업무상 발생하는 재해로 인해 부상, 질병, 신체장해, 사망을 당한 경우를 말한다. 아울러 업무 수행 중의 사고뿐만 아니라 사업장의 설비 미비로 인한 사고, 업무 수행을 위한 출장 중에 당한 사고, 사업주가 제공한 차량으로 출퇴근하다 당한 사고, 작업환경이나 근무조건 등 유해요인으로 인해 생기는 질병도 산업재해로 본다. 이러한 산업재해에 대해 치료비와 보상금을 지급하고 직업재활, 생활정착금 보조 등의 복지 증진을 위해 국가가 관장하는 사회보험이 산재보험이다.

산업화 초기에는 산업재해에 대해서 근로자 또는 사업주가 스스로 책임을 졌다. 이때 근로자는 일을 하지 못하게 되어 임금을 받을 수 없어서 생활하는 데 어려움이 따르게 되었고, 회사는 또 산업재해 보상의 많은 비용 부담으로 경영상의 어려움을 겪었다. 이러한 어려움을 평소에 대비하기 위해 공공기금을 마련해 두었다가 사고나 재해가 발생할 때 그것을 재원으로 활용하게 되었다. 여기에서 돈을 내는 것을 기여라 하고, 보상을 받는 것은 급여라 한다. 보험료는 사용자가 전액 납부하고, 산재가 발생하였을 때 근로자 혹은 그 가족은 요양급여, 휴업급여, 장해급여, 유족급여, 상병보상연금, 간병급여, 장의비 등을 받을 수 있다.

우리나라 5대 사회보험 중에서 가장 먼저 도입된 산재보험의 경우 1963년에 '산업재해보상보험법'이 제정되고 1964년 7월 1일부터 실시되었다. 이후 여러 차례 법이 개정되면서 적용 대상자와 급여가 확대되었고, 1995년부터는 고용노동부 장관의 위탁을 받아서 근로복지공단이 보험을 관장하고 있다.

2. 적용대상

산재보험의 보험급여 대상은 적용 사업장에서 재해를 당한 근로자(그의 유족 포함)이지만, 산재보험의 적용단위는 사업 또는 사업장이다. 여기에서 '사업'이란 어떤 목적을 위하여 업으로 행하여지는 계속적 · 사회적 · 경제적 활동단위로서, 그 목적은 영리성 여부와는 관계가 없다. '사업장'이란 사업이 행하여지고 있는 인적 · 물적 시설이 존재하는 장소적 범위를 중심으로 본다. 사업 또는 사업장의 판단기준은 그것이 사업장이든 공장이든 그 자체에서 인사 · 회계운영 등이 최소한의 경영체제로서 독립성을 유지하고 있는지 여부다.

산재보험의 적용 사업장으로는 당연적용 사업장과 임의적용 사업장이 있다. 당연적용 사업장은 2001년 1월부터 상시(常時)근로자 1인 이상의 모든 사업 또는 사업장이다. 단, 농업, 임업(벌목업 제외), 어업, 수렵업은 상시 근로자 5인 이상 사업장이다. 당연적용 사업장의 근로자는 상용, 일용, 임시직 등 고용 형태나 명칭과 상관없이 모두 가입대상자가 된다.

　다만 산재보험보상보험법 시행령 제2조에서는 '적용 제외 사업'을 다음과 같이 규정하고 있다.

① 법 제6조 단서에서 "대통령령이 정하는 사업"이라 함은 다음 각 호의 1에 해당하는 사업을 말한다.
　1. 공무원연금법 또는 군인연금법에 의하여 재해보상이 되는 사업
　2. 선원법 · 어선원 및 어선재해보상보험법 또는 사립학교교직원연금법에 의하여 재해보상이 되는 사업
　3. 주택법에 의한 주택건설사업자, 건설산업기본법에 의한 건설업자, 전기공사업법에 의한 공사업자, 정보통신공사업법에 의한 정보통신공사업자, 소방시설공사업법에 의한 소방시설업자 또는 문화재보호법에 의한 문화재수리업자가 아닌 자가 시공하는 다음 각 목의 어느 하나에 해당하는 공사
　　가. 고용보험 및 산업재해보상보험의 보험료 징수 등에 관한 법률 시행령 제2조제1항 제2호의 규정에 의한 총공사금액(이하 "총공사금액"이라 한다)이 2천만 원 미만인 공사
　　나. 연면적이 100제곱미터 이하인 건축물의 건축 또는 연면적이 200제곱미터 이하인건축물의 대수선에 관한 공사
　4. 가구 내 고용활동
　5. 제1호 내지 제4호의 사업 외의 사업으로서 상시근로자 수가 1명 미만인 사업
　6. 농업 · 임업(벌목업을 제외한다) · 어업 · 수렵업 중 법인이 아닌 자의 사업으로서 상시근로자 수가 5명 미만인 사업
② 제1항 각 호의 사업의 범위에 관하여 이 영에 특별한 규정이 없으면 통계법에 의하여 통계청장이 고시하는 한국표준산업분류표에 의한다.
③ 총공사금액이 2천만 원 미만인 건설공사가 고용보험 및 산업재해보상보험의 보험료 징수 등에 관한 법률(이하 "보험료 징수법"이라 한다) 제8조 제1항 또는 같은 조 제2항의 규정에 의하여 일괄적용을 받게 되거나 설계변경(사실상의 설계변경이 있는 경우를 포함한다)으로 그 총공사금액이 2천만 원 이상으로 된 때에는 그때부터 법의 적용을 받는다.

　산재보험의 가입대상자는 본인이 직접 가입하지 않고, 사업주가 산재보험 가입대상이 된 날로부터 14일 이내 관할 지역본부(지사)에 보험관계 성립신고서를 제출하면 된다. 산재보험은 본디 근로자만 가입하였

지만, 고용근로자 50인 미만 중소기업 사업주도 가입을 원할 경우에는 근로복지공단의 승인을 얻어 가입할 수 있다. 산재보험의 급여는 신고서를 접수한 날의 다음 날 이후에 발생한 재해부터 받을 수 있다.

2010년 12월 현재 산재보험에 가입한 사업장은 160만 8,361개소이고 근로자는 1,419만 8,748명이다. 1999년에 가입한 사업장이 24만 9,405개소이고 근로자가 744만 1,160명인 것에 비교할 때, 지난 10여 년간 5인 미만 사업장의 가입은 크게 늘어났다.

3. 보험료

산재보험의 보험료는 사용자가 전액 납부하고 정부가 운영사업비의 일부를 부담하며, 사업장 재해 발생 위험도에 따라 차등부담 원칙에 의거한다. 보험료는 당해 보험 연도의 임금총액에 사업집단별 보험료율를 곱해서 산출한다.

임금총액은 사업주가 근로의 대상으로 근로자에게 임금·봉급, 기타 어떠한 명칭으로든지 지급하는 일체의 금품(근로기준법 제18조)을 말한다. 사업주가 모든 근로자에게 당해 보험 연도 중에 지급 또는 지급하기로 결정한 일체의 금품으로서 현금 이외의 현물로 지급된 임금은 포함되나 근로의 대가가 아닌 은혜적·호의적·복리후생적 금품은 제외되어 평균임금 산정 시의 임금 범위와 유사하다. 다만 건설공사 또는 벌목업의 경우처럼 임금총액을 추정하기가 곤란할 경우에는 고용노동부 장관이 따로 정하여 고시하는 노무비율에 의하여 산정한 임금액을 임금총액의 추정액으로 하여 보험료를 산정한다. 즉, '보험료＝총 공사금액(총 벌목재적량)×노무비율×보험료율'이다. 예컨대, 2010년도 건설공사 노무비율은 총 공사금액의 28%이고, 하도급의 경우 하도급 공사금액의 32%이며, 건설업의 보험료율은 3.7%다.

보험료율은 가입자의 보험료 부담과 직결되는 것으로서, 보험료 부담의 공평성 확보를 위하여 매년 9월 30일 기준 과거 3년간의 임금총액에 대한 보험급여총액의 비율을 기초로, 보험급여 지급률이 동등하다고 인정되는 사업집단별로 보험료율을 70개로 세분화하여(매년 12월 31일 고시) 적용한다. 2010년 적용요율은 70개 업종에 대하여 최저 0.7%에서 최고 36.0%까지이고 평균 1.8%다.

한 적용 사업장에 대하여는 하나의 보험료율을 적용하고, 하나의 사업장 안에서 보험료율이 다른 2종 이상의 사업이 행해지는 경우는 그중 주된 사업에 따라 적용한다. 적용순위는 근로자 수가 많은 사업, 근로자 수가 동일하거나 그 수를 파악할 수 없는 경우에는 임금총액이 많은 사업이다.

한편 사업장의 재해예방을 장려하기 위해서 '개별실적요율'을 추가로 활용한다. 이는 당해 보험료액에 비추어 보험급여액의 비율이 85/100를 넘거나 75/100 이하인 사업에 대하여 그 사업에 적용하는 보험료율을 50/100의 범위 안에서 인상 또는 인하한 비율을 당해 사업에 대한 보험 다음 보험 연도의 요율로 하는 제도다.

보험료의 신고와 납부는 매년 1월 1일(혹은 보험관계 성립일)부터 70일 이내에 근로복지공단에 보험료신고서를 제출하고 금융기관에 보험료를 납부해야 한다. 당연가입 대상업체가 신고를 태만히 한 기간 중에 산재가 발생하면 근로자에게 지급되는 보험금의 50% 징수, 과거 보험료 소급징수, 연체금 및 가산금 징수를 하게 된다. 가입신고를 한 상태에서 보험료 납부를 태만히 하면 그 체납률에 따라 보험급여의 10%를 징수한다.

따라서 산재보험 당연적용 사업장의 사업주가 가입을 기피하면 불이익을 받게 되고, 설사 가입하지 않았더라도 당연적용 사업장의 근로자는 산업재해를 당했을 때 근로복지공단에 산재보험 처리를 요구할 수 있다.

4. 급여와 정산방법

1) 요양급여

요양급여는 업무상 부상 또는 질병에 걸려 4일 이상의 요양을 요할 때 의료기관에서 상병의 치료에 소요되는 비용을 치유될 때까지 지급하는 현물급여(지정 의료기관에서의 치료)다. 다만 긴급 및 기타 부득이한 사유로 요양 승인을 받지 않고 자비로 치료한 경우에는 요양비로 지급된다.

(1) 요양급여 절차

요양비를 받으려면 요양비 청구서를 작성한 후에 근로복지공단에 제출하고, 청구 내용에 관한 증빙서류와 위임의 경우 수령위임장을 첨부한다.

요양급여는 재해가 발생했을 때 최초요양, 의료기관을 옮기고자 할 때 전원요양, 계속치료가 필요한 경우 치료기간을 연장하고자 할 때 요양연기, 요양치료 중 업무상 재해와 관련하여 새로운 상병이 발견되었을 때 추가상병, 치료 후 상병이 재발되었을 때 재요양을 포함한다. 각 요양급여를 받기 위해서는 요양신청 등을 하여야 한다.

최초요양을 받기 위해서는 요양신청서에 재해자 및 사업주가 재해 발생 상황 및 인적사항을 기재하여 사업주와 재해근로자가 확인·날인하고, 뒷면에 의사의 초진소견서를 작성하여 의료기관장이 확인·날인하여 세 부를 작성한다. 그리고 각각 의료기관, 사업장, 사업장 관할 소재지(건설공사의 경우에는 공사현장 소재지) 근로복지공단 지사에 한 부씩을 제출하여야 한다.

근로복지공단은 요양신청서가 접수되면 재해 발생 경위를 검토하여

업무상 사유에 의한 재해가 명확한 경우 7일 이내에 요양승인을 결정
후 재해자 및 사업주, 의료기관장에게 요양승인을 통보한다. 업무상 사
유에 의한 재해 여부가 불분명한 경우 재해 발생 상황을 확인하여 업무
상 재해 여부를 판단하고 결과를 통보한다. 근로기준법 및 산재보험법
에 명시되지 아니한 질병 등 업무상 질병으로 인정된 바 없는 새로운 질
병이 발병한 경우에는 업무와 질병 간의 인과관계를 확인하기 위하여
역학조사를 하여야 한다. 따라서 업무상 재해 여부를 판단하는 데 상당
한 시일(3~6개월)이 소요되는 경우도 있다.

(2) 요양급여 내용

요양신청과 관련하여 요양급여를 지급하며, 요양급여는 실제 의료행
위에 해당되는 비용으로(현물급여) 한다. 그 내용은 진찰비, 약제비(약
값) 또는 진찰재료와 의지(보조기) 및 기타 보철구(의치 등)의 지급, 의료
처치, 수술 및 기타의 치료, 의료기관의 입원·통원, 간병료(간병이 필요
한 경우), 이송(통원비용), 기타 산재 환자 치료를 위해 필요한 제반 비용
이다. 요양급여의 범위, 비용 등 요양급여의 산정기준은 고용노동부령
으로 정하여 고시한다. 부득이하게 공단에서 지정하는 의료기관이 아
닌 다른 비지정의료기관에서 요양할 경우 응급조치 후 지정 의료기관으
로 옮겨야 한다.

(3) 재요양

재요양은 치료가 다 되었다고 판단하고 요양을 마친 뒤 다시 생긴 질
병에 대한 요양을 하는 것이다. 근로복지공단의 재요양 인정기준은, 첫
째, 일반 상병으로서 당초의 상병과 재요양 신청한 상병 간에 의학적으
로 상당 인과관계가 인정되고, 재요양을 함으로써 치료효과가 기대될
수 있다는 의학적 소견이 있는 경우, 둘째, 내고정술에 의하여 삽입된
금속핀 등 내고정물의 제거가 필요한 경우, 셋째, 의지 장착을 위하여

절단 부위의 재수술이 필요하다고 인정되는 경우다.

재요양을 받으려면 재요양이 필요하다는 요양기관의 소견이 마련되어야 한다. 역시 요양신청과 마찬가지로 이때에도 회사의 확인이 필요하며 서식과 절차도 동일하다.

장해보상 이후에도 재요양이 되는가? 원래 장해보상은 어떤 치료를 해도 증세가 호전되지 않을 때 치료 종결을 하고 마지막으로 하는 보상조치다. 그러므로 장해보상 이후의 재요양은 하지 않도록 되어 있다. 그러나 장해보상금의 수령 당시 요양기관의 판단이 잘못되었을 수도 있고, 보상금 수령 당시보다 증세가 악화되었다면 다시 요양에 들어가는 것이 마땅하다. 따라서 이때에는 이미 받은 장해보상금은 반환하거나 재요양을 종결하고 난 다음 받는 보상금과의 차액을 반환한다는 조건으로 재요양을 할 수 있다. 대개 이런 경우 공단에서는 특정한 수술을 받아야 한다는 등의 조건부 재요양을 종용하기 쉬운데, 산재보험법 어디에도 그런 규정은 없으므로 거부할 수 있다.

2) 휴업급여

휴업급여는 부상 또는 질병으로 인하여 취업하지 못하는 기간에 대하여 근로자와 그 가족의 생활보호를 위하여 임금 대신 지급하는 급여를 말한다. 요양기간 동안 일을 못하게 되면 1일 기준 평균임금(통상임금에 보너스 등이 포함되어 계산된 임금)의 70% 상당의 금액을 보상받는데, 이는 일반적으로 받는 월급(통상임금)의 85% 정도다.

재해로 인하여 장기간 요양하는 중 원래의 직장에서 임금이 인상되었을 때는 재해근로자가 받는 보상금도 그에 맞추어 인상되는데, 그 조정방법을 평균임금의 개정이라 한다. 근로기준법에 따른 보상을 받고 있을 때는 동일 직종 근로자의 통상임금 평균액이 재해 발생일에 비해 10% 이상 변동될 때에 개정한다. 산업재해보상보험법에 따른 보험급여를 받고 있을 때는 5% 이상 변동될 때 개정한다. 이를 공식화하면 '평균임금의 개정=기존의 평균임금×(변동된 평균통상임금/기존의 평균통상임금)'이다.

휴업급여를 청구할 경우 근로자는 요양 후에 휴업급여 청구서 세 부를 작성하여 의료기관, 회사, 근로복지공단에 제출하고, 근로복지공단은 접수일로부터 7일 이내에 휴업급여를 산정하여 근로자가 희망하는 은행의 계좌에 입금하게 된다.

3) 장해급여

장해급여는 업무상 재해의 완치 후 당해 재해와 상당 인과관계가 있는 장해가 남게 되는 경우 그 장해 정도에 따라 지급하게 되는 급여를 말한다. 이때 장해라 함은 부상 또는 질병이 치유되었으나 신체에 잔존하는 영구적인 정신적 또는 육체적 훼손상태로 인하여 생긴 노동력의 손실 또는 감소를 말한다. 영구적이라 함은 원칙적으로 치유 시 장래 회복 가능성이 없다고 하는 정도를 의미한다. 그래서 장해급여의 결정에 있어서는 정신적 또는 육체적 훼손상태가 존재함이 의학적으로 인정될 뿐이며 근로자의 연령, 직종, 지위 등 제반조건을 고려하지는 않는다.

장해급여는 장해등급에 따라 장해보상연금이나 장해보상일시금 중 선택하여 보상을 받을 수 있다. 이때 장해보상연금을 받을 경우 종신토록 지급되어 민사배상 수준보다 높은 보상을 받을 수 있다. 연금을 받는 사람이 사망할 경우 이미 지급한 연금합계액이 장해보상일시금보다 적게 지급되었을 때 그 차액을 유족에게 지급한다. 장해보상연금은 장해등급 1~7등급까지 지급되고, 장해보상일시금은 4~14등급까지 지급된다. 4~7등급은 연금과 일시금 중에서 선택할 수 있다.

과거에는 장해급여를 일시금으로 받는 사람이 많았지만, 최근 평균수명이 늘어나고 이자율이 하락하면서 연금을 선호하는 경향이 있다. 장해등급의 판정은 등급에 따라서 연금 혹은 일시금을 선택할 수 있고, 급여액수에 상당한 차이가 있기 때문에 재해를 당한 근로자와 그 가족은 장해등급을 판정받을 때 신중해야 한다.

장해급여를 청구하려면 장해보상 청구서 세 부를 작성하여 근로복지공단, 회사, 의료기관에 제출해야 한다. 장해보상 청구서를 받은 근로복지공단은 등급 판정일을 통보하고, 청구자는 출석하여 등급심사 결정(자문의)을 받은 후에 보상금을 통장으로 받게 된다. 따라서 청구자 혹은 수령위임자는 X선 사진 1매, 수령위임장(수령위임의 경우), 수령 희망 은행 계좌번호 등을 구비서류로 갖추어야 한다.

두 가지 이상의 장해가 있을 경우에는 장해등급을 조정한다. 즉, 13급 이상의 장해가 두 가지 이상인 경우 중한 신체장해에 의하거나 또는 그 중 한쪽의 등급을 1~3급 인상하여 결정한다. 다만 조정의 결과로 1급 초과하는 경우에는 1급으로 하고, 그 신체 장해의 정도가 조정된 등급에 규정된 다른 장해의 정도에 비하여 낮다고 인정되는 경우에는 조정된 등급보다 낮은 등급으로 한다.

- 5급 이상 장해가 두 가지 이상인 경우: 세 등급 인상
- 8급 이상 장해가 두 가지 이상인 경우: 두 등급 인상
- 13급 이상 장해가 두 가지 이상인 경우: 한 등급 인상

장해등급은 신체장해 등급을 그 장해 정도에 따라 14등급, 140종으로 나누고 있다. 신체를 해부학적 관점에서 장해 부위별로 나누고 이를 생리학적인 기능상의 관점에서 다시 여러 종류의 장해군으로 나누어 놓은 것을 장해계열이라 하며, 장해를 노동능력의 상실 정도에 따라 일정한 순서로 배열한 것은 장해서열이라 한다.

〈표 6-1〉 산재보험 장해급여표

장해등급	장해보상연금	장해보상일시금
제1급	329일분	1,474일분
제2급	291일분	1,309일분
제3급	257일분	1,155일분
제4급	224일분	1,012일분
제5급	193일분	869일분
제6급	164일분	737일분
제7급	138일분	616일분
제8급		495일분
제9급		385일분
제10급		297일분
제11급		220일분
제12급		154일분
제13급		99일분
제14급		55일분

장해급여 계산(예시)

평균임금 6만 원인 피재해근로자가 장해등급 제4급 판정을 받았을 경우

- 장해보상연금: 매년 장해등급별 해당 일수×재해근로자의 평균임금
  계산: 224일×60,000원=13,440,000원/1년(연 4회 분할 지급)
- 장해보상일시금: 장해등급별 해당일수×재해근로자의 평균임금
  계산: 1,012일×60,000원=60,720,000원

4) 유족급여

유족급여는 산재 환자가 사망한 경우 그 유족의 생활을 돕기 위해 지급되는 급여로서 유족보상연금, 유족보상일시금 중 선택하여 보상을 받을 수 있다. 이때 필요한 절차는 유족보상일시금 청구서 또는 연금청구서에 사망진단서(사체검안서), 수급권자의 호적등본 및 주민등록표 등을 근로복지공단에 제출하여야 한다.

유족보상연금을 받을 수 있는 자는 근로자의 사망 당시 그에 의하여

부양되고 있던 자 중 처(사실혼 포함) 및 근로자 사망 당시 다음에 해당하는 자다(산업재해보상보험법 제63조).

1. 남편(사실혼 포함), 부모 또는 조부모로서 각각 60세 이상인 자
2. 자녀 또는 손자녀로서 18세 미만인 자
3. 형제자매로서 18세 미만이거나 60세 이상인 자
4. 제1호 부터 제3호까지의 규정 중 어느 하나에 해당하지 아니하는 남편, 자녀, 부모, 손자녀, 조부모 또는 형제자매로서 장애인복지법 제2조에 따른 장애인 중 노동부령으로 정한 장애등급 이상에 해당하는 자
5. 근로자가 사망 후 당시 태아였던 자녀가 출생한 경우에 한하여 근로자가 사망한 당시 그 근로자와 생계를 같이 하고 있던 유족으로 본다.
6. 유족보상연금 수급자격자 중 유족보상연금을 받을 권리의 순서는 배우자, 자녀, 부모, 손자녀, 조부모 및 형제자매의 순서로 한다.

유족보상일시금은 유족연금을 받을 수 없는 경우에 받을 수 있다.

유족보상연금 수급자격자인 유족은 다음 각 호의 어느 하나에 해당하면 그 자격을 잃는다(산업재해보상보험법 제64조).

1. 사망한 경우
2. 재혼한 때(사망한 근로자의 배우자만 해당하며, 재혼에는 사실상 혼인 관계에 있는 경우를 포함한다)
3. 사망한 근로자와의 친족관계가 끝난 경우
4. 자녀, 손자녀 또는 형제자매가 18세가 된 경우
5. 장애인이었던 자로서 그 장애상태가 해소된 경우
6. 근로자가 사망할 당시 대한민국 국민이었던 유족보상연금 수급자격자가 국적을 상실하고 외국에서 거주하고 있거나 외국에서 거주하기 위하여 출국하는 경우
7. 대한민국 국민이 아닌 유족보상연금 수급자격자가 외국에서 거주하기 위하여 출국하는 경우

유족보상연금을 받을 권리가 있는 유족보상연금 수급자격자(이하 '유

족보상연금 수급권자')가 그 자격을 잃은 경우에 유족보상연금을 받을 권리는 같은 순위자가 있으면 같은 순위자에게, 같은 순위자가 없으면 다음 순위자에게 이전된다.

유족보상연금 수급권자가 3개월 이상 행방불명이면 대통령령으로 정하는 바에 따라 연금지급을 정지하고, 같은 순위자가 있으면 같은 순위자에게, 같은 순위자가 없으면 다음 순위자에게 유족보상연금을 지급한다.

유족 간의 수급권의 순위는 다음 각 호의 순서로 하되, 각 호의 자 사이에서는 각각 그 적힌 순서에 따른다. 이 경우 같은 순위의 수급권자가 2명 이상이면 그 유족에게 똑같이 나누어 지급한다(산업재해보상보험법 제65조).

1. 근로자가 사망할 당시 그 근로자와 생계를 같이 하고 있던 배우자, 자녀, 부모, 손자녀 및 조부모
2. 근로자가 사망할 당시 그 근로자와 생계를 같이 하고 있지 아니하던 배우자, 자녀, 부모, 손자녀 및 조부모, 또는 근로자가 사망할 당시 근로자와 생계를 같이 하고 있던 형제자매
3. 형제자매

부모는 양부모(養父母)를 선순위로, 실부모(實父母)를 후순위로 하고, 조부모는 양부모의 부모를 선순위로, 실부모의 부모를 후순위로, 그리고 부모의 양부모를 선순위로, 부모의 실부모를 후순위로 한다.

수급권자인 유족이 사망한 경우 그 보험급여는 같은 순위자가 있으면 같은 순위자에게, 같은 순위자가 없으면 다음 순위자에게 지급한다.

위의 규정에도 불구하고 근로자가 유언으로 보험급여를 받을 유족을 지정하면 그 지정에 따른다.

유족보상연금은 수급권자의 사망 시까지 연 4회(2, 5, 8, 11월) 지급된다. 급여의 액수는 기본금액이 급여기초년액의 47%이고, 수급권자 1인당 5%가 가산된다. 수급권자는 4명까지 인정받을 수 있다. 유족보상일

시금은 평균임금의 1,300일분이다.

유족급여의 구비서류는 유족보상연금과 유족보상일시금에서 조금 차이가 난다. 유족보상연금의 서류는 다음 유족보상일시금의 ①, ②, ③, ④ 서류와 함께 국공립병원에서 발행하는 진단서 한 부(연금 수급자격자로 장해 해당 시)다.

유족보상일시금의 구비서류는 ① 근로자의 사망진단서 또는 시체검 안서 한 부, ② 근로자의 사체부검 소견서 한 부(사인 미상의 경우), ③ 주민등록등본 한 통, ④ 호적등본 한 통(주민등록등본으로 수급권자의 확인이 안 될 경우), ⑤ 수령위임장(수령위임의 경우)이다.

만약 사망 추정으로 인한 보험급여 수령 후 생존이 확인된 경우에는 당해 근로자가 생존해 있다는 사실을 전혀 알지 못하여 보험급여를 받았을 때는 수령한 보험급여 전액을 반환한다. 그런데 당해 근로자가 생존해 있다는 사실을 알고 보험급여를 수령한 자는 수령한 보험급여의 2배에 달하는 액을 반환해야 한다.

유족급여 계산

유족보상연금액은 산업재해보상보험법 제62조 제2항의 별표 3에 따른 유족보상연금표에 따라 아래 방식으로 산출한다. 유족보상연금 수급자격자의 수는 4인까지만 계산한다.

- 유족보상연금액=(기본금액)+(가산금액)=〔급여기초년액×(47/100)〕+〔급여기초년액×(5/100)×(유족보상연금 수급자격자의 수)〕

  ※ 급여기초년액=사망근로자 평균임금×365

- 계산 예: 사망한 근로자 1일 평균임금이 6만 원, 수급권자는 처, 그리고 수급자격자는 7세, 9세인 자녀, 65세 된 모, 70세 된 부인인 경우(수급권자를 포함한 수급자격 유족 수가 총 5인이나 가산금은 최대 4인까지만 부가된다.)

  계산: (60,000원×365일×47/100)+(60,000원×365일×5/100×4)

  =14,673,000원/1년

5) 상병보상연금

상병보상연금은 요양급여를 받는 근로자가 부상 또는 질병의 정도가 폐질등급 1~3급에 해당하고 요양 개시 후 2년이 경과되어도 치유되지 않은 경우 휴업급여 대신에 보상수준을 향상시켜 연금으로 지급하게 되는 것을 말한다. 폐질등급 1급은 평균임금의 329일분, 2급은 291일분, 3급은 257일분을 청구에 의하여 12등분하여 월별로 수령하게 되며, 사유발생일로부터 14일 이내에 상병보상연금 청구서를 작성하여 공단에 제출하여야 한다.

상병보상연금 계산
1일 평균임금 6만 원인 근로자가 요양 중인 현재 폐질등급 제2급의 상태를 보일 때 한 달분의 상병보상연금은 60,000원×291일×30/365=1,435,068원이다. 일반적으로 연금으로 지급되는 보상급여는 연 4회 지급되는데, 상병보상연금만은 월단위로 계산하여 지급된다.

6) 간병급여

간병급여는 요양이 종결된 자가 의학적으로 상시 또는 수시로 간병이 필요하여 실제로 간병을 받는 자에게 지급된다. 지급대상은 상시간병급여 대상과 수시간병급여 대상으로 나뉜다.

상시간병급여 대상은, 첫째, 신경계통의 기능, 정신기능 또는 흉복부 장기기능의 장해가 장해등급 제1급에 해당되는 자로서 상시간병을 받아야 하는 자, 둘째, 두 눈, 두 팔 또는 두 다리의 장해가 장해등급 제1급에 해당하는 장해와 함께 그 외의 부위에 장해등급 제7급 이상에 해당하는 장해가 있는 자다. 수시간병급여 대상은, 첫째, 신경계통의 기능, 정신기능 또는 흉복부 장기기능의 장해가 장해등급 제2급에 해당하는 자로서 수시간병을 받아야 하는 자, 둘째, 신경계통의 기능, 정신기능 또는 흉복부 장기기능 장해 외의 장해가 장해등급 제1급에 해당하는 자(다만 조정에 의한 1급 장해는 제외), 셋째, 두 눈, 두 팔 또는 두 다리의 장해가 장해등급 제2급에 해당하는 장해와 그 외의 부위에 장해등급 제7급 이상에 해당하는 장해가 있는 자다.

간병급여는 실제로 행하여진 날에 대하여 월단위로 지급하고, 간병급여 대상자가 재요양을 받는 경우에는 재요양한 날부터 재요양 종료 시까지에는 간병급여의 지급이 중지되나 간병급여 대신에 간병료를 지급받을 수 있다. 간병급여는 고용노동부 장관이 고시하는데 2009년 7월 1일 기준 전문간병인은 간병1등급 67,140원, 간병2등급 55,950원, 간병3등급 44,760원, 가족·기타 간병인은 1등급 57,360원, 2등급 47,800원, 3등급 38,240원이다. 수시간병급여는 상시간병급여의 2/3다. 한편 요양 중인 산재근로자의 간병(개호)이 필요하다는 의학적 소견이 있는 경우에 해당되는 사람은 요양급여의 하나로 간병료를 지급받을 수 있다. 간병은 주간간병뿐만 아니라 필요할 경우 철야간병을 받을 수도 있다.

의료법상 간호사 또는 간호조무사, 노인복지법에 의한 요양보호사 자격을 가진 사람, 혹은 자격을 가진 사람을 구할 수 없을 경우에는 간병에 필요한 지식을 가진 가족 아닌 타인, 타인을 구할 수 없는 경우에는 재해를 한 근로자의 배우자(사실상 혼인관계에 있는 자도 포함), 부모, 13세 이상 된 자녀 또는 형제가 간병인의 자격이 된다. 간병료는 그 전문성에 따라 차등을 두고 있다.

7) 장의비

장의비는 근로자가 업무상 사유로 사망한 경우 그 장제에 소요되는 비용에 대해 지급하는 것이다. 장의비 청구서를 작성하여 근로복지공단에 제출하되, 장의비 청구서식은 유족보상일시금 청구서와 같이 사용한다. 실제로 장제를 실행한 사람에게 평균임금의 120일분을 지급한다.

8) 특별급여제도

특별급여제도는 근로자가 업무상 사유로 사망하거나 신체장해를 입은 경우 사업주를 상대로 하는 민사상 손해배상의 번거로움을 방지하고, 신속하게 해결하기 위하여 산재보험에서 대불해 주고 그 지급상당액을 사업주가 직접 납부하는 제도다. 이에는 장애특별급여와 유족특별급여가 있다.

사업주가 고의 또는 과실로 재해가 발생하였음을 인정하고 수급권자는 민법, 기타 법령에 의한 손해배상 청구에 갈음하여 청구하여야 하며 장해특별급여는 장해급여 1~3급에 해당하여야 한다. 장해(유족)특별급여 청구서, 권리인낙 및 포기서, 인감증명서를 공단에 제출하면 되지만, 이 특별급여제도는 사업주와 근로자 간의 민사상 손해배상을 합의한 것으로 간주함을 알아야 한다. 따라서 특별급여(흔히 '합의금'이라 부름)를 받으면 향후 동일한 사건으로 민사상 손해배상을 청구할 수 없다. 그러므로 이를 받고자 할 때에는 변호사, 공인노무사, 사회복지사 등 전문가와 충분히 협의하는 등 매우 신중하게 결정해야 한다.

장해특별급여는 평균임금 30일분에 신청 장해등급에 따른 노동력 상실률과 취업가능 기간에 대응하는 라이프니츠 계수를 곱하여 산정된 액에서 장해급여액을 공제한 금액이다. 즉, '(평균임금 30일분×노동력 상실률×취업가능 기간에 대응하는 라이프니츠 계수)−장해급여액'이다.

산업재해보상보험법 시행령 제14조 제2항의 규정에 의한 장래 취업가능 기간은 신체장해가 판정된 날부터 정년퇴직일까지로 하고, 정년을 정하지 아니한 때에는 55세까지로 한다.

장해특별급여 계산(예시)
재해근로자의 생년월일은 1949년 7월 10일, 1일 평균임금 6만 원, 단체협약상 정년은 60세인데, 재해를 당하여 요양 중 1994년 6월 10일에 치료가 종결되었고 장해등급 3급 판정을 받은 경우
- 당사자의 정년퇴직일: 1959년 7월 10일+60년=2019년 7월 9일
- 취업가능 기간: 2019년 7월 9일−2004년 6월 10일=15년 1월=181월
- 취업가능 기간에 대한 라이프니츠 계수: 126.9263
- 장해급여액(장해보상일시금): 60,000원×1,155일=69,300,000원
- 장해특별급여: 〔60,000원×30일×100%(노동력 상실률)×126.9263(계수)〕
　　　　　−69,300,000원(장해급여액)=159,167,340원

유족특별급여는 평균임금 30일분에서 사망자 본인의 생활비를 공제한 후 취업가능 기간에 대응하는 라이프니츠 계수를 곱하여 산정된 액에서 유족급여액을 공제한 금액이다. [1] 즉, 〔{평균임금의 30일분−(평균임금의 30일분×본인의 생활비율)}×취업가능 기간에 대응하는 라이프니츠계수−유족급여액〕 이다. 취업가능 기간은 장해특별급여 계산 때와 같다. 사망자 본인의 생활비는 평균임금에 동법 시행령 제24조의2 규정에 따른 비율(부양가족이 없는 자 40%, 부양가족 1인 35%, 부양가족 2인 30%, 부양가족 3인 이상 25%)을 곱하여 계산한다.

유족특별급여 계산(예시)
재해근로자의 생년월일은 1959년 7월 10일, 1일 평균임금은 6만 원, 단체협약상 정년은 60세, 사망년월일은 2004년 6월 10일, 부양가족 3인인 경우
- 당사자 정년퇴직일: 2019년 7월 9일−2004년 6월 10일=15년 1월=181월
- 취업가능 기간에 대한 라이프니츠 계수: 126.9263
- 유족급여(유족보상일시금): 60,000원×1,300일=78,000,000원
- 유족특별급여: 〔(60,000원×30일)−(60,000원×30일×25%)〕×126.9263
　　　　　−78,000,000원=93,350,505원

대체로 산재보험법에 의한 산재보상은 민법에 의한 손해배상에 비해 그 액수가 적을 수 있다. 산재보상은 요양비의 전액을 인정하고 평균임금의

〈표 8-2〉 산재보험급여의 종류와 내용

종류		지급 사유	청구자	청구시기	급여 내용
요양급여		업무상 재해로 인한 부상, 병	지정 의료기관, 근로자	요양 종결 후	완치시기까지 치료 일체
휴업급여		업무상 재해로 요양하기 위해 휴업한 기간	근로자	월 1회	1일당 평균임금의 70%
장해 급여	일시금	업무상 재해가 치유된 후 장해등급 1~14급의 장해가 남은 때	근로자	치유 후 즉시	1급: 1,474일분 14급: 55일분
	연금	업무상 재해가 치유된 후 1~7급의 장해가 남은 때	근로자	치유 후 사망 시까지 연 4회	1급: 연 313일분 7급: 131일분
유족 급여	일시금	업무상 사망 시 유족이 일시금 청구	수급권자(유족)	사망 즉시	평균임금의 1,300일분
	연금	업무상 사망 시 유족이 연금 청구	연금수급 자격자 중	수급권자 사망	연평균 임금 1년 치의 52~67%
상병보상연금		2년간의 요양에도 완치되지 않고 폐질의 정도가 1~3급인 경우	근로자	요양 개시 후 2년	폐질1급: 313일분 폐질2급: 277일분 폐질3급: 245일분
간병급여		요양이 종결된 후 간병급여가 필요한 경우	근로자	요양 종료 후 즉시	고용노동부 장관이 고시한 간병급여
장의비		업무상 사망으로 장제를 실행한 경우	장제의 실행자	장제 실행 직후	평균임금의 120일분
특별급여		보험가입자의 고의과실에 의한 재해 시 민사상 손해배상에 갈음할 경우	근로자 혹은 수급권자	특별급여에 합의 직후	노동력 상실률에 라이프니츠 계수를 곱하여 산정

[1] 라이프니츠 방식과 호프만 방식은 장래에 얻을 수입을 현재 일시로 지급하기 때문에 그 중간 이자를 공제하기 위한 조정계수로 사용된다. 라이프니츠 방식은 연 5%씩 복리로 이자를 공제하는 방식으로, 산재보험이나 자동차보험 회사에서 사용된다. 호프만 방식은 연 5%씩 단리로 이자를 공제하는 방식으로, 민사상 손해배상을 적용할 때 사용된다. 급여를 받는 입장에서는 호프만 방식이 유리하다.

70%를 휴업급여로 주며 장해보상을 장해등급에 따라 제공하지만, 민사상 손해배상은 요양비의 전액과 향후 치료비를 인정하고 치료기간 동안 임금의 전액을 주며, 장해보상은 노동력 상실률을 고려하여 정년까지의 노동일 수에 해당하는 호프만 계수를 통해서 계산되기 때문이다.

그런데 민법에 의한 손해배상을 청구하기 위해서는 근로자 혹은 그 가족이 지방법원에 소송을 제기해야 하고, 변호사의 도움을 받아서 장시간 동안 복잡한 절차를 거쳐서 승소해야 한다. 또한 근로자의 과실이 있을 경우에는 과실률만큼 총 배상액의 액수가 상계되기 때문에 과실상계가 없는 산재보험과 큰 차이가 있다. 따라서 민사상 손해배상을 청구할 때에는 산재보상과의 장단점, 근로자의 과실 유무 등을 잘 검토하여 신중히 결정해야 한다.

9) 시효와 이의신청 등

산업재해보상보험법에 의한 보험료와 기타 이 법에 의한 징수금을 징수하거나 그 반환을 받을 권리와 보험급여를 받을 권리는 3년간 행사하지 아니하면 소멸시효가 완성되어 보험급여를 지급하지 않는다. 그러므로 급여를 받기 위해서는 3년 이내에 근로복지공단에 청구하여야 한다. 시효를 최초로 계산하는 시점인 기산점은 요양급여의 경우 요양을 받은 날, 유족급여는 근로자가 사망한 날이다. 기타 이 법에서 정하지 아니한 시효는 민법을 적용하여 계산된다.

근로복지공단 각 지역본부(지사)에서 행한 산재보험법상의 보험급여에 관한 결정에 불복이 있는 자는 권리구제를 위해 심사청구를 제기하거나 행정소송을 임의로 선택하여 제기할 수 있다.

심사청구의 대상은 요양급여(간병료, 이송료 등 포함), 휴업급여, 장해급여, 간병급여, 유족급여 및 장의비, 상병보상연금 등 보험급여에 관한 결정이다.

먼저, 심사청구의 경우, 청구인 또는 대리인(변호사, 공인노무사 등)은 각 지역본부(지사)의 보험급여에 관한 결정이 있음을 안 날부터 90일 이내에 원처분을 내린 각 지역본부(지사)에 심사청구서를 제출하여야 한다. 원처분 지사에 제출된 심사청구서는 공단본부에 송부된 날부터 50일 이내에 심리·결정을 하게 되며, 부득이한 사유로 인하여 그 기간 내에 결정을 할 수 없을 때에는 1차에 한하여 20일을 넘지 아니하는 범위 내에서 그 기간을 연장할 수 있다.

심사결정에 이의가 있는 자는 심사청구 방식과 같이 심사결정을 안 날부터 90일 이내에 원처분을 내린 각 지역본부(지사)에 재심사청구서를 제출하면 고용노동부 산재심사위원회에서 60일 이내에 심리·결정하게 된다. 심사와 재심사 청구서는 공단 각 지역본부(지사)에 비치되어 있고 공단 홈페이지에서 내려받을 수 있다.

또한 산업재해보상보험법상 보험급여에 관한 결정 또는 심사결정에 불복이 있는 경우 결정(심사결정)이 있음을 안 날부터 90일 이내에 심사 및 재심사 청구를 거치지 아니하고 행정소송을 제기할 수 있다.

산재보험에 대한 시효와 심사결정, 재심사결정, 행정소송 제기 등은 법으로 정한 기한이 있기 때문에 해당 기일 안에 청구서의 제출 등을 해야 한다.

10) 산재 발생 후 보험급여에서 꼭 확인할 사항

사유: 업무상 재해 발생
- ⊙ 지정의료기관으로 이송 치료 중 요양신청: 완치 시까지 무료로 치료받는다.
  - 산재지정병원에서 치료 시 병원에서 치료비 등 요양급여를 보험기관에 직접 신청한다.
  - 요양비 청구: 비지정 의료기관에서 치료받았을 때 청구한다. 산재보험 적용 사업장에서 재해를 당했음에도 산재처리가 안 되어

본인 부담으로 치료했을 때도 보험기관에 청구하여 그 비용을 받을 수 있다.

- 전원요양신청: 치료하는 병원을 바꿀 때 신청한다.
- 재요양 신청: 치료 후 재발 시 신청한다. 단, 민사소송을 하여 향후 치료비를 받았을 때는 재요양신청이 불가하다.

⊙ 요양기간 동안 휴업급여 청구: 치료가 완료될 때까지 매월 평균임금의 70%를 받는다.

- 평균임금개정 신청: 재해를 입은 회사가 임금에 변동이 있을 때 신청한다.
- 상병보상연금 청구: 요양 중 요양기간이 2년을 넘어설 당시에 폐질등급 3급 이상인 자는 휴업급여를 대체할 상병보상연금을 청구한다.

⊙ 치료 후 장해가 남았을 때: 장해보상급여를 연금, 일시금의 형태 중 선택한다.

- 연금: 연4회 지급 장해등급 1~3등급은 연금 형태만 지급, 4~7등급은 연금과 일시금 중 선택이 가능하고, 8~14등급은 일시금만 선택할 수 있다.

⊙ 사망했을 때: 장의비 및 유족급여를 청구한다.

- 유족급여는 일시금과 연금 중 선택할 수 있다.

5. 관리·운영

산업재해와 관련된 보험업무의 관리·운영은 근로복지공단이 한다. 산재보험사업은 원래 고용노동부에서 직접 수행했다. 그런데 보험재정 팽창과 보험대상 적용의 확대 등으로 업무가 과다해져서 산재사업의 효율적인 운영을 위해 기존의 근로복지공사를 근로복지공단으로 개편하여 산재업무 및 근로자 관련 업무를 전담하도록 하였다.

근로복지공단은 서울에 본사를 두고 전국 6개 지역본부와 40개 지사를 운영하고 있다. 공단은 산하에 산재의료관리원을 설립하여 9개의 병원(인천, 태백, 창원, 순천, 대전, 안산, 동해, 정선, 경기 요양병원)에 3,600병상을 보유하고 있고, 2개의 재활훈련시설, 재활공학연구센터가 있다. 산재지정 병 · 의원은 전국에 3천여 개가 있다. 근로복지공단은 산재보험법에 의거하여 사업주로부터 보험료를 징수하여, 산재사고 시 피해근로자 또는 그 가족에게 적당한 기준에 의한 서비스를 제공하고 있다.

또한 근로복지공단은 산재 근로자와 그 가족을 위한 복지사업을 수행하고 있다. 산재 근로자는 대다수가 부양가족을 거느린 30~40대 가장으로서, 뜻하지 않게 발생한 산업재해는 한 가정에 커다란 정신적 · 경제적 어려움을 안겨 준다. 당장의 치료비, 생활비는 물론 자녀의 양육비, 교육비 등의 부담으로 고통스러워하고 각종 생활상의 문제가 발생한다. 근로복지공단은 산재보험으로 불행을 극복하도록 도울 뿐 아니라 생활정착금 대부, 의료비 대부, 근로복지장학사업, 영유아보육시설의 운영, 체육문화시설의 운영, 근로청소년 임대아파트의 운영 등 복지사업을 통해 근로자에게 도움을 주고 있다.

한편 재활훈련원은 근로복지공단이 산재 치료 후 완치되었으나 직장에 다시 복귀할 수 없는 사람을 대상으로 직업훈련을 하는 곳으로 안산과 광주에 있다. 의상디자인, 사진, 광고디자인, 금속공예, 전자출판, 산업설비, 정보통신에 관련된 직업훈련을 통하여 재활의지를 다지게 하고 취업 알선도 한다. 50세 미만의 산재장해 판정을 받은 사람만이 입교신청을 할 수 있으며 교육비와 숙식은 무료다. 매월 최저임금 월 환산액의 70%를 받으며 국가기술기능자격 검정시험에 합격하면 기술수당도 있으며, 산재보험 지정병원 진료비 30%를 감면해 주는 등 각종 혜택이 있다.

산재보험의 적용대상 사업장이 영세사업장으로 확대되면서, 사업주의 보험사무를 지원하는 보험사무조합의 역할이 커지고 있다. 1987년에 도입된 산재보험사무조합은 사업주 등을 구성원으로 하는 단체로서 특별법에 의하여 설립된 단체 또는 민법 제32조 규정에 의하여 고용노동부 장관의 허가를 받아 설립된 법인, 기타 대통령령이 정하는 기준에 해당하는 단체가 중소 영세사업주의 위탁을 받아 보험료 신고 등 위탁사업주의 각종 보험사무를 대행하여 주는 제도다. 보험사무조합은 보험가입자(사업주)의 위탁을 받아 개산보험료, 추가개산보험료, 증가개산보험료, 확정보험료의 보고·납부, 연체금, 가산금, 기타 징수금의 납부, 보험관계의 성립, 변경, 소멸의 신고, 기타 보험사무를 행할 수 있다.

6. 문제점과 과제

산재보험은 시행 50여 년을 맞이하면서 산업사회에 필요한 사회보험으로 발전하고 있지만, 다음과 같은 문제점에 대한 제도적 개선방안이 모색되어야 할 것이다.

첫째, 2010년 12월 현재 산재보험의 가입 사업장은 160만 8,361개소이고 근로자는 1419만 8,748명으로 늘어났지만, 아직도 전체 근로자의 30%가량은 산재보험에 가입되어 있지 않다. 법적으로 당연가입 대상이지만 영세제조업, 음식숙박업 등의 사업주가 수많은 비정규직 노동자들을 산재보험에 가입시키지 않기 때문이다. 이는 상시 1인 이상 고용사업체만 당연가입을 원칙으로 하고 있기 때문인데, 가입의 기피를 막기 위해서는 모든 사업장을 당연가입으로 해야 할 것이다.

둘째, 산재보험의 급여를 합리적으로 받기 위해서는 적용을 받는 근로자가 산재보험에 대한 기초적인 지식을 갖고 권리의식이 높아야 한다. 산업재해가 발생하면 사업주는 산재로 처리하는 것을 꺼리기 때문에 근로자와 그 가족이 산재보험에 대한 지식을 갖고 급여를 청구할 수 있는 방법을 잘 알아야 한다. 그런데 현재 이에 대한 기초교육이 거의 없는 상태다. 사용주는 명백한 산업재해를 건강보험으로 처리하여 근로자의 권리를 부당하게 침해하고 건강보험의 재정을 압박하기도 한다. 산재보험에 가입한 전체 근로자에게 산재보험에 대한 기초교육을 매년 정기적으로 실시하고, '알아야 챙기는 산재보험'과 같은 안내책자를 널리 보급해야 한다.

셋째, 산재보험의 보험료율은 70개 사업집단별로 세분화되고, 최저 0.7%에서 최고 36.0%까지고 평균 1.8%다. 지난 3년간 보험급여지급률에 따라서 보험료율을 산정하기 때문에 공평한 것처럼 보이지만, 최고 보험료율은 최저 보험료율의 52배나 되어서 사회보험 방식이라기보다는 사보험 방식에 가깝다. 예컨대, 연간 임금총액이 100억 원 규모 광산업자가 산재보험료만 36억 원을 내야 한다는 것은 지나치게 많은 액수다. 산업재해의 예방을 장려하기 위해서 보험급여 지급률을 고려해야 하겠지만, 사업집단별 보험료율의 지나친 차이를 줄이는 방향으로 제도를 개선해야 한다.

넷째, 산재보험의 급여가 꾸준히 향상되고 있지만 그 수준이 재해를 당한 근로자와 가족에게 충분하지 못하다. 휴업급여의 경우 OECD 국가들은 임금의 전액이나 80% 수준인 데 비하여 한국은 70%이고, 장해급여의 판정도 정신적 또는 육체적 훼손상태만 고려하고 근로자의 연령, 직종, 지위 등 제반조건이 고려되지 않는다는 것은 상식과 배치된다. 예컨대, 한 손의 새끼손가락을 제대로 못쓰게 된 사람은 14등급을 판정받아서 평균임금의 55일분을 받는 것에 그치는데, 이 사람이 피아니스트가 되려는 음악대학생이거나 피아니스트라면 새끼손가락의 장해는 직업활동에 심각한 영향을 줄 것이다. 급여의 적절성이 낮기 때문에 사용자의 과실이나 관리 소홀로 생긴 산업재해는 대부분 산재보험과 별도로 민사상 손해배상 청구의 대상이 된다. 시민의 생활양식의 변화와 기대수준에 맞게 산재보험의 급여를 적절히 향상시켜야 한다.

다섯째, 급여를 합리적으로 제공하는 것도 매우 중요하다. 현재 유족급여 수급자 중에서 배우자가 있으면 배우자가 일순위자이고, 그다음은 자녀, 부모 등의 순이다. 그런데 기혼남성 근로자가 사망할 경우 아내에게는 남편, 자녀에게는 아버지, 부모에게는 자식으로 누구에게나 소중한 존재이지만 유족급여는 우선순위자인 아내가 전액 수령하게 되어 있다. 배우자의 사망 후에도 아내가 자녀를 성실하게 양육하면 큰 문제가 아니지만, 자녀양육을 태만히 할 때에도 근로복지공단은 급여를 지급하는 데 그치고 있다. 유족급여에 대하여 수급자 간의 다툼이 있는 경우에는 민법의 상속조항을 준용하여 적절히 배분하는 것도 한 방안이다.

여섯째, 산재보험은 국민연금이나 건강보험에 비교할 때 보험료를 납부하는 사용주와 적용대상자인 근로자가 보험료의 책정, 장해급여의 판정, 기금의 관리·운영, 지정 병·의원에 대한 감시 등에 대한 제도적 참여장치가 거의 없다. 최근 장해급여, 유족급여 등 장기급여가 늘어나기 때문에 기금의 관리·운영에 대해서도 이해 당사자와 외부 전문가의 참여가 매우 절실하다. 아울러 산재보험과 고용보험의 적용 사업장이 중복되기 때문에 양 보험의 통합 등을 포함한 중장기 발전계획을 세우고, 장기급여의 증가를 고려한 안정적 재정운용으로 미래세대에게 부담을 주어서는 안 된다.

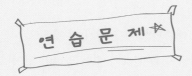

1. 다음 중 법령상 산업재해보상보험의 '적용제외 사업'이라고 보기 어려운 것은?
   ① 공무원연금법 또는 군인연금법에 의하여 재해보상이 행하여지는 사업
   ② 선원법 또는 사립학교교원연금법에 의하여 재해보상이 행하여지는 사업
   ③ 건설공사 중 총 공사금액이 1억 원 미만인 공사
   ④ 가구 내 고용활동
   ⑤ 농업/임업(벌목업 제외), 어업/수산업 중 상시 5인 미만의 근로자를 사용하는 사업

2. 다음 중 산업재해보상보험의 급여라고 보기 어려운 것은?
   ① 요양급여　　　　　② 장해급여
   ③ 유족급여　　　　　④ 실업급여
   ⑤ 상병보상연금

3. 다음 중 산업재해보상보험법상 '휴업급여'에 대한 설명과 거리가 먼 것은?
   ① 부상 또는 질병으로 인하여 취업하지 못하는 기간에 대하여 근로자와 그 가족의 생활보호를 위하여 임금 대신 지급하는 급여다.
   ② 요양기간 동안 일을 못하게 되면 1일 기준 평균임금 70% 상당의 금액을 보상받는다.
   ③ 재해로 인하여 장기간 요양하는 중 원래의 직장에서 임금이 인상되었을 때는 재해근로자가 받는 보상금도 그에 맞추어 인상된다.
   ④ 근로자는 요양 후에 휴업급여 청구서 세 부를 작성하여 의료기관, 회사, 근로복지공단에 제출하면 근로복지공단은 휴업급여를 통장으로 지급한다.
   ⑤ 휴업급여는 근무 중에 재해를 당한 근로자를 위한 제도이므로 완치될 때까지 계속 지급한다.

4. 다음 중 산업재해보상보험상 '장해급여'에 대한 설명과 거리가 먼 것은?

① 업무상 재해의 완치 후 당해 재해와 상당 인과 관계가 있는 장해가 남게 되는 경우 그 장해의 정도에 따라 지급하게 되는 급여다.

② 장해라 함은 부상 또는 질병이 치유되었으나 신체에 잔존하는 영구적인 정신적 또는 육체적 훼손상태로 인하여 생긴 노동력의 손실 또는 감소를 말한다.

③ 장해급여의 결정에 있어서는 정신적 또는 육체적 훼손상태가 존재함이 의학적으로 인정될 뿐이며 근로자의 연령, 직종, 지위 등 제반조건을 고려하지는 않는다.

④ 장해급여는 장해등급에 따라 1~3등급은 장해보상연금, 4~7등급은 연금이나 장해보상일시금 중 선택하며, 8~14등급은 일시금을 보상받을 수 있다.

⑤ 장해등급은 신체장해 등급을 그 장해의 정도에 따라 14등급, 140종으로 나누고 있고, 두 개 이상의 장해가 있을 경우에는 좀 더 심각한 장해등급 만으로 결정한다.

5. 다음 산업재해보상보험에 대한 설명 중에서 잘못된 것은?

① 근로자가 업무와 관련해서 사고를 당했다면 사용자는 과실이 없어도 산재처리를 해야 한다.

② 신체적 장해를 입은 근로자는 '장해급여'와 별도로 정신적 피해에 대한 보상을 근로복지공단에 청구할 수 있다.

③ 산재사고로 사망한 근로자의 유족은 '유족급여'와 별도로 사용주를 대상으로 민사소송을 제기할 수 있다.

④ 산재를 당한 근로자가 2년이 지나도 완치되지 않고 폐질 1~3급이면 상병보상연금을 받을 수 있다.

⑤ 영세사업장 사업주의 보험사무를 지원하기 위하여 1987년부터 산재보험 사무조합이 생겼다.

고용보험제도

1. 의의와 기능

1) 의 의

자유경쟁을 원칙으로 하는 자본주의 경제체제하에서는 호경기에도 기업의 생존과 소멸이 끊임없이 이루어진다. 따라서 그에 따른 어느 정도의 실업 발생은 당연할 뿐 아니라 기술혁신에 따른 산업구조의 조정과 경기변동에 따라 실업은 누구에게나 발생할 수 있는 사회적 위험이 되고 있다. 실업의 발생은 단순히 근로자 개인과 개별 기업의 책임으로만 방치할 수 없고, 국민경제 차원에서의 책임이 커지고 있다. 국민경제 차원에서 보면 실업자의 발생은 실업자와 그 가족의 구매력을 저하시켜 국내 소비수요의 감소를 가져오며, 이는 다시 생산의 저하와 고용의 감소를 초래하여 실업을 더욱 확대시키고 경제를 혼란에 빠뜨릴 수 있다. 이와 같은 차원에서 고용안정과 완전고용의 달성은 어느 나라에서나 국가 경제정책의 중요 목표로 자리 잡고 있다.

고용보험법 제1조에 따르면, "고용보험의 시행을 통하여 실업의 예방, 고용의 촉진 및 근로자의 직업능력의 개발과 향상을 꾀하고, 국가의 직업지도와 직업소개 기능을 강화하며, 근로자가 실업한 경우에 생활에 필요한 급여를 실시하여, 근로자의 생활안정과 구직활동을 촉진함으로써, 경제ㆍ사회발전에 이바지하는 것을 목적으로 한다." 따라서 실업보험이 단순하게 실직자의 생계를 지원하는 사후적ㆍ소극적인 사회보장제도라면, 고용보험은 실직자에 대한 생계지원과 재취업을 촉진하고 나아가 실업의 예방 및 고용안정, 노동시장의 구조개편, 직업능력 개발을 강화하기 위한 사전적ㆍ적극적 차원의 종합적인 노동시장정책의 수단이라고 할 수 있다.

2) 기 능

(1) 빈곤방지의 사회보장적 기능

고용보험제도의 가장 중요한 목적은 근로자가 실직을 당했을 경우에 실직자 및 그 가족에 대한 실업급여를 지급함으로써 사회적 빈곤의 증대를 완화시키는 사회보장적 기능을 담당한다.

(2) 사회적 연대 증진의 정치적 기능

고용보험제도는 경험요율(experience rate: 실업을 많이 발생시키는 고용주 혹은 근로자에게 높은 보험요율을 부과함으로써 실업의 발생을 억제하고자 하는 제도) 등을 도입해 고용주가 고용안정을 유지하도록 하여, 실업 문제를 둘러싼 노사 간 긴장과 갈등을 완화시키는 역할을 수행함으로써 사회 구성원 간의 일체감을 높이고 정치적 안정과 사회적 연대를 증진시키는 정치적 기능을 담당한다.

(3) 소득재분배 및 기업경쟁력 강화의 경제적 기능

실업급여 지급은 경기불황 시 실업자의 구매력을 일정 수준으로 유지시켜서 유효수요의 하락을 방지하여 경기에 대한 조절기능을 수행하며, 보험료는 동일하게 부담하지만 실업발생확률이 높은 저소득계층에 주로 지원이 이루어져 소득재분배 기능을 담당한다. 실업급여를 제공함으로써 실직자에게 직장을 다시 구할 수 있는 시간을 제공해 당장의 생계대책 때문에 자신의 기술수준이나 경력에 맞지 않는 낮은 임금수준의 일자리를 찾아가지 않게 하여 숙련공의 노동력을 유지·보존하는 역할도 한다. 그리고 고용보험제도는 민간 주도의 자율적인 직업능력 개발사업의 교육훈련을 활성화함으로써 근로자의 노동생산성 향상과 고용안정은 물론 기업의 경쟁력 강화에 도움을 준다.

(4) 불평등 예방의 사회적 기능

실업이 저소득층에서 주로 발생하기 때문에 실업급여와 직업훈련, 재취업 촉진 등을 제공하는 고용보험제도는 사회적 불평등의 심화를 예방하는 사회적 기능을 담당한다. 독일의 경우 동서독의 통일 이후 실업자 수가 급증함에 따라 실업이 중요한 사회문제로 대두되었는데 장기적 관점에서 고용보험이 실업문제의 해결에 크게 기여한 전례가 있다.

우리나라도 남북통일이 이루어지면 고용보험제도가 북한 근로자에 대한 교육훈련, 취업알선 및 실업자에 대한 실업급여의 지급으로 실업문제 해결과 사회혼란 방지 및 불평등 완화의 사회적 기능을 수행하게 될 것이다.

2. 유형과 발전과정

1) 유 형

(1) 강제적 고용보험제도

강제적 고용보험제도는 사회보험 방식에 의하여 일정 요건에 해당하는 사업장의 근로자에 대해 포괄적으로 적용하는 형태로서, 한국, 미국, 영국, 일본, 독일 등의 국가에서 채택하고 있다.

이 제도는 근로자와 그 가족을 실업의 위험으로부터 보호하기 위해서는 실업의 위험이 있는 근로자가 강제적으로 보험의 적용을 받도록 해야 한다는 인식에 바탕을 둔 것이다. 1911년 영국이 최초로 실시한 이래 점진적으로 확대되고 있는 고용보험 방식이다. 강제적 고용보험제도는 일정 요건에 해당하는 근로자를 사회보험 방식에 의해 의무적으로 고용보험 적용대상으로 하기 때문에 근로자에 대한 보호에 보다 충실할 수 있고, 취업알선과 직업훈련의 실시 등 고용정책과 연계하여 운영함으로써 실업의 예방과 조기 재취업을 촉진할 수 있는 장점이 있다. 그러나 근로자의 의사와 관계없이 강제적으로 가입하여야 하므로 근로자 개개인이 가입 여부를 선택할 수 없다는 단점이 있다.

(2) 임의적 고용보험제도

임의적 고용보험제도는 노동조합에 의해 자발적으로 설립된 실업기금이 정부로부터 인가를 받아 운영되는 형태로서 덴마크, 핀란드, 스웨덴 등의 국가에서 실시되고 있다.

이 제도는 임의적 제도로 출발하여 현대국가에까지 이어진 것으로서 실업기금의 관리 · 운영은 노동조합이 담당하되 노사가 함께 실업기금을 적립하게 하고 정부도 일부 비용을 부담한다. 임의적 고용보험제도는 노동조합이 중심이 되어 운영된다. 따라서 조합원에 대해서는 노동조합 규약에 의해 가입이 강제되므로 강제적 고용보험제도와 동일한 효과가 있으나 비조합원에 대해서는 고용보험에의 가입 여부를 근로자 개개인이 선택할 수 있다는 장점이 있다. 그러나 노동조합 조합원만 가입이 강제되는 임의적 고용보험제도의 경우는 근로자에 대한 충분한 보호가 어렵기 때문에 임의적 고용보험제도를 실시하던 국가들도 강제적 고용보험제도로 전환하는 추세를 보이고 있다.

(3) 실업부조제도

실업부조제도는 보험의 형태는 아니지만 소득조사를 전제로 저소득 실업자에 대하여 전액 정부 부담에 의해 실업수당을 지급하는 형태로서, 호주, 뉴질랜드 등의 국가에서 실시하고 있다. 이 제도는 전액 정부 부담에 의해서 필요 재원을 조성하고 소득조사를 실시하여 고용기록과 관계 없이 일정 기준 이하의 저소득 실업자만을 대상으로 실업수당을 지급한다. 실업부조제도에서는 실업부조 금액이 소득조사 결과 밝혀진 소득 및 재산의 정도에 의해 결정되며, 대부분의 국가에서는 지급기간에 제한이 없기 때문에 고용보험제도에 의한 실업급여 요건을 충족시키지 못하는 많은 실업자들이 실업부조의 혜택을 받게 된다.

(4) 기타—이원적 고용보험제도

고용보험제도의 유형은 이와 같이 강제적 고용보험제도, 임의적 고용보험제도 및 실업부조의 세 가지로 대별할 수 있으나, 두 가지 이상의 형태가 혼재해 있는 이원적 구조를 실시하는 나라도 다수 있다. 예컨대, 강제적 고용보험제도를 근간으로 하고 있는 독일, 프랑스, 영국, 포르투갈, 그리고 임의적 고용보험제도를 근간으로 하는 스웨덴, 핀란드 등은 급여기간이 종료되었거나 급여요건에 미달한 실업자에 대해서는 소득조사를 실시하여 일정 기준 이하의 저소득 실업자로 판명되면 전액 정부가 부담하는 실업부조제도를 병행해 채택하고 있다. 이러한 이원적 고용보험제도는 실업자에 대한 보호를 충실히 하기 위한 것이지만, 실업부조제도가 노동시장에 미치는 부정적인 영향 때문에 사회보장제도의 개혁이 논의될 때 논쟁이 발생하는 경우도 있다.

2) 발전과정

고용보험제도는 19세기 후반 유럽의 일부 노동조합이 실직조합원들에게 실업급여를 지급하던 자주적인 실업공제기금제도에서 출발하였다. 노동조합에 의한 자주적인 실업공제기금제도는 충분한 실업급여가 이루어지지 못하고 가입이 임의적이었기 때문에, 비교적 고용이 안정된 근로자는 가입을 기피하고 실업의 위험이 상대적으로 높은 근로자만이 주로 가입하고 있어 실업공제기금의 재정난이 심각하였다. 1893년 스위스의 베른 시는 세계 최초의 지방자치단체로서 노동조합의 임의적인 실업공제기금에 보조하였다. 이러한 제도는 스위스의 다른 도시는 물론 프랑스, 독일 등에도 파급되었다.

20세기 들어 프랑스는 1905년에 제정된 '프랑스재정법'에 의해 세계 최초로 노동조합의 자주적인 실업공제기금에 국가재정 보조금을 지급하였다. 프랑스에 이어 노르웨이(1906), 덴마크(1907), 네덜란드(1916), 스페인(1919) 등의 국가가 노동조합 중심의 자주적인 실업공제기금에 국가가 보조금을 지급하는 임의적인 실업보험제도를 도입하였다.

국가에 의한 강제적 실업보험제도는 1911년 영국에 의해 최초로 도입된 이래 오스트리아(1920), 불가리아(1925), 독일(1927), 유고슬라비아(1927) 등이 강제적 실업보험제도를 도입하였다. 한편 룩셈부르크(1921)는 저소득 실업자에 대해 국가재정에서 실업수당을 지급하는 실업부조제도를 도입하였다. 미국은 1932년 위스콘신 주에서 강제적 실업보험제도가 도입된 후 뉴딜 정책의 일환으로 1935년에 사회보장법이 제정되어 연방정부로부터 실업보조금제도가 신설됨에 따라 1937년까지 모든 주에서 실업보험제도가 시행되게 되었다. 1940년대에는 그리스(1945), 일본(1947)도 강제적인 실업보험제도를 도입하였다. 프랑스는 1951년에 국가 부담에 의한 실업부조제도를 실시하고, 1958년에는 자주적인 실업보험제도를 강제적 실업보험제도로 전환하였다.

고용보험으로 전환하는 추세를 보이기 시작한 국가는 스웨덴으로, 1940년대 중반부터 노동시장의 유연성을 제고하기 위한 취업알선 서비스를 강화하고 근로자에 대한 교육훈련을 고용보험 재원으로 지원하기 시작하였다. 독일은 1929년에 제정된 '직업소개 및 실업보험에 관한 법률'을 1969년에 '고용촉진법'으로 대체하였으며, 일본은 1947년에 제정된 '실업보험법'을 1974년에 '고용보험법'으로 대체하였다. 이는 실업급여 중심의 실업보험에서 종합적이고 적극적인 고용정책의 일환인 고용보험제도로 전환한 예가 된다. 고용보험제도의 발전과정은 [그림 9-1]과 같다.

[그림 9-1] 고용보험제도의 발전과정

3. 개 관

1) 우리나라 고용보험제도의 도입과정

1980년 정치불안과 경제불황으로 비농가 실업률이 7.5%까지 상승하면서 실직근로자의 생활안정을 위한 실업보험제도의 도입 필요성이 노동당국과 학계에 의해 공식적으로 제기되었다. 그러나 실업보험제도의 부작용에 대한 우려와 기업에 주는 부담 그리고 우리나라 산업구조의 미성숙 등의 이유로 실업보험제도의 도입은 일단 유보되었다. 정부가 공식적으로 고용보험제도의 도입을 결정한 것은 1991년 제7차 경제사회발전 5개년계획을 통해서였다.

1992년 고용보험 연구기획단이 발족한 후 1993년 12월 27일 법률 제4644호로 고용보험법이 제정되었고, 고용보험법 시행령(1995. 4. 6)과 시행규칙(1995. 6. 12)이 마련되어 1995년 7월 1일 시행되었다. 특히 1997년 12월 IMF 구제금융 이후 고용불안과 실업률이 급증하면서 고용보험제도의 확충에 대한 요구와 필요성이 대두되어 1998년 10월 1일부터 근로자를 고용하는 모든 사업장이 적용대상이 되는 오늘에 이르렀으며, 고용보험의 주요 사업은 고용안정 · 직업능력 개발사업, 실업급여로 구성되어 있다.

2) 적용 범위

고용보험법은 근로자를 고용하는 모든 사업 또는 사업장에 대하여 적용하는 것을 원칙으로 하고 있으나, 사업 규모를 고려하여 대통령령으로 정하는 사업 또는 사업장에 대해서는 그 예외가 인정된다. 적용제외 사업은 ① 농업 · 임업 · 어업 및 수렵업 중 법인이 아닌 자가 상시 4인

이하의 근로자를 고용하는 사업, ② 총 공사금액(발주자가 재료를 제공하는 경우에는 그 재료의 시가 환산액을 포함)이 고용노동부 장관이 고시하는 금액 미만인 건설공사, ③ 가사서비스업 등이다.

〈표 9−1〉에서 보듯이 실업급여와 고용안정 · 직업능력개발사업에서 1998년 10월 1일부터 1인 이상 모든 사업장이 적용받게 되었다. 다만 사업의 규모 및 산업별 특성을 고려하여 사업장 및 피보험자 관리가 매우 어렵다고 판단되는 일부 사업에 대해서는 적용을 제외하고 있다. 하지만 이러한 사업장도 근로자의 과반수 동의를 얻으면 임의로 고용보험에 가입할 수 있다. 2000년 1월 1일부터는 국가 및 지방자치단체에서 직접 행하는 사업에 종사하는 근로자에 대해 고용보험을 적용하고 있다.

2008년 9월부터 별정직 · 계약직 공무원도 본인의 의사에 따라 고용보험 중 실업급여에 한하여 가입할 수 있다. 가입신청 기한은 인용일로부터 3개월 내이며 보험금 부담은 소속기관과 공무원이 1/2씩 부담한다.

첫째, 일반사업장에서의 적용제외 근로자는 ① 60세 이후에 새로이 고용된 자, ② 65세 이상인 자, ③ 1개월간 소정 근로시간이 60시간(1주간 소정 근로시간 15시간) 미만인 자, ④ 1월 미만의 기간 동안 고용되는 일용근로자다. 그리고 일용근로자의 경우에는 고용안정사업과 직업능

〈표 9−1〉 적용대상 사업장 규모변화

보험 사업별	적용대상 사업장 규모					
	'95. 7. 1 ~ '96. 12. 31	'97. 1. 1 ~ '97. 12. 31	'98. 1. 1 ~ '98. 2. 28	'98. 3. 1 ~ '98. 6. 30	'98. 7. 1 ~ '98. 9. 30	'98. 10. 1 ~
실업급여	30인 이상	30인 이상	10인 이상	5인 이상	5인 이상	1인 이상
고용안정 · 직업능력 개발	70인 이상	70인 이상	50인 이상	50인 이상	5인 이상	1인 이상
건설업의 총공사금액	40억 원	44억 원	34억 원	34억 원	3억 원 4천만 원	3억 원 4천만 원

력 개발사업은 적용되나 실업급여는 적용되지 않는다.

둘째, 특정 직종에 따른 적용제외 근로자는 ① 국가 및 지방공무원법
에 의한 공무원, ② 사립학교법에 의한 교직원, ③ 선원법에 의한 선원,
④ 별정우체국법에 의한 별정우체국 직원이다.

셋째, 사업장의 특성에 따른 적용제외 근로자는 국가, 지방자치단체
가 실업자의 고용 및 생활 안정을 위하여 직접 행하는 사업이다. 실업자
에게 일시적으로 일자리를 제공하는 사업에 종사하는 자는 고용보험의
적용대상에서 제외된다.

넷째, 외국인의 경우에는 원칙적으로 고용보험을 적용하지 않는다.
그러나 국내거주 자격이 있는 외국인은 당연적용 대상으로 하고, 기타
국내취업이 가능한 체류자격을 가진 외국인의 경우에는 가입을 희망하
는 경우에 적용하도록 한다. 그러나 체류자격이 없는 외국인, 이른바 불
법취업 근로자는 당연히 고용보험의 적용대상이 되지 않는다.

3) 재원의 조달: 보험료의 징수

고용보험 또는 실업보험의 비용을 누가, 어느 정도로 부담하느냐의
문제는 국가마다 다양한 형태를 취하고 있다. 미국은 사업주가 전액을
부담하나 독일, 프랑스, 일본 등 대부분의 국가에서는 노사가 공동으로
분담한다. 우리나라의 경우에는 노사에게 공동으로 보험료를 부담시
키고 있다. 실업급여의 보험료는 노사가 각각 1/2씩 분담하고, 고용안
정·직업능력 개발사업의 보험료는 사업주가 전액 부담한다.

고용보험요율은 보험수지의 추이와 경제 상황 등을 고려하여 임금총
액의 30/1,000 범위 내에서 고용안정·직업능력 개발사업의 보험요율,
실업급여의 보험요율로 구분하여 대통령령으로 정한다.

고용보험료는 매 보험 연도마다 그 1년 동안 적용사업의 보험사업별
피보험자인 근로자의 임금총액에 보험사업별 보험요율을 곱하여 산정

〈표 9-2〉 사업별 보험료율 및 보험료 산정 방식

구분		보험요율		보험료 산정 방식
		근로자	사업주	
실업급여		0.45%	0.45%	피보험자(일용근로자 제외) 임금총액×보험료율
직업능력 개발사업	150인 미만 기업	–	0.25%	–
	150인 이상~1,000인 미만 기업	–	0.45%	–
	1,000인 이상 기업	–	0.85%	–

한다(〈표 9-2 참조〉).

4) 수행체계

고용보험사업은 고용노동부 장관이 관장하고 있다. 이는 여타 사회보험사업과 달리 산업구조 조정의 촉진, 고용구조 개선 등과 밀접한 관련을 맺고 있어 타 정부기관과의 긴밀한 협조조정이 필요하고, 부정한 실업급여 신청 또는 신고 내용의 허위 기재 등에 의한 제도 악용의 방지와 지도감독 등의 효율적 집행을 위해서는 국가의 행정력이 뒷받침되어야 한다는 취지에서다. 고용보험의 보험관계는 관리 주체인 고용노동부 장관과 고용보험 업무(산업재해보상보험 업무 포함)를 실제로 담당하는 일선 집행기관인 근로복지공단 및 고용지원센터, 보험료 납부 등 제반 의무를 이행하는 보험가입자, 그리고 보험급여를 받을 권리가 있는 수급권자의 관계로 기본 구조를 형성하고 있다. 이를 도식화하면 [그림 9-2]와 같다.

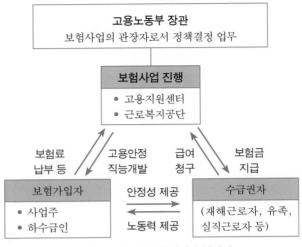

[그림 9-2] 고용보험사업 수행체계

5) 관리 · 운영

(1) 고용보험기금의 관리 · 운용

고용보험기금은 보험사업에 필요한 재원에 충당하기 위해 설치되었고, 기금은 보험료, 고용보험법에 의한 징수금, 기금운용수익금, 적립금, 기타 수익금 등으로 조성하였다. 조성된 기금은 보험사업과 관리 · 운영 등에 사용한다. 또한 조성된 기금은 금융기관 및 재정자금에의 예탁, 투자신탁 등의 수익증권 매입 및 각종 유가증권의 매입 등을 통해 운용된다.

(2) 타 사회보험과의 병급조정

국민연금의 노령연금과 고용보험의 구직급여에 대하여는 병급조정이 되고 있다. 즉, 고용보험의 구직급여 수급권자가 국민연금의 노령연금 또는 특례노령연금을 지급받게 되는 경우에는 국민연금의 노령연금 금액의 1일분에 상당하는 금액(연금액을 365일로 나눈 금액)이 구직급여일

액에서 공제된다. 개정 국민연금법에서는 55세 이상, 65세 미만의 노령
연금 수급자가 구직급여를 받는 동안에는 노령연금의 수급이 정지된다.

6) 이의신청 절차

직업안정기관의 장이 행한 고용보험법상 피보험자격의 취득·상실
의 확인에 관한 처분, 실업급여 지급에 관한 처분, 지급제한 및 반환·
징수 명령처분 등으로 인해 피보험자 또는 수급자격자의 이익이 침해된
경우 그 구제를 도모하기 위하여 행정소송에 앞서 고용보험관장기구 내
심사·재심사제도를 두고 있다. 이러한 방식은 여타의 사회보험에도
적용하고 있는 방식이다. 처분에 이의가 있는 자는 먼저 고용보험심사
관에게 심사를 청구할 수 있고, 이러한 심사관의 결정에 이의가 있는 자
는 고용보험심사위원회에 재심사를 청구할 수 있다.

4. 사 업

고용보험사업은 사업주지원제도와 근로자지원제도로 대별된다([그림
9-3] 참조).

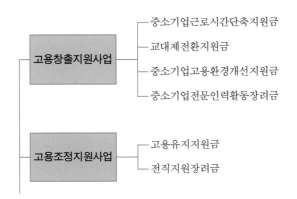

고용창출지원사업
- 중소기업근로시간단축지원금
- 교대제전환지원금
- 중소기업고용환경개선지원금
- 중소기업전문인력활동장려금

고용조정지원사업
- 고용유지지원금
- 전직지원장려금

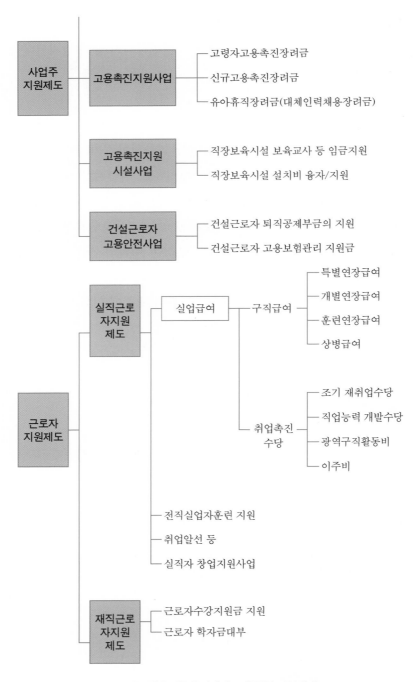

[그림 9-3] 우리나라 고용보험 사업체계

1) 사업주지원제도

(1) 고용창출지원사업

중소기업 등의 인력 확보를 지원하고 기업의 일자리 창출을 유도함으로써 근로자의 고용안정에 기여하려는 사업이다.

① 중소기업근로시간단축지원금

주 40시간 근무제를 조기에 정착시키고 이로 인한 기업의 부담을 완화하기 위해 조기에 근로시간을 단축하고 근로자를 신규 채용하는 중소기업을 지원하는 제도다. 지원대상은 주 40시간제를 조기에 도입하고 근로자를 추가로 고용한 5인 이상, 20인 미만 기업이다.

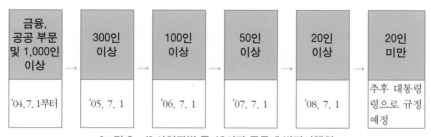

[그림 9-4] 사업장별 주 40시간 근무제 법정시행일

② 교대제전환지원금

교대제를 새로이 실시하거나 교대제를 실시하고 있는 사업주가 조를 늘려 교대제로 전환해야 하는데, 교대제 전환 이후 조가 4조 이하인 경우에 한하며 교대제 전환 이후 매분기 당해사업의 월평균 근로자 수(전환 후 월평균 근로자 수)가 교대제 전환한 날이 속한 월의 직전 3월의 월평균 근로자 수를 초과해야 지급요건이 성립된다.

③ 중소기업고용환경개선지원금

중소기업으로 제조업 및 지식기반 서비스업(부가통신업, 정보처리 및 기타 컴퓨터운영 관련업, 자연과학 연구개발업, 엔지니어링 서비스업, 전문디자인업 등)을 영위하는 사업주를 지원대상으로 한다.

④ 중소기업전문인력활용장려금

중소기업의 고용기회 확대와 경쟁력 제고를 위하여 신규로 전문인력을 채용하거나, 대기업으로부터 전문인력을 지원받아 사용하는 사업주에게 채용일로부터 1년간 지원한다.

(2) 고용조정지원사업
① 고용유지지원금

생산량 감소, 재고량 증가 등으로 고용조정이 불가피하게 된 사업주가 근로자를 인위적으로 감원하지 않고 휴업, 훈련, 휴직, 인력재배치 등 고용유지 조치로 근로자의 '계속고용'을 유지할 경우 휴업수당, 임금 및 훈련비를 지원하여 사업주의 경영 부담을 완화하고 근로자의 실직을 예방하는 지원금이다. 여기서 인위적인 감원이란 정리해고, 권고사직, 비자발적인 명예희망퇴직 등을 말한다.

휴업, 훈련, 휴직을 실시하는 사업주는 그 실시일 수를 합하여 당해 보험 연도의 기간 동안 180일을 한도로 지원하며, 180일의 고용유지조치 한도 초과 후 훈련을 실시할 경우는 90일까지 연장 지원한다.

② 전직지원장려금

기업의 구조조정으로 퇴직이 예상되는 근로자를 대상으로 전직에 필요한 각종 상담, 구인창업 등에 관한 고용정보 제공, 취업알선, 교육훈련, 이들 서비스 제공을 위한 인력지원 등을 통해 이직근로자의 신속한 재취업을 지원하는 제도다. 전직지원 계획서를 제출하여 승인을 얻어 그 계획서대로 전직지원 서비스를 제공한 사업주가 지원대상자가 된다.

(3) 고용촉진지원사업
① 고령자고용촉진장려금
능력과 건강으로 보아 일할 때임에도 불구하고 취업 또는 직업전환의 기회를 갖지 못하는 고령자를 일정 수준 이상 고용하거나 정년퇴직 이후 정년을 연장하여 계속 고용하는 사업주에 대해서 장려금을 지원하는 제도다.

〈표 9-3〉 고령자고용촉진장려금 요건과 지원수준

구분	요건	지원수준
다수고용	고용기간이 1년 이상인 55세 이상 고령자를 매분기 월평 근로자 수의 업종지원 기준(4~42%) 이상 고용	지원기준율 초과 고령자 1인당 분기 18만 원씩 5년간 지원－매 분기별 근로자 수의 15%(대규모 기업 10%) 한도
정년퇴직자 계속고용	정년을 57세 이상으로 정한 사업장에서 18개월 이상 계속 근무한 후 정년이 도래한 고령자를 계속 고용하거나 정년퇴직 후 3개월 이내에 재고용하고 계속 고용 전 3개월, 계속고용 후 6개월 동안 근로자를 고용조정으로 이직시키지 아니할 것. 다만 고용기간이 1년 이하이거나 계속고용(재고용) 전 3개월 이내 정년을 줄이는 경우는 제외함	계속고용 1인당 월 30만 원을 6개월간 지원(500인 이하 제조업은 12개월)
정년연장	정년을 56세 이상으로 1년 이상 연장한 사업장에서 18개월 이상 근무한 고령자를 정년연장으로 계속 고용하고 정년연장 전 3년 이내에 해당 사업장의 정년을 단축하는 경우에는 제외	계속고용 1인당 30만 원을 정년이 연장된 기간의 1/2 기간 동안 정년연장 후 5년 이내 지원

② 신규고용촉진장려금
노동시장의 통상적인 조건하에서 취업이 어려운 고령자, 청년실업자, 장기구직자, 여성 등 취약계층을 직업안정기관의 알선에 의하여 채용하는 사업주에게 장려금을 지원한다.

〈표 9-4〉 신규고용촉진장려금 지원요건

대상자	실업기간
1. 고용상 연령차별금지 및 고령자고용촉진에 관한 법률에 따른 고령자나 준고령자 중 소득 및 취업능력 등을 고려하여 고용노동부장관이 정하여 고시하는 기준에 해당하는 자 2. 여성실업자 중 가족부양의 책임이 있는 자로서 국민기초생활보장법 시행령에 따른 취업대상자 또는 한부모가족지원법 에 의한 보호대상자 3. 장애인고용촉진 및 직업재활법에 따른 중증장애인	1개월
4. 고용상 연령차별금지 및 고령자고용촉진에 관한 법률 제2조 제1호에 따른 고령자나 준고령자 5. 저학력, 경력 및 직업기술의 부족 등의 사유로 취업에 어려움을 겪고 있는 29세 이하의 자로서 고용노동부장관이 고시하는 기준에 해당하는 자 6. 장애인고용촉진 및 직업재활법에 따른 장애인 7. 국민기초생활보장법 시행령에 따른 취업대상자 8. 임신기간이나 출산 또는 육아기간(만 6세 미만의 영유아를 둔 경우를 말함)에 이직한 여성근로자 9. 자유무역협정체결에 따른 농어업인 등의 지원에 관한 특별법에 따라 폐업 지원금을 받고 있거나 받았던 농어업인	2개월
10. 제1호부터 제9호까지의 규정에 해당하지 아니하는 자	6개월

③ 육아휴직장려금(대체인력채용장려금)

육아휴직장려금 지원요건과 수준은 다음과 같다.

〈표 9-5〉 육아휴직장려금 지원요건과 지원수준

구분	지원요건	지원수준
육아휴직 장려금	피보험자인 근로자에게 남녀고용평등법 제19조의 규정에 의한 유아휴직을 30일(근로기준법 제74조의 규정에 의한 산전후휴가 기간 90일과 중복되는 기간 제외) 이상 부여하고 육아휴직 종료 후 30일 이상 피보험자인 근로자로 계속 고용하는 사업주	육아휴직을 부여하는 사업주에게는 육아휴직 근로자 1인당 월 20만 원 지급
대체인력 채용장려금	휴직기간 중 신규 대체인력을 30일 이상 채용하고, 육아휴직 종료 후 육아휴직자를 30일 이상 계속 고용한 사업주	대체인력 1인당 월 20~30만 원 지급 ※ 우선지원 대상기업: 30만 원 　대규모 기업: 20만 원

(4) 고용촉진지원시설사업

① 직장보육시설 보육교사 등 임금지원

사업주가 단독 또는 공동으로 사업장의 근로자를 위하여 직장보육시설을 설치·운영하고 사업장 소속의 피보험자 자녀 수가 전체 보육아동 수의 1/3 이상인 경우, 그리고 유급 고용일 수가 20일 이상인 보육교사·취사부 및 직장보육시설의 장에 대하여 1인당 월 80만 원을 지원한다.

② 직장보육시설 설치비 융자/지원

직장보육시설을 임차·매입해 설치하거나 운영 중인 시설을 개·보수하는 사업주 또는 사업주 단체에게 연 1~2%로 5억 원까지 융자가 가능하다. 융자금은 5년 거치 5년 균등분할 상환조건이다. 또한 건물을 보육시설로 구조 변경하거나 혹은 운영 중인 보육시설의 전부나 일부를 영아나 장애아 보육시설로 시설기능을 보강하는 경우에는 소요비용의 60~80% 범위 내에서 한도액 1억 원까지 무상 지원한다.

(5) 건설근로자 고용안정사업

① 건설근로자 퇴직공제부금의 지원

건설근로자 퇴직공제제도는 건설일용근로자에게 퇴직금 성격인 퇴직공제금을 지급하기 위하여 1998년 1월부터 시행된 제도다. 건설업을 행하는 사업주가 건설근로자퇴직공제회와 건설근로자를 피공제자로 하는 공제계약을 체결한 후 공제부금을 납부하면, 근로자가 건설업을 퇴직하는 등의 경우에 적립된 공제부금에 소정의 이자를 합하여 퇴직공제금으로 지급한다.

② 건설근로자 고용보험관리 지원금

건설현장별로 고용관리 책임자를 지정·신고하고 건설(일용)근로자에 대한 고용보험 사무처리(피보험자 관리)를 한 사업주에게 지원한다.

〈표 9-6〉 건설근로자 고용보험관리 지원금 지원수준

월 관리피보험자 수(연인원)	지원금액(월)
100인 이상, 200인 미만	300,000원
200인 이상, 400인 미만	500,000원
400인 이상, 700인 미만	700,000원
700인 이상	900,000원

2) 근로자지원제도

(1) 실직근로자 지원제도

① 실업급여

실업급여는 고용보험 적용 사업장에서 실직 전 18개월간 피보험 단위기간 통산 180일 이상 근무하다가 회사의 폐업·도산, 경영상 해고 등 기타 부득이한 사유로 이직한 경우에만 실업급여 수급자격이 인정된다. 그러나 직장을 정당한 사유 없이 전직하였거나, 자영업 등을 위하여 스스로 그만두었거나, 중대한 잘못으로 형법 또는 직무 관련 법규위반 등으로 금고 이상의 형을 받아 해고된 경우 등에는 실업급여를 받을 수 없다. 실업급여는 12개월이 지나면 지급되지 않으므로 실직 시에는 지체 없이 거주지 관할 고용지원센터를 방문하여 수급자격 인정신청 및 구직 등록을 하여야 한다. 실업급여는 수급자격자가 지정된 실업 인정일에 고용지원센터에 출석하여 적극적인 재취업 노력 사실을 신고하여 실업인정을 받을 경우에만 지급된다. 그러므로 지정된 실업 인정일에 반드시 출석해야 한다. 실업급여의 종류에는 구직급여, 취업촉진수당이 있다.

◆ 구직급여

실직자의 연령과 보험가입 기간에 따라 90~240일 동안 실직 전 받던 임금의 50%를 수령한다. 1일 구직급여 최고액은 4만 원, 최저액은 최저

〈표 9-7〉 가입기간별 · 연령별 지급일 수

피보험기간 연령	6개월 이상~ 1년 미만	1~3년	3~5년	5~10년	10년 이상
30세 미만	90일	90일	120일	150일	180일
30세 이상~ 50세 미만	90일	120일	150일	180일	210일
50세 이상 및 장애인	90일	150일	180일	210일	240일

구직급여 예시

2005년 1월 1일부터 고용보험에 가입된 40세의 A근로자가 2008년 1월 1일부터 월임금 200만 원씩 받다가 2008년 9월 1일자로 이직한 경우 받을 수 있는 구직급여는?

- 가입기간이 3년 8월, 연령이 40세이므로 실업급여를 받을 수 있는 소정 급여일 수는 150일이고 1일 평균 65,217원(600만 원÷92일)임. 따라서 구직급여일 액은 1일 평균임금의 50%인 32,608원임
- 구직급여는 32,608원×150일=4,891,200원(A수급자가 받을 수 있는 구직급여 최대액임)
※ 일시금으로 지급되지 않고 1~4주(고용지원센터 지정)에 한 번씩 14일분씩 지급됨

임금법상 시간급 최저임금액의 90%이다.

- 특별연장급여: 실업의 급증으로 고용사정이 극히 악화된 경우 고용노동부 장관이 지정한 기간 내에서 구직급여일액의 70%를 60일까지 연장 지급한다.
- 개별연장급여: 직업안정기관의 직업소개에 3회 이상 응하였으나 취업되지 못하고, 부양가족 중 18세 미만이나 65세 이상자, 장애인 또는 1월 이상 치료를 요하는 환자가 있고, 급여기초일액이 5만 8천 원 이하이며 본인 및 배우자의 재산이 고용노동부 장관이 고시하는

기준 이하인 경우 등, 취직이 극히 곤란하고 생계지원이 필요한 수급자로 연장 결정된 경우 구직급여의 70%를 60일까지 연장 지급한다.

• 훈련연장급여: 지방노동관서의 직업능력 개발훈련 지시에 의해 훈련을 수강하는 경우 훈련기간 동안 구직급여의 100%가 2년 범위 내에서 연장지급 가능하다.

• 상병급여: 수급자격자가 수급기간 중 질병·부상 또는 출산으로 7일 이상 취업이 불가능한 경우에는 구직급여에 갈음하여 상병급여를 지급할 수 있는데 그 금액은 구직급여와 같다. 상병급여를 지급한 경우에는 구직급여를 지급한 것으로 간주한다.

◆ 취업촉진수당
• 조기 재취업수당: 소정 급여일 수의 일부를 남기고 6개월 이상 고용이 확실시되는 안정된 직장에 조기 재취업한 경우에는 잔여 급여일 수에 따라 2/3, 1/2, 1/3의 일시금을 지급한다.

• 직업능력 개발수당: 지방노동관서장의 지시에 응하여 훈련을 받을 때에는 1일 5천 원을 지원하는데, 실업자훈련 등 중복수혜의 경우는 제외된다.

• 광역구직활동비: 지방노동관서장의 소개로 50km 이상 떨어진 회사에 구직활동을 한 경우 수급자격자의 거주지로부터 방문하는 사업장까지의 정상적인 경로에 따라 계산한 운임과 숙박이 필요하다고 인정되는 숙박비를 지급한다.

• 이주비: 취직이나 지방노동관서장이 지시한 훈련을 받기 위해 주거를 이전하는 경우에 이주비를 국가공무원 국내여비규정의 이전 비 정액표에 의하여 지급한다.

② 전직실업자훈련 지원
고용보험 적용 사업장에서 이직한 고용보험 피보험자였던 자가 직업

능력 개발훈련시설, 고등교육법에 의한 학교, 기타 지방노동관서의 장
이 인정하는 시설 또는 기관에서 재취직에 필요한 기능, 기술 습득을 위
한 1월 이상, 1년 이하의 과정으로 총 훈련시간이 60시간 이상의 훈련을
받을 경우 교통비와 식비 등을 지원한다.

③ 취업알선 등

고용보험 적용 사업장에서 실직한 피보험자가 거주지 관할 고용지원
센터를 방문하여 구직을 원할 경우 적성검사 등 직업상담과 취업알선을
지원한다.

④ 실직자 창업지원사업

고용보험 피보험자였던 장기실업자(구직등록 후 6개월 이상 실업 상태
에 있는 자)로 자격을 갖춘 자(창업훈련과정 이수, 국가기술자격증 소지자
등), 고용보험 피보험자였던 실직여성으로 자녀 및 가족의 부양 책임이
있는 실직여성가장, 고용보험 피보험자였던 실직고령자(구직등록 후 실
업 상태에 있는 55세 이상 자)로 창업을 희망하는 자에게 최고 7천만 원
범위 내에서 공단이 직접 점포를 임차하여 지원하는 사업이다.

(2) 재직근로자 지원제도
① 근로자수강지원금 지원

비자발적 사유로 훈련 중 또는 훈련수료 후 1월 이내에 이직 예정되
어 있는 자, 40세 이상 피보험자, 우선지원 대상기업에 고용된 자(상시 사
용하는 근로자 수가 300인 미만인 사업에 고용된 자), 기간제 근로자, 근로기
준법 제2조의 규정에 의한 단시간 근로자 또는 파견근로자 보호 등에 관
한 법률에 의한 파견근로자, 일용근로자, 고용보험 임의가입 자영업자가
고용노동부 장관의 승인을 받은 과정(일반과정, 외국어과정) 또는 인터넷
원격훈련 과정을 수료(소정 출석일 수의 80% 이상 출석과 자비로 훈련수강비

〈표 9-8〉 근로자수강지원금 지원 내용

일반과정	인터넷 원격훈련	외국어과정
수강비용의 80% (비정규직 100%) ※ 고용노동부고시 훈련 직종 별 단가 한도 내	수강비용 전액 ※ 평가등급 및 콘텐츠 심 사 등급에 따라 고용노동 부 장관이 고시한 금액 한 도 내	수강비용의 50% (비정규직 80%) ※ 월 40시간 기준 9만 원 한도

※ 근로자 1인당 지원받을 수 있는 한도는 연간 100만 원임.

용을 부담)한 경우에 연간 100만 원 한도 내(근로자 1인당 5년간 300만 원 한도)에서 지불한 수강비용의 50~100%를 지원하는 제도다.

② 근로자 학자금대부

고용보험 피보험자로서 전문대학 이상 학교(대학, 산업대학, 교육대학, 전문대학, 방송통신대학, 기술대학, 기능대학, 또는 대학졸업자와 동등한 학력·학위가 인정되는 원격대학 형태의 평생교육시설)에 입학하거나 재학 중인 자에게 연 1%(신용보증) 또는 연 1.5%(일반대출) 이율로 등록금 전액을 대부해 주는 제도다.

5. 한계점과 과제

우리나라 고용보험의 한계와 과제는 다음과 같이 요약된다.

첫째, 고용보험의 구직급여는 수급자격 요건으로 일정 기간 이상 가입을 전제하기 때문에 노동시장에 전혀 진입해 본 적이 없는 청년실업자의 경우는 구직급여를 받을 수 있는 가능성이 없다. 또한 구직급여를 받는다 해도 받을 수 있는 기간이 240일로 한정되어 만성적인 실업에서 장기실직자들의 생계를 보장하기가 어렵다. 따라서 실업에 따른 빈곤에 대해 생계를 보장하기 위해 일부 선진국에서는 보험원리가 아닌 부조원리를 적용하는 실업부조제도를 두고 있다. 그러나 이 제도는 일반적 빈곤에 대비하는 공공부조와는 달리 노동능력이 있는 실업자들만을 대상으로 하며, 실업부조에서는 공공부조의 경우와 같이 엄격한 자산조사를 통하여 대상자를 선정한다. 즉, 빈곤의 원인이 어디에 있는가를 따지는 원인주의(causal principle)를 극복하고, 빈곤한 상태에 대해 지원한다는 결과주의(final principle)에 기초하여 생계를 지원하는 것이라고 할 수 있다(이준영, 2008).

둘째, 고용보험의 적용대상에서 제외된 근로자가 너무 많아 사회안전망으로서의 역할을 수행하는 데 한계성을 나타내고 있다. 2010년 3월 기준 임금근로자의 고용보험 가입률은 58.9%에 머물고 있는데, 5인 미만 사업장 근로자의 고용보험 가입률은 25.7%이며, 5~9인 사업장 근로자의 경우는 51.7%에 불과하다. 고용 형태별로는 정규직이 67.2%인 반면, 비정규직은 42/1%로 나타나고 있다. 사업체 규모, 임금계층, 고용 형태등의 일자리 특성에 따라 고용보험 가입률에는 현격한 차이가 있다. 이처럼 고용안전망의 사각지대가 발생하는 가장 큰 원인은 사용자의 가입 기피로 학원강사나 보험업계, 백화점과 같은 유통업계는 개인사업자 형태로만 고용하여 고용보험 적용 제외를 의도적으로 활용하기 때문이다.

셋째, 고용보험사업은 사업장 규모별로 역진적인 효과가 발생하고 있다. 고용안정 사업의 경우 대규모 사업장이 영세사업장에 비해 급여수급 실적이 높게 나타나 재정 이전 현상이 발생하며, 직업능력 개발사업의 경우도 사업 규모별 보험요율의 차이에도 불구하고 사업 규모가 클수록 사업주가 지원받은 금액이 높게 나타나고 있다. 실업급여의 경우도 납부한 보험료에 비해 지급된 실업급여의 비율이 30인 이하 영세사업장이 훨씬 낮아 역진성 문제를 보여 주고 있다. 역진성 문제의 해결을 위해 보험요율의 재조정 등 다각적 방안을 모색해야 한다(유길상 외, 2000).

넷째, 고용안정 인프라 구축이 미흡하여 사업의 효과성이 떨어지고 있다. 고용보험의 특성상 현금급여뿐 아니라 직접적인 서비스가 제공되어야 하기 때문에 노동시장 정보체계의 구축, 구직활동 지원 프로그램, 종사자들의 전문성 확보 등 노동시장과 관련된 인프라 구축이 필수적이다. 공공직업 안정기관의 양적 확대는 어느 정도 이루어졌으나 정보의 접근 용이성, 신속성, 가치성, 통합성 및 전문인력 양성을 위한 보다 효율적인 교육훈련체계를 구축할 방안을 찾아야 한다.

이 외에도 우리나라에서도 수급요건의 완화와 급여지급 기간의 연장 등의 관대성, 실업급여 의존에 따른 실업의 장기화와 생산성의 약화 등의 문제가 제기될 가능성이 높다. 따라서 이에 대한 실증적 연구와검토를 통해 실업급여의 적정수준을 모색해야 할 것이다.

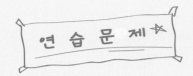

1. 고용보험의 주요한 목적이 <u>아닌</u> 것은?
   ① 노동자의 생활수준 유지   ② 재고용의 시간 제공
   ③ 일자리 찾는 데 원조   ④ 비정규직의 증가
   ⑤ 직업능력의 개발

2. 우리나라에서 실시하고 있지 <u>않는</u> 사회보험 프로그램은?
   ① 연금보험   ② 산재보험
   ③ 고용보험   ④ 교통보험
   ⑤ 건강보험

3. 고용보험에서 구직급여의 수준에 직접적으로 영향을 미치는 요소는?
   ① 가입기간   ② 근무기간
   ③ 연령   ④ 가족 수
   ⑤ 평균임금

4. 고용보험과 관련된 다음 설명 중 옳지 <u>않은</u> 것은?
   ① 계절적 또는 일시적 사업에 고용된 근로자도 고용보험에 적용된다.
   ② 고용보험의 가입자는 원칙적으로 사업의 사업주와 근로자다.
   ③ 고용보험은 모든 근로자 1인 이상 사업 또는 사업장에 강제 적용된다.
   ④ 고용보험의 가입자는 60세 미만이다.
   ⑤ 한국과 미국은 강제적 고용보험제도 방식을 채택하고 있다.

5. 다음 중 취직촉진수당의 프로그램에 속하지 <u>않는</u> 것은?

① 조기재취직수당   ② 실업수당

③ 직업능력개발수당   ④ 광역구직활동비

⑤ 이주비

노인장기요양보험

1. 노인장기요양보험제도의 의의

산업화에 따른 경제발전과 과학의 발달에 의한 의료기술 발달은 인간의 삶의 질 향상, 평균수명 연장 등 인류에게 많은 혜택을 가져왔다. 하지만 그와 더불어 출산율의 급격한 저하, 매우 빠른 속도의 노령화로 고령화 사회(aging society)에 진입하였다. 우리나라의 경우 2000년에 65세 이상 노인인구는 339만 명으로 전체 인구의 7.2%를 넘어 고령화 사회에 진입했다. 그리고 2018년에는 707만 명으로 전체 인구의 14.3%를 넘어 고령사회에 진입할 것이며, 2026년에는 1021만 명(20.8%)으로 초고령사회에 진입할 것이라고 전망된다.

저출산·고령화 현상은 선진복지국가들에서 나타나는 일반적이고 공통적인 현상이지만, 우리나라의 고령화 속도는 프랑스, 미국, 영국, 독일, 일본 등 복지선진국보다 훨씬 빠르게 진행되고 있다.[1] 이는 고령사회에 대한 준비가 그만큼 시급함을 의미하는 것이다.

노인인구의 증가와 더불어 핵가족화와 여성의 노동참여 증가, 가족의 부양가치관 변화에 따른 가족의 간병기능 약화 등으로 장기요양보호에 대한 사회적 수요가 더욱 증대되고 심각한 사회문제로 대두되고 있다. 이러한 노인인구는 일반적으로 건강상태가 낮고 신체기능이 저하되므로 의료서비스와 장기요양 서비스에 대한 수요가 매우 높은 특징을 가지고 있다. 노인장기요양보험제도는 그동안 가족의 영역에 맡겨져 왔던 치매·중풍·만성질환 등 노인에 대한 장기간에 걸친 간병, 장기요양 문제를 사회연대성 원리에 따라 국가와 사회가 분담하기 위한 제도다. 이에 대해 우리나라에서는 2000년부터 고령화 사회에 대비하는 노인 장기요양보호의 정책과제를 검토하기 시작하여 노인장기요양보험법을 2007년 4월 27일에 공포하고 2008년 7월 1일부터 시행하고 있다.

2. 노인 장기요양보호의 개념 및 필요성

1) 장기요양보호의 개념

장기요양보호의 용어는 각 국가의 재정적, 사회·문화적 배경에 따라 그 내용에 상당한 차이를 보이고 있다. 장기요양의 개념에는 의료적 욕구, 간병 욕구, 수발적 욕구 등이 다양하게 포함되어 있어 학자마다 다양한 의미로 사용한다.

장기요양보호는 'long-term care'를 번역한 것인데, 간병, 수발, 개호, 장기요양보호 등이 혼용되어 왔다.

경제협력개발기구(OECD)에서는 장기요양보호의 의미를 "노인 또는

---

[1] 우리나라의 고령화 속도는 18년이지만, 프랑스는 115년, 미국은 73년, 영국은 47년, 독일은 40년, 일본은 24년이었다(통계청, 2005).

이미 의존적인 상태에 빠져 있거나, 생활상의 장애를 지닌 노인에게 (사전적으로 정해져 있는 종료시점이 없어) 장시간에 걸쳐서 일상생활 수행능력을 도와주기 위하여 제공되는 모든 형태의 보호서비스"로 정의하고 있다. 애칠리(R. C. Atchley, 1994; 배창진, 2003)는 "다양한 제공 주체가 만성질환이나 장애를 가진 사람들에게 다양한 장소에서 연속적인 원조를 제공해 주는 것"으로 정의하고 있다. 일본 개호보험법에서는 "신체상 또는 정신상의 장애가 있어서 입욕, 배설, 식사 등 일상생활에 기본적인 동작의 전부 또는 일부에 대해 후생성령으로 정한 기간(6개월 이상) 동안에 상시 개호가 필요하다고 보이는 상태에 있는 자에게 제공하게 되는 서비스"로 규정하고 있다. 독일 장기요양수발보험법에서는 "신체적, 지적 또는 정신적 질병이나 장애로 일상생활 과정 중에 보통 정기적으로 반복되는 동작이 장기간(적어도 6개월) 중등도(中等度) 또는 중도(重度)의 수발을 필요로 하는 자에게 제공되는 서비스"라고 규정하고 있다(이광재, 2004). 우리나라의 노인장기요양보험법에서는 "고령이나 노인성 질병 등의 사유로 일상생활을 혼자서 수행하기 어려운 노인 등에게 제공하는 신체활동 또는 가사활동 지원 등의 장기요양급여에 관한 사항을 규정하여 노후의 건강증진 및 생활안정을 도모하고 그 가족의 부담을 덜어줌으로써 국민의 삶의 질을 향상하도록 하고 있다."라고 정의하고 있다.

2) 노인 장기요양보호의 필요성

(1) 인구의 고령화
1960년대 이후 의학기술의 발전, 생활수준의 향상, 공중위생의 개선 등으로 사망률이 크게 하락하여 기대수명은 지속적으로 연장되고 있는 반면에 출생률은 지속적으로 저하되고 있는 현상으로 노인 수뿐만 아니라 노인인구의 비율도 크게 증가하고 있다. 2006년 말 기준 65세 이상 노인인구는 459만 명으로 전체 인구의 9.5%를 차지하고 있으며, 2010년 11.0%, 2020년 15.6%, 2030년 24.3%, 2050년 38.3%로 급격히 증가될 전망이다. 노년부양비는 2000년 10.1%, 2005년 12.6%, 2006년 13.2%, 2010년 15.0%이며, 2020년 21.7%, 2050년 72.0%에 이를 전망이다. 이는 2000년에는 생산가능인구 10명이 노인 1명을, 2006년에는 8명이 노인 1명을 부양하고 있음을 의미한다. 그리고 2020년에는 5명이 노인 1명을, 2040년에는 2명이 노인 1명을 부양하는 셈이 된다.

고령사회가 당면하게 되는 더 큰 문제의 하나는 후기 고령노인이 크게 증가하면서 장기요양보호를 필요로 하는 노인이 늘어난다는 것이다. 우리나라에서도 75세 이상의 고령노인이 급격하게 늘어날 것으로 전망되는데, 2000년 2.3%, 2006년 3.2%, 2010년 4.1%, 2020년 6.5%, 2030년 9.7%, 2050년 22.4%로, 2000~2050년 사이에 65세 이상 전체 노인인구는 5.3배 늘어나는 데 비하여 75세 이상의 노인은 9.7배나 증가한다(이광재, 2007).

(2) 가족의 부양기능 약화

인구의 고령화는 젊은 세대의 노인부양 부담을 증가시키고 있다. 핵가족화에 따른 가족 규모의 축소, 가족의 부양의식 변화, 가족 보호의 주 담당자였던 여성의 사회진출 증가 등으로 노인에 대한 가족의 부양기능이 크게 악화되고 있다. 우리나라의 경우 노인에 대한 공적 부양체계가 불충분하기 때문에 노부모의 부양이나 요양은 대부분 개인과 가족에 의존하고 있다. 그러므로 부양능력이 있는 성인자녀의 수는 노부모 부양이나 요양에 영향을 주는 중요한 요인의 하나다. 평균 가족 구성원 수는 1960년 5.7명이었는데, 1980년 4.5명, 1990년 3.7명, 1998년 3.2명, 2004년 2.9명으로 감소하였다(이광재, 2007).

2008년 보건복지부 저출산고령사회정책실 노인정책과 전국실태조사에 따르면, 노인의 가구 형태는 〈표 10-1〉에서 보는 바와 같이 노인 단

〈표 10-1〉 노인가구 형태의 변화   (단위: %)

구분		노인독신가구	노인부부가구	자녀동거가구	기타 가구	계(가구)
2008년		26	39	30	5	100.0(12,567)
2008년 도지역	동부	22	38	35	5	100.0(1,689)
	읍면부	34	43	19	4	100.0(767)
2004년		24.6	26.6	43.5	5.4	100.0(2,456)
1998년		20.1	21.6	53.2	5.1	100.0(1,958)

출처: 보건복지부 저출산고령사회정책실 노인정책과(2009).

독가구 비율이 전체 노인가구의 절반 이상인 65%를 차지하고, 자녀동 거가구는 30%로 감소 추세이며, 기혼자녀의 부모와 함께 사는 비율은 갈수록 낮아지고 있다. 이로써 전통적으로 당연시하던 기혼자녀와의 동거는 더 이상 그렇지 않음을 알 수 있다(보건복지부 저출산고령사회정 책실 노인정책과, 2009).

또한 요양보호가 필요한 대상 중 63.1%는 수발을 전혀 받고 있지 않 고, 수발받는 노인의 39%는 5년 이상이어서 노인 5명 중 2명은 한 번 수 발을 받게 되면 5년 이상의 기간이 걸리는 것으로 나타나고 있다. 따라 서 장기요양에 대한 욕구와 수발부담 기간의 관계가 상당히 중요함을 알 수 있다. 수발자의 입장에서는 64.2%가 수발에 어려움이 있는 것으 로 나타났고, 가장 힘든 부담 유형으로는 32.4%가 심리적 부담, 30.8% 는 육체적 피로, 19.8%는 경제적 부담을 들었다. 요양보호 노인이 수발 을 받은 기간이 더 이상 가족이 감당하기에는 육체적, 정신적, 경제적 부담이 너무 크기 때문에 이제는 우리 사회가 함께 해결해야 할 시기가 된 것이다. 2011년도 보건복지부 저출산고령사회정책실 노인정책과 자 료에 따르면 〈표 10-2〉에서 보는 바와 같이 우리나라 여성의 경제활 동 참가율이 2008년까지는 지속적으로 증가하다가 2009년부터는 50% 대에 머물고 있다. 이는 여성이 가족 내 보호기능을 전담하던 전통적인 부양체계가 변화되고 있으며 전통적 가족부양이 약화될 수밖에 없음을

〈표 10-2〉 여성의 경제활동 참가율   (단위: %)

연도	경제활동 참가율	기혼	미혼
1965	36.5	36.9	44.3
1970	38.5	43.1	55.8
1975	41.6	35.6	49.1
1980	41.9	40.0	50.8
1985	41.9	41.0	44.7
1990	47.0	46.8	45.6
1995	48.3	47.6	50.4
2000	48.8	48.7	47.0
2002	49.9	48.0	51.7
2004	49.8	48.7	53.3
2005	50.1	49.0	53.6
2006	50.3	49.5	52.5
2007	50.2		
2008	50.0		
2009	49.2		
2010	49.4		

출처: 보건복지부 저출산고령사회정책실 노인정책과(2011).

보여 준다. 따라서 현대사회에서 여성의 경제활동 참가율 증가는 전통적으로 가족에 의존하던 노인부양 문제가 사회문제로 대두될 수밖에 없음을 보여 준다.

이와 같은 결과들은 노부모에 대한 부양 책임이나 태도의 측면에서 전통적 노부모 부양의식과 가족 책임의식은 점점 감퇴하고 있는 반면 국가나 사회에서 책임을 져야 한다는 의식은 높아졌음을 보여 준다.

(3) 요양 욕구의 증가와 변화

우리나라 노인 중 본인이 인지한 만성질환을 하나 이상 가지고 있는 노인은 90.9%에 이르고 있다. 주요 만성질환 종류별 유병률을 보면 관절염(43.4%)이 가장 높으며, 다음으로는 고혈압(40.8%), 요통·좌골통(30.6%) 등이다. 이러한 만성질환을 앓고 있는 노인 중에서 만성질병으로 인하여 힘든 점이 있다는 노인이 50.8%이며, 그 어려움으로 일상생

활 수행의 제한이 43.3%로 가장 많으며, 그다음 치료비로 인한 경제적
어려움 22.4%, 사회활동의 제한 17.0%, 외로움 · 소외감 · 자존감 상실
등 15.8%, 간호와 수발에 따른 어려움 0.9% 등이다.

노인의 기능상태별 제한율은 기본적 일상생활 수행능력(ADL, 12항목)
8.2%, 수단적 일상생활 수행능력(IADL, 12항목) 22.2%, 인지기능(9항목)
18.5%, 문제행동(22항목) 8.4%, 간호처치(11항목) 7.2%, 마비 · 구축(10항
목) 38.9%로 나타났다. 또한 읍 · 면지역 여자 노인 중에 연령이 높을수
록 기능제한 비율이 높게 나타났다(한국보건사회연구원, 2004). 이와 같
이 특히 후기 고령노인이 증가하면 일상생활 동작능력과 가사생활 수행
능력이 저하되어서 자립적인 가정생활을 계속할 수 없어 누군가의 도움
을 필요로 하는 노인이 증가하게 되고, 장기요양보호 수요도 증가하게
될 것이다(한국보건사회연구원, 2007).

(4) 노인진료비의 증가

노인의 진료비는 비노인층에 비하여 2~3배 이상 더 많이 들고, 의료
적 모델에 입각한 노인보호일수록 의료인력과 병원비용의 증가로 노인
의료비가 계속 증가하는 추세를 보이고 있다. 〈표 10−3〉에서 보는 바
와 같이, 전체 진료비 중 노인진료비의 비중은 2008년부터 크게 증가하
여 30%를 넘어 계속 증가하고 있다. 이 같은 추세는 계속될 것으로 예
상된다. 특히 노인들이 병원에 조기 입원하거나 장기 입원함으로써 노
인 건강보호비용이 크게 증가하는 경향을 보이고 있다. 이와 같이 노인
진료비의 증가는 급성질병을 위한 국민건강보험 재정을 악화시키는 요
인으로 작용하고 있다. 노인진료비용을 절약할 수 있는 대안적 서비스
로서 조기입원을 예방하거나 지연시키고, 병원에서의 장기입원보다 효
율적인 서비스 방안으로 재가복지 서비스와 요양시설 서비스의 체계적
인 장기요양보호 정책이 필요하다(최성재, 2010).

〈표 10-3〉 노인진료비의 연도별 추이

구분	2004년	2005년	2006년	2007년	2008년	2009년	2010년	2011년
전체 진료비 (억 원)	225,060	248,615	284,103	323,892	348,690	393,390	436,281	225,352
노인의료비 (억 원)	51,364	60,731	73,504	91,189	107,371	124,236	140,583	74,922
비율 (%)	22.8	24.4	25.9	28.2	30.8	31.7	32.2	33.2

출처: 국민건강보험공단(2011).

3. 우리나라의 장기요양보험제도

노인장기요양보험은 고령이나 노인성 질병 등으로 인하여 일상생활을 혼자 수행하기 어려운 노인 등에게 신체활동 또는 가사지원 등의 장기요양급여를 사회적 연대원리에 의해 제공하는 사회보험제도다. 노인장기요양보험의 급여는 수급자에게 식사, 목욕, 배설, 취사, 조리, 세탁, 청소, 간호, 진료의 보조, 요양상의 상담 등을 다양한 방식으로 제공한다. 이렇게 해서 노후의 건강 증진을 도모하고 그 가족의 부담을 덜어 줌으로써 국민의 삶의 질을 향상시키는 것을 그 목적으로 하고 있다.

1) 노인장기요양보험의 연혁(도입 배경)

급속한 고령화와 노인부양 기능의 저하에 따른 사회적 부담을 해결하기 위해 건강보험과 분리된 새로운 형태의 사회보험체계의 제도가 필요하게 되었다. 그동안 사적 책임으로 남겨져 있던 노인의 수발문제를 국가와 사회가 책임지는 사회연대성의 원리가 필요하게 되어 공적 노인장기요양보험제도가 시급하게 필요하게 되었다.

2000년 고령화 사회에 진입하자 정부는 노인장기요양보험의 필요성을 인식하고 2000년 2월 보건복지부 내에 노인 장기요양보호정책기획단을 설치하여 '장기요양보호 종합대책'을 수립하였다. 그 후 2001년 8월 15일 광복절 대통령 경축사에서 노인장기요양제도 도입을 제시하였으며, 그 후 공적 노인요양보호추진기획단(2003. 3~2004. 2), 공적 노인요양보장제도실행위원회(2004. 3~2005. 2)를 설치·운영하여 우리나라에 적합한 제도를 연구·검토하고 시행을 위한 준비를 하였다. 2005년 2월 추진기획단과 실행위원회에서 준비한 공적 노인요양보장제도 기본안을 정부에 보고하였으며, 기본안을 기초로 2005년 10월 '노인수발보험법안'을 입법 예고하였다. 그 후 2006년 2월 노인수발보험법안을 정부안으로 국회에 제출하였다. 이후 정형근 의원(장기요양보험법), 안명옥 의원(국민요양보장법), 김춘진 의원(국민장기요양보험법), 현애자 의원(장기요양보장법), 장향숙 의원(장기요양보장법)의 5개 의원입법이 국회에 제출되어 2006년 9월 18일 정부안을 포함하여 6개 법안이 국회 보건복지상임위원회에 일괄 상정되었다. 그리고 사회복지계로부터 청원입법안(노인수발보험법)이 10월 31일에 제출되었다.

보건복지상임위원회는 2006년 11월 2일 국회에서 법안 공청회를 실시하였다. 법안심사소위원회에서는 쟁점사항을 위주로 7차례 법안심의를 거쳐 7개 법률안을 통합하여 하나의 법안을 2007년 2월 22일에 채택하여 법사위로 이송하였고, 제266회 임시국회에서 '노인장기요양보험법'을 2007년 4월 2일(법률 제8403호) 의결하고, 4월 13일 정부로 이송하여 4월 17일 국무회의 의결을 거쳐 4월 27일 공포하였다. 이 법은 2008년 7월 1일부터 시행하였다.

2) 노인장기요양보험제도의 내용

노인장기요양보험법(이하 '동법')은 전체 12개 장 70개 조문으로 구성되어 있다. 여기에서는 대상자, 보험재원조달과 본인 부담, 장기요양인정 절차, 장기요양보험급여의 종류 및 이용절차, 급여 이용 시 본인일부부담금, 관리·운영 및 급여이용 체계 등을 중심으로 정리하고자 한다.

(1) 대상자

노인장기요양보험의 적용대상자는 국가가 실시하는 사회보험으로 국민건강보험과 마찬가지로 전 국민이 의무적으로 가입해야 하므로 국민건강보험 가입대상자 모두를 대상으로 한다. 대상자 범위에 따라 구분하면 〈표 10−4〉와 같다.

(2) 재정(보험재원조달과 본인 부담)

노인장기요양보험에 필요한 재정은 장기요양보험료, 국가 부담 및 본인일부부담금으로 구성되어 있다.

첫째, 장기요양보험료의 산정은 국민건강보험 가입자가 내는 국민건강보험료에 장기요양보험료율을 곱한 금액을 납부한다. 다만 직장가입자의 경우는 사용자와 가입자가 각각 50%씩 부담한다. 장기요양보험료

〈표 10−4〉 대상자 구분

구분	대상자 범위	관련 법규
적용대상자	전 국민(장기요양보험 가입자 또는 그 피부양자, 의료급여 수급권자)	동법 제12조
장기요양보험료 납부대상자	장기요양보험 가입자(국민건강보험료 부대상자와 동일. 다만 대통령령으로 정한 외국인은 제외할 수 있음)	동법 제7조
장기요양인정신청인 (장기요양인정을 신청할 대상자)	65세 이상 노인 또는 65세 미만의 자로서 치매, 뇌혈관성 질환 등 노인성 질병을 가진 자	동법 제2조 제1호
수급자 (장기요양급여를 받을 대상자)	장기요양인정신청인 중 6개월 이상 혼자서는 일상생활을 수행하기 어렵다고 인정되는 경우로서, 심신상태 및 장기요양이 필요한 정도에 따라 등급판정위원회에서 장기요양인정을 받은 자	동법 제15조

율은 보건복지부 장관 소속의 장기요양위원회의 심의를 거쳐 대통령령
으로 정한다. 2013년 장기요양보험료율은 6.55%다(동법 제9조, 동법 시
행령 제4조).

둘째, 국가의 부담은 매년 예산의 범위 안에서 당해 연도 장기요양보
험료 예상수입액의 20/100에 상당하는 금액을 지원하며, 의료급여 수급
권자의 장기요양급여 비용, 의사소견서 발급비용, 방문간호지시서 발급
비용 중 공단이 부담하여야 할 비용 및 관리 · 운영비의 전액을 부담한
다(동법 제58조).

셋째, 본인일부부담금은 수급자가 재가급여를 이용할 경우 당해 장
기요양급여 비용의 15%를 부담하며, 수급자가 시설급여를 이용할 경우
당해 장기요양급여 비용의 20%를 부담한다. 다만 국민기초생활보장법
상의 수급권자는 본인부담금을 면제하며, 의료급여 수급권자, 소득 · 재
산 등이 보건복지부 장관이 정하여 고시하는 일정 금액 이하인 자, 천재
지변 등으로 보건복지부 장관이 정하는 사유로 생계가 곤란한 자는 본
인 부담액의 50%를 경감한다(동법 제40조).

(3) 장기요양인정 절차(등급판정체계)

장기요양인정 절차는 장기요양인정의 신청, 인정조사(방문조사)와 등
급판정 그리고 통보로 구성되어 있다.

첫째, 장기요양급여를 받고자 하는 자 또는 본인의 가족, 친족, 이해
관계인, 시장 · 군수 · 구청장이 지정하는 자는 장기요양인정 신청서에
의사 또는 한의사가 발급하는 의사소견서를 첨부하여 제출한다. 의사
소견서는 등급판정위원회에 자료를 제출하기 전까지 제출하면 된다.
거동이 현저하게 불편하거나 도서 · 벽지 지역에 거주하여 의료기관을
방문하기 어려운 자 등 대통령령으로 정하는 자는 의사소견서를 제출하
지 아니할 수 있다(동법 제13조, 제22조).

둘째, 인정조사(방문조사)는 신청서가 접수되면 공단의 노인장기요양

보험센터에서 소정의 교육을 이수한 간호사, 사회복지사 등의 직원이 직접 방문하여 신체기능, 인지기능, 행동변화, 간호처치, 재활 영역의 5개 영역의 52개 항목으로 작성된 장기요양인정조사표에 따라 신청인의 심신상태, 필요한 장기요양급여의 종류 및 내용을 조사하는 것이다.

셋째, 등급판정은 1차 판정(컴퓨터 판정)과 2차 판정(등급판정위원회 심의판정)으로 이루어진다. 1차 판정에서는 인정조사를 한 사항을 컴퓨터에 입력하여 신청인의 심신상태에 따라서 통계적 방법에 의해 산출된 요양인정 점수를 기준으로 컴퓨터로 장기요양 등급이 산출된다.

2차 판정에서는 의료·보건·복지 분야의 전문가로 구성된 등급판정위원회가 1차 판정결과, 의사의 소견, 조사자가 작성한 특기사항, 기타 심의자료를 토대로 개개인의 장기요양이 필요한 정도를 판단하여 최종 장기요양 등급을 결정한다. 등급판정위원회는 심의·판정을 할 때 필요에 따라서 신청인과 그 가족, 의사소견서를 발급한 의사, 방문조사원 등을 출석시켜 의견을 청취할 수 있다. 위원회의 성립은 과반수 출석한다. 심의결정은 위원들 간 의사조정에 의한 합의를 원칙으로 하되, 합의가 불가능한 경우는 출석위원 과반수 찬성으로 결정하며, 가부 동수인 경우에는 위원장이 결정한다.

장기요양 등급 판정기간은 신청서 제출일부터 30일 이내에 완료된다. 등급판정 심의가 완료되어 〈표 10-5〉와 같이 장기요양 등급별 심신의 기능상태 수준에 따라 1등급에서 5등급까지 판정받게 되면, 수급자에게 장기요양 등급, 유효기간, 장기요양급여의 종류 등이 기재된 '장기요양인정서'와 수급자의 장기요양급여를 원활히 이용할 수 있도록 급여 종류, 내용 및 비용 등을 안내하는 권고적 성격의 '표준장기이용계획서'를 개별 통지한다. 그리고 수급자로 판정받지 못한 신청인에게도 별도로 통보한다. 수급자는 장기요양인정서가 도달한 날부터 장기요양급여를 받을 수 있다. 장기요양인정의 유효기간은 최소 1년 이상으로 하며, 유효기간 만료 30일 전에 갱신신청을 하여야 한다. 등급판정에 대한

〈표 10-5〉 장기요양 등급별 심신의 기능상태 및 인정 점수

등급	심신의 기능상태	장기요양인정 점수
1등급	일상생활에서 전적으로 다른 사람의 도움이 필요한 상태	95점 이상
2등급	일상생활에서 상당 부분 다른 사람의 도움이 필요한 상태	75점 이상 ~ 95점 미만
3등급	일상생활에서 부분적으로 다른 사람의 도움이 필요한 상태	60점 이상 ~ 75점 미만
4등급	심신의 기능상태 장애로 일상생활에서 일정 부분 다른 사람의 도움이 필요한 상태	51점 이상 ~ 60점 미만
5등급	치매(제2조에 따른 노인성질병으로 한정한다) 환자	45점 이상 ~ 51점 미만

※ 치매특별 등급을 포함 5등급 체계로 장기요양 등급을 개편함으로써, 등급별 적정한 수급자 비중, 수급자의 요양 필요도에 부합하는 서비스 제공 등 제도의 안정적 운영을 도모한다는 계획이다.

이의가 있는 신청인은 처분이 있는 날로부터 90일 이내에 문서로 제기할 수 있다(동법 제15조 내지 제20조, 제55조).

(4) 장기요양급여 및 이용절차

장기요양급여는 장기요양인정서가 도달한 날부터 받을 수 있으며, 월 한도액 범위 안에서 제공된다. 장기요양급여를 받는 자가 거짓이나 그 밖의 부정한 방법으로 장기요양인정을 받은 경우, 고의로 사고를 일으키거나 본인의 위법행위에 기인하여 장기요양인정을 받은 경우에는 장

기요양급여를 중단하거나 제공하지 아니한다. 장기요양급여의 종류에는 재가급여, 시설급여, 특별현금급여가 있다(동법 제27조 내지 제30조).

① 재가급여

재가급여는 수급자 노인이 집에서 서비스를 받는 것으로 그 종류는 〈표 10-6〉과 같다.

〈표 10-6〉 재가급여의 종류

재가급여 종류	서비스 내용
방문요양	요양보호사가 수급자의 집을 방문하여 목욕, 배설, 화장실 이용, 옷 갈아입기, 머리감기, 취사, 청소 등을 도와주는 급여
방문목욕	목욕설비를 갖춘 차량을 이용하여 수급자의 가정을 방문해 목욕을 제공하는 급여
방문간호	방문간호사는 의사, 한의사 또는 치과의사의 지시에 따라 가정 등을 방문하여 간호, 진료의 보조, 요양에 관한 상담 또는 구강위생을 제공하는 급여. 방문간호를 이용하고자 하는 수급자는 사전에 의료기관에서 방문간호지시서를 발급받고, 이를 방문간호급여 이용 시 기관에 제출해야 함
주·야간 보호	수급자를 하루 중 일정한 시간 동안 장기요양기관에 보호하여 목욕, 식사, 기본 간호, 치매관리, 응급서비스 등 심신기능의 유지 향상을 위한 교육훈련 등을 제공하는 급여
단기보호	부득이한 사유로 일시적으로 가족의 보호를 받을 수 없는 수급자에게 일정 기간 동안 단기보호시설에 보호하여 목욕, 식사, 기본간호, 치매관리, 응급서비스 신체활동 지원과 심신기능의 유지·향상을 위한 교육훈련 등을 제공하는 급여
기타 재가급여 (복지용구 대여 및 구입)	수급자의 일상생활·신체활동 지원에 필요한 용구를 제공하거나 가정을 방문하여 재활에 관한 지원 등을 제공하는 급여

② 시설급여

시설급여는 생활시설인 요양시설에서 서비스를 받는 급여로, 〈표 10-7〉과 같이 노인요양시설과 노인요양 공동생활가정의 시설에서 하는 급여가 있다.

〈표 10-7〉 시설급여의 종류

시설급여 종류	서비스 내용
노인요양시설	치매·중풍 등 노인성 질환 등으로 심신에 장애가 발생하여 도움을 필요로 하는 자를 입소시켜 급식·요양과 그 밖의 일상생활에 필요한 편의를 제공하는 장기요양급여
노인요양 공동생활가정 (그룹홈)	치매·중풍 등 노인성 질환 등으로 심신에 상당한 장애가 발생하여 도움을 필요로 하는 자에게 가정과 같은 주거여건과 급식·요양, 그 밖의 일상생활에 필요한 편의를 제공하는 장기요양급여

③ 특별현금급여

특별현금급여는 수급자가 가족으로부터 장기요양급여를 받는 경우, 장기요양기관이 아닌 노인요양시설에서 장기요양급여를 받는 경우, 요양병원에서 장기요양급여에 사용되는 비용이 있는 경우 〈표 10-8〉과 같이 현금급여를 할 수 있다.

〈표 10-8〉 특별현금급여의 종류

특별현금급여 종류	서비스 내용	비고
가족요양비	도서·벽지 등 방문요양기관이 현저히 부족한 지역에 거주하거나, 천재지변이나 그 밖의 유사한 사유로 인하여 장기요양급여를 이용하기가 어려운 자, 신체·정신 또는 성격 등 대통령령으로 정하는 사유로 인하여 가족으로부터 장기요양을 받아야 하는 수급자에게 현금을 지급한다.	가족요양비를 받는 수급자는 재가급여 중 복지용구급여에 한하여 같이 받을 수 있으며, 다른 급여는 받을 수 없음
특례요양비	수급자가 장기요양기관이 아닌 노인요양시설 등의 기관 또는 시설에서 재가급여 또는 시설급여에 상당한 장기요양급여를 받은 경우 당해 장기요양급여 비용 일부를 당해 수급자에게 특례요양비로 지급할 수 있다.	현재는 시행하지 않음
요양병원 간병비	수급자가 노인전문병원 또는 요양병원에 입원한 때 장기요양에 사용되는 비용의 일부를 요양병원 간병비로 지급할 수 있다.	현재는 시행하지 않음

(5) 급여 이용 시 본인일부부담금

수급자가 장기요양급여를 이용할 경우 본인이 부담해야 하는 비용은 법정본인일부부담금, 월 한도액 초과비용, 의사소견서 · 방문간호지시서 발급비용의 일부, 비급여 항목비용을 말한다. 비급여 항목비용에는 급여이용자의 식사재료비, 이 · 미용비, 급여이용자의 요청에 의한 1, 2인실 사용료(시설급여에 한함), 급여이용자의 요청에 의한 원거리 외출 시 소요되는 교통비, 급여이용자의 요청에 의한 영화감상 등 여가활동에 소요되는 비용 등이 있다.

(6) 관리 · 운영

장기요양사업의 관리 · 운영기관은 공단으로 한다. 공단은 다음과 같은 업무를 관장한다. 장기요양가입자 및 그 피부양자와 의료급여 수급권자의 자격관리, 장기요양보험료의 부과 · 징수, 신청인에 대한 조사, 등급판정위원회의 설치 · 운영 및 장기요양 등급 판정, 장기요양인정서의 작성 및 표준장기요양이용계획서의 제공, 장기요양급여의 관리 및 평가, 수급자에 대한 정보제공 · 안내 · 상담 등 장기요양급여 관련 이용지원에 관한 사항, 재가 및 시설 급여비용의 심사 및 지급과 특별현금급여의 지급, 장기요양급여 제공 내용 확인, 장기요양사업에 관한 조사 · 연구 및 홍보, 노인성 질환예방사업, 이 법에 따른 부당이득금의 부과 · 징수, 그 밖에 장기요양사업과 관련하여 보건복지부 장관이 위탁한 업무다(동법 제48조).

4. 노인장기요양보험제도의 문제점과 과제

노인장기요양보험제도가 시행 초기라 여러 문제점이 있으나 제도운영상의 측면, 시설 및 인프라 측면, 서비스 측면의 문제점을 살펴보고자 한다(이준영, 2008: 304).

첫째, 제도운영상의 문제점으로, 급여한도액의 수급 범위의 제한에 따른 문제, 재정상 본인부담액에 따른 이용자의 비용 부담, 현재의 낮은 수가기준에 따른 적정성 문제, 중앙집권적 운영체계에 따른 지역사회 내 노인문제와 이용자의 다양한 욕구가 파악되지 못하는 문제 등이 발생할 수 있다.

둘째, 시설 및 인프라 측면의 문제점으로, 시설의 난립으로 인한 서비스 질 저하 문제, 시설의 쏠림 현상으로 서비스 문제, 개인이나 영리법인의 시설운영으로 요양기관이 복지보다 돈벌이에 치중하는 문제, 시설 간 과다경쟁으로 불법행위가 빈번하고 지역 간 불균형이 심각한 문제 등이 있다.

셋째, 서비스 측면의 문제점으로, 요양보호사의 처우 열악으로 질 좋은 서비스가 어렵고, 사후 보호적 성격이 강해 예방적 서비스가 부족하며, 서비스 중복 가능성이 높아 문제가 되고 있다.

노인장기요양보험제도의 과제는, 첫째, 시설의 급격한 증가로 인한 문제를 해결하기 위해 정부 및 지방자치단체가 적극적인 행정지원 및 관리감독을 해야 할 것이다. 둘째, 서비스 질의 전문화를 위하여 요양보호사 교육의 철저한 감독과 재정비가 필요하며, 서비스의 계획과 관리를 위하여 보호관리자제도를 두는 것이 필요하다. 셋째, 서비스 대상 범위를 점진적으로 확대할 필요가 있다. 정부의 지원과 장기요양보험료율을 점진적으로 높여 재정적 기반이 확실해지면 중증 위주의 서비스에서 경증 노인에 대한 예방적인 차원의 서비스를 확대해야 할 것이다. 넷째, 효율적인 관리·운영체계를 수립하고 지방자치단체의 협력체계를 구축할 필요가 있다. 다섯째, 요양보호 서비스를 시장에 맡겨 민간시설들이 돈벌이에 치중하도록 한 구조적인 문제가 심각하므로 근본적인 구조적인 문제를 해결해야 할 것이다. 요양보호사들은 처우가 열악해 고통을 호소하는데, 요양시설들은 더 많은 수익을 내려고 인건비를 줄이고 있으며 수가에 대한 수수료의 요율을 높여 문제가 되고 있다. 여섯째, 차상위 계층 등 사각지대에 있는 노인들에게 본인부담금이 큰 부담이 되므로 점차적으로 그것을 줄여 주어야 할 것이다.

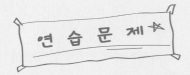

1. 다음은 어떤 국가(기구)에서 규정한 장기요양보호(long-term care)에 대한 개념 정의인가?

> 노인 또는 이미 의존적인 상태에 빠져 있거나 생활상의 장애를 지닌 노인에게 장시간에 걸쳐서 일상생활 수행능력을 도와주기 위하여 제공되는 모든 형태의 보호서비스

① OECD　　　　② 일본
③ 독일　　　　④ 영국
⑤ 한국

2. 다음 중 장기요양보호 대상노인의 실태에 관한 서술로 틀린 것은?
　① 장기요양보호가 필요한 노인의 선정기준은 신체적·정신적 기능장애(functional disability)가 아닌 질병(disease)이다.
　② 일반적으로 일상생활 능력(ADL 및 IADL)과 치매 증상 정도가 그 기준이 되고 있다.
　③ 효율적인 서비스 제공 및 비용의 활용을 위해서 중증도에 따라 대상노인을 분류할 필요가 있다.
　④ IADL에만 제한 있는 장애노인은 허약으로 분류하는 것이 타당하다.
　⑤ 식사하기, 화장실 사용하기 및 이동하기의 동작은 기초적인 욕구에 해당한다.

3. 노인장기요양보험의 사회적 필요성과 거리가 먼 설명은?
　① 인구 고령화의 진전에 따른 후기 고령인구의 증대로 장기요양보호 욕구를 가진 노인의 규모는 급속도로 증가하고 있다.
　② 우리나라에서 노인의 신체적 의존도가 높은 경우 가족이 매우 중요한 역

할을 하고 있다.

③ 노인의 제 특성별 수발실태를 살펴본 결과, 남성노인과 독거노인이 수발에 있어서 가장 열악한 환경에 있음이 나타났다.

④ 수발가족을 위해 필요하다고 생각하는 서비스 내용에 대한 태도에서 수발비용에 대한 경제적 보조라고 응답한 비율이 가장 많다.

⑤ 현행 건강보험제도는 급성질환에 대한 치료(cure) 위주여서 만성, 퇴행성 질환이 주를 이루는 양호(care)가 주를 이루는 노인질환에 효과적이지 못하다.

4. 다음 중 사회보험제도로 노인 장기요양 문제에 대처하고 있는 나라가 맞게 짝지어진 것은?

① 독일 — 일본　　　　　② 독일 — 영국
③ 일본 — 미국　　　　　④ 일본 — 스웨덴
⑤ 한국 — 대만

5. 다음 중 현재 우리나라에서 논의되고 있는 노인장기요양보험제도의 운영 원칙에서 <u>차이가 나는</u> 것은?

① 노인요양비용의 비용 효과성을 제고하여야 한다.

② 수요자(대상자와 가족)의 서비스 선택보다는 제도운영의 편의성을 우선시하여야 한다.

③ 공공은 기초적 요양서비스 보장에 한정하되, 보충적 요양서비스는 민간의 선택에 맡기도록 한다.

④ 민간의 인프라를 최대한 활용하되, 정부는 무료요양시설 확충과 서비스 질을 감독하는 기능을 하여야 한다.

⑤ 요양서비스 비용의 총액을 규제함으로써 과도한 비용 증가를 제어하여야 한다.

공공부조

우리나라의 사회보장기본법에 따르면 사회보장은 사회보험, 공공부조, 사회서비스로 구성된다. 공공부조(public assistance)는 사회보장제도의 하나로서 모든 국민이 인간다운 생활을 영위하도록 하기 위해 국가 및 지방자치단체의 책임하에 생활유지 능력이 없거나 어려운 국민의 최저생활을 보장하고 자립을 지원하는 제도를 말한다. 우리나라의 공공부조에는 국민기초생활보장제도와 그 밖에 의료급여 제도, 국가보훈사업, 재해구호사업 등이 있으며, 취약계층을 위한 사회복지 서비스의 일부 프로그램 또한 공공부조의 성격을 지니고 있다.

우리나라는 1997년 IMF 금융위기 이후 초유의 대량실업으로 절대빈곤계층이 급격히 증가해 사회 전체적으로 위기에 처했다. 이러한 때에 자본주의 최후의 안전망이라는 공공부조, 특히 생활보호제도가 원래의 기능을 제대로 수행하지 못하고 구멍 뚫린 안전망으로 전락하였다. 기존의 생활보호제도는 보호연령이 18세 미만~65세 이상이거나 폐질자, 임산부와 같은 근로 무능력자로서 부양의무자가 없는 제한된 인구계층에 한하여 실시되었다. 그래서 대량실업 발생에 따른 18세 이상, 64세 이하의 근로능력 빈민들의 생존문제는 방치될 수밖에 없었다. 이러한 문제의 해결을 위해 임시변통적인 생활보호제도가 실시되기도 하였으나 일시적인 대안에 불과했다.

이러한 기존의 생활보호제도가 이차적 사회안전망으로서의 제 기능을 다하지 못하고 있는 현실적 문제를 타개하기 위해 생활보호제도를 대폭 확충하여 사회안전망의 사각지대에 살고 있는 저소득계층을 생존위기로부터 보호하기 위한 근본적인 변화가 필요하게 되었다.

따라서 18세 이상, 64세 이하의 국민들도 장기실업 등으로 인해 절대적 빈곤상태에 빠진 경우, 최소한의 인간다운 생활을 영위할 수 있도록 기존의 생활보호제도를 전면 개정하여 국민기초생활보장법으로 대체하였다.

기초생활 수급자 현황을 보면 2010년 12월 말 기준으로 국민기초생활보장 수급자는 약 155만 명(87만 9천 가구)으로, 전 인구 대비 국민기초생활 수급자의 비율인 수급률은 3.1%다. 수급자 종류별로는 일반수급자가 94.1%, 시설수급자는 5.9%다. 16개 광역지방자치단체별 수급률은 전북 5.9%, 전남 5.5%, 경북 4.6%, 광주 4.5% 순이며, 울산이 가장 낮은 1.7% 다.

1. 공공부조

1) 공공부조의 개념

공공부조제도의 명칭은 국가마다 다른데, 영국에서는 국민부조(national assistance), 미국에서는 공공부조(public assistance), 독일과 프랑스에서는 사회부조(social assistance)라 부른다. 우리나라에서는 1995년 사회보장기본법이 제정되면서 '공공부조'란 명칭을 사용하다가, 1999년 9월에 국민기초생활보장법의 제정으로 '기초생활 보장'이라 부르게 되었다.

공공부조제도는 생활유지 능력이 없는 빈곤한 생활상태에 있는 자들을 대상으로 하기 때문에 그들이 빈곤상태에 있는지 여부를 판단하는 자산조사를 실시하고 있다. 또한 그들이 자신의 근로능력으로 독립적인 생활을 할 수 있는지 또는 부양할 친족이 있는지 여부를 판단하는 상태조사를 실시하고 있다. 따라서 자산조사와 상태조사를 실시한 후에 그 결과에 따라 서로 다른 처지에 있는 사람들을 서로 다르게 처분하고 있다. 또한 공공부조는 도움을 필요로 하는 사람들에 대한 가족이나 민간의 원조인 사적 부조(private assistance)가 아니라 국가나 지방자치단체와 같은 공공기관의 원조인 공적 부조다(김기원, 2000: 16). 공공부조에 대한 다양한 개념 정의를 정리하면 다음과 같다.

사회보장기본법 제3조 제3항에 따르면, "공공부조란 국가와 지방자치단체의 책임하에 생활유지 능력이 없거나 생활이 어려운 국민의 최저생활을 보장하고 자립을 지원하는 제도를 말한다."

장인협(1992: 188)은 "공공부조란 국가 책임하에 도움을 요하는 사람들에게 무기여급여(non-contributory benefit)를 제공하는 제도"라고 정의하고 있다.

신수식(1992: 431)은 "공공부조는 국민의 권리로서 최저생활을 보장받는 제도다. 이것은 공적 책임, 특히 국가의 직접 책임하에서 공비부담으로 생활 곤궁자에 대하여 행하는 경제적 부조제도"라고 정의하였다.

2) 공공부조의 일반적 특징

공공부조는 일반적으로 다음과 같은 특징을 지니고 있다(김기원, 2000: 18-21 재구성).

첫째, 공공부조는 헌법에 보장된 인간다운 생활을 할 권리를 구체화하는 공적인 원조 프로그램이다. 공공부조는 프로그램의 수행 주체가 국가나 지방자치단체 또는 관련 공공기관인 공적인 프로그램이다. 이는 가족이나 개인, 기타 민간에 의해 행해지는 사적 부조와 수행 주체가 다르다. 따라서 공공부조 프로그램을 실시하기 위한 재원은 일반조세 수입으로 충당된다.

또한 공공부조는 수혜대상자들의 무기여를 통해 급여를 받기 때문에 소득재분배 기능을 수행한다. 공공부조의 비수혜계층인 중상층의 부(富)가 조세제도와 공공부조제도를 통해 저소득계층인 공공부조 수혜계층에게 이전되어 감으로써 노동시장에서 형성된 소득이 다시 분배되는 재분배기능을 수행한다. 이러한 재분배기능이 극심한 빈부 격차를 일부 완화시켜 주고, 극빈계층의 최소한의 기초적인 삶을 보장해 줌으로써 계층 간의 갈등을 해소시켜 사회를 안정화시키는 기능을 수행한다.

둘째, 공공부조는 법적으로는 모든 국민이 보호대상이지만, 실제로는 자산조사와 상태조사를 거쳐 일정한 빈곤선 이하에서 자신의 능력으로 독립된 생활을 하기가 어렵고 또 가족이나 친족의 도움을 받을 수 없는 생활 곤궁자가 주 대상이 되고 있다. 따라서 모든 국민을 대상으로 차별 없이 제공되는 보편적인 프로그램이 아니라, 엄격한 자산조사와 상태조사를 거쳐 선별된 대상자에게만 선택적으로 행해지는 선별적 프로그램이다. 즉, 공공부조는 구분 처우를 실시하고 있다. 소득과 재산이 일정 수준에 미달되어 경제적으로 어려운 사람들 가운데 근로능력이 있는 사람과 근로능력이 없는 사람을 구분해 서로 다른 혜택을 제공하고 있다.

셋째, 공공부조는 사회 통제적인 특징을 갖고 있다. 사회적 불안기에는 공공부조의 수혜대상자를 증가시키고 급여수준을 상향 조정함으로써 불만계층의 욕구를 해소시켜 사회적 불안을 통제하는 사회통제의 기능을 수행한다.

또한 공공부조는 규제적인 특징을 갖고 있다. 대상자가 공공부조의 혜택을 받기 위해서는 공공기관이 수혜자격 여부를 판정하기 위해 실시하는 조사에 응해야 한다. 그러므로 수급자는 급여 혜택을 위해 소극적 의미의 자유를 침해받게 된다.

넷째, 공공부조는 빈곤의 결과로 발생하는 고통을 완화시키는 특징을 갖고 있다. 따라서 빈곤의 발생을 사전에 예방하는 기능이 다소 있기는 하다. 하지만 주된 내용은 이미 발생한 빈곤 상황에서 파생되는 물질적·신체적·정신적·교육적 문제들을 해결하려는 사후적이고 소극적인 특징을 갖고 있다. 한편 생업자금 융자나 직업훈련 등과 같은 자활지원사업 등을 통하여 빈민의 자립자활 능력을 양성함으로써 지속적인 빈곤을 예방하는 측면도 있다.

더불어 공공부조는 빈곤의 악순환을 방지하려는 노력을 하고 있다. 공공부조는 현재의 세대가 겪고 있는 빈곤으로 인한 고통의 문제를 해결하는 데 그치지 않고, 빈곤이 다음 세대까지 전승되는 것을 방지하려는 노력을 하고 있다.

다섯째, 공공부조는 보충적인 제도다. 공공부조의 수혜대상자가 자신의 자산과 근로능력을 최대한 활용하고, 부양의무자의 부양을 우선적으로 받도록 하고, 다른 법에 의한 보호를 받은 후에도 생활상 곤란을 겪는 경우에 비로소 행해지는 보충적인 제도다. 이러한 특징 때문에 공공부조는 종종 자본주의 최후의 안전벽이라고 일컬어진다.

여섯째, 공공부조는 사회적 형평을 도모하는 특징을 갖고 있다. 같은 처지에 있는 공공부조 대상자들은 모두 똑같이 대우해 주는 수평적 형평을 기하고 있고, 공공부조 대상자 가운데 서로 다른 처지에 있는 사람들은 서로 다르게 대우해 줌으로써 수직적 형평을 기하고 있다.

일곱째, 공공부조는 원조 프로그램이다. 개인이나 집단의 활동을 통제하거나, 경제적 부담을 갖게 하거나 신체적으로 강제를 가하는 제도가 아니라 표적집단에게 필요한 도움을 주려는 원조 프로그램이다. 그러나 국가나 지방자치단체는 근로능력자에 대해서는 구직등록이나 고용 및 직업훈련 프로그램에 참가하는 것을 조건으로 원조를 제공하는 근로연계(workfare)를 실시할 수 있다.

또한 공공부조의 혜택은 본인의 의사에 반하여 강제적으로 제공될 수 없다. 공공부조의 수혜대상자가 보호의 일부 또는 전부를 거부한 때, 공공부조의 시행기관은 부조의 제공을 중지하여야 한다.

2. 국민기초생활보장제도

1) 국민기초생활보장제도의 철학과 원칙

우리나라의 대표적인 공공부조제도는 국민기초생활보장제도다. 기초생활보장제도는 1999년 9월 국민기초생활보장법의 제정·공포에 따라 2000년 10월부터 시행되었는데, 기존의 생활보호제도(1961년 제정)를 완전히 대체한 것이다(원석조, 2002: 367).

국민기초생활보장제도는 공공부조의 중추적인 제도로서 국민기초생활보장법 이전의 생활보호제도의 한계성을 개선하여 국민에 대한 기초보장에 대한 획기적인 변화를 마련하는 데 의의를 두고 있다. 기존의 생활보호제도는 대상자 선정에 있어서 비합리적이고 급여가 낮아 실질적인 보장이 되지 못하며, 운영이 비합리적이라는 평가를 받아 왔다. 그러나 국민기초생활보장법을 통하여 급여를 수급자권리로 보장하고, 적용대상에 있어서는 보편성을, 급여 내용에 있어서는 포괄적이고 수준의 적절성을, 운영에는 합리성을, 그리고 근로와의 연계를 통한 복지의 생산성을 확보하는 역할을 수행하도록 하는 데 의미를 부여하고 있다(김진수, 2001: 55).

구체적으로 국민기초생활보장제도는 기존의 생활보호제도와 많은 차이가 있다(〈표 11-1〉 참조). 우선 생활보호제도와는 달리 대상자의 권리적 성격을 담고 있어 과거의 시혜적 성격을 띤 피보호자, 보호대상,

〈표 11-1〉 생활보호제도와 국민기초생활보장제도의 주요 차이점

구분	생활보호제도	국민기초생활보장제도
법적 용어	• 국가에 의한 보호적 성격 　- 보호대상자, 보호기관	• 저소득층의 권리적 성격 　- 수급권자, 보장기관, 생계급여 등
대상자 선정기준	• 인구학적 기준에 의한 대상자 구분 　- 거택보호자: 18세 미만 아동, 65세 이상 노인 등 　- 자활보호자: 인구학적으로 경제활동 가능한 근로능력자	• 대상자 구분 폐지 　- 근로능력이 있는 자는 구분 　※ 연령기준 외에 신체적·정신적 능력과 부양, 간병, 양육 등 가구여건 감안 가능
대상자 선정기준	• 보건복지부 장관이 정하는 소득과 재산 이하인 자	• 소득인정액이 최저생계비 이하인 자 　※ 소득인정액: 개별 가구의 소득평가액과 재산의 소득환산액을 합산한 금액
급여수준	• 생계보호 　- 거택보호자에게만 지급 • 의료보호 　- 거택보호: 의료비 전액지원 　- 자활보호: 의료비의 80% • 교육보호: 중고생 자녀학비 전액지원 • 해산보호 • 장제보호, 자활보호 등	• 생계급여 　- 모든 대상자에게 지급하되, 근로 능력자는 자활 관련 사업에 연계 하는 조건부로 지급 • 주거급여 신설 　- 임대료, 유지수선비 등 주거안정을 위한 수급품 • 긴급급여 신설 　- 긴급 필요시에 우선 급여를 실시 • 의료, 교육, 해산, 장제급여 등은 동일
자활지원 계획		• 근로능력자 가구별 자활지원계획 수립을 통한 체계적 자활지원 　- 근로능력, 가구 특성, 자활 욕구 등을 토대로 자활 방향, 자활에 필요한 서비스, 생계급여의 조건 등을 계획, 자활에 필요한 서비스를 체계적으로 제공하여 수급권자의 궁극적인 자활을 촉진

보호기관이라는 용어 대신 수급권자, 수급자, 보장기관이라는 용어를
사용하고 있다. 대상자 선정기준에서도 부양의무자 기준은 존속하고
있으나 취업 및 노동능력 여부나 연령에 상관없이 소득인정액[1]이 최저
생계비 이하인 모든 국민이 수급대상이 되도록 하고 있다.

한편 국민기초생활보장제도는 빈곤계층에 대해 단순히 최저소득을 보장
하는 전통적인 제도가 아니라 근로연계를 지향하는 복합적인 부조프로그
램의 성격을 갖는 제도다. 첫째, 근로능력이 있는 수혜자들에게 적극적
구직활동 및 자활사업 참여를 조건으로 급여를 제공하는 일종의 실업부
조(unemployment assistance) 기능을 한다. 둘째, 근로능력이 있는 공공
부조 수급자에게 근로 및 취업 관련 활동에 참여하는 것을 의무화하는
조건부수급제도는 근로연계복지로서의 성격을 갖는다고 볼 수 있다. 셋
째, 일정한 요건을 충족하는 경우 저소득 근로자에게도 현금급여를 지
급한다는 점에서 빈곤근로계층에 대한 보호제도로서의 성격을 갖는다.

따라서 국민기초생활보장제도는 정책 이념적으로는 국민의 정부에
서 내건 생산적 복지에 기초하고 있으며, 생산적 복지의 근간을 이루는
원칙은 서구복지국가의 소위 '소비적'인 복지제도에 대한 비판적 시각
에 근거한 '생산적' 복지, 구체적으로는 근로연계복지를 추구하는 것이
다. 이러한 생산적 복지정책은 우리나라 사회복지제도의 내용이나 수
준이 아직 빈약하고 전달체계가 취약하여 실질적인 보호의 효과성이 선
진국에 비해 낮은 현실을 인정하면서도 복지비용의 축소와 운영의 효율
성 제고라는 세계적인 복지개혁의 추세에 발맞추어 복지제도의 확충에
따른 부작용, 소위 '도덕적 해이' 문제를 최소화하면서 국민의 기초생활
을 보장하자는 의도를 가지고 있다(방하남, 황덕순, 2001: 168).

---

[1] 소득인정액이란 개별 가구의 소득평가액에 재산의 소득환산액을 합산한 금액을 말한다
(국민기초생활보장법 제2조 제7항). 재산의 소득환산액은 개별 가구의 재산가액에 소득
환산율을 곱하여 산출한 금액이다(국민기초생활보장법 제2조 제9항). 소득인정액 규정은
2003년부터 적용되었다.

2) 국민기초생활보장제도의 일반적 원리

국민기초생활보장제도는 생활이 어려운 국민들의 건강하고 문화적인 생활을 유지하기 위하여 채택하고 있는 원리로 생존권 보장, 평등보장, 최저생활 보장, 자립자활 조장, 보충성의 원리 등이 있다.

(1) 생존권 보장의 원리

국민기초생활보장법 제1조에는 "이 법은 생활이 어려운 자에게 필요한 급여를 행하여 이들의 최저생활을 보장하고 자활을 조성하는 것을 목적으로 한다."라고 규정되어 있다. 이 규정 전체가 생존권 보장의 원리를 나타내고 있으며, 국민기초생활보장제도는 국민의 생존권을 보장하기 위한 제도로서의 의의 내지는 역할을 지니고 있다는 것을 나타내고 있는 것이다(이인재, 류진석, 권문일, 김진구, 1999: 254-255). 따라서 모든 국민은 누구나 생활이 어려울 때에는 국가에 대하여 보호를 청구할 권리가 있고, 국가는 국민의 이러한 요구를 들어줄 의무가 있다.

(2) 평등보장의 원리

우리나라 헌법 제10조는 "모든 국민은 행복을 추구할 권리를 가진다."라고 규정하고 있고, 헌법 제11조 제1항은 "모든 국민은 법 앞에서 평등하다."라고 규정하고 있다. 또한 국민기초생활보장법 제5조에서는 이 법의 수급권자의 범위를 규정하고 있다. 따라서 이 법의 요건을 충족하고 있는 한 이 법상의 보호는 평등하게 이루어져야 한다.

모든 국민의 생활의 어려움에 대하여 포괄적 보호를 해야 할 생존권 보장의 이념에 입각하여, 모든 국민은 공공부조의 법률적 요건을 충족하는 한 원인, 인종, 신조, 성별과 사회적 신분의 여하를 불문하고 평등하게 보장을 받을 권리가 있다(이인재 외, 1999: 255).

(3) 최저생활 보장의 원리

최저생활 보장의 원리란 모든 국민은 최저 한도의 인간다운 생활을 보장받을 권리를 가지며, 국가는 이를 보장할 책임을 진다는 원리다. 여기서 최저 한도의 인간다운 생활이란 건강하고 문화적인 생활수준을 유지할 수 있는 최저 한도의 생활로서 최저생계비로 계측된다. 국민기초생활보장법 제2조 제6항과 제6조의 규정에 따르면 최저생계비는 "국민이 건강하고 문화적인 생활을 유지하기 위하여 소요되는 최소한의 비용"으로서, 중앙생활보장위원회의 심의·의결에 따라 보건복지부 장관이 매년 지역별, 가구 규모별, 가구 유형별로 공표하는 금액을 말한다. 따라서 공공부조 수급권에 의해 국민이 보장받을 수 있는 삶의 수준은 적어도 건강하고 문화적인 최저생활을 유지할 수 있는 수준이다.

국민기초생활보장법 제6조 제1항에서는 "보건복지부 장관은 국민의 소득·지출수준과 수급권자의 가구유형 등 생활실태, 물가상승률 등을 고려하여 최저생계비를 결정해야 한다."라고 규정하고 있다. 최소한의 건강하고 문화적인 생활수준에 관한 기준선은 국민소득 수준, 지출수준, 물가상승률과 수급권자의 생활실태뿐만 아니라 사회적 통념, 노동윤리, 복지권 의식, 소득불평등 정도 등의 영향을 받는다. 따라서 그 구체적인 내용은 국가 간에 차이가 없이 절대적 기준으로 결정하기는 어렵다.

(4) 자립자활 조장의 원리

자립자활 조장의 원리란 공공부조 수급자가 공공부조를 받지 않고도 다른 사람에 의존하지 않고 독립된 생활을 할 수 있도록 조장하는 원리다. 이러한 자립자활 조장의 원리는 국민기초생활보장법 제1조에 명시되어 있다.

국민기초생활보장제도의 궁극적인 목적은 생활이 어려운 자들을 자립자활하게 하는 데 있다. 그러나 수급자에 따라서는 자활능력을 잠재적으로 갖고 있는 사람도 있지만 그러한 잠재능력이 없는 사람도 있기 때문에 개개 수급자의 형편을 고려하여 선별적으로 시도되어야 한다. 자활기반 여건조성을 위한 자활급여의 구체적 사업들로서 생업자금을 대여하거나 직업훈련을 지원해 주거나 공공근로사업을 실시하기도 하고, 자활후견기관을 설치·운영하거나 자활공동체를 운영하기도 한다.

자립자활을 통해 수급자가 근로소득을 올린 경우 이 소득으로 인해 생계급여나 다른 기초생활보장 급여가 줄어든다면 수급자의 자립자활 의욕을 약화시킬 수 있다. 따라서 자활급여 수급자의 근로소득에 대해 일정 한도까지 기초소득공제를 실시하여 자활 의욕이 손상되지 않고 지속적으로 자활 노력을 하도록 유인할 필요가 있다.

(5) 보충성의 원리

보충성의 원리란 수급자가 가지고 있고 이용할 수 있는 자산·능력 및 그 밖의 모든 것을 최대한 활용하고 그렇게 하고도 최저생활을 유지할 수 없을 때 최종적으로 부족분을 보충하여 준다는 원리다. 이 원리는 생활의 개인 책임 내지 자기 책임을 기초로 한 자본주의 사회의 최종적 또는 포괄적인 생활보장 수단으로서 공공부조의 본질을 가장 잘 나타낸 것이다. 국민기초생활보장법 제3조 1항에 따르면, "이 법에 의한 급여는 수급자가 자신의 생활 유지·향상을 위하여 그 소득·재산·근로능력 등을 활용하여 최대한 노력하는 것을 전제로 이를 보충·발전시키는 것을 기본 원칙으로 한다." 즉, 기초생활 보장은 수급자가 자신의 생활의 유지 및 향상을 위하여 소득, 근로능력 등을 활용하여 최대한 노력하는 것을 전제로 이를 보충 발전시키는 것을 기본 원칙으로 한다.

국민기초생활보장법 제3조 제2항에 따르면, "부양의무자의 부양과 다른 법령에 의한 보호는 이 법에 의한 급여에 우선하여 행하여지는 것으로 한다. 다만 다른 법령에 의한 보호의 수준이 이 법에서 정하는 수준에 이르지 아니하는 경우에는 나머지 부분에 관하여 이 법에 의한 급여를 받을 권리를 잃지 아니한다." 즉, 부양의무자의 부양, 다른 법에 의한 보장과 최저생계비 간의 차액을 보장받는다. 따라서 국민기초생활 보장제도는 보충성의 원리에 입각해 운영된다.

3) 국민기초생활보장 실시상의 원칙

공공부조제도는 공적인 전달체계를 통해서 실시되는 과정에서 의도한 목적을 보다 효과적으로 달성하기 위해 일정한 원칙하에 운영되어야 한다. 일반적으로 준거가 되는 원칙은 다음과 같다(신섭중, 1989: 308-313; 김영모, 2001: 151-152; 김기원, 2000: 241-249).

(1) 신청 및 직권보장의 원칙

공공부조의 신청은 수급권자, 수급권자의 친족 등 기타 관계인이 수급권자의 거주지 시장, 군수, 구청장에게 할 수 있다. 생활보장이 관할 행정기관의 직권이 아닌 신청에 의해 개시되기 때문에 신청보장주의 또는 신청보장의 원칙이라고 부른다. 또한 국민기초생활보장법에는 관할 사회복지 전담공무원이 직권으로 수급권자의 급여를 신청할 수 있다. 이처럼 수급권자의 거주지 관할 사회복지 전담공무원이 수급권자를 대신하여 생활보장 신청을 할 수 있도록 규정한 것은 결국 관할 행정기관이 직권으로 수급권자들의 기초생활을 보장할 수 있다는 직권보장주의 내지 직권보장의 원칙을 의미하는 것이다. 이와 같이 국민기초생활보장제도는 표면상으로는 신청보장주의만을 택하는 것처럼 보이나, 실제상으로는 관할 사회복지 전담공무원을 신청자로 포함시킴으로써 결과적으로는 직권보장주의를 함께 택하고 있는 것이다.

(2) 최저생활 보장

공공부조의 급여 기준과 정도는 대상자의 성별, 연령, 가구 구성, 지역 특성 및 기타 필요한 사정을 고려하여 최저 한도의 생활을 충족시키는 수준이어야 한다. 즉, 국민들의 기초생활을 보장해야 할 의무를 지고 있는 국가와 지방자치단체는 최저생계비 수준 미만의 생활을 영위하고 있는 생활이 어려운 국민에게 법으로 정한 최저생계비 수준 이상의 생활을 보장해 주어, 그들이 건강하고 문화적인 최저생활을 유지하면서 인간다운 생활을 할 수 있도록 기초생활을 보장해 주어야 한다.

(3) 자산조사와 상태조사 병행의 원칙

국민기초생활보장제도의 수급자격은 자산조사와 상태조사를 통해 이루어진다. 자산조사는 생활보장급여 신청자의 소득과 재산을 조사하는 것이다. 자산조사는 생활보장 수급신청자가 수급자격이 있는지 여부를 결정하는 근거가 될 뿐만 아니라 생계급여 수준을 결정하는 기초자료가 되기도 한다.

상태조사는 생활보장 대상자 자신, 가구 및 부양의무자의 비자산적 상태를 조사하는 것이다. 상태조사는 생활보장 대상자의 근로능력, 자활능력, 부양의무자의 존재 여부, 부양의무자의 부양능력, 구직활동, 건강상태, 수급자의 연령, 가구 규모, 가족 유형, 거주지역, 기타 생활여건 등과 같이 수급자격과 급여 종류 및 수준을 결정하는 데 영향을 미치는 요인들에 관한 조사를 말한다.

(4) 필요상응의 원칙

필요상응의 원칙이란 공공부조 시행기준을 일률적으로 적용·사용하기 위하여 공공부조 대상자의 성별, 연령, 가구 구성, 거주지역, 건강상태, 생활여건 등을 고려하여 실제로 그가 가지고 있는 요구를 충족시키려고 하는 요구의 개별화와 이의 해결을 위한 노력을 하는 것을 말한다(표갑수, 2002: 247). 즉, 공공부조의 시행은 개인이나 가구의 실제 필요에 상응하여 효과적으로 행해져야 한다는 원칙이다.

334

생활 곤란자에 대한 생계급여는 보충급여 방식을 택하여 생활곤란 정도에 따라 차별적으로 처우하도록 하고 있다. 주거가 궁핍한 가구에는 주거급여, 가족 가운데 건강이 나쁜 가구에게는 의료급여, 교육연령의 자녀가 있는 가구에게는 교육급여를 제공한다. 또한 출산한 가구에는 해산급여, 가족이 사망한 가구에는 장제급여를, 자활의지와 자활능력을 갖춘 자에게는 자활급여를 각각의 필요에 따라 제공한다.

(5) 세대단위의 원칙

국민기초생활보장제도는 가구를 단위로 실시된다. 생활보장의 실시는 가구를 단위로 하여 재산 및 소득을 조사하고, 생활보장의 필요 여부와 급여수준을 정하고, 생활보장 대상가구원 가운데 근로능력자 유무를 파악하여 조건부 생계급여를 할 것인지 혹은 무조건부 생계급여를 할 것인지를 결정하게 된다. 이와 같이 가구를 생활보장의 단위로 보는 것은 현실적으로 생활의 단위를 이루는 것이 가구이기 때문이다.

(6) 현금급여의 원칙

생활보장을 위한 급여는 금전급여 형태를 취하는 것을 원칙으로 한다. 현금급여는 생활이 어려운 자가 건강하고 문화적인 최저 한도의 생활을 유지하도록 현금이나 수표를 제공하는 것을 말한다. 그 예로는 생계급여 이외에 장제급여, 전·월세 보조금 같은 주거급여, 수업료 등을 지원하는 교육급여 등이 있다.

현물급여는 현금 대신 현물이나 비현금 서비스를 제공하는 것을 말한다. 그 예로는 식료품, 의료서비스, 임대주택 서비스, 보육서비스, 교육서비스, 직업훈련 서비스, 교통서비스, 전화서비스, 수용시설 서비스 등이 있다.

현물급여와 비교해 현금급여는 시장가치가 현물급여보다 크고, 급여를 운영하고 관리하는 데 비용이 덜 들며, 수급자의 선택권이 보장되므로 만족도가 크다. 그러나 현금급여의 경우 유용 가능성이 크기 때문에

본래 의도한 목적을 달성하지 못할 위험이 있으므로 효과성이 떨어진
다. 현금급여는 급여수급 과정과 급여사용 과정에서 수혜자가 수치감
을 느끼지 않기 때문에 수급자의 자긍심을 손상시키지 않는다.

4) 국민기초생활보장법의 주요 내용

(1) 용어의 정의

국민기초생활보장법에서 사용되는 정의는 다음과 같다. '수급권자'는
급여를 받을 수 있는 자격을 가진 자를 말한다. '수급자'는 급여를 받는
자를 말한다. '수급품'은 수급자에게 급여하거나 대여하는 금전 또는 물
품을 말한다. '보장기관'은 급여를 행하는 국가 또는 지방자치단체를 말
한다. '부양의무자'는 수급권자를 부양할 책임이 있는 자로 수급권자의
직계혈족(부모, 아들, 딸 등) 및 그 배우자, 생계를 같이 하는 2촌 이내의
혈족(형제자매)을 말한다.

'최저생계비'[2)]는 국민이 건강하고 문화적인 생활을 유지하기 위하여
소요되는 최소한의 비용으로서 보건복지부 장관이 공표하는 금액을 말
한다. '소득인정액'은 개별 가구의 소득평가액과 재산의 소득환산액을
합산한 금액을 말한다. 소득인정액 산정 방식은 다음과 같다.

소득인정액 산정 방식

소득인정액 = ① 소득평가액+② 재산의 소득환산액
　　　　　① 소득평가액=실제소득-가구특성에 따른 지출요인을 반영한
　　　　　금품-근로활동을 통해 얻은 소득에 대한 공제액
　　　　　② 재산의 소득환산액=(재산의 종류별 가액-기초공제액-
　　　　　부채)×재산의 종류별 소득환산율
※ 개별 가구의 재산 범위, 재산가액의 산정기준 및 소득환산율, 기타 필요한
　사항에 관하여는 보건복지부령으로 정한다.

---

(2) 급여의 기본 원칙

급여는 수급자가 자신의 생활의 유지·향상을 위하여 그 소득·재산·근로능력 등을 활용하여 최대한 노력하는 것을 전제로 이를 보충 발전시키는 것을 기본 원칙으로 한다. 부양의무자의 부양과 기타 다른 법령에 의한 보호[3]는 이 법에 의한 급여에 우선하여 행하여지는 것으로 한다. 다만 다른 법령에 의한 보호의 수준이 국민기초생활보장법에서 정하는 수준에 이르지 아니하는 경우에는 나머지 부분에 관하여 국민기초생활보장법에 의한 급여를 받을 권리를 잃지 않는다.

(3) 급여의 기준

급여는 건강하고 문화적인 최저생활을 유지할 수 있는 것이어야 한다. 급여의 기준은 보건복지부 장관이 수급자의 연령, 가구 규모, 거주지역, 기타 생활여건 등을 고려하여 급여의 종류별로 정한다. 보장기관은 국민기초생활보장법에 의한 급여를 세대를 단위로 하여 행하되, 특히 필요하다고 인정하는 경우에는 개인을 단위로 하여 행할 수 있다. 즉, 가구 전체가 수급자로 선정될 수 없는 저소득가구에 대하여 의료급여, 교육급여 등 특정 급여를 필요로 하는 특정 가구원에 대해 급여를 제공함으로써 해당 가구가 최저생계비 이상의 생활을 계속 유지할 수 있도록 지원하고 있다.

---

[2] 2011년도 가구별 최저생계비는 다음과 같다.

가구 규모 (원/월)	1인	2인	3인	4인	5인	6인	7인
2011	532,583	906,830	1,173,121	1,439,413	1,705,704	1,971,995	2,238,287
2010	504,344	858,747	1,110,919	1,363,091	1,625,263	1,867,435	2,119,607

[3] 타 법령에 의한 수급권자라 함은 북한이탈주민, 일군위안부, 인간면역결핍바이러스 감염자(에이즈 감염자, 2003년 신설), 농어민 가구(2004년 신설), 영구귀국 사할린 한인, 한센병 정착촌 거주자, 보장시설 생활자, 사회취약계층(주거가 일정하지 않은 취약계층, 교정시설 출소예정자 등) 등에 대한 특례보호자를 말한다.

(4) 수급권자의 범위

수급권자는 부양의무자가 없거나 부양의무자가 있어도 부양능력이 없거나 또는 부양을 받을 수 없는 자로서 소득인정액이 최저생계비 이하인 자로 한다. 그러나 수급권자에 해당하지 아니하여도 생활이 어려운 자로서 일정 기간 동안 국민기초생활보장법이 정하는 급여의 전부 또는 일부가 필요하다고 보건복지부 장관이 정하는 자는 수급권자로 인정된다.

(5) 최저생계비의 결정

보건복지부 장관은 국민의 소득·지출수준과 수급권자의 생활실태, 물가상승률 등을 고려하여 최저생계비를 결정하여야 한다. 보건복지부 장관은 매년 12월 1일까지 중앙생활보장위원회의 심의·의결을 거쳐 다음 연도의 최저생계비를 공표하여야 한다. 보건복지부 장관은 최저생계비를 결정하기 위하여 필요한 계측조사를 3년마다 실시한다.

(6) 급여의 종류

급여의 종류로는 생계급여, 주거급여, 의료급여, 교육급여, 해산급여, 장제급여, 자활급여가 있다. 급여는 생계급여를 기본으로 하고 필요에 따라 다른 급여를 병합해 행한다. 급여수준은 급여와 수급자의 소득인정액을 포함하여 최저생계비 이상이 되도록 하여야 한다.

① 생계급여

생계급여는 수급자에게 의복, 음식물 및 연료비, 기타 일상생활에 기본적으로 필요한 금품을 지급한다. 급여는 금전지급을 원칙으로 한다.

다만 세대주의 알코올중독 등으로 자녀 등 가구 구성원의 기본적인 생계유지를 위하여 필요하다고 인정되는 경우에는 식품권, 식당이용권 등 물품으로 지급할 수 있다(보건복지부, 2003a: 100).

생계급여는 수급자의 주거에서 실시하되 수급자의 주거가 없는 경우, 주거가 있어도 그곳에서 급여의 목적을 달성할 수 없는 경우, 수급자가 희망하는 경우에는 보장시설이나 타인의 가구에 위탁하여 급여가 가능하다. 생계급여는 보건복지부 장관이 정하는 바에 따라 수급자의 소득인정액 등을 감안하여 차등 지급할 수 있다. 즉, 생계급여액은 현금급여기준[4]에서 가구의 소득인정액과 주거급여액을 차감하여 산정한다. 보장기관은 조건부 수급자로 결정된 자에게는 자활지원계획에 따라 자활에 필요한 사업에 참가할 것을 조건으로 생계급여를 실시한다. 다만 조건부 수급자가 자활사업 참여의 조건을 이행하지 않는 경우 조건을 이행할 때까지 본인의 생계급여의 일부 또는 전부를 중지한다.

② 주거급여

생활보호제도에서는 주거비를 생계급여에 포함하여 지급하여 왔으

[4] 2011년도 현금급여 기준은 다음과 같다.

〈2011년도 가구별 현금급여 기준〉

구분	1인	2인	3인	4인	5인	6인	7인
최저 생계비(A)	532,583	906,830	1,173,121	1,439,413	1,705,704	1,971,995	2,238,287
타 지원액(B)	96,539	164,377	212,646	260,917	309,186	357,455	405,725
현금 급여기준 (C=A−B)	436,044	742,453	960,475	1,178,496	1,396,518	1,614,540	1,832,562
주거 급여액(D)	84,366	143,650	185,833	228,015	270,198	312,381	354,564
생계 급여액 (E=C−D)	351,678	598,803	774,642	950,481	1,126,320	1,302,159	1,477,998

※ 8인 이상 가구의 최저생계비: 1인 증가 시마다 266,297원씩 증가(8인 가구: 2,504,578원)
※ 8인 이상 가구의 현금급여 기준: 1인 증가 시마다 218,022원씩 증가(8인 가구: 2,050,584원)

나, 국민기초생활보장법에서는 수급자의 주거실태에 따른 적당한 급여
가 이루어지고 수급자가 보다 나은 주거환경에서 거주할 수 있도록 유
도하기 위하여 주거급여를 분리·신설하였다. 이에 따라 수급자에게
주거안정에 필요한 임차료, 유지수선비 등을 주거급여[5]로 지급한다.

③ 의료급여

의료급여는 별도의 법률인 의료급여법[6]에서 정한다. 의료급여는 국
민기초생활보장법에 의한 수급자 등 일정 수준 이하의 저소득층을 대
상으로 그들이 자력으로 의료문제를 해결할 수 없는 경우 국가재정으로
의료 혜택을 주는 공공부조제도로서, 건강보험과 더불어 국민의 의료보
장책의 중요한 수단이 되는 사회보장제도다(보건복지부, 2002: 186).

의료급여는 모든 질병이나 부상에 대하여 진찰, 처치, 수술, 분만, 기

---

[5] 2011년도 주거급여 및 현물급여 기준은 다음과 같다.

〈2011년도 주거급여 한도액〉

구분	1인	2인	3인	4인	5인	6인	7인
최저 생계비	532,583	906,830	1,173,121	1,439,413	1,705,704	1,971,995	2,238,287
주거급여 한도액	84,366	143,649	185,832	228,015	270,198	312,381	354,563

※ 주거급여 한도액은 가구별 최저주거비(최저생계비의 15.8%)

〈2011년도 주거 현물급여 기준액〉

구분	1인	2인	3인	4인	5인	6인	7인
현물 급여	10,000	15,000	20,000	24,000	28,000	32,000	37,000

※ 8인 이상 가구는 1인 증가 시 3,000원 추가
● 가구별 주거급여액이 현물급여액에 미치지 못하는 경우 주거급여는 현금급여로만 실시
　예) 산출된 주거급여액이 30,000원인 1인 자가가구: 현물급여 10,000원, 현금급여 20,000원
　실시

[6] 국민기초생활보장법에서 종전의 '의료보호'를 '의료급여'로 변경함에 따라 의료보호법은
의료급여법(2001. 5. 4)으로 변경한다.

타의 치료약제 또는 치료재료의 지급, 의료시설에의 수용, 간호, 이송, 기타 의료목적 달성을 위한 조치 등을 지급하는 것으로 한다.

④ 교육급여

교육급여의 목적은 저소득층 자녀에 대하여 적정한 교육기회를 제공함으로써 자립능력을 배양함과 동시에 빈곤의 세대전승을 차단하는 데 있다. 교육급여로는 학비(입학금, 수업료), 교과서대, 부교재비, 학용품비(2002년도 하반기 신설), 기타 수급품을 지원한다.

교육급여 지원대상자는 수급자 중 초·중등교육법 제2조의 규정에 의한 중고등학교에 입학 또는 재학하는 자 및 이와 동등한 학력이 인정되는 각종 학교, 평생교육법에 의한 평생교육시설의 학습에 참가하는 자 등이다.

⑤ 해산급여

해산급여는 수급자에게 분만 전과 분만 후의 필요한 조치와 보호를 행하는 것을 말한다. 해산급여액은 출산여성에게 1인당 20만 원을 현금으로 지급하며, 추가 출생영아 1인당 10만 원을 추가 지급한다(쌍둥이 출산 시 30만 원 지급).

⑥ 장제급여

장제급여로는 수급자가 사망한 경우 사체의 검안, 운반, 화장 또는 매장, 기타 장제조치를 행하는 데 필요한 금품을 지급한다. 장제급여액은 근로능력이 없는 자로만 구성된 가구(의료급여 1종)는 가구당 50만 원, 근로능력이 있는 가구원이 있는 경우(의료급여 2종)는 가구당 30만 원을 현금으로 지급한다. 장제급여는 실제로 장제를 행하는 자에게 장제에 필요한 비용을 지급함으로써 행한다.

⑦ 자활급여

　자활급여는 수급자의 자활을 조성하기 위하여 다음 급여를 행하는 것으로 한다. 자활에 필요한 금품의 지급 또는 대여, 자활에 필요한 기능 습득의 지원, 취업알선 등 정보의 제공, 공공근로 등 자활을 위한 근로기회의 제공, 자활에 필요한 시설 및 장비의 대여, 기타 대통령령이 정하는 자활조성을 위한 각종 지원을 한다. 자활급여는 관련 공공 또는 민간 기관·시설에 위탁하여 이를 행할 수 있다. 이 경우 그에 소요되는 비용은 보장기관이 부담한다.

　국민기초생활보장법 제15조에 의한 자활급여는 시·군·구 및 자활후견기관이 실시하는 자활근로사업에 참여하는 수급자, 차상위계층이 자활근로사업의 참여 대가로 받는 급여를 포함한다. 자활급여의 지급 방식은 일당을 원칙으로 하되, 시·군·구 및 사업시행기관과 자활사업 참여자의 합의에 따라 월급여 형태로 지급된다.[7]

---

[7] 2011년도 자활근로 인건비 지급기준은 다음과 같다.

(단위: 원)

구분	시장진입형/ 기술·자격자	인턴형	사회서비스 일자리형/기술·자격자	근로유지형
지급액 계	33,000/35,000	32,000	30,000/32,000	22,000
급여단가	30,000(32,000)	29,000	27,000 (29,000)	19,000
실비	3,000	3,000	3,000	3,000
표준소득액	780,000	756,000	708,000	525,000
비고	1일 8시간, 주 5일	1일 8시간, 주 5일	1일 8시간, 주 5일	1일 5시간, 주 5일

● 기술·자격자 추가급여
　－ 시장진입형, 사회서비스 일자리형 사업은 해당사업에 필수적인 기술·자격증이 있는 '기술·자격자'에게 2천 원의 추가급여 지급 가능
　－ 기술·자격자는 주거복지사업 참여자의 도배사 자격증 등 자활근로사업과 직접 관련이 있고 사업에 활용 가능한 공인기관 발행자격을 의미
　－ 간병사업단의 요양보호사 자격 등 자활근로 참여 중 대다수가 취득한 자격은 제외

3. 자활사업

국민기초생활보장제도의 시행과 함께 강화된 자활사업은 근로능력이 있는 저소득 빈곤계층에게 '자활사업에 참여하는 조건으로 생계급여를 실시'한다는 점에서 서구의 근로연계형 복지를 도입한 것이라고 할 수 있다(김수현, 2002: 57).

근로능력이 있는 자도 공공부조를 받을 수 있게 하는 조건으로 수급자에게 일정한 노동을 행하도록 요구하는 이 규정은 국민기초생활보장제도가 정착하는 데 매우 중요한 기능을 담당할 것으로 평가되고 있다(박능후, 2001: 36).

1) 근로연계복지급여제도의 의의

일반적으로 근로연계복지급여제도(workfare 또는 welfare-to-work)는 복지수혜자들을 노동시장으로 유도하는 일련의 정책을 포괄하는 것이다. '워크페어(workfare)'란 용어는 미국의 복지개혁 과정에서 유래하였지만, 유럽에서도 최근 이 용어를 사용하는 경향이 나타나고 있다. 여기에 유사한 개념의 용어들이 새롭게 사용되고 있는 것도 사실이다. 예컨

차량 운행이 필수적인 사업단(재활용사업단, 급식사업단 등)의 경우 운전자도 기술·자격자로 인정
- 실비
  - 실제 참여일에 한하여 1일 3천 원 지급
  - 소득인정액 산출 시 자활소득에 반영하지 않음
  - 시장진입형 사업 또는 사회서비스 일자리형 사업 중 사업장이 원거리이거나 실비의 추가지급이 필요하다고 인정되는 경우에는 협의를 거쳐 2천 원 범위 내에서 추가지급 가능(시·군·구청장이 결정)
- 기타 수당: 초과근무 및 휴일근무수당, 주·월차수당
- 표준소득액은 자활근로 사회보험 소득신고 등 월평균 소득적용이 필요한 경우 활용

대, 북유럽 중심의 '적극적 노동시장정책(active labor market policy)', 영
국 노동당의 '일을 통한 복지(welfare to work)' 등 유럽 각국이 추진하고
있는 복지개혁[8]의 일환으로 미국의 워크페어(workfare)와 유사한 의미
의 용어가 사용되고 있다.

　　근로연계복지급여제도가 등장하고 확산된 배경에서는 복지국가의
위기에 대응하기 위한 신자유주의의 등장과 확산, 실업문제에 대응하기
위한 정책으로서 적극적 노동시장정책의 확산, 공공부조 수급자의 증
가, 실업문제 해결에서 미국의 상대적 성공이 대표적인 요인일 것이다
(Esping-Anderson, 1996; LØdemel & Trickey, 2001; Macgregor, 1999; 황덕
순 외, 2002: 6-7 재인용).

　　특히 미국의 1996년 복지개혁(Personal Responsibility and Work
Opportunity Reconciliation Act: PRWORA)에서는 복지수혜자들을 노동시
장에 빠른 시일에 통합시키려는 정책의지가 강력히 드러나고 있다. 이
러한 정책의지는 복지수혜자들이 노동시장에 진입할 경우 국가 전체의
생산능력이 증가된다는 이론에 의해 뒷받침되었다. 그러나 이와 같은
낙관적 믿음은 도시지역을 중심으로 저임금 일자리가 절대적으로 부족
하며, 또한 일자리가 사회집단 간에 골고루 분배되지 않는다는 사실을
무시하고 있다(강병구, 이상훈, 2002: 4-5).

---

[8] 킬달(N. Kildal, 2001)은 최근 유럽의 복지정책 개혁에서 나타나고 있는 일반적 특징이
① 수동적 조치에서 적극적 조치로, ② 근로유인에서 근로제재 강화로, ③ 권리에서 의무
로, ④ 권리에 기초한 접근에서 공공의 계약으로, ⑤ 보편성에서 선별성으로 변해 간다고
보고, 이는 각 국가 간 제도의 기본 조건에 상관없이 일종의 수렴하는 현상이라고 지적하
고 있다(박능후, 2001: 40-41 재인용).

2) 자활사업

(1) 자활사업의 특징

자활사업은 우리나라 복지제도사에서 최초의 근대화된 복지 프로그램이다. 즉, 사회안전망의 제공에 있어 근대적 기준이라 할 수 있는 사회권의 정착, 자산 및 소득 조사, 근로능력자에 대한 급여조건의 제시 등이 포함되었다. 이러한 변화를 통해 담당공무원의 재량권에 의존하던 이전의 생활보호제도와는 달리 보다 세분화된 복지행정체계의 도입이 가능하게 되었다.

자활사업은 수급자에게 취업 또는 자활 프로그램에 참여할 수 있는 기회를 제공함으로써 실질적으로 자립·자활할 수 있도록 돕는 데 목적을 둔 '근로연계복지' 프로그램이다. 자활사업은 단순히 수급자에게 근로기회를 제공하는 것을 넘어, 수급자 가구의 생애 전반에 걸친 장기적인 자활지원계획을 수립한 다음 그에 적합한 자활급여를 제공한다. 또한 근로능력이 있는 수급자가 생계급여를 지급받기 위해서는 근로활동을 하도록 만듦으로써 근로유인(work incentives)을 제고하고, 나아가 빈곤 함정(poverty trap)에 빠지지 않도록 유도한다(원석조, 2002: 384).

한편 국민기초생활보장제도의 자활사업은 몇 가지 점에서 서구의 근로연계복지급여제도와 차별화된 특징을 갖는다(강병구, 이상호, 2002: 17-18).

첫째, 서구사회의 경우 근로연계복지급여제도는 복지의존의 문제를 해결하기 위한 사후적 대안이지만, 우리나라의 자활사업은 복지의존에 대한 예방적 성격을 갖는다.

둘째, 1996년 미국의 복지개혁(PRWORA)이 수급기간을 총 5년으로 제한하면서 복지수혜자의 취업우선을 강조하고 있지만, 우리나라의 자활사업 참여자는 수급기간의 제한을 받지 않는 가운데 다양한 자활 프로그램에 선택적으로 참여할 수 있다.

셋째, 서구사회의 경우 빈곤계층에 대한 지원이 사업별로 세분화되고

각각의 기준에 따라 수급자가 선정되지만, 우리나라의 경우는 국민기초
생활보장제도에 생계급여, 주거급여, 의료급여, 교육급여 등이 통합되
어 있어, 수급권자로 선정될 경우는 패키지화된 지원을 일괄적으로 받
게 되지만 탈락자에 대해서는 모든 급여가 중지되는 방식(all or nothing)
으로 운영되고 있다.

　넷째, 서구사회의 경우 복지수혜자를 취업으로 유도하기 위해 다양한
근로소득공제제도(미국의 EITC, 영국의 WFTC)를 활용하고 있으나, 우리
나라의 경우 복지수혜자를 취업으로 유도하기 위한 인센티브가 매우 취
약한 상태에 있다.

　다섯째, 우리나라의 경우 근로연계복지급여제도를 추진할 수 있는 인
프라가 취약한 상태에 있다. 미국의 경우 TANF[9] 수급자가 취업으로 유
도될 경우 그들에 대한 정보가 실업보험 D/B를 통해 체계적으로 관리
되기 때문에 복지와 고용 정책의 통합적인 운용이 가능하지만, 우리나
라의 경우 자활대상자에 대한 복지 및 고용 정보가 체계적으로 연계되
어 활용되지 못하고 있다.

(2) 자활사업의 체계

　현행 국민기초생활보장제도 내에서 자활사업의 추진체계는 〈표 11-2〉
와 같다. 구체적인 내용을 살펴보면, 먼저 가구별 최저생계비 이하의 소득
을 갖고 있는 저소득층이 관할 읍·면·동사무소에 수급대상자 신청을
하면 사회복지 전담공무원이 그들에 대한 자산조사 등을 통해 대상자를
선발하고 생계비 지급을 결정하게 된다. 대상자로 선발된 수급권자들
은 크게 조건부 수급자와 비조건부 수급자(일반수급자)로 구분된다.

---

[9] 1996년 미국의 복지개혁 결과, 기존의 AFDC(Aid to Families with Dependent Children,
　부양아동가정부조)가 TANF(Temporary Assitance for Needy Families, 빈곤가정일시부조)
　로 바뀌었다. 두 제도는 부양아동이 있는 한부모가족에 대해 급여를 제공하는 제도인 점에
　서 유사하지만, 후자의 경우 급여기간을 제한하는 것이 특징이다.

〈표 11-2〉 자활사업체계

구분	기능·역할	비고
보건복지부	● 국민기초생활보장제도 총괄 ● 종합자활지원계획 수립(매년 12월) ● 자활 프로그램 개발·추진 ● 지역자활센터 지정·관리	자활정책·사업총괄관리
시·도 시·군·구	● 지역자활지원계획 수립(매년 1, 2월) ● 자활기금의 설치·운영 ● 급여 실시 여부 및 내용 결정, 지급 ● 자활기관협의체 운영 ● 조건부 수급자 책정 및 생계급여 중지 여부 결정 ● 참여자 자활지원계획 수립·관리	자활사업 총괄시행
읍·면·동	● 조건부 수급자 확인조사(자산조사 제외)	조건부 수급자 관리
고용노동부	● 종합취업지원계획 수립(매년 12월) ● 취업지원 프로그램 개발·추진	취업대상자 총괄관리
고용센터	● 개인별 취업지원계획 수립·관리 ● 취업알선 등 취업지원 프로그램 시행 ● 취업대상자의 조건이행 여부 확인	취업지원 시행

조건부 수급자란 노동능력이 있다고 인정되는 사람들로서 정부로부터 일정한 조건을 부과받고 이를 이행할 때 수급대상자가 된다는 의미다. 비조건부 수급자는 최저생계비를 보장받는 데 일정한 조건이 없는 사람들이다.

조건부 수급자에 대한 자활사업 제시는 시·군·구에서 대상자의 욕구를 반영하여 노동시장에서 취업이 가능한 대상자는 직업안정기관에 전산망으로 의뢰하여 직업상담원의 상담을 통해 조건을 부과한다(개인별 취업지원계획 수립). 또한 시·군·구에서는 대상자의 욕구를 반영하여 상담을 통해 자활공동체사업 등 노동능력의 정도에 따라 구체적인 자활사업을 결정한다(자활공동체 참여, 자활근로 등). 다만 지역 여건과 예산 및 수용능력 등을 감안하여 고용노동부 지원사업과 보건복지부 지원사업을 탄력적으로 운영한다.

〈표 11-3〉 조건부 수급자 유형과 생계급여 조건 제시

자활급여 종류 (구체적인 사업지정)		자활사업실시기관	비고
자활공동체사업		지역자활센터, 자활사업을 실시하는 민간 위탁기관	※ 지역 여건, 예산 및 수용능력 등을 감안하여 대상자의 자활에 필요한 사업에 참여할 수 있도록 탄력적으로 운용
자활 근로	시장진입형	민간 위탁기관, 시·군·구 등	
	인턴형		
	사회적 일자리형		
	근로유지형	시·군·구 등	
디딤돌사업 (사회적응 프로그램)		정신보건센터 등 정신보건시설, 사회복지관 대학연구소, 지역자활센터 등	
생업자금 융자		시·군·구	
취업알선		고용지원센터	
직업훈련(창업훈련)		직업훈련기관(시행규칙 제21조)	
직업적응 훈련		고용지원센터, 직업적응 훈련기관	
자활취업촉진사업 등		고용지원센터	

※ 자활사업 실시기관: 자활사업을 행하는 공공 또는 민간 기관·단체.

한편 조건부 수급자 특성에 맞는 자활 프로그램이 결정된다. 근로능력은 자활역량평가표에 의해 근로능력 점수를 산정하며, 개인의 근로욕구 등을 감안한 재량점수를 반영한다. 또한 조건부 수급자의 자활능력이 향상될 수 있도록 근로능력 정도, 자활 욕구, 자활의지, 지역여건 등을 고려한 자활역량평가결과에 따라 조건을 부과한다.

〈표 11-4〉 자활역량평가표

평가항목	등급	점수	세부기준
1. 연령 (30)	양호	30	18~35세(실질적으로 취업 가능한 연령)
	보통	20	36~55세(취업 및 자활능력 유지가 가능한 연령)
	보통 이하	10	56~64세(취업능력이 약화된 연령)

2. 건강 상태(25)	양호	25	건강상태가 양호한 자
	보통	15	경질환이 있지만 근로활동에 지장이 없는 자 등
	보통 이하	5	5~6급 장애인, 비등록장애인 등
3. 직업 이력 및 학력(25) ※ 직업이력과 학력이 다 른 점수대 에 속한 경 우 직업이 력을 우선 반영	상	25	• 최근 3년 내 1개월 이상 지속적으로 취업 또는 자영업 경험이 있는 자(공공근로 또는 단순근로형 정부 일자리 사업 제외) • 최근 1년 이내 사회서비스 일자리형 자활근로 상위 자활사업에 3년 이상 참여자 • 자격증(국가기술자격법상)을 소지하고 있는 자 ※ 종사하는 직종과 직접 관련이 없는 자격증도 포함 (단, 운전면허증은 직종과 직접 관련된 경우) • 대학(2년제) 졸업 이상 학력자
	중	15	• 최근 4~5년 내 1개월 이상 지속적으로 노동시장 취업 또는 자영업 운영 경험이 있는 자(공공근로·취로사업 제외) • 최근 1년 이내 사회서비스 일자리형 자활근로 상위 자활사업에 2년 이상 참여자 • 중·고졸 이상 학력자
	하	5	• 최근 3년 이내 공공근로(단순근로형 정부 일자리 사업 등 포함) 참여자 • 기타 위 기준에 해당하지 않는 자
4. 재량 점수(20)			• 개인의 직업 이력, 근로 욕구, 드러나지 않은 장애 여부, 가구여건 등을 종합적으로 고려하여 20점을 부여 • 3. 직업이력 및 학력의 등급 내 세부기준이 2 이상에 해당하면 가점 '10점' 부여(하등급 제외) ※ 가점을 포함한 재량점수의 총합은 20점까지

〈자활역량평가결과에 따른 사업배치 기준〉

• 평가결과가 70점 이상인 취업대상자는 고용센터에 의뢰
• 평가결과가 70점 미만인 자는 자활근로, 자활공동체 취업, 사회적응 프로그램, 지역봉사, 생업자금 등 복지부(시·군·구) 자활사업에 배치
• 자활역량평가 점수별 참여사업 예시

자활급여 종류		실시기관 구분	기준	판정점수
노동고용부 자활사업		고용센터	• 근로능력과 욕구가 높아 노동시장에서의 취업이 가능한 자	70점 이상
자활근로	시장진입형	지역자활센터, 민간 위탁기관	• 자활근로 프로그램 참여 욕구가 높은 자 • 일용·임시직으로 직업경험이 있는 자	51~69점
	인턴형			
	사회서비스 일자리형			
	근로유지형	시·군·구, 지역자활센터	• 노동 강도가 낮은 사업에 참여 가능한 자 • 간병·양육 등 가구여건상 관내 사업만 참여 가능한 자	50점 이하
사회적응 프로그램		지역자활센터, 기타 위탁기관	• 근로의지가 현저히 낮은 자 • 상습적 조건 불이행자	점수 무관

※ 타 사업참여자의 근로 의욕 증진을 위하여 필요한 경우 일정 기간을 정하여 사회적응 프로그램에 중복참여 가능.

4. 의료급여 제도

　의료급여는 국민기초생활보장법에 의한 수급자 등 일정 수준 이하의 저소득층을 대상으로 그들이 자력으로 의료문제를 해결할 수 없는 경우 국가재정으로 의료 혜택을 주는 공공부조제도로서 건강보험과 더불어 국민 의료보장책의 중요한 수단이 되는 사회보장제도다.

　의료급여 제도는 과거의 의료보호와 본질적인 차이는 없다. 기존 의료보호법의 근거 법률인 국민기초생활보장법에서 종전의 '의료보호'를 '의료급여'로 변경함에 따라 법률명을 의료급여법으로 변경한 것이다. 이에 따라 '의료보호 대상자'를 '의료급여 대상자'로, '의료보호기금'을 '의료급여기금'으로 변경했다. 또한 진료비 지급업무가 국민건강보험관리공단으로 단일화되고, 지방자치단체의 예산 성립 전이라도 국고보조금을 우선 지급할 수 있도록 하였다.

1) 의료수급권자

국민기초생활보장법에 의한 의료급여 수급권자는 1종 및 2종 수급권자로 구분한다. 1종 수급권자는 ① 근로능력이 없는 수급자(18세 미만 → 65세 이상), ② 미취학 자녀 또는 질병·부상·장애 등으로 거동이 곤란한 가구원이나 치매 등으로 특히 보호가 필요한 가구원을 양육·간병 또는 보호하는 수급자, ③ 장애인생활시설, 노인의료복지시설, 아동복지시설 등의 보장시설에서 급여를 받고 있는 자로, 2종 대상자는 근로능력이 있는 수급자(18세 이상, 62세 미만)로 구분하여 매년 책정한다. 의료수급권자 중 국가유공자는 국가보훈처장, 중요 무형문화재는 문화재청장의 요청에 따라 시장·군수·구청장이 소득 등을 조사하여, 보건복지부 장관이 정한 기준에 적합한 자에 대하여는 1종 수급권자로 매년 책정한다. 구체적인 의료급여 수급권자 유형은 〈표 11-5〉와 같다.

〈표 11-5〉 의료급여 수급권자 유형

수급권자 유형	수급권자
1종 수급권자	1. 법 제3조 제1항 제1호에 따른 국민기초생활보장법에 의한 수급자 중 다음 각 목의 어느 하나에 해당하는 자 가. 다음 각 항목의 어느 하나에 해당하는 자 또는 근로능력이 없거나 근로가 곤란하다고 인정하여 보건복지부 장관이 정하는 자만으로 구성된 세대의 구성원 (1) 18세 미만인 자 (2) 65세 이상인 자 (3) 장애인고용촉진 및 직업재활법 제2조 제2호에 해당하는 중 중증장애인 (4) 국민기초생활보장법 시행령 제7조 제1항 제2호에 해당하는 자 (5) 임신 중에 있거나 분만 후 6개월 미만의 여자 (6) 「병역법」에 의한 병역의무를 이행 중인 자 나. 국민기초생활보장법 제38조의 규정에 의한 보장시설에서 급여를 받고 있는 자

	다. 국민기초생활보장법 제5조 제2항의 규정에 해당하는 자로서 보건복지부 장관이 인정하는 자 라. 보건복지부 장관이 정하여 고시하는 희귀난치성 질환을 가진 자가 속한 세대의 구성원 2. 법 제3조 제1항 제2호 내지 제8호의 규정에 해당하는 자 3. 제2조 제1호에 해당하는 수급권자 4. 제2조 제2호에 해당하는 자로서 보건복지부장관이 1종 의료급여가 필요하다고 인정하는 자
2종 수급권자	1. 법 제3조 제1항 제1호의 규정에 해당하는 자 중 제2항 제1호에 해당하지 아니하는 자 2. 제2조 제2호에 해당하는 자로서 보건복지부장관이 2종 의료급여가 필요하다고 인정하는 자

2) 의료급여 수급권자 진료 및 이용 실적

의료보호사업 실시 첫해인 1977년에는 대상자가 209만 5천 명에 진료건 수 116만 8천 건, 진료일 수 463만 2천 일이었던 것이 2000년에는 대상자 190만 6천 명에 진료건 수 1,603만 5천 건, 진료일 수 1억 8,531만 8천 일로 진료건 수는 13.7배, 진료일 수는 40.0배의 증가를 보여 주고 있다. 또한 시장·도지사 및 시장·군수·구청장이 지급하던 의료보호 진료비도 2001년 10월 1일부터는 전문기관인 국민건강보험공단에서 위탁 수행하도록 의료급여법을 개정함에 따라 지역별, 의료기관 종별에 관계없이 진료비를 지급하고 지급기간 또한 단축하였다.

〈표 11−6〉 연도별 의료급여 진료건 수, 진료일 수

구분	1997년	2000년	2004년	2008년	2009년
진료건 수	8,029,980	16,034,867	2,611,144	4,478,922	4,754,800
총 진료비	669,262	1,497,740	2,565,774	4,357,826	4,645,201

출처: 신영식(2010)보건복지포럼(2010. 9호).

3) 의료급여의 범위 및 방법

(1) 의료급여의 범위

의료급여 수급권자는 모든 질병이나 부상에 대하여 진찰, 처치, 수술, 분만, 기타의 치료, 약제 또는 치료재료의 지급, 의료시설에의 수용, 간호, 이송, 기타 의료목적 달성을 위한 조치 등의 의료보호를 받도록 하고 있다. 다만 다음의 경우는 보호의 범위에서 제외된다. 첫째, 다른 법령에 의하여 국가로부터 보호를 받고 있는 경우(즉, 결핵예방법, 전염병예방법, 산업재해보상보험법 및 국가유공자예우 등에 관한 법률에 의한 진료와 기생충질환예방법에 의한 기생충 구제 및 모자보건법에 의한 가족계획 시술의 경우) 둘째, 선택진료, 치과의 보철, 기타 의료급여법 제7조 제3항 및 동법 시행규칙 제9조에서 정하는 진료의 경우, 셋째, 가해자가 있어 진료비 보상이 가능한 경우다.

(2) 의료급여 진료비의 부담방법

의료급여 1종 수급자에게는 법정급여 범위 내에서 의료비 전액을 지원하며, 2종 수급자에게는 20%를 본인이 부담하도록 하였다. 2004년부터는 차상위계층 중 만성 및 희귀난치성 질환자 가구, 18세 미만 아동에 대해 의료급여를 지원하였으나, 2008년부터 다시 건강보험제도로 환원된 바 있다.

의료급여 2종 진료비 본인 부담률은 기존의 20%에서 입원의 경우 10%, 외래의 경우는 15%로 인하되었다. 또한 수급권자의 본인부담보상제도 지급기준을 매 30일간 30만 원에서 20만 원으로 그 기준금액을 낮추었다. 2008년 7월 1일부터는 의료급여 1종 수급권자에게도 건강생활유지비(한 달에 6천 원)를 지급하는 대신, 외래의 경우 내원일당 1,000원의 본인부담제를 시행하고 있다. 수급권자의 의료 접근성을 제고하기 위해 외래진료비에 대해서도 본인부담보상제도 및 상환제도를 시행하고 있으며, 기준금액은 매 30일간 2만 원과 매 6개월간 5만 원이다(보건복지부, 한국보건사회연구원, 2010).

5. 문제점과 과제

　국민기초생활보장제도가 시작된 지 10년 동안의 성과는 비교적 안정적인 시행과정을 겪고 있다는 긍정적인 평가가 공유되고 있다. 그럼에도 불구하고 향후 제도가 부딪힐 문제들에 대하여 적절한 대안의 마련이 필요하다는 지적도 적지 않다.

　국민기초생활보장제도의 운영을 둘러싸고 있는 여러 논의는 수급자의 권리보장, 수급자 선정의 합리성, 급여 제공의 타당성, 근로연계와 자활사업, 운영기반의 효율성, 의료급여 제도의 차별에 초점이 맞추어져 있다.

　첫째, 수급자의 권리보장은 가구별 욕구에 맞는 개별화 방안이 필요하다. 국민기초생활보장제도는 국민이면 누구나 기초생활을 보장받을 수 있도록 하는 것을 목적으로 한다. 그러나 기초생활을 보장받아야 하는 수급권자를 선정하는 과정은 소득 및 재산의 파악에서 여러 장애를 갖고 있어 많은 어려움에 봉착해 있다. 또한 현재 국민기초생활보장제도는 모든 급여를 하나의 제도에 묶어 두었다. 즉, 생계, 의료, 교육, 주거 등 모든 급여를 하나의 틀에 묶어 둠으로써 일단 수급자로 선정되면 그들을 모두 이용할 수 있는 반면 수급자가 안 되면 모두 받을 수 없는 상황이다. 그러나 이렇게 하나의 틀에 각종 급여를 모두 묶어 두는 것이 수혜율을 높이는 데 결정적인 장애가 되고 있다. 결국 공공부조체계가 가구별 욕구에 부합하는 개별화 방향이 필요하다.

　둘째, 수급자의 객관적인 선정기준과 개별 가구의 능력을 감안한 합리성·형평성 있는 기준이 필요하다. 추가적인 생활비를 필요로 하는 노인이나 장애인, 아동 등이 포함된 가구는 실제 최저생활 이하의 수준에 있어도 수급자로 선정되지 못하거나 선정되어도 현재의 급여로 최저생활을 유지하기 어려운 경우가 발생한다.

한편 근로를 할 수 있는 수급자가 있는 가구의 경우 근로동기가 있어 실제 근로를 하고 소득을 얻는 가구는 보충급여체계에서 급여의 삭감을 경험하게 되며, 근로를 하지 않는 가구는 급여를 상당 부분 유지하게 된다. 또한 근로를 하면서 신고를 제대로 하지 않는 가구는 급여도 유지하면서 실제 근로소득도 얻는 이중의 부당한 이익을 얻게 된다. 이러한 경우들은 결국 수급자 선정과 관련하여 국민기초생활보장법에서 좀 더 근본적인 개선을 고려하여 볼 수 있을 것이다.

셋째, 급여는 지역 특성과 가구원 수를 기준으로 타당하게 제공되어야 한다. 국민기초생활보장법의 본래 취지인 최저생활 보장을 위해서는 급여 제공에 있어서 수급자의 연령, 성별, 세대 구성별, 소재지역별, 기타 필요한 사정을 고려하여 최저한의 생활의 필요를 충족시켜야 하는 동시에 이를 초과해서는 안 된다(이현주 외, 2001: 172-173). 그러나 생계급여는 지역별, 욕구집단별로 수급자들의 욕구를 충족하지 못하고 있는 것이 현실이다. 따라서 생계급여는 지역별 최저생활비를 조사한 내역을 기준으로 하여 지역 특성에 따라 생계급여를 함으로써 그들의 급여를 현실화하는 것이 필요하다. 한편 수급자의 평균 가구원 수가 1.8명 수준인 데 비해 표준가구를 4인으로 한 것은 절대빈곤층에 대한 지원기준으로는 적절치 않다. 최저생계비 계측 시 2인 가구를 생계비 계측의 표준으로 삼는 것이 고려되어야 한다.

넷째, 근로연계와 자활사업은 직업능력 향상으로 이어져야 한다. 자활사업의 집행을 담당하고 있는 보건복지부와 고용노동부 사이에는 대상자들의 특성과 프로그램을 둘러싼 견해 차이가 적지 않다. 보건복지부의 정책은 자활후견기관을 통한 사회적 일자리 창출을 목표로 할 뿐만 아니라 이 과정에서 자활근로를 주요 수단의 하나로 사용한 반면, 고용노동부의 경우 직업훈련과 취업알선에 초점을 맞추고 있다는 점에서 인적자본 개발(human capital development)과 노동시장 연결(labor market attachment) 전략을 채택하고 있다. 그러나 보건복지부에서 선호하는 사회적 일자리 창출지원만으로 자활사업을 구성하는 것은 현실적으로 어려울 뿐만 아니라, 이러한 측면만을 강조해서는 현재 근로능력이 있는 수급자의 상당수가 자활사업보다 스스로 민간부문 일자리에 취업해 있다는 점을 설명하기 어렵다. 문제는 그들이 취업에도 불구하고 국민기초생활보장제도 수혜라는 상황으로부터 탈출하지 못하고 있다는 점이다. 고용노동부에서 선호하는 직업훈련은 참여 이후 안정적인 일자리로 유도하기 위한 지역단위의 파트너십(local partnership)이 구축되지 않아 구인·구직에 대한 정보가 원활히 유통되지 못하고 있는 실정이다. 따라서 불안정한 일자리에 취업해 있는 집단의 직업능력을 향상시키거나 조건부 수급자 가운데 상대적으로 근로능력이 양호한 집단의 직업능력을 향상시킴으로써 자활·자립을 촉진하는 방안의 수립이 필요하다.

다섯째, 운영기반의 효율성 제고를 위해 직업상담원의 전문성이 요구된다. 조건부 수급자에 대한 관리체계는 일선 읍·면·동사무소의 사회 복지전담공무원과 고용노동부 고용지원센터의 직업상담원으로 양분되어 있고 이들 간에 원활한 업무협조가 이루어지지 않아 관리상의 빈틈이 발생하고 있다(박능후, 2001: 136). 이처럼 관리상의 허점으로는 사회복지 전담공무원과 직업상담원 간에 취업대상자에 대한 판단기준이 상이한 점, 일선담당자들의 전문성 결여와 업무의 과중을 들 수 있다. 고용지원센터에 의뢰되는 취업대상자의 대부분은 취업경험이 전혀 없거나, 불안정한 취업경험, 낮은 기술수준으로 고용 가능성이 현저하게 떨어지는 경우가 많다. 따라서 그들을 취업시키기 위해서는 직업상담원의 집중적인 관리와 전문성이 요구된다.

여섯째, 의료급여 제도의 과제로 급여 범위와 본인 부담이 개선되어야 한다. 상대적으로 경질환을 대상으로 하는 외래부분은 1종의 경우 보장률이 90%를 넘고 있다. 오히려 필요 이상의 남용이 우려된다. 비용이 많이 소요되는 입원의 경우 외래에 비해 보장성이 떨어지고 있다. 특히 비급여가 과도하기 때문에 고액이 소요되는 중질환에 이환될 경우 최소한의 생계조차 유지하기 어려운 처지에 놓일 수 있다. 즉, 보장성의 구조조정이 필요하다.

일곱째, 의료급여 제도의 진료비가 매년 급증하고 있기 때문에 낭비적으로 사용되고 있는 부분을 줄여 전체적인 재정안정성을 높일 필요가 있다. 이를 위해 의료급여 수급자 전체를 대상으로 질환 양태에 따른 급여관리뿐 아니라 부당청구 등에 대한 심사 강화, 진료의 표준화를 위한 프로그램 구축을 해야 할 것이다. 또한 포괄수가제(DRG) 지불 방식의 도입과 함께 인두세 지불 방식에 기초한 주치의제가 도입된다면 약물 오남용 및 과다 사용을 억제하는 동시에 개인별 건강관리의 질적 관리가 이루어질 수 있을 것이다.

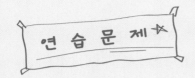

1. 다음 중 공공부조 실시상의 원칙이 <u>아닌</u> 것은?

① 신청 및 직권보장의 원칙　　② 최저생활 보장의 원칙

③ 필요상응의 원칙　　④ 현금부조의 원칙

⑤ 개인단위의 원칙

2. 자산조사에 대한 다음 설명 중 <u>틀린</u> 것은?

① 공공부조 및 사회보험의 실시와 불가분의 관계가 있다.

② 급여의 자격요건을 명확히 선별하기 위한 것이다.

③ 소득과 재산이 조사의 주요 대상이 된다.

④ 보장대상자의 요구보다는 법적인 기준을 더욱 중시하는 것이 현실이다.

⑤ 선택적인 서비스를 위해 보편적으로 필요한 것이다.

3. 국민기초생활보장법의 실시로 신설된 급여는?

① 해산급여　　② 주거급여

③ 의료급여　　④ 생계급여

⑤ 장제급여

4. 우리나라 공공부조제도의 역사에 관한 설명 중 틀린 것은?

① 국가 책임하에 빈곤을 퇴치하려는 노력은 근대에 와서 시작되었다.

② 1950년 6 · 25전쟁 이후에는 피난민 수용에 관한 임시조치법이 제정 · 공
포되었다.

③ 1961년 5 · 16혁명으로 등장한 군사정부는 생활보호제도을 만들었다.

④ 1980년대에 들어서는 공공부조에서 자활보호의 개념이 도입되었다.

⑤ 2000년 10월 1일에 시행된 국민기초생활보장법에서는 근로능력이 있는
수급자에게도 생계급여가 지급되기 시작하였다.

5. 다음 중 의료급여 1종 대상자에 해당되지 않은 경우는?

① 이재민   ② 자활급여 특례자

③ 의사자의 유족   ④ 광주민주화운동 관련자

⑤ 독립유공자

사회보장 행정체계

사회보장 행정의 개념은 그 포괄 범위에 따라 다양하다. 이 장에서 사회보장 행정은 우리나라 사회보장기본법의 규정에 의한 사회보장 개념을 사용하고자 한다. 사회보장기본법 제3조에 의하면, "사회보장이란 질병, 장애, 노령, 실업, 사망 등의 사회적 위험으로부터 모든 국민을 보호하고 빈곤을 해소하며 국민 생활의 질을 향상시키기 위하여 제공되는 사회보험, 공공부조, 사회복지 서비스 및 관련 복지제도를 말한다." 이 장에서는 이 중에서 사회보험, 공공부조를 중심으로 살펴보고자 한다. 그리고 사회보장 행정체계를 사회보장정책을 수립하고 집행하는 상호관계를 가진 일련의 요소들의 집합으로 정의하고, 이러한 행정체계를 그 기능에 따라 정책을 수립하고 계획하는 행정조직과 수립된 정책을 효과적으로 집행하는 집행조직으로 구분하여 살펴보고자 한다.

1. 사회보험

1) 국민연금제도

(1) 행정조직

국민연금제도의 운영과 관련된 정책결정은 보건복지부 사회복지정책실에 소속되어 있는 연금정책관에서 이루어진다. 본 부서는 국민연금정책과, 국민연금재정과, 기초노령연금과, 공적 연금연계팀으로 구분되어 있으며, 국민연금제도와 관련된 정책결정은 국민연금정책과와 국민연금재정과에서 이루어진다.

각 담당부서의 주요 업무 내용은 〈표 12−1〉과 같다.

〈표 12−1〉 보건복지부 내 국민연금 담당부서별 업무 내용

부서	주요 업무
국민연금 정책과	1. 국민연금 관련 종합계획의 수립 및 조정 2. 국민연금 관련 법령에 관한 사항 3. 국민연금보험료의 부과 · 징수 및 가입자의 자격관리 4. 국민연금공단에 대한 지도 및 관리 5. 국민연금업무의 정보화추진계획의 수립 6. 국민연금제도에 관한 교육 및 홍보 7. 국민연금심의위원회의 운영 8. 국민연금제도의 연구 · 조사 및 통계에 관한 사항 9. 다층노후소득 보장체계 구축에 관한 사항 10. 사회보장협정에 관한 사항 11. 국민연금급여에 관한 다음 각 목의 사항 　　가. 국민연금급여지급계획의 수립 　　나. 국민연금급여기준의 관리 및 개선 　　다. 국민연금급여 수준 조정 　　라. 노령연금, 유족연금 등의 지급에 관한 사항 　　마. 장애연금 운영체계 개선 및 발전방안 수립 　　바. 반환일시금제도 운영에 관한 사항 12. 국민연금 수급자 관리 및 급여서비스에 관한 다음 각 목의 사항 　　가. 노후설계서비스 관리

	나. 급여서비스체계 혁신 다. 수급자 사후관리에 관한 사항 라. 부당이득 등의 환수에 관한 사항 마. 외국인 및 재외수급자 관리를 위한 국제협력에 관한 사항 13. 국민연금재심사위원회 운영 등 권리구제에 관한 사항
국민연금 재정과	1. 국민연금기금운용 지침 및 국민연금기금운용계획의 수립 2. 국민연금기금의 운용에 관한 다음 각 목의 사항 　가. 국민연금기금의 전략적 자산배분 및 투자다변화정책의 수립 　나. 국민연금기금 운용의 위험관리 및 내부통제에 관한 사항 　다. 국민연금기금 보유 주식의 의결권 행사에 관한 사항 　라. 국민연금기금운용의 성과평가 및 결과분석 　마. 국민연금기금의 회계관리 및 결산에 관한 사항 　바. 국민연금기금운용위원회의 운영 3. 국민연금기금의 지배구조 관련 정책의 수립 4. 국민연금복지사업계획의 수립 및 조정 5. 국민연금재정추계에 관한 계획의 수립

출처: 보건복지부 홈페이지(http://www.mw.go.kr).

(2) 집행조직

국민연금공단은 보건복지부 장관의 위탁을 받아 국민의 노령, 장애 또는 사망에 대하여 연금급여를 실시함으로써 국민의 생활 안정과 복지 증진에 이바지하는 것을 목적으로 하는 국민연금사업을 효율적으로 수행하기 위해 설립된 집행기관이다. 국민연금공단은 국민연금공단이라는 명칭으로 1987년 9월 18일 본부 6부 14과 252명, 14개 지부 404명, 총 인원 656명으로 출범하였다. 그 후 국민연금 적용대상의 확대와 특례노령연금 지급, 농어촌 지역 국민연금 확대 실시 등으로 업무량이 대폭 증가하고 전문화됨에 따라 인력과 조직이 크게 확충되었으며, 2007년 7월 23일 국민연금공단으로 명칭이 변경되었다. 2010년 2월 기준으로 본부 10실, 기초노령연금센터, 4대 사회보험정보연계센터, 기금운용본부, 준법감시인, 국민연금연구원, 장애심사센터, 국제협력센터, 91개 지사, 23개소 국민연금상담센터 등에 총 4,045여 명의 인력이 근무하고 있다. 주요 임무는 국민연금법 제25조에 의거하여 ① 가입자에 대한 기록의 관리 및 유지, ② 연금보험료의 부과, ③ 급여의 결정 및 지급, ④ 가입자, 가입자였던 자 및 급여지급에 따른 수급권자를 위한 노후설계 상담, 소득활동 지원 및 자금의 대여와 복지시설의 설치 및 운영, ⑤ 가입자 및 가입자였던 자에 대한 기금증식을 위한 자금대여사업, ⑥ 국민연금법 또는 다른 법령에 따른 위탁사업 등이다.

이상과 같이 국민연금제도는 보건복지부에서 제도 전반에 대한 정책과 지도감독의 역할을 담당하고, 국민연금공단에서는 실질적인 운영을 담당하고 있다. 이를 도식화하면 [그림 12-1]과 같다.

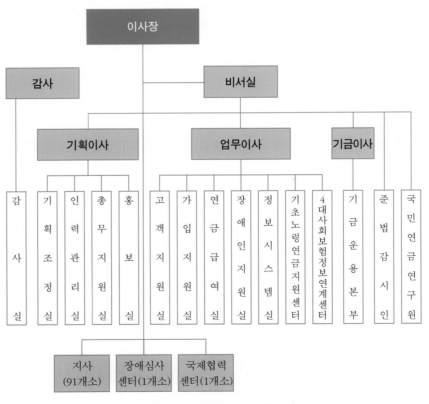

[그림 12-1] 국민연금공단 본부 조직도

출처: 국민연금공단 홈페이지(http://www.nps.or.kr).

2) 국민건강보험제도 및 노인장기요양보험제도

(1) 행정조직

① 국민건강보험제도

국민건강보험제도의 운영과 관련된 정책결정은 보건복지부 보건의료정책실에 소속되어 있는 건강보험정책관에서 이루어진다. 본 부서는 보험정책과, 보험급여과, 보험약제과, 보험평가과로 구분되어 있다. 각 부서의 담당업무는 〈표 12-2〉와 같다.

〈표 12-2〉 보건복지부 내 국민건강보험 담당부서별 업무 내용

부서	주요 업무
보험정책과	1. 건강보험정책의 발전 방향 수립 및 국민경제에 미치는 영향 분석 2. 건강보험제도의 육성 및 발전을 위한 종합계획의 수립 및 조정 3. 외국의 건강보험제도 동향분석 및 국제협력 4. 건강보험 관련 법령에 관한 사항 5. 건강보험정책심의위원회의 운영 6. 건강보험재정 관련 정책에 관한 사항 7. 건강보험 가입자 지원정책의 수립 및 조정 8. 건강보험료의 부과·징수 및 가입자 자격 관련 정책의 수립 및 조정 9. 국민건강보험법에 따라 설립된 법인에 대한 지도 및 육성 10. 건강보험제도에 관한 교육·홍보 및 통계관리
보험급여과	1. 건강보험요양급여(약제를 제외한다. 이하 이 항에서 같다)에 관한 종합계획의 수립 2. 건강보험요양급여 기준의 수립 3. 신의료기술·치료재료에 대한 급여여부의 결정 및 조정 4. 건강보험요양급여 비용의 본인일부담기준 수립 5. 건강보험요양급여 비용의 산정을 위한 기준 수립 6. 건강보험요양급여 비용의 청구·심사 및 지불체계의 수립 7. 건강보험요양급여 비용의 계약에 관한 사항 8. 건강보험요양급여 비용지불 제도의 운영 및 평가 9. 약제를 제외한 건강보험 임의급여, 기타 급여에 관한 사항 10. 건강보험요양급여에 관한 조사 및 통계 관리
보험약제과	1. 약제의 건강보험요양급여에 관한 종합계획의 수립 2. 약제에 대한 건강보험요양급여 대상여부의 결정 및 조정 3. 약제의 경제성평가 및 상한금액 협상에 관한 사항

	4. 건강보험요양급여대상 약제의 상한금액 산정 및 조정 기준 수립 5. 약제의 건강보험요양급여기준의 수립 6. 건강보험요양급여 대상 약제의 상한금액 재평가에 관한 사항 7. 건강보험요양급여 대상 약제의 적정사용에 관한 사항 8. 건강보험요양급여 대상 약제의 사후관리 종합계획의 수립 9. 건강보험요양급여 대상 약제의 가격 확인·조사 및 조정에 관한 사항 10. 약제급여조정위원회의 운영에 관한 사항 11. 약제에 대한 통상업무 지원 12. 약제의 보험급여제도에 관한 연구·조사 및 통계에 관한 사항 13. 건강보험요양급여 대상 약제의 지불 제도 운영에 관한 사항
보험평가과	1. 건강보험요양급여의 사후관리 관련 종합계획의 수립 및 시행 2. 건강보험요양급여의 적정성 평가 관련 기본계획의 수립 및 시행 3. 건강보험요양기관 현지조사계획의 수립·시행 4. 건강보험요양기관의 감독 및 행정처분 등에 관한 사항 5. 건강보험요양기관의 시설, 장비, 인력 등 의료자원 정보관리에 관한 사항 6. 건강보험 치료재료 사후관리에 관한 사항 7. 요양급여비용의 가감 지급에 관한 사항 8. 국민건강보험법 위반 과징금의 부과·징수 및 관리에 관한 사항 9. 허위·부당한 방법으로 요양급여를 지급받은 요양기관에 대한 신고 포상금의 운영에 관한 사항 10. 허위청구 요양기관의 명칭 등 위반사실 공표에 관한 사항 11. 건강보험 관련 권리구제에 관한 종합계획의 수립 및 시행 12. 건강보험분쟁조정위원회의 운영에 관한 사항 13. 국민건강보험공단 및 건강보험심사평가원의 처분에 대한 심판 청구에 관한 사항

출처: 보건복지부 홈페이지(http://www.mw.go.kr).

② 노인장기요양보험제도

노인장기요양보험제도의 운영과 관련된 정책결정은 보건복지부 저출산고령사회정책실에 소속되어 있는 노인정책관에서 이루어진다. 본 부서는 노인정책과, 노인지원과, 요양보험제도과, 요양보험운영과로 구분되어 있으며, 노인장기요양보험제도와 관련된 정책결정은 요양보험제도과와 요양보험운영과에서 이루어진다. 부서별 담당업무는 〈표 12-3〉과 같다.

〈표 12-3〉 보건복지부 내 노인장기요양보험 담당부서별 업무 내용

부서	주요 업무
건강보험 정책관	1. 노인의 보건복지에 관한 종합계획의 수립 · 조정 2. 노인 건강 증진, 노인의 안전과 권익 향상에 관한 사항 3. 경로효친사상의 앙양 및 경로우대에 관한 사항 4. 노인일자리 마련 및 자원봉사활동 지원 5. 장사시설의 확충 · 지원 및 제도 개선에 관한 사항 6. 국립망향의동산관리소 지도 · 감독에 관한 사항 7. 노인장기요양보험제도의 종합계획 수립 · 조정 및 홍보에 관한 사항 8. 노인장기요양보험의 급여 · 수가 · 지불체계 · 이용지원 및 관리 · 운영 기관 지도 · 감독에 관한 사항 9. 노인장기요양보험의 가입자 관리 및 재정운영 · 추계에 관한 사항 10. 노인주거 · 의료 · 재가복지시설 및 공립치매요양병원의 지원 · 육성 · 확충에 관한 사항 11. 장기요양기관 관리 · 감독, 현지조사 및 평가에 관한 사항 12. 사할린 한인동포 지원에 관한 사항
요양보험 제도과	1. 노인장기요양보험에 관한 종합계획의 수립 · 조정 및 장기요양사업 관리기관의 관리 · 감독에 관한 사항 2. 노인장기요양보험 관련 법령에 관한 사항 3. 노인요양보장제도의 외국 동향분석 및 국제협력 4. 장기요양위원회의 운영에 관한 사항 5. 노인장기요양보험 재정의 운영 및 정책에 관한 사항 6. 노인장기요양보험의 가입자 관리 및 지원정책의 수립 및 조정 7. 노인장기요양보험 대상자 선정기준 및 등급판정에 관한 사항 8. 노인장기요양보험과 지역보건복지서비스 연계에 관한 사항 9. 노인장기요양보험에 관한 조사 · 연구 · 홍보 및 통계관리에 관한 사항 10. 장기요양급여 관련 이용지원에 관한 사항 11. 장기요양급여 비용의 본인일부부담 기준 수립 12. 노인장기요양보험 관련 전문인력의 양성 및 제도화에 관한 사항 13. 요양보호사교육기관의 평가 · 관리에 관한 사항 14. 장기요양급여의 개발, 급여기준 및 급여비용의 산정에 관한 사항 15. 장기요양급여의 청구, 심사 및 지불체계에 관한 사항 16. 장기요양심판위원회의 운영 및 권리구제에 관한 사항
요양보험 운영과	1. 장기요양기관 확충계획의 수립 및 시행에 관한 사항 2. 장기요양기관의 지정 · 변경 · 지정취소 및 운영지원에 관한 사항 3. 노인요양시설 · 양로시설 및 재가노인복지시설의 지원 및 육성에 관한 사항 4. 노인주거, 의료복지시설 및 재가노인복지시설 관련 법령 제정 · 개정에 관한 사항 5. 노인주거복지시설의 운영지원 및 공립치매병원의 확충 · 지원에 관한 사항 6. 영주귀국 사할린 한인동포 지원에 관한 사항 7. 노인복지시설, 장기요양기관의 통계 생성 및 관리에 관한 사항

| 요양보험
운영과 | 8. 장기요양기관의 관리·감독 및 관련 계획 수립·시행에 관한 사항
9. 장기요양기관 현지조사에 관한 계획의 수립·시행 및 행정처분에 관한 사항
10. 장기요양기관의 관리·평가 및 가감지급에 관한 사항
11. 장기요양급여의 사후관리에 관한 사항 |

출처: 보건복지부 홈페이지(http://www.mw.go.kr).

(2) 집행조직

국민건강보험과 노인장기요양보험의 보험자는 국민건강보험공단이 며, 기존의 의료보험연합회가 담당하던 진료비 심사기능은 건강보험심 사평가원이 신설되어 이관되었다.

① 국민건강보험공단

국민건강보험공단은 국민의 질병 부상에 대한 예방, 진단, 치료, 재 활과 출산, 사망 및 건강 증진에 대하여 보험급여를 실시함으로써 국민 건강을 향상시키고 사회보장의 증진을 목적으로 설립된 특수 공법인이 다. 국민건강보험법 및 동법 시행령에 규정된 사업을 합리적이고 효율 적으로 수행하기 위해 설립되었다. 국민건강관리공단은 [그림 12−2] 와 같이 본사에 15개실과 건강보험정책연구원이 있으며, 6개 지역본부 (서울, 부산, 대구, 광주, 대전, 경인 지역본부)와 178개 지사의 지역조직, 그리고 일산병원으로 구성되어 있다. 2010년 기준 1만 1,347명의 인력 이 근무하고 있다.

공단의 주요 업무는 국민건강보험법 제13조에 규정되어 있으며, 그 내용은 다음과 같다.

1. 가입자 및 피부양자의 자격관리
2. 보험료, 기타 이 법에 의한 징수금의 부과·징수
3. 보험급여의 관리
4. 가입자 및 피부양자의 건강의 유지·증진을 위하여 필요한 예방사업

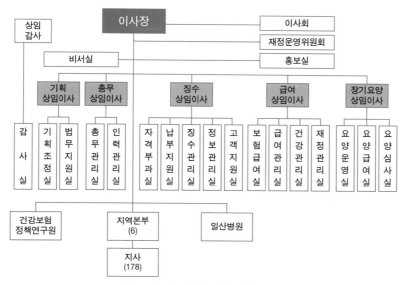

[그림 12-2] 국민건강보험공단 본부 조직도

출처: 국민건강보험공단 홈페이지(http://www.nhic.or.kr).

5. 보험급여비용의 지급

6. 자산의 관리·운영 및 증식사업

7. 의료시설의 운영

8. 건강보험에 관한 교육훈련 및 홍보

9. 건강보험에 관한 조사연구 및 국제협력

10. 국민연금법, 고용보험 및 산업재해보상보험의 보험료 징수 등에 관한 법률, 임금채권보장법 및 석면피해구제법(이하 "징수위탁근거법"이라 한다)에 따라 위탁받은 업무

11. 그 밖에 이 법 또는 다른 법령에 의하여 위탁받은 업무

12. 기타 건강보험과 관련하여 보건복지부 장관이 필요하다고 인정한 업무

② 건강보험심사평가원

건강보험심사평가원은 요양급여비용을 심사하고 요양급여의 적정성을 평가하기 위하여 국민건강보험법에 의하여 2000년 7월 1일 설립된 공익법인이다. 건강보험심사평가원의 조직은 [그림 12-3]과 같이 본원에 16실, 의약품관리종합정보센터와 7개 지원으로 구성되어 있다.

건강보험심사평가원의 주요 업무는 보험자인 국민건강보험공단과 의료 공급자 사이에서 객관적, 공정성을 가지고 요양급여비용의 심사 및 요양급여의 적정성을 평가하는 것이다. 따라서 진료비 심사라는 측면에서는 기존의 의료보험연합회가 수행하던 기능의 연장선상에 있지만, 요양급여의 적정성 평가를 추가로 수행한다는 점에서 새로운 기능을 가진 새로운 기관으로 이해할 수 있다. 따라서 건강보험심사평가원은 국민건강보험공단과는 독립된 조직구조를 가지고 운영되고 있다. 건강보험급여 심사가 이루어지는 과정을 살펴보면, 병·의원, 약국 등 요양기관으로부터 진료비 심사청구를 받은 건강보험심사평가원은 진

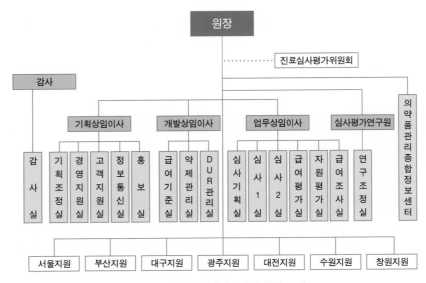

[그림 12-3] 건강보험심사평가원 본부 조직도

출처: 건강보험심사평가원 홈페이지(http://www.hira.or.kr).

료비 심사청구 내용이 기준과 원칙에 맞게 적정하게 이루어졌는가에 대해 심사하여 그 결과를 건강보험공단과 요양기관에 통보하게 된다. 건강보험공단은 이를 토대로 요양기관에 진료비용을 지급하게 된다. 국민건강보험법 제56조에서 규정하고 있는 업무 내용은 다음과 같다.

1. 요양급여비용의 심사
2. 요양급여의 적정성에 대한 평가
3. 심사 및 평가 기준의 개발
4. 제1호 내지 제3호의 업무와 관련된 조사연구 및 국제협력
5. 다른 법률의 규정에 의하여 지급되는 급여비용의 심사 또는 의료 의적정성 평가에 관하여 위탁받은 업무
6. 건강보험과 관련하여 보건복지부 장관이 필요하다고 인정한 업무
7. 기타 보험급여비용의 심사와 보험급여의 적정성 평가와 관련하여 대통령령이 정하는 업무

3) 고용보험제도

(1) 행정조직

고용보험에 관한 주요 정책의 결정은 고용보험법 및 고용보험 및 산업재해보상보험의 보험료 징수 등에 관한 법률의 시행에 관한 주요 사항에 대한 고용보험운영 및 평가 전문위원회의 사전 검토와 조정, 고용보험위원회의 심의를 거쳐 고용노동부 장관에 의해 이루어진다. 고용보험제도와 관련된 사항은 고용노동부 고용정책실의 노동시장정책관 내 고용보험정책과, 직업능력정책관 내 직업능력정책과, 고용서비스정책관 내 고용지원실업급여과에서 주로 담당하고 있다. 부서별 담당업무는 〈표 12-4〉와 같다.

〈표 12-4〉 고용노동부 내 고용보험 담당부서별 업무 내용

부서	주요 업무

고용보험
정책과
	• 고용보험제도 · 법령
	  - 고용보험정책 총괄 및 조정
	  - 고용보험법령의 제 · 개정
	  - 고용보험법령 관련 고시 · 제개정
	  - 고용보험 판례 분석
	  - 고용보험법령 관련 규제업무
	  - 고용보험정책 관련 국내외 제도 분석
	• 고용보험기금운용계획
	  - 고용보험기금운용계획 수립
	  - 고용보험기금 중기사업계획 수립
	  - 기금운용계획 수립관련 유관기관 협의
	  - 고용보험기금 과목구조 관리
	• 고용보험기금운용 관리
	  - 고용보험기금 집행 및 수입금 관리
	  - 고용보험기금 결산 및 국유재산 관리
	  - 고용보험기금 운용계획 변경
	  - 고용보험금 등 지급사무의 관리 · 지도
	  - 일상경비 지급위탁은행 관리(펌뱅킹 업무)
	  - 국유재산(청사) 및 채권 · 물품 관리
	  - 예산 및 지출한도액 배정
	  - 월별 지출원인행위액 및 지출액 보고
	• 고용보험사업 평가 · 분석
	  - 고용보험사업 평가 총괄
	  - 고용보험재정의 중장기 전망분석 및 고용보험료율 관련 업무
	  - 고용보험 관련 통계 유지 및 관리
	  - 고용보험 관련 전산망의 구축 및 운영 관리
	  - 고용보험심사위원회 운영지원 및 업무 조정
	  - 고용보험전문위원회 운영지원
	  - 고용보험사업 관련 국제협력 업무
	  - 고용보험 심사 · 재심사에 관한 통계분석 및 사례집 발간
	  - 고용보험백서 편집 및 발간
	• 여유자산 운용
	  - 고용보험기금 및 산업재해보상보험 및 예방기금 여유자산 운용의
	  - 중 장기 투자전략 및 자산배분계획 수립
	  - 자산운용관련 각종 규정의 제 · 개정
	  - 여유자산 운용 평가
	  - 자산운용위원회 구성 및 운영
	  - 여유자산 리스크 관리에 관한 사항
	  - 여유자산 성과 평가에 관한 사항
	  - 여유자산 위탁운용기관 관리

직업능력
정책과
	• 총괄업무
	  - 직업능력 개발훈련사업의 조정 및 총괄
	  - 직업능력 개발훈련사업의 예산편성 및 관리

	– 직업능력 개발훈련사업의 심사분석
	– 직업능력 개발훈련 관련 대국회 사항
	● 정책업무
	– 직업능력 개발훈련 정책개발 및 정책평가
	– 근촉법령 · 고용보험법령의 제 · 개정
	– 인적자원개발회의 안건상정 및 타부처 안건 검토
	– 직업능력 개발훈련 연구 · 개발
	– 직업훈련정보망(HRD−Net) 운영 및 보강
	● 공공훈련업무
	– 공공직업능력 개발훈련에 관한 사업계획의 수립 및 집행
	– 한국산업인력공단(학교법인 기능대학 포함)운영 지도 · 감독
	– 공공직업능력 개발훈련시설 설치 및 지도 · 감독
	– 공공직업훈련시설 설치 및 지도 · 감독
	– 기타 공공직업능력 개발훈련에 관한 사항
	● 지원업무
	– 직업능력 개발훈련관련 법령의 제 · 개정
	– 직업능력 개발전문위원회 운영
	– 행정규제관련 업무
	– 직업능력 개발훈련관련 국제기구 · 외국과의 교류 및 협력
	– 능력개발의 달 행사 관련 업무
	– 직업훈련방송 관련 업무
	– 각종백서, 직업훈련홍보책자, 직업훈련뉴스 등 발간
고용지원 실업급여 지원과	● 실업급여 운영
	● 실업급여 부정수급
	● 피보험자관리
	● 취업성공패키지

출처: 고용노동부 홈페이지(http://www.moel.go.kr).

(2) 집행조직

고용보험의 구체적 집행업무는 고용노동부의 지방고용노동관서인 6개 지방고용노동청과 40개 지청, 그리고 1개 출장소에서 행하고 있다. 그리고 고용보험 및 산업재해보상보험의 보험료 징수 등에 관한 법률에 의거해 고용노동부 장관으로부터 위탁을 받아 보험사업은 근로복지공단이, 보험료 징수업무는 국민건강보험공단이 수행하고 있다. 고용보험 피보험자의 권리구제를 위하여 고용보험심사관(지방노동청)과 고용보험심사위원회(고용노동부 본부)를 두고 이의신청에 대한 권리구제제도를 운영하고 있다.

① 지방노동관서

고용보험 업무에 관한 구체적 정책의 집행을 위하여 고용노동부는 46개의 지방관서를 두고 있다. 각 지방관서는 1~5개의 고용센터를 두고 동 센터에서 고용보험 업무를 처리하고 있다.

② 근로복지공단

근로복지공단은 1999년 10월 1일부터 고용보험 적용업무를 수행하고 있으며, 고용노동부 고용센터와 〈표 12−5〉와 같이 업무를 나누어 담당하고 있다.

〈표 12−5〉 근로복지공단과 고용노동부 고용센터의 고용보험 관련 업무 내용 비교

근로복지공단	고용노동부 고용센터
• 보험관계 성립신고 • 보험가입신청 • 보험관계소멸신고 • 보험계약해지신청 • 보험관계변경사항신고 • 보험료감액조정신청 • 고용보험대리인선임(해임)신고 • 개산, 확정 등 보험료 보고, 납부 • 고용보험일괄적용 • 하수급인 사업주인정승인신청 • 일괄적용사업개시(사업종료)신청 • 우선지원대상 기업신고서 • 보험관계 성립, 소멸 • 고용보험사무대행기관인가(변동, 폐신청(신고) 등 사무대행기관 관련 업무	• 피보험자격취득신고 • 피보험자격상실신고 • 피보험자전근신고 • 피보험자관련변경신고 • 피보험자격확인청구 • 하도급사업주신고 • 고용유지지원금신청 • 고용유지조치(휴업)계획신고 • 재취업알선계획신고 • 고령자고용촉진장려금신청 • 장기실업자고용촉진장려금신청 • 여성고용촉진장려금신청 • 건설근로자퇴직공제부금지원신청 • 실업급여관련신고(신청) • 고용안정사업 및 직업능력 개발사업 가입 • 훈련수강신고 수강장려금지급신청 • 근로자학자금대부신청, 수급자격신청 및 실업인정신청 등 직업능력 개발훈련비용 지원신청

출처: 근로복지공단 홈페이지(http://www.kcomwel.or.kr/paym/offi/chrg_idx.jsp).

4) 산업재해보상보험제도

(1) 행정조직

산업재해보상보험제도의 운영에 관한 주요 사항의 결정이나 기획에 관한 업무는 고용노동부에 의해 이루어지게 된다. 담당부서는 노사정 책실 내 근로기준정책관 산하 산재보험과다.

(2) 집행조직

산재보험의 구체적 집행업무는 근로복지공단에 의해 이루어진다. 근로복지공단은 산업재해보상보험법에 의거해서 고용노동부 장관의 위탁을 받아 본 법의 목적(근로자의 업무상의 재해를 신속하고 공정하게 보상하며, 재해근로자의 재활 및 사회복귀를 촉진하기 위하여 이에 필요한 보험시설을 설치·운영하고, 재해예방과 그 밖에 근로자의 복지 증진을 위한 사업을 시행하여 근로자 보호에 이바지하는 것)을 달성하기 위한 사업을 효율적으로 수행하기 위하여 설립되었다. 산업재해보상보험제도와 관련하여 근로복지공단에서 수행하고 있는 주요한 업무 내용은 다음과 같다.

1. 보험가입자와 수급권자에 관한 기록의 관리·유지
2. 보험료 징수법에 따른 보험료와 그 밖의 징수금의 징수
3. 보험급여의 결정과 지급
4. 보험급여 결정 등에 관한 심사 청구의 심리·결정
5. 산업재해보상보험 시설의 설치·운영
6. 5의 2. 업무상 재해를 입은 근로자 등의 요양 및 재활
7. 5의 3. 재활보조기구의 연구개발·검정 및 보급
8. 근로자의 복지 증진을 위한 사업
9. 그 밖에 정부로부터 위탁받은 사업
10. 제5호·제5호의 2·제5호의 3·제6호 및 제7호에 따른 사업에 딸

린 사업

그리고 중소영세사업주의 보험사무 처리의 부담을 덜어 주고 사무처리 능력 보완 등의 편의 제공을 위하여 근로복지공단의 인가를 받아 보험가입자로부터 보험사무를 위탁받아 처리하는 보험사무대행기관이 있다. 보험사무대행기관이란 개산보험료 및 확정보험료의 신고, 고용보험 피보험자의 자격관리에 관한 사무, 보험관계의 성립, 변경, 소멸의 신고, 그 밖에 사업주가 지방고용노동관서 또는 공단에 대하여 행하여야 할 보험에 관한 사무를 위탁받아 수행하는 개인이나 단체를 말한다.

5) 사회보험징수통합제도

사회보험징수통합제도가 2011년 1월 1일부터 시행되었다. 본 제도는 3개의 사회보험공단(건강보험공단, 국민연금공단, 근로복지공단)에서 따로 수행하던 건강보험, 국민연금 및 고용·산재보험 업무 중 유사·중복성이 높은 보험료 징수업무인 고지, 수납, 체납 업무를 국민건강보험공단이 통합하여 운영하는 제도다([그림 12-4] 참조). 자격관리, 보험료 부과 및 급여 업무는 현재와 같이 각 사회보험공단에서 처리한다. 국민연금 위탁업무는 반납금[1] 및 추납보험료[2]를 제외한 연금보험료의 고지, 수납 및 체납 관리 업무이고, 고용·산재보험 위탁업무는 건설업·벌목업을 제외한 사업장의 사업주가 내야 하는 월별 고용·산재보험료의 고지, 수납 및 체납 관리 업무와 건설업·벌목업 사업장의 사업주가 체납한 개산·확정 고용·산재보험료의 징수업무다. 임금채권부담금[3] 및 석면

---

[1] 반납금은 국민연금법 제77조에 따라 반환일시금을 받은 자로서, 다시 가입자의 자격을 취득한 자가 국민연금공단에 내는 금액으로 지급받은 반환일시금에 이자를 더한 금액이다.
[2] 추납보험료는 연금보험료의 납부예외로 보험료를 내지 않은 기간 및 병역의무를 수행한 기간에 상응하는 보험료로서 추후에 국민연금공단에 내는 금액이다.

[그림 12-4] 징수통합 업무 범위

출처: 사회보험 통합징수포털 홈페이지(http://si4n.nhic.or.kr, 2010. 11. 17). 사회보험징수
　　　통합실무추 진단, 사회보험징수통합제도 안내.

피해구제분담금[4] 위탁업무는 산재보험 위탁업무와 동일하며, 임금채권
부담금과 석면피해구제분담금은 산재보험료와 통합하여 징수한다.
　관련 근거법은 국민건강보험법 시행령에 근거규정을 마련하였고, 건
강보험공단의 분사무소의 장에게 위임할 수 있도록 하기 위하여 징수위
탁 근거 관련 법률(국민연금법, 고용보험 및 산업재해보상보험의 보험료 징
수 등에 관한 법률, 임금채권보장법)의 위탁에 따른 사회보험료 등에 대한
납입고지, 독촉, 체납처분 등 징수에 관한 권한을 신설한 것이다. 본 제
도의 실시를 통해 기대할 수 있는 효과는 크게 세 가지다. 첫째, 징수업
무 단일화로 고객의 편의성이 크게 향상될 수 있다. 고지 방식, 납부방
법 및 창구의 일원화로 시민들이 보다 편리하게 사회보험료를 납부할
수 있다. 둘째는 징수 중복업무 효율화를 통하여 행정비용이 절감된다.
건강보험공단, 국민연금공단 및 근로복지공단은 중복업무를 효율화하
여 인건비, 고지서 발송비용, 그 밖의 행정비용 등을 절감할 수 있다. 셋
째, 절감된 인력과 비용을 사회보험 서비스 확대에 활용할 수 있다. 사
회보험 징수통합은 건강보험의 운영방식을 조합방식에서 통합방식으

---

[3] 임금채권부담금은 사업장의 도산 등으로 퇴직한 근로자가 받지 못한 임금을 고용노동부
　　장관이 대신 지급하는 데 충당하기 위하여 사용자로부터 징수하는 금액이다.
[4] 석면피해분담금은 석면으로 인한 피해자의 치료비 등에 충당하기 위하여 20명 이상의 산
　　재보험 가입사업장 사용자로부터 징수하는 금액이다.

로 개혁하며 제기된 과제이며 동시에 사회보험청과 같은 사회보험 통합기구 운영과 같은 사회보장의 효율적 운영을 위한 모색의 하나다. 이러한 사회보험의 효율적 운영을 위한 방법의 하나로서 주요 국가에서도 실시해 오고 있다. 독일 및 오스트리아는 질병금고(한국의 건강보험)에서 징수업무를 통합 수행하고 있으며, 폴란드를 비롯한 체코, 그리스에서는 사회보험청 등 대표 보험기관에서 일부 급여업무를 포함한 징수업무를 통합 수행하고 있다. 프랑스에서는 보험료 징수연합이라는 별도의 징수기구에서 사회보험료 징수업무를 전담하고 있다. 그리고 일본에서는 정부관장의 건강보험료와 국민연금을 통합 징수하기 위해 일본 연금기구에서 징수업무를 부분적으로 통합 징수하고 있다.

(1) 고 지

건강보험공단이 국민연금공단 및 근로복지공단으로부터 부과자료(고지 확정 자료)를 받아 통합하여 고지한다. 고지 방식은 직장보험료의 경우 4대 보험료 합산고지서와 개별고지서가 하나의 봉투에 같이 발송되며, 사업장에서 신청할 경우 합산한 통합고지서 한 장으로 받을 수도 있다. 지역보험료는 세대주인 건강보험 가입자와 국민연금 가입자의 주민등록번호 및 송달지 주소가 동일한 경우에는 봉투 한 장에, 그 밖의 경우에는 서로 다른 봉투에 담아서 고지한다. 이에 따라 고용 및 산재 보험료의 부과기준이 임금총액에서 과세대상총액으로 변경되고, 납부 방식도 매년 자진신고 납부방식에서 매월 부과고지 납부방식으로 바뀌었다.

(2) 수 납

보험료 납부(수납)에 있어서 보험료를 더욱 편리하게 납부할 수 있도록 다양한 납부방법을 도입하였다. 예를 들면, 편의점을 통하여 24시간 납부가 가능하고 고지서가 없어도 금융기관 창구에서 납부가 가능하다. 또한 '통합징수 포털사이트(http://si4n.nhic.or.kr)'에서 인터넷으로

기
존

추
가
확
대

표준OCR

가상계좌

전자납부

창구수납

무통장입금

자동이체

편의점수납

24

무고지서

징수포털

신용카드
자동이체

다채널
수납방식

[그림 12-5] 4대 보험 다채널 수납 방식

출처: 사회보험 통합징수포털 홈페이지(http://si4n.nhic.or.kr, 2010. 11. 17). 사회보험징
　　수통합실무추진단, 사회보험징수통합제도 안내.

납부할 수도 있다. 지역가입자는 신용카드를 이용하여 자동납부할 수
있다([그림 12-5] 참조).

(3) 체 납

국민건강보험공단에서 원스톱으로 4대 사회보험료 체납에 관한 민원
을 처리할 수 있어 여러 기관을 방문해야 하는 불편함이 해소된다. 체
납업무의 범위는 건강보험의 경우 기존 업무를 모두 포함하며, 국민연
금보험은 체납지역/직장 보험료(임의계속 보험료 체납분 포함), 연체금을
포함하며, 고용 및 산재 보험은 체납 고용 및 산재 보험료, 가산금, 연체
금과 체납 임금채권부담금, 체납 석면피해분담금(신규업무), 가산금, 연
체금을 포함한다.

(4) 사회보험 행정체계에 대한 주요 쟁점

정부는 상이한 보험료 부과체계를 유지해 오던 4대 사회보험, 즉 국

민연금, 건강보험, 산재보험, 고용보험의 보험료 부과대상 소득을 과세
근로소득으로 통일시키고, 사회보험 관리 및 운영에 있어서도 적용, 징
수, 급여 업무 중 징수업무를 2011년부터 국민건강보험공단으로 이관
하여 통합징수체계를 구축하는 등 사회보험 관리체계의 효율성을 제고
하기 위한 노력을 지속하고 있다. 그럼에도 불구하고 현 사회보험 행정
체계는 여러 가지 과제를 안고 있으며, 이를 개선하기 위한 논의가 이루
어지고 있다. 구체적으로 남찬섭과 백인립(2010)은 현재의 '징수업무 건
보이관'을 특징으로 하는 통합징수제도는 여러 선진국의 사례를 통해
적용과 징수가 따로 떨어질 수 없는 병렬적인 업무사항임을 고려할 때,
어차피 국세청으로 가게 될 업무를 우회하므로 결국 비용과 시간을 낭
비하는 선택이었다고 평가하고 있다. 즉, 소득 파악 주무처인 국세청이
적용, 징수 업무를 담당하게 되면 한국 사회보험의 고질적인 문제인 적
용 확대와 형평성 제고에도 긍정적인 결과를 가져올 수 있으며, 더 나아
가 결국 급여업무만을 담당하게 되는 사회보험 관리기구들 간의 통합논
의로 나아갈 수 있음을 지적하고 있다.

한편 조성한(2006)은 우리나라 사회보험 행정체계가 지니고 있는 문
제점으로 보험료 적용기준이 상이한 점, 사회보험 간의 급여 중복 등을
들고 있다. 구체적으로 고용 및 산재 보험은 '근로자'를 대상으로 하고
있으나, 국민연금과 건강보험은 '자영자'도 적용대상이다. 우리나라 사
회보험제도에서는 본래 의미의 자영자 이외에도 2~4인 영세사업장 사
업주 및 근로자, 일용직 근로자 등을 자영자 범위로 분류하여 적용·관
리하고 있다. 이로 인해 사회보험 대상자들이 불의의 피해를 받을 가능
성이 있음을 지적하였다. 다음으로 각 사회보험 간의 급여중복 문제의
경우, 병급급여[5]와 같은 방식으로 조정하고 있으나, 휴업급여와 노령연
금 간의 중복에 대해서는 아무런 규정이 없어 급여가 이중 지급될 가능
성이 높고, 자격변동에 의해 공적 직역연금과 국민연금을 중복 수급하
는 경우도 발생하고 있는 것으로 기술하고 있다. 이 외에도 급여지출 대

비 관리·운영비의 비율이 OECD 국가평균보다 높게 나타나고 있는 점 등을 지적하고 있다.

2. 공공부조

1) 행정조직

우리나라의 대표적인 공공부조제도는 국민기초생활보장제도이며, 이를 담당하고 있는 대표적인 행정조직은 보건복지부다. 관련 업무는 사회복지정책실 산하 복지정책관 내 기초생활보장과와 기초의료보장 과에서 담당하고 있으며, 부서별 업무 내용은 〈표 12-6〉과 같다.

한편 국민기초생활보장제도의 기획·조사·실시 등에 관한 사항을 심 의·의결하기 위하여 보건복지부와 특별시, 광역시·도 및 시·군·구에 각각 생활보장위원회를 두고 있다. 보건복지부에 두는 중앙생활보장 위원회는 보건복지부 장관을 위원장으로 하고 위원장을 포함하여 13명 이내의 위원으로 구성되어 있으며, 다음의 사항을 심의·의결한다.

① 생활보장사업의 기본 방향 및 대책 수립
② 소득인정액 산정 방식의 결정
③ 급여기준의 결정
④ 최저생계비의 결정
⑤ 자활기금의 적립·관리 및 사용에 관한 지침의 수립
⑥ 기타 위원장이 부의하는 사항

---

5) 산재보험의 장애급여와 국민연금의 장애연금이 중복될 경우 산재보험의 장해급여가 100% 지급되고, 국민연금의 장애연금은 50% 감액 지급된다.

〈표 12-6〉 보건복지부 내 공공부조 담당부서별 업무내용

부서	주요 업무
기초생활 보장과	1. 국민기초생활보장 관련 종합계획의 수립 2. 국민기초생활보장 관련 조사 및 연구 3. 국민기초생활보장 관련 법령에 관한 사항 4. 국민기초생활보장 수급자의 선정 및 적정관리에 관한 사항 5. 국민기초생활보장 수급자의 최저생계비 결정 6. 국민기초생활보장 급여체계에 관한 사항 7. 국민기초생활보장제도의 평가 및 홍보 8. 중앙생활보장위원회의 운영에 관한 사항 9. 긴급복지지원제도에 관한 다음 각 목의 사항 　가. 긴급복지지원제도관련 종합계획의 수립 　나. 긴급복지지원제도 법령에 관한 사항 　다. 긴급복지지원제도 운영에 관한 사항 　라. 긴급복지지원사업의 평가 및 홍보 10. 난민의 구호 및 지원에 관한 사항
기초의료 보장과	1. 의료급여 관련 정책에 대한 종합계획의 수립 2. 의료급여 제도 및 법령에 관한 사항 3. 의료급여수가 및 급여기준의 수립·조정 4. 의료급여비용의 청구·심사 및 지급에 관한 사항 5. 의료급여 수급권자의 자격관리에 관한 사항 6. 의료급여기관에 대한 지도 및 행정처분 7. 의료급여재정 및 기금운용에 관한 사항 8. 의료급여 사례관리사업의 종합계획 수립 및 조정 9. 중앙의료급여심의위원회의 운영 10. 저소득층 의료비 지원에 관한 사항

출처: 보건복지부 홈페이지(http://www.mw.go.kr/front/sg/ssg0201ls.jsp).

2) 집행조직

　공공부조의 구체적 집행업무는 지방자치단체의 지방직 공무원인 사회복지 전담공무원에 의해 이루어지고 있다. 사회복지 전담공무원은 기존의 사회복지 전문요원에 해당하는데, 사회복지 직렬 내에서 승진이 가능하고 동일 광역자치단체 내에서 다른 지역으로 전보가 가능하다.

3) 사회복지통합관리망

2010년부터 각종 사회복지 급여와 서비스 제공을 지원해 온 지방자치단체의 정보 시스템이 '행복e음'이라는 사회복지통합관리망으로 개편되었다. 사회복지사업법에 따르면, 이는 "사회복지 급여 및 서비스 지원 대상자의 자격 및 이력에 관한 정보를 통합 관리하고, 지자체의 복지업무 처리를 지원하기 위한 정보시스템"이다. 사회복지통합관리망의 주요 내용을 살펴보면 복지수급자 개인별, 가구별 DB 구축을 통해 서비스의 부정, 중복 지원을 차단하고 누락 서비스는 안내가 가능하도록 설계되었다. 또한 27개 유관 공적 기관의 215종 소득, 재산자료와 서비스 이력정보를 연계하여 지자체에 수시로 제공하도록 하였다. 사회복지통합관리망과 지방재정 시스템을 연계하고, 복지급여계좌를 수급자 1인당 1개로 단일화하였다. 또한 보건복지콜센터(129) 및 시·군·구, 읍·면·동의 전화, 방문 상담정보를 개인별로 통합 관리하는 것이 가능해져 수요자별 욕구에 적합한 민간서비스 연계 등 사례관리 기반이 구축되도록 하였다. 그리고 사회복지통합관리망 구축을 계기로 지방자치단체 사회복지행정 업무처리 절차가 개선될 것으로 기대되고 있다. 즉, 급여행정의 정확성·일관성·형평성 제고 및 행정 오류의 감소, 집행과정에서의 급여내역 임의변경 등을 통한 부정소지 방지로 인한 급여행정의 투명성 제고, 정확하고 신속한 업무처리, 업무 자동화 및 편의성 제고 등이다(강혜규, 2010). 이와 같이 지방자치단체 사회복지 업무지원 시스템이 사회복지통합관리망으로 대폭 개편됨에 따라 공공 사회복지 전달체계가 개선될 것으로 기대되고 있다. 그러나 궁극적으로 자산조사에 치중된 지자체 복지행정 업무구조를 서비스 중심으로 전환하여 복지수요자의 체감도를 높일 수 있는 사회복지 서비스 이용여건을 조성하기 위해서는 지속적인 점검과 보완대책의 추진이 필요하다(강혜규, 2011).

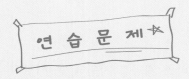

연습문제

1. 사회보장 행정체계의 범위는 사회보장에 대한 개념을 어떻게 규정하느냐에
   따라 매우 다양하다. 우리나라 사회보장기본법의 규정을 적용할 때 사회보
   장 행정체계에 속하지 <u>않는</u> 행정조직은?
   ① 보건복지부   ② 환경부
   ③ 고용노동부   ④ 국방부
   ⑤ 교육과학기술부

2. 우리나라 사회보장 행정체계에 관한 설명으로 <u>틀린</u> 것은?
   ① 국민연금제도와 관련된 정책결정은 보건복지부에서 이루어진다.
   ② 국민연금사업을 집행하는 기관은 국민연금공단이다.
   ③ 국민연금기금 운용에 관한 심의·의결은 국민연금공단의 주요 업무다.
   ④ 현재 진료비 심사기능은 건강보험심사평가원이 담당하고 있다.
   ⑤ 건강보험심사평가원은 진료비 심사기능 이외에 요양급여의 적정성 평가
      를 추가로 수행하고 있다.

3. 우리나라 사회보장 행정체계에 관한 설명으로 맞는 것은?
   ① 고용보험제도에 관한 정책결정은 보건복지부 장관에 의해 이루어진다.
   ② 고용보험과 산재보험의 보험료 징수는 국민건강보험공단이 담당하고 있다.
   ③ 산재보험의 구체적인 집행업무는 고용노동부 고용센터에서 이루어진다.
   ④ 산재보험료 부과는 고용노동부 장관이 한다.
   ⑤ 산재보험료는 표준보수월액을 기준으로 정해진다.

4. 우리나라 사회보장 행정체계의 문제점에 관한 설명으로 적절한 것은?

　① 사회보장 행정체계 개선의 장애요인 중 하나는 자영업자의 소득을 정확하게 파악할 수 있는 제도적 장치가 마련되어 있지 않다는 것이다.

　② 우리나라의 국민연금제도와 고용보험제도는 보험료 부과대상 소득이 다르다.

　③ 고용보험과 산재보험은 보험료 징수기관과 급여지급이 같다.

　④ 우리나라의 사회보험 관리비는 OECD 국가들의 평균 관리ㆍ운영비와 비교해 볼 때 비교적 낮은 수준이다.

　⑤ 우리나라 국민건강보험제도는 조합주의 방식으로 운영되고 있다.

5. 사회복지통합관리망에 관한 설명으로 잘못된 것은?

　① 사회복지 급여 및 서비스 지원대상자의 자격 및 이력에 관한 정보를 통합 관리하기 위한 정보 시스템이다.

　② 2011년부터 시행되었다.

　③ 복지서비스의 부정, 중복 지원을 차단하는 기능을 갖고 있다.

　④ 지방 복지행정 업무의 자동화 및 편의성을 제고할 것으로 기대된다.

　⑤ 수요자별 욕구에 적합한 민간서비스 연계 등 사례관리 기반이 구축된 것으로 평가된다.

연습문제 정답

제1장	1. ①	2. ①	3. ⑤	4. ①	
제2장	1. ④	2. ②	3. ①	4. ⑤	5. ③
제3장	1. ②	2. ④	3. ②,④	4. ①,④,⑤	
제4장	1. ②	2. ②	3. ②	4. ④	5. ③
제5장	1. ⑤	2. ②	3. ①	4. ①	5. ④
제6장	1. ②	2. ②	3. ②	4. ④	5. ②
제7장	1. ①	2. ⑤	3. ②	4. ③	5. ⑤ 6. ⑤
제8장	1. ③	2. ④	3. ⑤	4. ⑤	5. ②
제9장	1. ④	2. ④	3. ⑤	4. ③	5. ②
제10장	1. ①	2. ①	3. ③	4. ①	5. ②
제11장	1. ⑤	2. ①	3. ②	4. ①	5. ②
제12장	1. ④	2. ③	3. ②	4. ①	5. ②

참 고 문 헌

제1장 사회보장 개념

김영모(2001). 현대사회보장론. 한국복지정책연구소 출판부.

김연명(1997). ILO의 사회보장기준과 한국 사회보장제도의 정비과제. 한국사회복지학,
통권 제31호, 한국사회복지학회.

박능후(2002). 사회복지 재정의 적정성에 관한 연구. 사회복지연구, 제19호, 한국보건사
회연구원.

변재관(1998). 한국의 사회보장과 국민복지기본선. 한국보건사회연구원.

보건복지부(1998). 제1차 사회보장 장기발전계획.

신수식(1989). 사회보장론. 박영사.

원석조(2002). 사회보장론. 양서원.

이인제 외(1999). 사회보장론. 나남출판.

Beveridge, W. (1942). *Social Insurance and Alied Social Services*. HMSO.

Badwin, S., & Falkingham, J. (1994). Social Security and Social Change. Harvester
Commission of the EuropeanCommunities (2000). *Report on Social Protection
in Europe*. 1999 European Union.

ILO(1989). *Introduction to Social Security* (3rd ed.). Geneva.

Not Availavle. (1993). *Social Security Programs Throughout the World*. Bernan
Assoc.

Redja, G. E. (1994). *Social Insurance and Economic Security* (5th ed.). Prentice Hall.

Social Security Administration. (2001). *Social Security Throughout the World—2000*.
US.

제2장 사회보장의 주요 형태와 기능 및 원칙

노병일(1999). 사회보장론. 대학출판사.

신수식(2000). 사회보장론. 박영사.

엄기욱(2002). 광주사회복지실태조사 결과보고서. 광주광역시.

원석조(2002). 사회보장론. 양서원.

이인재 외(2002). 사회보장론. 나남출판.

이영철 외(2000). 사회복지학. 양서원.

Beveridge, W. (1942). *Social Insurance and Alied Social Services*. HMSO.
Rejda, G. E. (1999). *Social Insurance and Economic Security*. (6th ed.). New Jersey: Prentice−Hall.
Webb, A. L., Sieve, J. E. B. (1971). *Income Redistribution and the Welfare State*. London: Bell Sons.
左口卓(1991). 社會保障槪設. 光生館.
伊藤周平(1994). 社會保障史−恩惠から權利へ. 青木書店.
社會保障硏究所編(1995). 社會保障論の新潮流. 有斐閣.
福祉士養成講座編輯委員會(1995). 社會保障論. 中央法規.

제3장 사회보장과 사회변화

김수행 역(1989). 자본론 1(상・하). 비봉출판사.
김영모(2001). 현대사회보장론. 한국복지정책연구소 출판부.
김태성, 김진수(2001). 사회보장론. 청목출판사.
노병일(2001). 사회보장론. 대학출판사.
류상열(2002). 사회복지역사. 서울: 학지사.
박광준(2002). 사회복지의 사상과 역사. 서울: 양서원.
박석돈(2002). 사회보장론. 양서원.
변재관(1998). 한국의 사회보장과 국민복지기본선. 한국보건사회연구원.
신광영(1998). 제3의 길, 신자유주의의 대안인가?. 노동사회, 12월호.
신섭중(1996). 사회보장정책론. 대학출판사.
신섭중 외(1994). 세계의 사회보장. 유풍출판사.
신수식(1989). 사회보장론. 박영사.
원석조(2000). 사회복지역사의 이해. 한국복지정책연구소 출판부.
원석조(2002). 사회보장론. 양서원.
이인재, 류진석, 권문일, 김진구(2002). 사회보장론. 나남출판.
한상진, 박찬욱 역(1998). 제3의 길. 생각의 나무.
함세남 외(1995). 선진국 사회복지 발달사. 홍익재.

Beveridge, W. (1942). *Social Insurance and Alied Social Services*. HMSO.

Esping—Andersen, G. (1990). *The Three worlds of Welfare Capitalism*. Cambridge: Polity Press.

Esping—Andersen, G. (Ed.) (1996). *Welfare States in Transition: National Adaptations in Global Economics*. UN 사회개발연구소(UNRISD). 한국사회복지학 연구회 역. 변화하는 복지국가. 인간과 복지.

Esping—Andersen. G. (1997). *Welfare States in Transition: National Adaptations in Global Economics.* London: Sage.

Flora, P., & Heidenheimer, A. J. (1981). *The Development of Welfare States in Europe and America*. New Jersey: Transaction Inc.

Flora, P., & Alber, J. (1981). Modernization, Democratization, and the Development of Welfare States in Europe in P. Flora & A. J. Heidenheimer.

Mishra, R. (1984). *The Welfare State in Crisis*. New York: St. Martin Press.

Marshall, T. H. (1965). *Citizenship and Social Class, in Class, Citizensship, and Development*. New York: Anchor Books.

Pierson, P. (1994). *Dismantling the Welfare State? Reagan, Thatcher, and the Politics of Retrenchment*. New York: Cambridge University Press.

Pierson Christoper, (1998). *Beyond the Welfare State? The New Political Economy of Welfare*. Cambridge, UK: polity Press.

Rimlinger, T. R.A. (1971). *Welfare Policy and Industrialization in Europe, America and Rusia*. New York.: WILEY.

U.S. Social Security Administration (1999). *Social Security Programs throughout the World*

Webb, S. B. (1927). *English Poor Law History, Vol* III. Archon Books Reprint.

제4장 사회보장과 재원조달

고경환 외(1998). OECD 기준에 따른 우리나라의 사회보장지출 규모. 한국보건사회연구원, 보건복지포럼, 제21호.

김연명(1998). 사회보장제도의 현위치. 번찬용 편, 사회보장발전 목표설정과 정책과제.

김연명(2002). 김대중정부의 사회복지정책. 김연명 편. 한국복지국가 성격 논쟁 I. 인간과 복지.

김태성, 성경륭(1993). 복지국가론. 나남.

문형표 외(2000). 재정운영의 현안과제와 정책방향. 비봉출판사.

박능후(2002). 사회복지 재정의 적정성에 관한 연구. 사회복지연구, 19.

박찬용 편(1998). 사회보장발전 목표설정과 정책과제. 한국보건사회연구원.

신수식(2002). 사회보장론. 박영사.

최병호(2002). 사회보험정책의 평가와 향후 발전 방향. 보건복지포럼.

Creedy, J., & Disney, R. (1985). *Social Insurance in Transition: An Economic Analisis*. New York. Clarendon Press.

Friedman, M. (1962). *Capitalism and Freedom*. Chicago: University of Chicago Press.

ILO. (1986). Financing Social Security: *The Option An International Analysis*.

ILO. (1989). *Introduction to Social Security* (3rd ed.). Genva.

International Social Security Association (ISSA). (1987). Methods of Financing Social Security-their economics and social effects. *Studies and Research, 15*.

Social Security Administraion(1995). Social Security Programs Through out the World—1995. SSA Research Report #64.

日本社會保障問題研究所(1991). 사회보장의 재원정책.

村上雅子(1983). 社會保障の經濟學. 日本東洋經濟新聞社.

正村公宏(1989). 福祉社會論. 日本 Economics of Welfare Society.

제5장 사회보장과 경제 · 사회 구조

권순원(1992). 보건의료서비스의 재원조달과 전달체계. 사회보장연구, 8(1).

고경환(2000). 한국의 사회보장비 추계와 국제 비교. 한국보건사회연구원.

보건복지부, 한국보건사회연구원(1999). 한국의 사회보장비 추계: 1990~1997.

안국신(2000). 신경제학원론. 율곡출판사.

안상훈(2002). 세가지 복지자본주의에서의 생산적 복지, 그 성적표—복지국가의 경제적 효과와 평등 달성의 차이에 관한 체제론적 비교연구. 한국사회복지학, 49.

이만우(1995). 공공경제학. 태진출판사.

이인재, 류진석, 권문일, 김진구(2000). 사회보장론. 나남출판.

전영섭, 나성린(1998). 공공경제학. 학현사.

홍경준(2002). 공적 이전과 사적 이전의 빈곤감소 효과분석: 기초생활보장제도 도입 이후를 중심으로. 한국사회복지학, 50.

Cagan, P. (1985). *The effect of pension plans on aggregate saving*. New York: NBER.

Feldstein, M. S. (1974). Social security, induced retirement and aggregate capital accumulation. *Journal of Political Economy*, September/October.

Feldstein, M. S. (1975). Unemployment insurance: time for reform. *Harvard Business Review*, March/April.

Katona, G. (1985). *Private pensions and individual saving Survey Research Center*. University of Michigan.

Moore, T. G. (1971). The effect of minimum wages on teenage unemployment rate. *Journal of Political Economy*, July/August.

OECD(1999). Social Expenditure Database: 1980~1996.

제6장 국민연금제도

국민연금공단(2010. 10). 국민연금법 해설.

이용하(2001). 국민연금과 특수직역연금간 연계 및 조화방안. 국민연금연구센터.

오근식(1993). 한국 국민연금제도의 발전 방향에 관한 연구. 중앙대학교 대학원 박사 학위논문.

오근식(2000). 전국민 연금의 조기정착을 위한 정책방향. 사회복지정책, 제11집. 한국사 회복지정책학회.

오근식(2001a). 노령연금 급여체계개선에 관한 연구. 국민연금연구센터.

오근식(2001b). 국민연금법해설. 국민연금관리공단.

제7장 건강보험

국민건강보험관리공단(2001). 건강보험백서.

김연명(1989). 국민의료보험법 입법과정에서의 쟁점에 대한 일 고찰. '89 춘계 한국사 회복지학대회.

김연명(1998). 기로에 선 한국의 의료보장. 한국사회과학연구소 사회복지연구실 편, 한국사회복지의 현황과 쟁점. 인간과 복지.

보건복지부(2002). 보건복지백서.

사회보장연구회(1988). 전국민의료보험을 위한 통합일원화 방안.

신현웅, 신영석(2008). 지역가입자보험료 부과체계개선. 보건복지포럼. 한국보건사회연 구원

이두호 외(1992). 국민의료보장론. 나남.

조원탁(2002). 건강보험의 피부양자인정기준 변화의 정책적 의미. 보건과 복지. 한국보

건복지학회.

최병호(2000). 의료보험 통합관련 세미나 자료집. 보건복지부, 국민의료보험관리공단.

한국인구보건연구원(1985). 전국민의료보험을 실시를 위한 제도연구.

Roemer, M. (1991). *National Health Systems of the World*. New York & Oxford: Oxford University.

제8장 산업재해보상보험

근로복지공단(2002). 산재보험 실무편람.

김태성, 김진수(2001). 사회보장론. 청목출판사.

신종철(1994). 생활 노동법 Q & A. 사계절출판사.

이용교(2001). 복지는 생활이다. 인간과 복지.

이용교(2002). 디지털 사회복지. 인간과 복지.

이용교, 박영심(2000). 알아야 챙기는 건강보험. 인간과 복지.

이용교, 산재탐험대(1999). 알아야 챙기는 산재보험. 인간과 복지.

이인재 외(2002). 사회보장론. 나남출판.

인경석(1999). 한국 복지국가의 이상과 현실. 나남출판.

장명국(1998). 노동법 해설. 석탑출판.

청년사회복지사연대(1997). 복지대통령 만들기. 인간과 복지.

제9장 고용보험제도

김진구, 여유진(1998). 한국의 고용보험제도. 한국사회과학연구소 사회복지연구실. 한국사회복지현황과 쟁점. 인간과 복지.

김진수(1998). 고용보험 장기발전에 관한 연구. 한국노동연구원.

김진수(2000). 21세기 사회보험의 발전방안. 한국사회보장장학회.

김진수, 유길상(1997). 사회보험과 노동운동. 한국노총중앙연구원.

김태성, 김진수(2001). 사회보장론. 청목출판사.

노동부(1998). 고용보험제의 주요 내용.

노병일(1999). 사회보장론. 대학출판사.

신섭중 외(2001). 각국의 사회보장. 유풍출판사.

연하청 외(1988). 사회보장제도의 정책과제와 발전 방향. 한국개발연구원.

유길상 외(2000). 고용보험제도의 평가와 발전 방향. 한국노동연구원.

이준영(2008). 사회보장론: 원리와 실제. 학지사
이인재 외(2000). 사회보장론. 나남출판.

제10장 노인장기요양보험

국민건강보험공단(2011). 2011년 건강보험 주요통계.

김경혜(2007). 노인장기요양보험제도 도입에 따른 서울시 과제 및 대응방안. 서울시정
　　　　개발연구원.

배창진. 우리나라 공적노인요양제도의 과제. 노인복지연구, 22권. 한국노인복지학회.

보건복지부 저출산고령사회정책실 노인정책과(2009).

보건복지부 저출산고령사회정책실 노인정책과(2011).

석재은(2002). 장기요양보호서비스대상 노인을 위한 시설 및 인력확충 규모. 한국보건사회
　　　　연구.

선우덕(2002). 장기요양보호대상 노인과 가족수발자의 수발관련 가치관 및 복지서비
　　　　스 욕구. 보건복지포럼, 66. 한국보건사회연구원.

선우덕 외(2006). 노인장기요양보험제도 시범사업 평가연구(1차). 정책보고서(07－22호).
　　　　한국보건사회연구원.

선우덕 외(2007a). 노인복지시설 및 인력의 기능개편 방안연구. 정책보고서(07－06호).
　　　　한국보건사회연구원.

선우덕 외(2007b). 노인장기요양보험제도 시범사업 평가연구(2차). 정책보고서(07－22호).
　　　　한국보건사회연구원.

선현규 외 역(2006). 일본의 개호보험제도. 일본케어워크연구소(2002).학현사.

이광재(2004). 노인요양보호제도에 관한 복지국가유형별 비교연구. 충남대학교 대학
　　　　원 석사학위논문.

이광재(2007). 노인요양보험제도의 이해. 공동체.

이준영(2008). 사회보장론. 학지사.

정경희 외(2005). 2004년도 전국 노인생활실태 및 복지욕구조사. 한국보건사회연구원.

최성재(1999). 노인 장기요양보호에 대한 사회복지정책 방향. 세종출판사.

최성재(2006). 노인수발보험안 시행의 문제점과 쟁점. 제9회 고령자 포럼자료.

통계청(2005). 장래인구 특별추계

ドイツ連邦勞社會省編(1993). ドイツ社會保障總覽. ぎょうせい.

厚生省監修(1998). 介護保險制度のQ＆A.

392 참고문헌

橋本宏子(2001). 福祉の權利, 賃金と社會保障(1289・1290).

伊藤周平(2000). 檢言正介護保險. 青木書店.

伊藤周平(2002). 介護保險の給付と介護サービス請求權, 賃金と社會 保障(1316).

제11장 공공부조

강병구, 이상훈(2002). 자활사업 실태 및 개선방안 연구－노동부 자활사업을 중심으로. 한국노동연구원.

김기원(2000). 공공부조론. 학지사.

김수현(2002). 기초생활보장의 문제점과 과제, 한국의 기초보장・자활정책평가와 개선방안. 한국보건사회연구원

김선민(2001). 빈곤층 의료실태와 대책－의료급여를 중심으로. 도시와 빈곤, 제53호. 도시문제연구소.

김영모 편(2001). 현대사회보장론. 한국복지정책연구소 출판부.

김진수(2001). 공공부조의 제도적 변화와 재정. 한국사회보장학회 2001년 춘계학술대회.

박능후(2001). 근로연계복지(workfare)프로그램 적용 모델 연구. 한국보건사회연구원.

방하남, 황덕순(2001). 노동과 복지의 연계를 위한 정책설계 및 실천방안: 국민기초생활보장제도의 자활사업을 중심으로. 한국사회보장학회 2001년도 추계학술대회.

보건복지부(2001). 보건복지백서.

보건복지부(2002). 보건복지백서.

보건복지부(2003a). 2003국민기초생활보장사업안내(Ⅰ).

보건복지부(2003b). 국민기초생활보장사업안내(Ⅱ).

복건복지부, 한국보건사회연구원(2010). 국민기초생활보장제도 10년사.

신섭중(1989). 사회보장론. 대학출판사.

신수식(1992). 사회보장론. 박영사.

원석조(2002). 사회보장론. 양서원.

이인재, 류진석, 권문일, 김진구(1999). 사회보장론. 나남.

이장원(2001). 근로취약계층의 노동연계복지 발전방안. 한국노동연구원.

이현주 외(2001). 국민기초생활보장제도 운영실태 평가 및 개선방안. 한국보건사회연구원.

장인협(1992). 사회복지개론. 서울대학교 출판부.

표갑수(2002). 사회복지개론. 나남출판.

황덕순 외(2002). 근로연계 복지정책의 국제 비교. 한국노동연구원.

Esping—Anderson, G. (Ed.) (1996). *Welfare State in Transition-National Adaptions in Global Economics*. Sage Publications.

Kildal, N. (2001). *Workfare Tendencies in Scandinavian Welfare Policies*. ILO.

LØdemel, I., & Trickey, H. (2001). A New Contract for Social Assistance in I. LØdemel & H. Trickey (Eds.), *An Offer You Can't Refuse-Workfare in International Perspective*. The Policy Press.

Macgregor, S. (1999). Welfare, Neo-Liberalism and New Paternalism: Three Ways for Social Policy in Late Capitalist Societies. *Capital and Class, 67.*

제12장 사회보장 행정체계

강혜규(2002). 사회복지행정체계의 현안과 쟁점. 보건복지포럼, 통권 제63호.

강혜규, 최성은(2010). 사회복지 재정 및 전달체계의 현황과 정책과제. 한국보건사회연구원, 보건복지포럼, 통권 제166호, 94−104.

강혜규(2011). 2011년도 복지서비스정책의 변화와 전망. 한국보건사회연구원, 보건복지포럼, 통권 제171호, 50−58.

국민연금관리공단 외(2002). 4대 사회보험 정보연계 시스템 구축사업.

남찬섭, 백인립(2010). 사회보험료 징수통합의 함의와 전망. 참여연대사회복지위원회, 월간 복지동향, 제140호, 5−11.

이헌석(1992). 사회보장 행정에 관한 공법적 연구. 숭실대학교 대학원 박사 학위논문.

조성한(2000). 사회보험관리체계의 통합방안. 중앙행정논집, 14(1).

조성한(2006). 사회보험관리개선방안에 대한 소고. 한국정책과학학회보. 10(1), 197−219.

〈참고 사이트〉

4대 사회보험 정보포털 www.4insure.or.kr
건강보험심사평가원 www.hira.or.kr
경제학세상 www.economics.pe.kr
국민건강보험관리공단 www.nhic.or.kr
국민기초생활보장제도 www.blss.mohw.go.kr
국민연금관리공단 www.npc.or.kr
국제노동기구 www.ilo.org
국제사회보장협회 www.issa.org
근로복지공단 www.welco.or.kr
남덕우 홈페이지 www.dwnam.pe.kr
노동부 www.molab.go.kr
미국 보건인력성 www.os.dhhs.gov

미국 사회보장청 www.ssa.org
박석돈 교수 홈페이지 www.parksimon.com
법제처 www.moleg.go.kr
보건복지가족부 www.mohw.go.kr
사회보험정보포털서비스 www.4insure.or.kr
산재의료관리원 www.wamco.or.kr
한국개발연구원 www.kdi.re.kr
한국경제연구원 www.keri.org
한국복지교육원 www.okwelfare.net
한국산업안전공단 www.kisco.or.kr
한국자활후견기관협회 www.jahwal.or.kr

찾 아 보 기

🔹 인명

권순원 137
남찬섭 378
백인립 378
신수식 323
장인협 323
조성한 378

Alber, J. 59
Atchley, R. C. 303

Beveridge, W. 16, 37, 50, 73
Blair, A. C. L. 79
Booth, C. 70

Cagan, P. 134

Chadwick, E. 63
Churchill, W. L. S. 70

Feldstein, M. S. 133
Flora, P. 59
Friedman, M. 98

George, L. 70

Hirschman, A. 123

Katona, G. 134
Keynes, J. M. 124
Kildal, N. 343
Kuznets, S. 136

Marshall, T. H. 58
More, T. 60

Rejda, G. E. 39
Roosevelt, F. D. 14, 71
Rowntree, S. 70

Schroder, G. 79

von Bismarck, O. E. L. 66

Webb, B. 62
Webb, S. 62

🔹 내용

3자 부담방식 109
4대 사회보험 38
AFDC 345
OASDHI 16
TANF 345
U자 가설 136

가족수당 22, 44
간병급여 259
간접세 93
간편성 92
감액노령연금 164
강제적 고용보험제도 276
강제적 실업보험제도 278

개별연장급여 293
건강보험 38, 203
건강보험 수가체계 229
건강보험심사평가원 227, 235, 368
건강보험제도 138
건설근로자 고용안정사업 291
경험요율 274
고령사회 301, 304
고령자고용촉진장려금 289
고령화 303
고령화 사회 301
고용노동부 371
고용보험기금 284

고용보험법 274, 280
고용보험법 시행령 280
고용보험사업 285
고용보험제도 140, 273, 369
고용유지지원금 288
고용조정지원사업 288
고용창출지원사업 287
고용촉진지원사업 289
고용촉진지원시설사업 291
고지 376
공공부조 29, 42, 321, 322, 379
공공부조제도 130
공·교건강보험 224
공무원 및 사립학교교직원(이하

공·교)의료보험법 207
공무원연금 194
공무원연금제도 152
공업 지향적 123
공업화 122
공적 부조 29, 323
공제조합 66
공평성 91
광역구직활동비 294
교대제전환지원금 287
교육급여 340
구빈법 60
구직급여 292
국가부조 29, 42
국가최저 30
국민건강보험 363
국민건강보험공단 366
국민기초생활보장법 323, 326,
    335
국민기초생활보장제도 326,
    379
국민보험법 70
국민복지기본선 34
국민복지연금법 152
국민복지적정선 34
국민부조 322
국민연금공단 186, 361
국민연금기금 179
국민연금기금운용 실무평가위
    원회 183
국민연금기금운용위원회 182
국민연금제도 131, 151, 360
국민최저선 보장 74
국영 의료서비스 방식 204
국제기구 74
국제노동기구 17, 20, 22, 52,
    75
국제사회보장협회 75

군인연금 194
군인연금제도 152
균일갹출 104
균일급여 104
균일한 기여의 원칙 50
균일한 생계급여의 원칙 50
근대화 과정 122
근로복지공단 246, 250, 266,
    372, 373
근로연계복지급여제도 342
근로자지원제도 285, 292
근로자 학자금대부 296
급여수준의 적정화 원칙 51
기본연금 159
기여금 101
기초생활 보장 323

납부예외자 188
노동감축의 길 78
노동시장 135
노동조합 운동 129
노령연금 162
노사관계 129
노인장기요양보험 301
노인장기요양보험법 303, 309
노인장기요양보험제도 364
뉴딜 정책 14, 71

단기급여 85
대서양헌장 15
대외 지향적 123
대처리즘 77
대체인력채용장려금 290
도덕적 해이 101, 140

레이거노믹스 77

메디케어 84

메디케이드 84
목적세 93, 95
민간보험 40
민영화 42

반환일시금 169
법정 연금수급 연령 88
베버리지 50, 73
베버리지 보고서 73
보건복지부 379
보충성의 원리 331
보편주의 74, 84
보험급여 83, 85
보험료 101
보험료율 225
보험성 100
보험재정 225
복지개혁 343
본인부담 보상금 88
본인부담보상금 212
본인일부부담금 213
봉건사회 60
부과방식 106
부담의 전전 142
부담의 후전 142
부양가족연금 162
부양의무자 335
부의 소득세 97
북한이탈주민 166
분할연금 166
빈민 61

사립학교교직원연금 194
사망일시금 169
사업주지원제도 285
사적 부조 323
사적 연금 192
사회보장 13, 359

사회보장기본법 323
사회보장법 14, 71
사회보장의 최저기준에 관한 조
   약 23
사회보장청 20
사회보장 행정 359
사회보장 행정체계 359
사회보험 13, 29, 38
사회보험 6대 원칙 50
사회보험 방식 98, 204
사회보험 입법 66
사회보험 징수통합 239
사회보험징수통합제도 374
사회복지 13
사회복지정책 33
사회복지통합관리망 381
사회부조 29, 322
사회서비스 30
사회성 100
사회수당 45
사회적 위험 19, 21, 57
사회정책 13
사회주의 진압법 66
사회최저 30
산업재해보상보험 245
산업재해보상보험법 246
산업재해보상보험제도 141,
   373
산재보험 38
산재보험법 67
상대가치수가제도 229
상병급여 22, 294
상병보상연금 259
상태조사 333
상한제 104
새로운 중도 79
생계급여 337
생존권 46

생존권 보장의 원리 329
생활과 경제의 안정 47
선별주의 84
성과불제 227
성장 지향적 123
세계보건기구 75
세계은행 18
세대 간 재분배 49, 128
세대단위의 원칙 334
센지수 130
소득계층별 정액제 104
소득비례 정률제 103
소득인정액 328, 335
소득재분배 48, 128
소득재분배 효과 96
수급권자 335, 337
수급조건 88
수급품 335
수납 376
수익자 부담 111
수직적 재분배 49, 128
수평적 재분배 49, 128
스칸디나비아적 길 77
시설급여 314
시장실패 102, 205
신구빈법 63
신규고용촉진장려금 289
신보수주의 77
신자유주의 77
신자유주의적 18
신자유주의적 길 78
신청 및 직권보장의 원칙 332
실업급여 275, 292
실업보험 38
실업부조 328
실업부조제도 277, 278
실직근로자 지원제도 292

아동수당 44
안정성 92
엘리자베스 구빈법 60
역선택 101
연금급여 159
연금보험 38
열등처우의 원칙 63
예산제 228
와그너법 71
완전노령연금 164
요양급여 211, 250
요양급여비용 229
워크페어 342
유엔헌장 15
유족급여 255
유족보상연금 255
유족보상일시금 255
유족연금 168
유족특별급여 261
육아휴직장려금 290
의료급여 339, 349, 352
의료보장 203
의료보장제도 203
의료보험법 207
의료수급권자 350
이원적 고용보험제도 277
이주비 294
이중경제 124
인권선언 15
인두불제 228
인식효과 134
인클로저(enclosure) 운동 60
일반세 93, 95
일자리 없는 성장 78
임의적 고용보험제도 276

자동 안정조절 기능 140
자립자활 조장의 원리 330

자본주의 121
자산대체 효과 132
자산조사 94, 333
자활급여 341
자활사업 342, 344
장기급여 86
장기요양급여 313
장기요양보호 302
장애연금 167
장애인보장구급여비 212
장애특별급여 261
장의비 260
장제급여 340
장해급여 253
장해등급 254
장해보상연금 253
장해보상일시금 253
장해서열 254
재가급여 314
재요양 251
재원조달 83
재정부담 방식 108
재직근로자 지원제도 295
재직자노령연금 165
적립기금 방식 105
적립방식 107
적용·대상의 계층화 원칙 51
적용 범위의 포괄성 원칙 51
전원 정액제 104
전직실업자훈련 지원 294
전직지원장려금 288
점수제 227
정액제 103
제3의 길 79

제102호 조약 52
조건부 수급자 346
조건부수급제도 328
조기노령연금 165
조기 재취업수당 294
조세 방식 92
조합론 231
주거급여 338
중립성 91
중소기업고용환경개선지원금 288
중소기업근로시간단축지원금 287
중소기업전문인력활용장려금 288
지니계수 137
지역건강보험 222
지역의료보험 210
직업능력 개발수당 294
직장건강보험 224
직장의료보험 210
직접세 93
진료비 심사 226
진료비 지불 제도 227
질병군별(DRG) 포괄수가제도 230

체납 377
총액계약제 228, 230
최저기준 23
최저생계비 74, 335, 337
최저생활 보장 332
최저생활보장 46
최저생활 보장의 원리 330

최저임금제 144
최저임금 효과 144
취업촉진수당 294

통합건강보험 234, 235
통합론 231
퇴직금제 146
퇴직연금 195
퇴직연금제도 145
퇴직효과 133
특례노령연금 165
특별급여제도 261
특별연장급여 293
특별현금급여 315
특수직역연금제도 194

평등보장의 원리 329
프랑스재정법 278
필요상응의 원칙 333

해산급여 340
행복e음 381
행위별 수가제 227
행정책임의 통일화 원칙 51
현금급여 87
현금급여의 원칙 334
현물급여 87
형평성 91
혼합경제체제 121
확정급여형 145
확정기여형 146
확정기여형 연금 193
훈련연장급여 294
휴업급여 252

저자 소개

조원탁 (wtcho@dsu.ac.kr)
중앙대학교 대학원 사회복지학 박사
전_ 동신대학교 교양교직학부장, 인문사회과학대학장
　　국민건강보험공단 자문위원, 보건복지가족부 건강보험발전위원회 전문위원
현_ 동신대학교 사회복지학과 교수

김동원 (kdw114@hanmail.net)
동신대학교 사회개발대학원 사회복지학 석사
전_ 보건복지부 연금급여과 사무관
현_ 국립나주병원 사회사업과장

김형수 (hsoo2744@hanmail.net)
조선대학교 대학원 법학 박사, 동신대학교 대학원 사회복지학 박사
현_ 광신대학교 사회복지상담학과 교수

박상하 (parksh@naju.ac.kr)
전남대학교 대학원 경제학 박사
전_ 나주대학교 재가노인복지센터 소장
현_ 고구려대학 사회복지학과 교수
　　한국케어복지협의회 운영이사

안 진 (jean7475@hanmail.net)
서울대학교 대학원 사회학 박사
전_ 광신대학교 사회복지학과 교수
　　미국 피츠버그 대학교(Pittsburgh University) 국제학연구소 객원연구원
현_ 전남대학교 법학전문대학원 교수
　　전남지방노동위원회 공익위원

엄기욱 (kwum@kunsan.ac.kr)
일본 사회사업대학교 대학원 사회복지학 박사
현_ 군산대학교 사회복지학과 교수
　　 한국노년복지학회 이사, 보령효나눔복지센터 관장

오근식 (ioks2002@hanmail.net)
중앙대학교 대학원 사회복지학 박사
제18회 행정고등고시 합격
전_ 국민연금연구센터 소장, 공사연금개선실무위원회 상임위원
　　 자영자소득파악위원회 위원, 중앙대학교 사회개발대학원 객원교수

이용교 (lyg29@hanmail.net)
중앙대학교 대학원 사회복지학 박사
전_ 한국청소년복지학회 회장
현_ 광주대학교 사회복지학부 교수
　　 참여연대 사회복지위원회 위원, 참여자치21 사회복지위원회 위원장

이형하 (hhlee62@hanmail.net)
동신대학교 대학원 사회복지학 박사
현_ 광주여자대학교 사회복지학과 교수
　　 광주광역시 광산구 지역복지협의체 공동위원장

장 현 (hyunjang88@hotmail.com)
미국 플로리다 주립대학교(Florida State University) 대학원 정책학 박사
전_ 호남대학교 평생교육원장
　　 한국노년학회 이사, 한국노인의 전화 이사
현_ 호남대학교 사회복지학과 교수

사회보장론 3판

2003년 2월 25일 1판 1쇄 발행
2004년 2월 25일 1판 3쇄 발행
2005년 9월 1일 2판 1쇄 발행
2008년 1월 20일 2판 5쇄 발행
2012년 3월 15일 3판 1쇄 발행
2015년 3월 20일 3판 4쇄 발행

지은이 | 조원탁 · 김동원 · 김형수 · 박상하 · 안진
        엄기욱 · 오근식 · 이용교 · 이형하 · 장현
펴낸이 | 김진환
펴낸곳 | (주)학지사

주   소 | 121-837 서울시 마포구 서교동 352-29 마인드월드빌딩
등록번호 | 제313-2006-000265호
홈페이지 | http://www.hakjisa.co.kr
커뮤니티 | http://cafe.naver.com/hakjisa

ISBN 978-89-6330-843-2 93330

정가 17,000원

인터넷 학술논문 원문 서비스 **뉴논문** www.newnonmun.com